Arbeitslosigkeit und Entlohnung auf regionalen Arbeitsmärkten

Wirtschaftswissenschaftliche Beiträge

Informationen über die Bände 1–110 sendet Ihnen auf Anfrage gerne der Verlag.

Band 111: G. Georgi, Job Shop Scheduling in der Produktion, 1995. ISBN 3-7908-0833-4

Band 112: V. Kaltefleiter, Die Entwicklungshilfe der Europäischen Union, 1995. ISBN 3-7908-0838-5

Band 113: B. Wieland, Telekommunikation und vertikale Integration, 1995. ISBN 3-7908-0849-0

Band 114: D. Lucke, Monetäre Strategien zur Stabilisierung der Weltwirtschaft, 1995. ISBN 3-7908-0856-3

Band 115: F. Merz, DAX-Future-Arbitrage, 1995. ISBN 3-7908-0859-8

Band 116: T. Köpke, Die Optionsbewertung an der Deutschen Terminbörse, 1995. ISBN 3-7908-0870-9

Band 117: F. Heinemann, Rationalisierbare Erwartungen, 1995. ISBN 3-7908-0888-1

Band 118: J. Windsperger, Transaktionskostenansatz der Entstehung der Unternehmensorganisation, 1996. ISBN 3-7908-0891-1

Band 119: M. Carlberg, Deutsche Vereinigung, Kapitalbildung und Beschäftigung, 1996. ISBN 3-7908-0896-2

Band 120: U. Rolf, Fiskalpolitik in der Europäischen Währungsunion, 1996. ISBN 3-7908-0898-9

Band 121: M. Pfaffermayr, Direktinvestitionen im Ausland, 1996. ISBN 3-7908-0908-X

Band 122: A. Lindner, Ausbildungsinvestitionen in einfachen gesamtwirtschaftlichen Modellen, 1996. ISBN 3-7908-0912-8

Band 123: H. Behrendt, Wirkungsanalyse von Technologie- und Gründerzentren in Westdeutschland, 1996. ISBN 3-7908-0918-7

Band 124: R. Neck (Hrsg.) Wirtschaftswissenschaftliche Forschung für die neunziger Jahre, 1996. ISBN 3-7908-0919-5

Band 125: G. Bol, G. Nakhaeizadeh/ K.-H. Vollmer (Hrsg.) Finanzmarktanalyse und -prognose mit innovativen quantitativen Verfahren, 1996. ISBN 3-7908-0925-X

Band 126: R. Eisenberger, Ein Kapitalmarktmodell unter Ambiguität, 1996. ISBN 3-7908-0937-3

Band 127: M. J. Theurillat, Der Schweizer Aktienmarkt, 1996. ISBN 3-7908-0941-1

Band 128: T. Lauer, Die Dynamik von Konsumgütermärkten, 1996. ISBN 3-7908-0948-9

Band 129: M. Wendel, Spieler oder Spekulanten, 1996. ISBN 3-7908-0950-0

Band 130: R. Olliges, Abbildung von Diffusionsprozessen, 1996. ISBN 3-7908-0954-3

Band 131: B. Wilmes, Deutschland und Japan im globalen Wettbewerb, 1996. ISBN 3-7908-0961-6

Band 132: A. Sell, Finanzwirtschaftliche Aspekte der Inflation, 1997. ISBN 3-7908-0973-X

Band 133: M. Streich, Internationale Werbeplanung, 1997. ISBN-3-7908-0980-2

Band 134: K. Edel, K.-A. Schäffer, W. Stier (Hrsg.) Analyse saisonaler Zeitreihen, 1997. ISBN 3-7908-0981-0

Band 135: B. Heer, Umwelt, Bevölkerungsdruck und Wirtschaftswachstum in den Entwicklungsländern, 1997. ISBN 3-7908-0987-X

Band 136: Th. Christiaans, Learning by Doing in offenen Volkswirtschaften, 1997. ISBN 3-7908-0990-X

Band 137: A. Wagener, Internationaler Steuerwettbewerb mit Kapitalsteuern, 1997. ISBN 3-7908-0993-4

Band 138: P. Zweifel et al., Elektrizitätstarife und Stromverbrauch im Haushalt, 1997. ISBN 3-7908-0994-2

Band 139: M. Wildi, Schätzung, Diagnose und Prognose nicht-linearer SETAR-Modelle, 1997. ISBN 3-7908-1006-1

Band 140: M. Braun, Bid-Ask-Spreads von Aktienoptionen, 1997. ISBN 3-7908-1008-8

Band 141: M. Snelting, Übergangsgerechtigkeit beim Abbau von Steuervergünstigungen und Subventionen, 1997. ISBN 3-7908-1013-4

Band 142: Ph. C. Rother, Geldnachfragetheoretische Implikationen der Europäischen Währungsunion, 1997. ISBN 3-7908-1014-2

Band 143: E. Steurer, Ökonometrische Methoden und maschinelle Lernverfahren zur Wechselkursprognose, 1997. ISBN 3-7908-1016-9

Band 144: A. Groebel, Strukturelle Entwicklungsmuster in Markt- und Planwirtschaften, 1997. ISBN 3-7908-1017-7

Band 145: Th. Trauth, Innovation und Außenhandel, 1997. ISBN 3-7908-1019-3

Fortsetzung auf Seite 345

Uwe Blien

Arbeitslosigkeit und Entlohnung auf regionalen Arbeitsmärkten

Theoretische Analyse, ökonometrische Methode, empirische Evidenz und wirtschaftspolitische Schlussfolgerungen für die Bundesrepublik Deutschland

Physica-Verlag

Ein Unternehmen
des Springer-Verlags

Reihenherausgeber
Werner A. Müller

Autor
PD Dr. Uwe Blien
Bundesanstalt für Arbeit (IAB)
Institut für Arbeitsmarkt- und Berufsforschung
Regensburger Straße 104
90327 Nürnberg

Als Habilitationsschrift auf Empfehlung des Fachbereichs Sozial- und Wirtschaftswissenschaften der Universität Kaiserslautern gedruckt mit Unterstützung der Deutschen Forschungsgemeinschaft

ISSN 1431-2034
ISBN 3-7908-1377-X Physica-Verlag Heidelberg

Die Deutsche Bibliothek – CIP-Einheitsaufnahme
Blien, Uwe: Arbeitslosigkeit und Entlohnung auf regionalen Arbeitsmärkten / Uwe Blien. – Heidelberg; New York: Physica-Verl., 2001
(Wirtschaftswissenschaftliche Beiträge; Bd. 182)
ISBN 3-7908-1377-X

Physica-Verlag Heidelberg
ein Unternehmen der BertelsmannSpringer Science+Business Media GmbH

Umschlaggestaltung: Erich Kirchner, Heidelberg

SPIN 10795453 88/2202-5 4 3 2 1 0 – Gedruckt auf säurefreiem und alterungsbeständigem Papier

Vorwort

Der vorliegende Band ist eine geringfügig aktualisierte Fassung meiner Habilitationsschrift, die ich am Fachbereich Sozial- und Wirtschaftswissenschaften der Universität Kaiserslautern eingereicht habe. Das Verfahren wurde im Dezember 1999 mit der Erteilung der Venia Legendi für Volkswirtschaftslehre abgeschlossen.

Während der Laufzeit des Habilitationsprojekts konnte ich stets auf die kompetente Beratung durch die beiden betreuenden Professoren Hans-Dieter Feser und Michael von Hauff (beide Universität Kaiserslautern) vertrauen. Professor Hans Corsten danke ich dafür, daß er den Vorsitz der Habilitationskommission übernahm. Das Institut für Arbeitsmarkt- und Berufsforschung der Bundesanstalt für Arbeit (IAB) hat die Arbeit ebenfalls unterstützt und mir den notwendigen Raum für das Habilitationsprojekt gegeben. Für das damit verbundene Vertrauen danke ich der Leitung des Instituts, dem Institutsdirektor Professor Gerhard Kleinhenz und Dr. Werner Karr.

Bei einer Habilitationsschrift ist die alleinige Verantwortung des Autors für alle Teilaspekte selbstverständlich. Die Anfertigung einer solchen Arbeit bedingt jedoch eine intensive Diskussion mit Fachkollegen, die zu vielfältigen Anregungen geführt hat. Diskussionen mit Michael Wiedenbeck (ZUMA Mannheim) waren im Hinblick auf methodische Fragen besonders wertvoll. Bedanken möchte ich mich auch für Anregungen von Prof. Baltagi (Texas A&M University), Dr. Wolfgang Flieger (Universität Kaiserslautern), Prof. Harvey Goldstein (London University), Prof. Joachim Möller (Universität Regensburg), Prof. Andrew Oswald (Warwick University) und Prof. Ronald Schettkat (Universität Utrecht). Von vielen Kollegen im IAB sind wichtige Impulse ausgegangen, die in die Arbeit eingeflossen sind. Nennen möchte ich hier Stefan Bender, Anette Haas, Franziska Hirschenauer, Dr. Werner Karr, Phan thi Hong Van, Dr. Alexandros Tassinopoulos und Katja Wolf. Für Hilfen bei den Grafiken sei Monika Pickel gedankt.

Nürnberg, im Oktober 2000 *Uwe Blien*

Inhaltsverzeichnis

TEIL D: Empirie

TEIL E: Folgerungen

KAPITEL I Einführung

1. Problemstellung der Arbeit

Die vorliegende Arbeit untersucht Determinanten von Arbeitslosigkeit und Entlohnung auf regionalen Arbeitsmärkten. Damit soll einerseits die fundamentale Beziehung analysiert werden, die zwischen diesen beiden wichtigen Variablen besteht. Zum anderen sollen Kausaleinflüsse entwickelt werden, die Arbeitslosigkeit und Entlohnung jeweils einzeln betreffen. Vorgestellt werden theoretische Analysen zur Identifikation dieser Kausalitäten und empirische Ergebnisse vor allem zum Effekt der Arbeitslosigkeit auf den Lohn. Außerdem werden die dabei verwendeten ökonometrischen Methoden diskutiert.

Anstöße für die hier vorliegenden Analysen gab eine neue wissenschaftliche Diskussion. Nach umfangreichen vergleichenden Forschungsarbeiten für 12 Länder fanden Blanchflower und Oswald (1994a: 1) sowohl in qualitativer wie in quantitativer Hinsicht derart stabile Ergebnisse, daß sie es wagten, ein „empirisches ‚Gesetz' der Ökonomie" zu formulieren, wonach eine Verdoppelung der Arbeitslosigkeit die Löhne in den betreffenden Regionen um rund 10 % reduziert. Die Funktion, die den (inversen) Zusammenhang zwischen Arbeitslosigkeit und Entlohnung beschreibt, wurde „Lohnkurve" genannt. Auswirkungen der regionalen Unterbeschäftigung auf das regionale Lohnniveau wurden in den neunziger Jahren international intensiv untersucht.

Diese Lohnkurve ist ein zentrales Thema der vorliegenden Arbeit, der Rahmen der Analysen wird jedoch breiter angelegt. Dazu wird ein theoretisches Gesamtmodell regionaler Arbeitsmärkte entwickelt, das mit der empirischen Realität deutscher Arbeitsmärkte konfrontiert wird. In dem theoretischen Modell wird zunächst die Erklärung unterschiedlicher regionaler Arbeitslosigkeitsniveaus angestrebt und anschließend die Wirksamkeit des Lohnkurvenmechanismus untersucht.

Die theoretische Behandlung regionaler Disparitäten der Arbeitslosigkeit kann auf ein Bild der Gütermarktdynamik zurückgreifen, in dem insbesondere der Nachfrageelastizität eine Schlüsselstellung zukommt. In dieses Modell des regionalen Arbeitsmarktes sind Argumente zu integrieren, die der Ableitung einer Lohnkurve dienen. Dazu werden Modelle für Lohnverhandlungen und für Effizienzentlohnung herangezogen. In den anschließend durchgeführten empirischen Analysen wird sich zeigen, ob auf den Arbeitsmärkten der Bundesrepublik Deutschland der Lohn auf die Höhe der Arbeitslosigkeit reagiert.

Sowohl die theoretischen wie die empirischen Untersuchungen berücksichtigen den Imperativ der Mikrofundierung durch Rückgriff auf rational kalkulierende Wirtschaftssubjekte. Wurde diese Forderung in der Theorie in jüngeren Jahren mehr und mehr umgesetzt, ist die Entsprechung in der empirischen Forschung ein Novum.

In der vorliegenden Arbeit werden außerdem die in einer Hierarchie wachsender Größe stehenden Kontexte einbezogen, in deren Rahmen Ressourcen und Restriktionen für individuelles Handeln variieren. Wirtschaftssubjekte agieren in einer Umgebung, die ihrerseits Teil einer größeren Region ist. Diese wiederum gehört zu einer Nationalökonomie. Um der Hierarchie der Kontexte Rechnung zu tragen, verfolgt die vorliegende Arbeit einen konzeptionellen Mehrebenenansatz, der in der Verwendung statistisch-ökonometrischer Mehrebenenmodelle seine Entsprechung findet.

Die für die Arbeitsmärkte Westdeutschlands, in geringerem Grade auch Ostdeutschlands angelegten Untersuchungen zeigen in vielfältiger Hinsicht die Wirksamkeit von Marktprozessen. Oft werden relativ starke Effekte sichtbar, die bisher nur verborgen geblieben sind, weil sie durch die Ergebnisse gleichzeitig ablaufender und partiell entgegenwirkender Abläufe verdeckt werden. Zum Teil setzten sich Marktprozesse selbst gegen institutionelle Beschränkungen durch, wie man an den Wirkungen der regionalen Arbeitslosigkeit auf das regionale Lohnniveau sieht. Diese werden in einer Analyse deutlich, die die umgekehrte Wirkung des Lohns auf die Arbeitslosigkeit mit berücksichtigt.

Da die Beziehung zwischen Arbeitslosigkeit und Entlohnung von grundlegender Bedeutung ist, erscheint es erstaunlich, daß die gewonnenen Erkenntnisse bisher noch nicht zum gesicherten Bestand des Wissens in der Volkswirtschaftslehre gehören. Allerdings sind drei Voraussetzungen für die Untersuchungen maßgeblich, die bis vor kurzer Zeit nicht gegeben waren: Da die forschungsleitende Funktion der Theorie zur Gewinnung empirischer Erkenntnisse unverzichtbar ist, wirkt sich aus, daß die ökonomische Theorie vor allem seit Mitte der achtziger Jahre entscheidende Fortschritte gemacht hat. Zum zweiten hat die Ökonometrie eine erhebliche Ausweitung ihrer Bedeutung erlebt, die nicht zuletzt durch die enormen Verbesserungen der Computertechnologie ermöglicht wurde und die es erlaubt, den Besonderheiten der Fragestellung gerecht zu werden. Zum Dritten stehen heute Datenquellen zur Verfügung, die eine völlig neue Annäherung an empirische Fragestellungen erlauben und sich als außerordentlich wertvoll zur Entscheidung theoretischer Fragestellungen erweisen.

Die bei den Untersuchungen der vorliegenden Arbeit gewonnenen Ergebnisse sind einerseits wichtig für die ökonomische Theorie, da kein Ansatz, der für die Gesamtwirtschaft oder für Regionen formuliert ist, ohne Aussagen oder Annahmen über die Wechselwirkung von Arbeitslosigkeit und Entlohnung auskommt. Zum anderen sind für wirtschaftspolitische Zwecke Erkenntnisse auf diesem Felde von besonderer Bedeutung, um die Verfolgung von Strategien zu vermeiden, die nur suboptimale Ergebnisse haben würden. Auch die regionale Arbeitsmarkt- und Strukturpolitik ist auf den Nachweis von Zusammenhängen zwischen zentralen Variablen angewiesen, die regionale Disparitäten beschreiben. In einer Zeit, in der makroökonomische Analysen ihr Zentrum in Untersuchungen des Arbeitsmarktes haben, sind Fragen der Arbeitsmarktflexibilität von höchstem Interesse zur Entscheidung wirtschaftspolitischer Debatten.

Die in der Arbeit durchgeführten Analysen stehen für einen allgemeinen Trend, durch Bezugnahme auf Regionen für generelle makroökonomische Fragestellungen zusätzliche Anhaltspunkte zu erhalten. Wo bei Untersuchungen mit makroökonomischen Daten lediglich einige Zeitpunkte für eine Aussage zur Verfügung stehen, enthalten Regionaldaten zusätzlich Querschnittsinformationen mit einer Vielzahl von Meßpunkten. Allerdings erfordert die zweckmäßige Auswertung dieser zusätzlichen Information einen erweiterten methodischen Aufwand, d. h. eine höhere Komplexität der ökonometrischen Methode.

2. Der Aufbau der Arbeit

Nach einigen einführenden Bemerkungen und einer deskriptiven Darstellung aktueller Entwicklungen auf regionalen Arbeitsmärkten, die das zu erklärende Problem veranschaulichen (Kapitel 1 und 2), werden verschiedene, unabhängig voneinander entstandene theoretische Modelle auf ihren Beitrag zur Analyse des vorliegenden Problems hin untersucht (Kapitel 3 bis 5). Dabei werden an verbreiteten Ansätzen von vornherein größere Änderungen vorgenommen, um für andere, z. B. makroökonomische Zwecke entwickelte Modellstrukturen an die vorliegende Aufgabenstellung der regionalen Analyse anzupassen. Die dabei gewonnenen Erkenntnisse werden verwendet, um ein eigens auf das vorliegende Thema ausgerichtetes theoretisches Modell zu entwickeln (Kapitel 6), das zwar in einer Synthese verschiedene Teilmodelle umgreift, aber dennoch hinreichend einfach ausfällt, um durchschaubar zu bleiben.

Um die so erhaltenen Ergebnisse für eine empirische Analyse verwendbar zu machen, werden die verfügbaren ökonometrischen Methoden aufgearbeitet (Kapitel 7). Wichtiges Resultat der Prüfung ist, daß das herkömmliche Instrumentarium für die Zwecke der Regionalanalyse dann Probleme bereitet, wenn man an dem Anspruch der empirischen Mikrofundierung festhält, d. h. regionale Ökonomien mit Individualdaten und unter Rückgriff auf das Verhalten individueller Wirtschaftssubjekte im regionalen Kontext untersucht. Dieser Anspruch erfordert die Kombination von Methoden der ökonometrischen Mehrebenen- mit jenen der Panelanalyse, um die Gefahr statistischer Fehlschlüsse zu vermeiden.

Die empirische Analyse der Fragestellung erfordert innovative Anwendungen der Methoden und partielle Neuentwicklungen. In der vorliegenden Arbeit werden das Design, die Datenbasis und die Ergebnisse der empirischen Untersuchungen dargestellt und in die Breite der bisher vorliegenden Ergebnisse, insbesondere zum Lohnkurveneffekt, eingeordnet (Kapitel 8 bis

10). Die Darstellung umfaßt somit einerseits die eigenen Ergebnisse, andererseits einen Überblick zu den vorliegenden Ergebnissen anderer Forscher.

Ein Fazit (Kapitel 11), in dem der Bezugspunkt zu den Anfangsfragestellungen auf der Grundlage der erhaltenen theoretischen und empirischen Ergebnisse gesucht wird und in dem Folgerungen für die Wirtschaftspolitik gezogen werden, beschließt die Arbeit.

3. Eine Inhaltsübersicht zur Argumentation der Arbeit

Die Darstellung der Gliederung kann durch eine Zusammenfassung der inhaltlichen Argumentation in den einzelnen Kapiteln ergänzt werden.

Entwicklungsunterschiede zwischen Regionen, die zur Entstehung unterschiedlicher Arbeitslosenquoten führen, werden (in Kapitel 3) in einem zweistufigen Ansatz erklärt. In einem ersten Schritt wird gezeigt, wie eine Spezialisierung von Regionen auf einzelne Branchen entsteht, indem auf die Vorteile eines gemeinsamen regionalen Arbeitskräftepools, auf die Verfügbarkeit von Zwischenprodukten, auf technologische Spillovereffekte und auf die Bedeutung von Information und persönlichem Kontakt rekurriert wird. Im zweiten Schritt wird zur Beurteilung des Schicksals der spezialisierten Regionen eine Integration der Produktzyklusthese in ein allgemeines makroökonomisches Modell herangezogen. Dabei zeigt sich, daß die gleichen Faktoren, die zunächst den Erfolg einer Region begründen, später ihren Abstieg einleiten und zu hoher Arbeitslosigkeit führen können.

Die dazu entwickelten theoretischen Überlegungen greifen Ideen von Krugman, Schumpeter, Appelbaum & Schettkat auf, um traditionelle regionalökonomische Thesen mit den Mitteln der modernen Ökonomie zu verarbeiten. Da es dabei um die endogene Entstehung von Konkurrenzbarrieren geht, sind die Ergebnisse über den definierten Gegenstand, d. h. über die Erklärung von Unterschieden bei der regionalen Arbeitslosigkeit, hinaus von Interesse. Folgerungen zum Zusammenhang von Globalisierungsprozessen in der Weltwirtschaft und regionalen Entwicklungen schließen sich zwanglos an.

Beginnen die theoretischen Analysen mit einer Erörterung ökonomischer Abläufe auf der Ebene von Regionen, wird anschließend (in Kapitel 4) auf die Ebene der Makroökonomie gewechselt, um zu einem Verständnis des Zusammenhangs von Arbeitslosigkeit, Lohnhöhe und Inflation zu gelangen, das dann im folgenden wiederum für die Analyse regionaler Arbeitsmärkte fruchtbar gemacht werden kann.

Ausgangspunkt für die Integration weiterer theoretischer Modellvorstellungen sind Ansätze der Makroökonomie, die in den neunziger Jahren von Layard, Nickell & Jackman, Carlin & Soskice, Franz, Vogt und anderen entwickelt wurden und deren zentrale Aspekte hinreichend konvergieren, um unter einem einheitlichen Titel behandelt zu werden. Die makroökonomische Argumentation basiert auf einer ausgearbeiteten Mikrofundierung, die insbesondere Effizienzentlohnung, Verhandlungsprozesse und Preissetzung bei unvollständiger Konkurrenz umgreift. In der Theorie wird als Ursache für Arbeitslosigkeit und Inflation die Konkurrenz verschiedener Gruppen von Wirtschaftssubjekten um einen Anteil am Sozialprodukt identifiziert, die die Form von Lohn- und Preissetzungsprozessen hat.

Ein erneuter Wechsel der Ebene in Form einer Abänderung der modernen makroökonomischen Theorie zur Anwendung auf regionale Arbeitsmärkte ergibt die Theorie der Lohnkurve (Kapitel 5). Die Lohnkurve beschreibt einen nichtlinearen, inversen Zusammenhang zwischen der regionalen Arbeitslosigkeit und der regionalen Durchschnittsentlohnung. Zur Begründung dieser Beziehung werden von Blanchflower und Oswald Kontrakttheorie, Verhandlungsansätze und Effizienzlohnansätze herangezogen.

In der Theorie impliziter Kontrakte maximieren Firmen simultan den Nutzen der Firmeneigner und der Beschäftigten. In diesem Rahmen sind hohe Löhne Ausdruck hoher Produktivität und es wäre ineffizient, wenn in Regionen mit niedriger Arbeitslosigkeit niedrige Löhne bezahlt würden. In Verhandlungsansätzen, die auf Nash-Gleichgewichten aufbauen, schwächt hohe regionale Arbeitslosigkeit die Position von Gewerkschaften und von individuellen Arbeitskräften in Lohnverhandlungen. In Effizienzlohnansätzen schließlich sind hohe Löhne und hohe Arbeitslosenquoten Substitute für das Problem der Firmen, Arbeitskräfte zu einer hohen Arbeitsanstrengung zu motivieren.

Auf der Grundlage eines Effizienzlohnmodells, das in Anlehnung an die bekannte Arbeit von Shapiro und Stiglitz entwickelt wurde, integrieren Blanchflower und Oswald die Lohnkurve in ein Gesamtmodell regionaler Arbeitsmärkte. Im Sinne der neoklassischen Auffassung von kompensierenden Lohndifferentialen ergeben sich in dem Modell bestimmte Niveaus für Arbeitslosigkeit und Entlohnung in einer Weise, daß nutzenmaximierende Gleichgewichte für alle Regionen entstehen. Dies ist nur möglich, wenn außerökonomische Eigenschaften von Regionen für die Kombinationen verschiedener Niveaus bei Arbeitslosigkeit und Entlohnung kompensieren.

Im anschließenden zentralen theoretischen Teil der vorliegenden Arbeit (Kapitel 6) wird ein eigener Ansatz entwickelt, der sich von Blanchflower und Oswalds Arbeiten unter anderem dadurch unterscheidet, daß die Lohnkurve nur kurzfristiger Natur ist. Bestimmte Eigenschaften der bisher dargelegten Modelle werden jedoch reproduziert und zu einem größeren Ganzen integriert. Der Theorieansatz stützt sich auf ein Modell, das Gründe für die Ausbildung unterschiedlicher Arbeitslosenquoten beschreibt, die insbesondere mit der Elastizität der Produktnachfrage auf Gütermärkten und mit der Entwicklung der Produktionstechnik zusammenhängen. Die Arbeitslosigkeit hat Auswirkungen auf das Lohnniveau, wie sie durch die Lohnkurve beschrieben werden, d. h. höhere Raten der Unterbeschäftigung sind mit niedrigeren regionalen Durchschnittslöhnen verknüpft. Zum Verständnis dieses Zusammenhangs wird ein regionales Effizienzlohnmodell verwendet, das auf einer Arbeit von Schlicht aufbaut. In dem integrierten Modell gibt es einen zum Lohnkurvenmechanismus entgegengerichteten Wirkungskanal, da der Lohn auch auf das Arbeitslosigkeitsniveau einwirkt und Lohneinbußen, zumindest in bestimmtem Umfang, zu erhöhter Beschäftigung führen.

Die Lohnreduktionen haben nicht zur Folge, daß sich das regionale Beschäftigungsniveau angleicht, vielmehr existieren Disparitäten fort. Die dadurch motivierte Mobilität der Arbeitskräfte führt zu einer allmählichen Erodierung des Lohnkurvenzusammenhangs und zur Konvergenz von Regionen. Die in dem Modell auftretenden Gleichgewichte sind darum zunächst nur temporärer Natur. Auch Mobilität führt jedoch nicht zu einem Zustand, in dem sich die regionalen Arbeitslosigkeits- und Lohnniveaus angeglichen haben, da sie - bedingt durch hohe Kosten - mit niedrigen Raten verläuft und ein langfristiges Gleichgewicht ständig durch die Impulse gestört werden, die von Produktmärkten ausgehen. Bereits eingeführte Produkte, die in bestimmten Regionen dominieren, schreiten in ihrem Zyklus, d.h. in Richtung Marktsättigung, fort. Andererseits treten kontinuierlich neue Produkte auf und spezialisieren sich Regionen immer wieder auf andere, zukunftsträchtige Branchen.

Der Theorieansatz gibt deshalb Hinweise sowohl für konvergente als auch für divergente Tendenzen der Regionalentwicklung, da er zeigt, welche Kräfte wirksam sind, um in einer Region eine im positiven wie im negativen Sinne divergente Entwicklung insbesondere im Hinblick auf die Beschäftigung zu provozieren. Parallel werden entgegenwirkende Prozesse behandelt, die verhindern, daß zu starke Abweichungen auftreten, bzw. tendenziell wieder einen Ausgleich zwischen den Regionen herstellen, d. h. konvergente Entwicklungslinien implizieren.

Das Prinzip der Mikrofundierung makro- oder regionalökonomischer Phänomene wird beibehalten. Da man jedoch umgekehrt zur Bestimmung der Rahmenbedingungen von Individualverhalten die Aufnahme des makroökonomischen Kontextes benötigt, kann das verwendete theoretische Konstruktionsprinzip als konzeptioneller Mehrebenenansatz charakterisiert werden.

Regionale Besonderheiten modifizieren die allgemeinen Abläufe. Unterschiede in der natürlichen und infrastrukturellen Ausstattung sind ebenso zu beachten wie arbeitskulturelle Einflüsse. Das verwendete Effizienzlohnmodell setzt derartige Unterschiede zu allgemeinen normativen Einstellungen und Bewertungen von Arbeit in Beziehung.

An dem hier kurz charakterisierten theoretischen Ansatz sind die empirischen Analysen orientiert. Zu ihrer Vorbereitung wird (in Kapitel 7) eine Diskussion der ökonometrischen Instrumente eingeschaltet. Das Makro/Mikroproblem ökonomischer Analysen wird neu aufgenommen und als Grundlage der Methodendiskussion verwendet.

Die Integration von Daten über individuelle Wirtschaftssubjekte und von Aggregatinformationen stellt eine neue Herausforderung dar. Zur Analyse des Zusammenhangs von regionaler Entlohnung und Arbeitslosigkeit wird darum auf neu entwickelte Verfahren der Mehrebenenanalyse zurückgegriffen, bei denen makroökonomische Beziehungen in ein Mikromodell integriert werden. Es wird demonstriert, daß die üblicherweise zur ökonometrischen Analyse regionaler Fragestellungen verwendeten Makromodelle in vielen Fällen nicht zielführend sind.

Mehrebenenmodelle mit zufälligen Effekten oder Koeffizienten erlauben eine effiziente Schätzung der Koeffizienten und Standardfehler. Unter bestimmten Umständen sind Mehrebenenmodelle mit fixen Effekten ebenfalls einsetzbar. Als Schätztechniken stehen Methoden des Maximum-Likelihood und des Feasible oder Iterative Generalized Least Squares zur Verfügung. Neu entwickelte Verfahren erlauben Kombinationen mit der Panelanalyse und verzerrungsfreie Schätzungen.

Die ökonometrischen Methoden der Mehrebenenanalyse sind nicht nur unter technischem Gesichtspunkt überlegen, sondern entsprechen auch der aus der Theorie stammenden Forderung nach einer empirischen Mikrofundierung der Makroökonomie. Mehrebenenmodelle berücksichtigen darüber hinaus, daß Wirtschaftssubjekte nicht isoliert für sich existieren, sondern, z. B. auf Märkten, in Interaktion treten. Da globale Bedingungen für einzelwirtschaftliches Verhalten und Ergebnisse untersucht werden, kann man auch von einer Makrofundierung der Mikroökonomie sprechen.

Instrumentalvariablenschätzungen erlauben die Integration kausaler Rückwirkungen und von Interdependenzen in das ökonometrische Modell, die aus theoretischen Gründen von erheblicher Bedeutung sind. Derartige Ansätze sind mit Paneldaten besonders günstig zu realisieren.

Auf der Grundlage der Erörterung des methodischen Instrumentariums wird (in Kapitel 8) ein Überblick zu den existierenden Untersuchungen anderer Autoren über die Auswirkungen von Arbeitslosigkeit auf das regionale Lohnniveau gegeben. Von Blanchflower und Oswald liegt eine Vielzahl von Analysen vor, die nach Ansicht der Autoren ihr „empirisches Gesetz" über die Lohneffekte der Arbeitslosigkeit belegen. Für die USA und das Vereinigte Königreich werden umfangreiche Studien vorgestellt, deren Ergebnisse mit der Lohnkurvenhypothese im Einklang sind. Auch für eine Anzahl anderer Länder, u. a. für die Bundesrepublik Deutschland, werden parallele Resultate gefunden, die von anderen Autoren jedoch zum Teil nicht bestätigt werden konnten.

Um hier insbesondere für den Arbeitsmarkt der Bundesrepublik zu einem Urteil zu gelangen, das auch den entwickelten Maßstäben an die Methode gerecht wird, wurden eigene Untersuchungen begonnen. Zunächst wird die Datenbasis dieser empirischen Analysen (in Kapitel 9) dargestellt. Die Voraussetzungen für Untersuchungen der Fragestellung sind besonders günstig, da die Analysen im Institut für Arbeitsmarkt- und Berufsforschung durchgeführt werden, das einen direkten Zugriff auf Daten der Bundesanstalt für Arbeit hat und auch selbst relevante Erhebungen durchführt. Durch diese institutionelle Anbindung kann auf Originalinformationen zurückgegriffen werden und ist es möglich, Individualdaten nicht nur für Beschäftigte, sondern auch für Betriebe zu verwenden, die einen Zuordnungsschlüssel für kleine Regionaleinheiten (Kreise, Arbeitsamtsbezirke) beinhalten. Die IAB-Beschäftigtenstichprobe bietet Einkommensinformationen von unübertroffener Genauigkeit. Das IAB-Betriebspanel erlaubt die Beobachtung der Nachfrageseite des Arbeitsmarktes. In beiden Fällen steht nicht nur Querschnittsinformation zur Verfügung, sondern auch der zeitliche Ablauf im Längsschnitt.

Nach Darstellung der Datenbasis folgt (in Kapitel 10) die Beschreibung der empirischen Untersuchungen selbst und die Diskussion der Resultate. Um die Fragestellung nach den Lohneffekten von Arbeitslosigkeit aus verschiedenen Blickwinkeln aufzunehmen, werden Analysen mit unterschiedlichen Teilstichproben durchgeführt und die Daten in unterschiedlicher zeitlicher Abgrenzung erfaßt. Ebenfalls variiert werden die Regionaleinheiten, mit denen die Analysen durchgeführt werden. Die Abgrenzung regionaler Ökonomien ist ein Dauerthema der Regionalwissenschaft, das hier nicht vorentschieden wird. Vielmehr wird empirisch getestet, welche Einheiten adäquat sind, indem Analysen für Kreise, Arbeitsamtsbezirke, Arbeitsmarktregionen, Regierungsbezirke und Bundesländer unternommen werden.

Ein zentrales Ergebnis der empirischen Analysen ist, daß in der Bundesrepublik Deutschland eine Lohnkurve zwar existiert, der Effekt der regionalen Arbeitslosigkeit auf das Lohnniveau jedoch schwächer ist als in anderen Ländern. Er tritt erst dann deutlich hervor, wenn mit Daten für Betriebe und nicht für individuelle Arbeitskräfte gearbeitet wird oder wenn im Modellansatz die Rückwirkungen des Lohnniveaus auf die Arbeitslosigkeit einbezogen werden. Im letzteren Fall zeigt sich, daß beide Effekte durchaus von Bedeutung sind. Sie sind jedoch nicht groß genug, um einerseits die regionalen Disparitäten zu beseitigen, andererseits den Abbau der Arbeitslosigkeit insgesamt zu induzieren.

Ergebnisse für spezielle Gruppen auf dem Arbeitsmarkt zeigen, daß der Lohnkurvenzusammenhang vor allem für die nicht formal qualifizierten und für die jungen Beschäftigten gilt. Diese tragen die hauptsächliche Last der Anpassung auf dem Arbeitsmarkt.

Die empirischen Ergebnisse zu den verschiedenen Bereichen werden (in Kapitel 11) in allgemeinen Erörterungen für weitere Schlußfolgerungen herangezogen. Die im internationalen Vergleich unterdurchschnittliche Größe des Effekts der Arbeitslosigkeit auf den Lohn kann auf das in der Bundesrepublik Deutschland übliche System der Flächentarifverträge zurückgeführt werden, das eine betriebliche Lohndifferenzierung nicht ausschließt, aber die Variation reduziert.

Eine zentrale Schlußfolgerung ist also, daß das „empirische Gesetz" von Blanchflower und Oswald in der Bundesrepublik Deutschland nur mit Modifikation gilt. Dies allein ist keine Überraschung, vielmehr wäre verwunderlich, wenn institutionelle Unterschiede zwischen den Ländern keine Rolle bei dem Zusammenhang zwischen Arbeitslosigkeit und Entlohnung spielen sollten. Umgekehrt wurden die Effekte der Arbeitsmarktungleichgewichte auf das Lohnniveau bis vor kurzer Zeit nicht erkannt. Die Besonderheiten der institutionellen Arrangements in der Bundesrepublik Deutschland vermögen demnach zwar die Wirksamkeit von Marktprozessen bei der Entwicklung regionaler Differenzierungen zu dämpfen, diese jedoch nicht im bisher angenommenen Ausmaß zu unterdrücken.

Es bedarf der Verwendung angemessener moderner ökonometrischer Methoden, um bisher unbekannte und unberücksichtigte Effekte aufzufinden. Die Anwendungen derartiger Instrumente erlauben gleichzeitig ihren Test, der bestanden wurde.

Andere Schlußfolgerungen betreffen die Bedeutung der Regionalanalyse im allgemeinen. Es kann gezeigt werden, daß wichtige makroökonomische Fragestellungen tatsächlich effektiv mit Regionaldaten untersucht werden können. Die Frage nach der Flexibilität der Lohnstruktur in Deutschland kann auf diese Weise mit besonderer Aussagefähigkeit der Ergebnisse neu angegangen werden. Allerdings erfordert die Verbindung von regional- und makroökonomischen Fragestellungen besondere Sorgfalt bei der Prüfung der Ergebnisse. In jedem Fall muß genau beachtet werden, welche Prozesse auf welcher Ebene wirksam werden und inwieweit institutionelle Beschränkungen greifen.

Als analytisches Fazit der Untersuchungen kann festgehalten werden, daß es sich lohnt, mit dem modernen ökonometrischen Instrumentarium auf die neu zur Verfügung stehenden Bestände von Mikrodaten zurückzugreifen, um zu theoretisch gehaltvollen Aussagen über das Funktionieren von Arbeitsmärkten und regionalen Ökonomien zu gelangen.

Ein weiteres Thema das Schlußkapitels der Arbeit sind die Folgerungen für verschiedene Bereiche der Wirtschaftspolitik. Wenn für die Arbeitsmarktungleichgewichte, d. h. für die hohen Arbeitslosenquoten der jüngeren Zeit, von bekannten und einflußreichen Ökonomen die Inflexibilität des Arbeitsmarktes verantwortlich gemacht wird, sind Analysen von erheblicher Bedeutung, die sich mit der Abschätzung der regionalen Dimension der Flexibilität beschäftigen. In der vorliegenden Arbeit werden bisher nicht wahrgenommene Flexibilitätsspielräume aufgewiesen, die gleichwohl kleiner sind als in anderen westlichen Ländern.

Für die Regionalpolitik ist von Bedeutung, daß zwei wichtige Dimensionen regionaler Disparitäten miteinander verknüpft sind, da hohe Arbeitslosigkeit relativ niedrige Löhne nach sich zieht. Erneut ist allerdings anzuführen, daß der Effekt relativ schwach ist. Weitere Folgerungen für die regionale Strukturpolitik sind, daß Erhaltungssubventionen zur Vermeidung regionaler Krisen nicht effektiv sind und daß Technologiepolitik gegensätzliche Auswirkungen auf die Regionalentwicklung haben kann. Die regionale Dimension der Arbeitsmarktpolitik ist bei Ausgleichsmaßnahmen mit zu bedenken.

KAPITEL II Einige empirische Ausgangstatbestände

In der Volkswirtschaftslehre ist es in weiten Bereichen üblich, von regionalen Besonderheiten des laufenden ökonomischen Prozesses zu abstrahieren. In der Makroökonomie werden Volkswirtschaften im allgemeinen als homogen behandelt und angenommen, sie hätten die räumliche Ausdehnung eines Punktes. Eine alternative Strategie ist, die Regionen einer Nationalökonomie ihrerseits als kleine, relativ eigenständige Einheiten aufzufassen, die charakteristische Kombinationen verschiedener Variablen aufweisen und in denen jeweils spezifische Prozesse ablaufen. Dieser Strategie wird hier gefolgt.

In den Anhangtabellen A1 und A2 der vorliegenden Arbeit sind Daten zu den Kreisen der Bundesrepublik zusammengestellt, um zu demonstrieren, daß zu jedem Zeitpunkt Krisenregionen und prosperierende Gebiete nebeneinander existieren. Um in der Fülle des Materials, mit 327 Kreisen im Westen und 113 (derzeit) im Osten der Republik, die Strukturen und die Extremfälle etwas deutlicher zu machen, werden im folgenden vier Karten und eine Anzahl Tabellen dargestellt, die die Information aus den Anhangtabellen veranschaulichen und verdichten.[1]

Zwischen 1989 und 1997 ist die Arbeitslosenquote in Westdeutschland von 7,9 auf 11,0 % angestiegen. Die Arbeitsmarktsituation hat sich somit in dieser Zeit wesentlich verschlechtert. Tabelle 2.1, die die Extremwerte der Arbeitslosigkeit für zwei Jahre enthält, zeigt jedoch, daß die zeitliche Variation der Unterbeschäftigung kleiner ausfällt als die regionale Variation. Im Jahre 1989 gab es gleichzeitig Regionen, in denen nahezu Vollbeschäftigung herrschte und andere, die als ausgesprochen notleidende Gebiete gekenn-

---

[1] Zur Datenbasis vgl. die Kommentare zu den Anhangtabellen und das Kapitel 9. Deskriptive Analysen der im vorliegenden Kapitel demonstrierten Art wurden bereits in den achtziger Jahren im IAB durchgeführt, vgl. z. B. Koller (1987) für eine ausführliche Darstellung über regionale Lohnstrukturen mit Daten aus dem Jahreszeitraummaterial der Beschäftigtenstatistik.

zeichnet werden müssen. Bis 1997 ist zwar die Arbeitslosigkeit generell angestiegen, selbst die positiven Extremfälle stellen sich als nicht mehr ganz so günstig dar. Dennoch ist auch in diesem Jahr eine erhebliche regionale Differenzierung zu verzeichnen. Der Variationskoeffizient der kreisspezifischen Arbeitslosigkeit (definiert als Standardabweichung durch arithmetisches Mittel) fällt zwischen den beiden Jahren geringfügig von 0,391 auf 0,353.

Tabelle 2.1

Extremwerte der Kreise Bundesrepublik (West) für die Arbeitslosenquoten

(Jahresdurchschnitte)

1989	Maximalwerte		Minimalwerte
Bremerhaven, Stadt	17,0	Rems-Murr-Kreis	3,5
Kreis Lüchow-D.	15,9	Kreis Freising	3,5
Flensburg, Stadt	15,8	Kreis Starnberg	3,4
Wilhelmshaven, Stadt	15,8	Hohenlohekreis	3,4
Gelsenkirchen, Stadt	15,6	Kreis München	3,4
Kreis Wittmund	15,6	Kreis Biberach	3,3
Emden, Stadt	15,2	Enzkreis	3,3
Kreis Leer	14,8	Kreis Böblingen	3,2
Herne, Stadt	14,7	Kreis Rottweil	3,2
Dortmund, Stadt	14,7	Kreis Esslingen	2,8

1997			
Bremerhaven, Stadt	20,9	Kreis Eichstätt	6,5
Wilhelmshaven, Stadt	19,9	Kreis M.-Spessart	6,5
Pirmasens, Stadt	19,3	Kreis Weilheim-S.	6,2
Kreis Lüchow-D.	18,9	Kreis Miesbach	6,2
Kassel, Stadt	18,9	Kreis Lindau	6,2
Gelsenkirchen, Stadt	18,0	Kreis München	6,0
Emden, Stadt	17,8	Kreis Starnberg	5,5
Duisburg, Stadt	17,6	Kreis Freising	5,1
Kaiserslautern, Stadt	17,6	Kreis Ebersberg	4,9
Wolfsburg, Stadt	17,5	Kreis Erding	4,8

Abbildung 2.1

Arbeitslosigkeit 1989
nach westdt. Kreisen

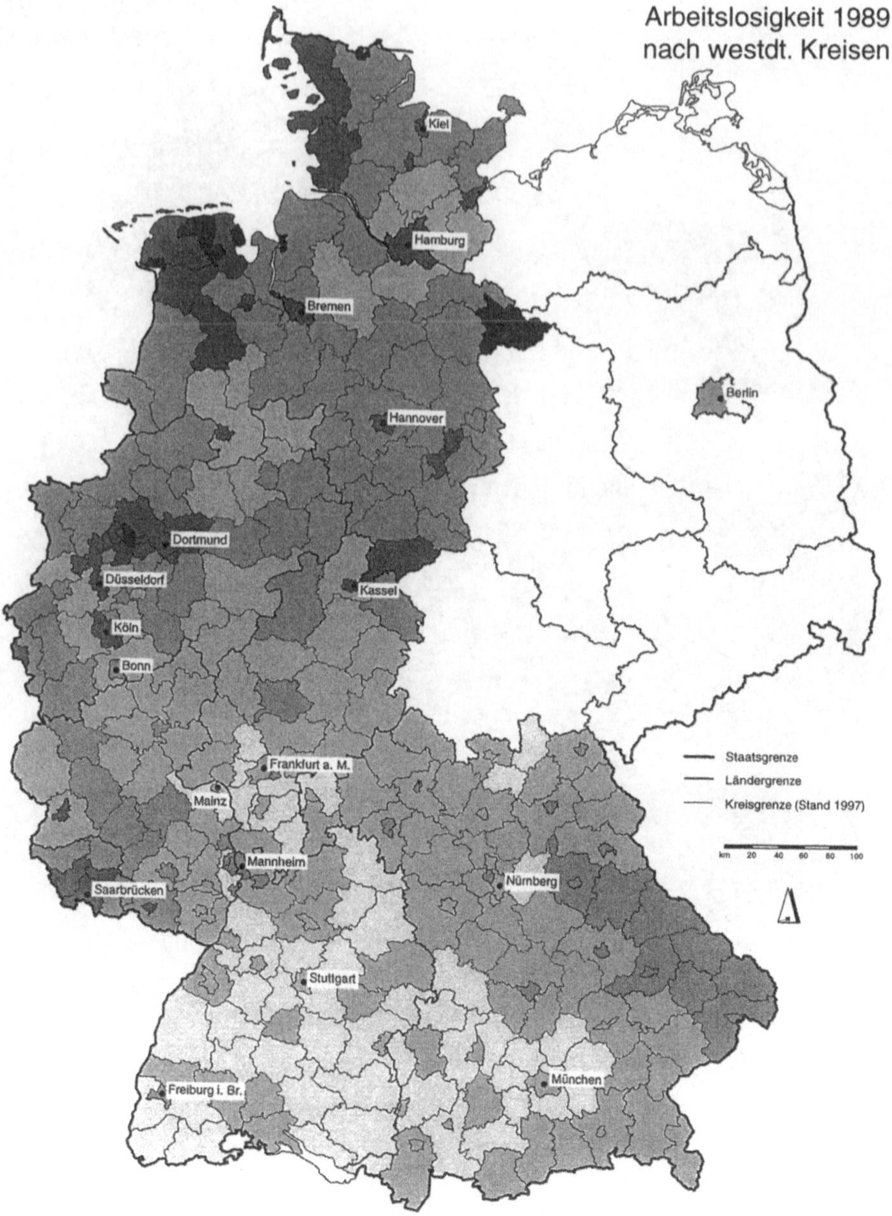

Arbeitslosenquote im Jahresdurchschnitt 1989 (%); in Klammern: Klassenhäufigkeit

- 2,8 bis unter 4,5 (52)
- 4,5 bis unter 8,0 (130)
- 8,0 bis unter 11,5 (102)
- 11,5 bis unter 15,0 (37)
- 15,0 bis 17,0 (7)

gewichteter Durchschnittswert
des ehemaligen Bundesgebiets: 7,9%

Abbildung 2.2

Arbeitslosigkeit 1997 nach Kreisen

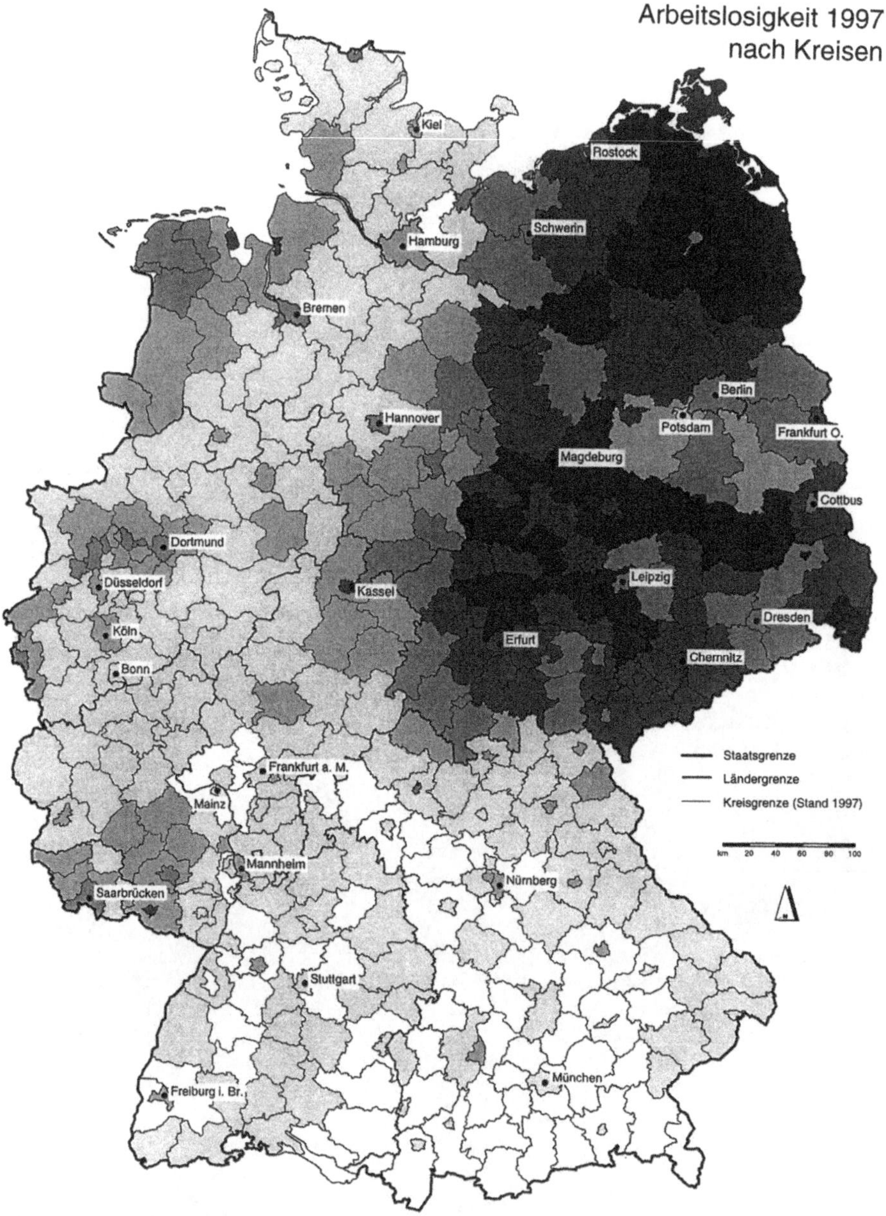

Arbeitslosenquote im Jahresdurchschnitt 1997 (%); in Klammern: Klassenhäufigkeit

- 4,8 bis unter 8,0 (63)
- 8,0 bis unter 11,5 (163)
- 11,5 bis unter 15,0 (75)
- 15,0 bis unter 18,5 (52)
- 18,5 bis unter 22,0 (56)
- 22,0 bis 25,8 (30)

gewichtete Durchschnittswerte:
alte Länder (ohne Westberlin): 11,0%
neue Länder (mit Westberlin): 15,5%

Tabelle 2.2

Extremwerte der Kreise Bundesrepublik (Ost)
Tageslohn und Arbeitslosenquote 1997

Kalendertäglicher Lohn 1997	**Maximal-werte**		**Minimal-werte**
Berlin-Ost, Stadt	126,15	Kreis Sangerhausen	93,84
Potsdam, Stadt	123,20	Kreis Eichsfeld	93,49
Schwerin, Stadt	117,76	Kyffhäuserkreis	93,48
Dresden, Stadt	116,89	Unstrut-Hainich-Kreis	93,00
Rostock, Hansestadt	115,58	Kreis Löbau-Zittau	92,15
Leipzig, Stadt	115,57	Vogtlandkreis	92,06
Halle (Saale), Stadt	114,87	Kreis Rügen	91,56
Weimar, Stadt	114,66	Kreis Stollberg	91,32
Erfurt, Stadt	114,57	Kreis Annaberg	88,40
Magdeburg, Stadt	113,50	Erzgebirgskreis	85,59
Arbeitslosenquote 1997 (Jahresdurchschnitt)			
Kreis Demmin	25,8	Berlin-Ost, Stadt	16,4
Kreis Bitterfeld	25,2	Kreis Teltow-Fläming	16,4
Bördekreis	25,1	Kreis Ludwigslust	16,2
Kreis Köthen	25,1	Kreis Hildburghausen	16,0
Kyffhäuserkreis	25,0	Weisseritzkreis	15,5
Kreis Wittenberg	24,9	Dresden, Stadt	15,1
Kreis Uckermark	24,8	Kreis Dahme-Spreewald	14,7
Kreis Schönebeck	24,7	Kreis Sonneberg	13,8
Kreis Merseburg-Querfurt	24,6	Kreis Potsdam- Mittelmark	13,4
Kreis Oberspreewald-L.	24,5	Potsdam, Stadt	11,1

Angaben zum kalendertäglichen Lohn nach Quartalsmaterial der Beschäftigtenstatistik (jeweils 30.6.). Nur Fälle mit Einkommen über 12 DM

Ein Gesamtbild der räumlichen Struktur der Arbeitslosigkeit kann den Abbildungen 2.1 und 2.2 entnommen werden. Für das Jahr 1997 wird das erhebliche West/Ost-Gefälle deutlich. Zumindest im Westen der Republik zeigt sich, daß die Arbeitslosigkeit generell in den Ballungszentren höher ist. Außerdem sind für große Teile der südlichen Bundesländer deutlich niedrigere Quoten zu verzeichnen.

Auch im Osten der Republik haben sich in Rekordzeit spezifische Disparitäten auf Arbeitsmärkten herausgebildet (vgl. Blien, Hirschenauer 1994 und 1999; vgl. Abbildung 2.2). Der Variationskoeffizient der Arbeitslosenquoten ist zwar deutlich niedriger als im Westen, er beträgt 1997 0,142; dies hängt jedoch einerseits mit dem extrem hohen Niveau der Arbeitslosigkeit, andererseits mit dem intensiven, ausgleichend wirkenden Einsatz der Arbeitsmarktpolitik zusammen.

Die Wirtschaft der DDR war von niedriger Produktivität gekennzeichnet, zur Kompensation wurde versucht, alle Arbeitskräftereserven auszuschöpfen. Nach der Wende und der schockartigen Öffnung zum Weltmarkt gingen über 40 % der Arbeitsplätze verloren, eine relativ kleinräumige Struktur regionaler Disparitäten bildete sich aus, für die ein Zwischenstand in Tabelle 2.2 in seinen Extremwerten dokumentiert ist. Der durchschnittliche kalendertägliche Lohn aus sozialversicherungspflichtiger Beschäftigung betrug in den neuen Ländern im Jahre 1997 105,88 DM, die Arbeitslosenquote war 19,5 %.

War die Dynamik der Entwicklung im Osten der Republik schon beeindrukkend, konnte man sich diese aber noch durch die Strukturbrüche eines Transformationsprozesses erklären, so ist die Dynamik des ‚ganz normalen' ökonomischen Prozesses im Westen noch überraschender. Tabelle 2.3 stellt die Extremwerte für Beschäftigungsveränderungen zusammen. Danach gab es im Westen der Republik Kreise, die in einer Periode von nur 8 Jahren um über 30 % Beschäftigung dazugewannen, während andere um fast 20 % verloren.

Diese Dynamik, die sich weit vom Bundeswert (Veränderung 1980-1989: 3,18 %, 1989-1987: 2,21 %) entfernt, verlangt nach Erklärungen. Natürlich sind bestimmte Fälle durch singuläre Ereignisse zu verstehen, wie dies z. B für den Beschäftigtenanstieg in Freising von ca. 39 000 (1989) auf 55 000 (1997) angeführt werden kann, der mit der Verlegung des Münchner Flughafens verknüpft ist. Die positive Entwicklung von Dingolfing ist durch den

Aufschwung der Automobilindustrie zu verstehen (vgl. Kleinhenz, Hoffmann, Schmidt 1991). Je kleinräumiger man die Daten aufbereitet, um so eher charakterisieren Fluktuationen das sich ergebende Bild. Andererseits sind unter den positiven Extremwerten in Tabelle 2.3 sehr viele bayerische Regionen und keine einzige kreisfreie Stadt. Hier zeigen sich Regelmäßigkeiten, die die Suche nach den determinierenden Ursachen lohnend machen.

Tabelle 2.3

Beschäftigungsveränderungen nach Kreisen in der Bundesrepublik (West)

1980-89	**Minimalwerte**		**Maximalwerte**
Kreis Südwestpfalz	-19,70	Kreis Freising	23,06
Duisburg, Stadt	-16,29	Kreis Ebersberg	23,99
Kreis Peine	-14,37	Kreis Landshut	24,91
Kreis Neunkirchen	-12,78	Kreis Neumarkt i.d. OPf.	25,51
Kreis Holzminden	-12,21	Kreis Fürstenfeldbruck	28,43
Gelsenkirchen, Stadt	-11,57	Kreis Dingolfing-Landau	29,52
Oberhausen, Stadt	-11,07	Kreis Landsberg a. Lech	31,05
Kreis Merzig-Wadern	-9,90	Kreis München	35,04

1989-97

Pirmasens, Stadt	-24,06	Kreis Landshut	25,69
Wilhelmshaven, Stadt	-17,82	Kreis Straubing-Bogen	26,23
Herne, Stadt	-16,77	Kreis Eichstätt	26,35
Duisburg, Stadt	-15,30	Kreis Würzburg	26,37
Kaufbeuren, Stadt	-14,32	Kreis Cloppenburg	27,40
Wolfsburg, Stadt	-14,13	Kreis Vechta	29,65
Pforzheim, Stadt	-13,37	Kreis Schweinfurt	29,70
Kreis Südwestpfalz	-11,87	Kreis Freising	39,39

Eine weitere zentrale ökonomische Dimension, die gleichzeitig eine Zielgröße der regionalen Strukturpolitik darstellt, ist der Lohn, für den analog in den Tabellen A1 und A2 die regionalen Ausgangswerte, in den Tabellen 2.2 und 2.4 die Extremwerte und in den Abbildungen 2.3 und 2.4 ein Überblick angegeben ist. Erneut zeigen sich stark ausgeprägte regionale Unterschiede. Im Osten der Republik ist die Spanne zwischen den Extremen etwas kleiner, der Variationskoeffizient beträgt 0,07, gegenüber 0,09 (1997) im Westen.

Die Abbildungen 2.3 und 2.4 zeigen erneut ein Gefälle zwischen Westen und Osten der Republik, diesmal für den Tageslohn. Allerdings wird auch ersichtlich, daß sich inzwischen die Verteilung zwischen den beiden Landesteilen überlappt. Dies liegt daran, daß in den städtischen Zentren generell höhere Durchschnittslöhne zu verzeichnen sind als in ländlichen Gebieten.

Betrachtet man die Extremwerte, ergeben sich erhebliche Spannweiten in der Größenordnung von über 50 %. Der durchschnittliche Tageslohn betrug 1989 zum Stichtag 30. 6. in Wolfsburg 126,57 DM (Maximalwert), in Cham 76,30 DM (Minimalwert). Bis 1997 realisierte Wolfsburg wegen der Krise der Automobilindustrie nur unterproportionale Zuwächse (35,5 gegenüber 45,3 % im Bund), so daß die Spitzenstellung im Einkommensniveau an Leverkusen verloren ging, das 1997 173,29 DM auswies. Regen im Bayerischen Wald wies 1997 die niedrigsten Werte im Bund (West) mit 109,47 DM auf. In den östlichen Ländern wurden die Extremwerte 1997 mit 85,59 DM im Mittleren Erzgebirgkreis und 126,15 DM in Ostberlin registriert (zur Quelle vgl. die Anhangtabelle A1 und A2).

Der Lohn steht zur Arbeitslosigkeit in einer Beziehung, die in verschiedenen Varianten ökonomischer Ansätze jeweils unterschiedlich gestaltet ist. In der Lohnkurvenhypothese wird angenommen, daß der Lohn von der Arbeitslosigkeit bestimmt ist: Je höher die Arbeitslosigkeit, desto niedriger der Lohn. In einer umgekehrten Sichtweise reagiert die Arbeitslosigkeit auf den Lohn. Danach wären z. B. im Ruhrgebiet die Arbeitslosenquoten hoch, weil dort durch die Dominanz der Montanindustrien in der Vergangenheit überdurchschnittliche Löhne gezahlt wurden und dies in bestimmtem Grade immer noch der Fall sei.

Tabelle 2.4

Extremwerte der Kreise Bundesrepublik (West) für den Tageslohn nach Beschäftigtenstatistik
(Quartalsstatistik)

1989	**Maximal-werte**		**Minimal-werte**
Wolfsburg, Stadt	126,57	Kreis Cloppenburg	79,59
Leverkusen, Stadt	122,15	Kreis Passau	79,44
Ludwigshafen am Rhein, Stadt	116,82	Kreis Regen	79,33
Kreis Gross-Gerau	115,38	Kreis Aurich	79,25
Kreis Böblingen	114,56	Kreis Straubing-Bogen	79,23
Erlangen, Stadt	113,51	Kreis Südwestpfalz	78,60
Frankfurt am Main, Stadt	113,40	Kreis Wittmund	77,81
Kreis München	112,26	Kreis Rottal-Inn	77,56
Salzgitter, Stadt	112,05	Kreis Freyung-Grafenau	76,85
Emden, Stadt	111,48	Kreis Cham	76,30

1997			
Leverkusen, Stadt	173,29	Kreis Kronach	116,58
Frankfurt am Main, Stadt	171,99	Kreis Straubing-Bogen	116,22
Kreis München	171,89	Kreis Rottal-Inn	115,03
Wolfsburg, Stadt	171,49	Kreis Passau	114,83
Ludwigshafen am Rhein, Stadt	170,72	Kreis Aurich	114,74
Stuttgart, Landeshauptstadt	166,88	Kreis Wittmund	111,14
Erlangen, Stadt	166,49	Kreis Südwestpfalz	110,75
Kreis Gross-Gerau	166,20	Kreis Cham	110,74
München, Landeshauptstadt	165,25	Kreis Freyung-Grafenau	110,50
Kreis Böblingen	164,94	Kreis Regen	109,47

Angaben zum kalendertäglichen Lohn nach Quartalsmaterial der Beschäftigtenstatistik (jeweils 30.6.). Nur Fälle mit Einkommen über 12 DM

In einer abgeschwächten Version wird die These von der Wirkung des Lohns auf die Arbeitslosigkeit z. B. von Siebert (1994) vertreten. Danach müßte sich der Lohn (nach unten) anpassen, wenn es zu Beschäftigungseinbrüchen in bestimmten Regionen kommt. Die mangelnde Reagibilität des

Lohns wäre verantwortlich für die erheblichen regionalen Disparitäten und mittelbar auch für das globale Niveau der Arbeitslosigkeit, da sich dies als Durchschnitt aus den regionalen Arbeitsmarktlagen ergeben würde.

Den unterschiedlichen Thesen zum Verhältnis von Arbeitslosigkeit und Entlohnung wird im folgenden nachgegangen werden. Der Zusammenhang erschließt sich nicht unmittelbar. Dies kann an Sieberts Argumentation nachvollzogen werden, mit der eine regionale Inflexibilität der Löhne belegt werden soll. Er beobachtet, daß „in Bundesländern mit großer Arbeitslosigkeit hohe Löhne gezahlt werden,... so ... in Hamburg, Niedersachsen, Bremen, Berlin-West, Nordrhein-Westfalen und Saarland" (Siebert 1994: 132; vgl. auch sein Minderheitsvotum zum Gutachten des Sachverständigenrates 1993). Seine Datenbasis sind Bruttostundenlöhne aus der Industriestatistik und die Arbeitslosenquoten für 1990 für Westdeutschland. Da die Korrelation zwischen Lohn und Arbeitslosigkeit aus der Betrachtung der vom Autor angegebenen Tabelle erkennbar ist, weil sie 0,58 beträgt (eigene Berechnung), findet sich ein positiver Zusammenhang zwischen den beiden zentralen Variablen, der Siebert in seiner Auffassung bestärkt, daß die Lohnpolitik, wenn sie schon nicht die Ursache der Arbeitslosigkeit ist, auf diese mindestens ‚zu wenig' reagiert. Danach scheint sich eine Hypothese zu bestätigen, die eine positive Korrelation zwischen Arbeitslosigkeit und Entlohnung impliziert.

Allerdings wäre dies ein vorschneller Schluß, da die Löhne von einer ganzen Reihe weiterer Variablen abhängen. U. a. kann erwartet werden, daß die Siedlungsdichte und Zentralität einer Region das Lohnniveau beeinflussen, da die Abbildungen 2.3 und 2.4 relativ hohe Werte für den Lohn in den Ballungszentren anzeigen. Berechnet man die Korrelation zwischen Arbeitslosigkeit und Lohnniveau nur für die Flächenstaaten (schließt also Westberlin, Hamburg und Bremen aus) fällt der numerische Wert des Koeffizienten erheblich, auf 0,14. Keiner der angegebenen Werte ist signifikant auf dem 0,05 Niveau.[2]

[2] Zwar könnte eingewendet werden, daß Signifikanztests nicht relevant für Daten sind, die Messungen für die untersuchte Grundgesamtheit, hier für die Regionen der Bundesrepublik Deutschland (West), umfassen, da kein Schluß von einer Stichprobe auf die Population notwendig ist. Wenn man jedoch an Untersu-

Eine parallele Vorgehensweise kann in erster Annäherung an eine Analyse mit den Daten verfolgt werden, die in den Anhangtabellen dokumentiert sind. Berechnet man den Korrelationskoeffizienten zwischen der kreisspezifischen Arbeitslosigkeit und dem Durchschnittslohn für das Jahre 1989, so hat dieser den (nicht signifikanten) Wert von 0,022. Rechnet man hingegen eine multiple Regression mit dem Lohnniveau als abhängiger Variablen und der Arbeitslosenquote sowie dem Logarithmus der Beschäftigung von 1989 (Spalte 3 in Tabelle A1) als unabhängigen Variablen, ergibt sich ein auf dem 99 %-Niveau signifikanter Koeffizient von -0,003 für die Arbeitslosenquote. Der Logarithmus der Höhe der Beschäftigung in einer Region kann als ein erster unvollkommener Indikator für den Grad der Urbanisierung verstanden werden, in Kapitel 9 werden genauere Indikatoren eingeführt. Die Umkehrung des Vorzeichens bei Einbezug einer Drittvariablen verdeutlicht an dieser Stelle, daß der Zusammenhang zwischen Arbeitslosigkeit und Entlohnung in einem multivariaten Ansatz ermittelt werden muß.

Diese kleine Analyse soll hier nicht weiter vertieft werden. In späteren Kapiteln der vorliegenden Arbeit werden aussagefähigere Daten mit leistungsfähigeren Methoden auf der Basis theoretischer Argumentation verwendet. Hier soll zunächst betont werden, daß regionale Disparitäten ein relevantes Ausmaß erreichen, weil sie die Lebenschancen der in ihnen lebenden Personen in erheblichem Grade beeinflussen. Es ist wichtig, wo jemand geboren ist oder später lebt. Die Einkommens- und die Erwerbschancen hängen von der Ausgangssituation und den Entwicklungsbedingungen vor Ort ab und es macht einen großen Unterschied, ob jemand in einer Krisenregion mit 15 % oder in einem prosperierenden Gebiet mit 4 % Arbeitslosigkeit eine Arbeitsstelle sucht. Natürlich gibt es die Möglichkeit, aus einer Krisenregion abzuwandern, aber Mobilität ist kostspielig, selbst wenn es sich nur um Pendeln handelt, kostet dies Zeit und Geld.

Darüber hinaus werden nicht nur die einzelnen Wirtschaftssubjekte und die mit diesen verbundenen Haushalte vom Auftreten regionaler Disparitäten

---

chungen interessiert ist, die sich auf eine Theorie bezieht, dann sind auch Grundgesamtheiten nur Realisierungen im Rahmen einer Superpopulation, die alle möglichen Anwendungsfälle der Theorie umfaßt. In diesem Fall sind Signifikanztests zur Beurteilung der Ergebnisse erneut notwendig.

getroffen, sondern auch die Gebietskörperschaften und die lokalen Gliederungen des Staats. Gemeinden mit niedrigen Durchschnittslöhnen haben ein niedriges Steueraufkommen. Auch solche mit hohen Arbeitslosenquoten erhalten niedrigere Einnahmen. Aus diesen Gründen sind Arbeitslosigkeit und regionales Lohnniveau die beiden zentralen Zielgrößen der regionalen Strukturpolitik.

Die vorstehend geführte Diskussion verdeutlicht, daß die Untersuchung regionaler Disparitäten schon für sich selbst wichtig ist, obwohl das Ausmaß des regionalen Gefälles in der alten Bundesrepublik klein war, verglichen mit der Situation anderer Länder (wie z. B. Italien). Die Relevanz regionaler Probleme hat sich jedoch seit der Vereinigung der beiden deutschen Staaten grundsätzlich verändert. Seitdem stehen viele ökonomische Analysen unter einem regionalen Vorbehalt, sie gelten nur für Ost oder für West. Dies trifft in bestimmtem Grad auch für die vorliegende Arbeit zu, die sich in dem empirischen Teil in erster Linie mit der Situation in den westlichen Ländern beschäftigt. Allerdings werden ergänzende Analysen für Ostdeutschland vorgelegt.

Die im folgenden durchgeführten Regionalanalysen sind auch für das Verhältnis zwischen dem Ost- und dem Westteil der Republik relevant, weil sie versuchen, zu verallgemeinerbaren Erkenntnissen der Regionalökonomie beizutragen und weil sie regionale Disparitäten unter den besonderen Rahmenbedingungen der Institutionen in der Bundesrepublik untersuchen.

Abbildung 2.3

Tagesentgelt 1989
nach westdt. Kreisen

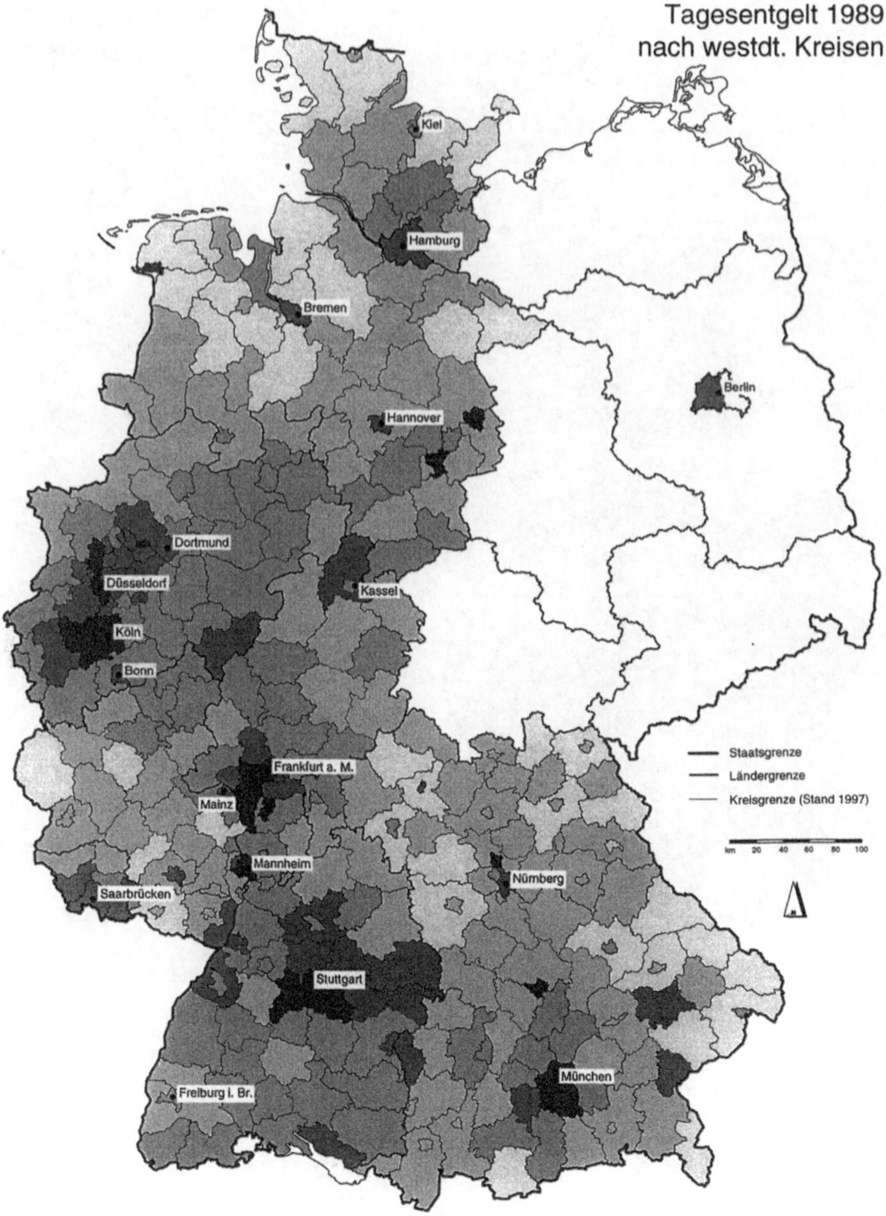

Tagesentgelt 1989 (DM; ohne Verdienste von 12,- DM und weniger); in Klammern: Klassenhäufigkeit

- 76,30 bis unter 84 (41)
- 84 bis unter 91 (120)
- 91 bis unter 98 (98)
- 98 bis unter 105 (47)
- 105 bis 126,57 (22)

gewichteter Durchschnittswert
des ehemaligen Bundesgebiets: 97,28 DM

Abbildung 2.4

Tagesentgelt 1997
nach Kreisen

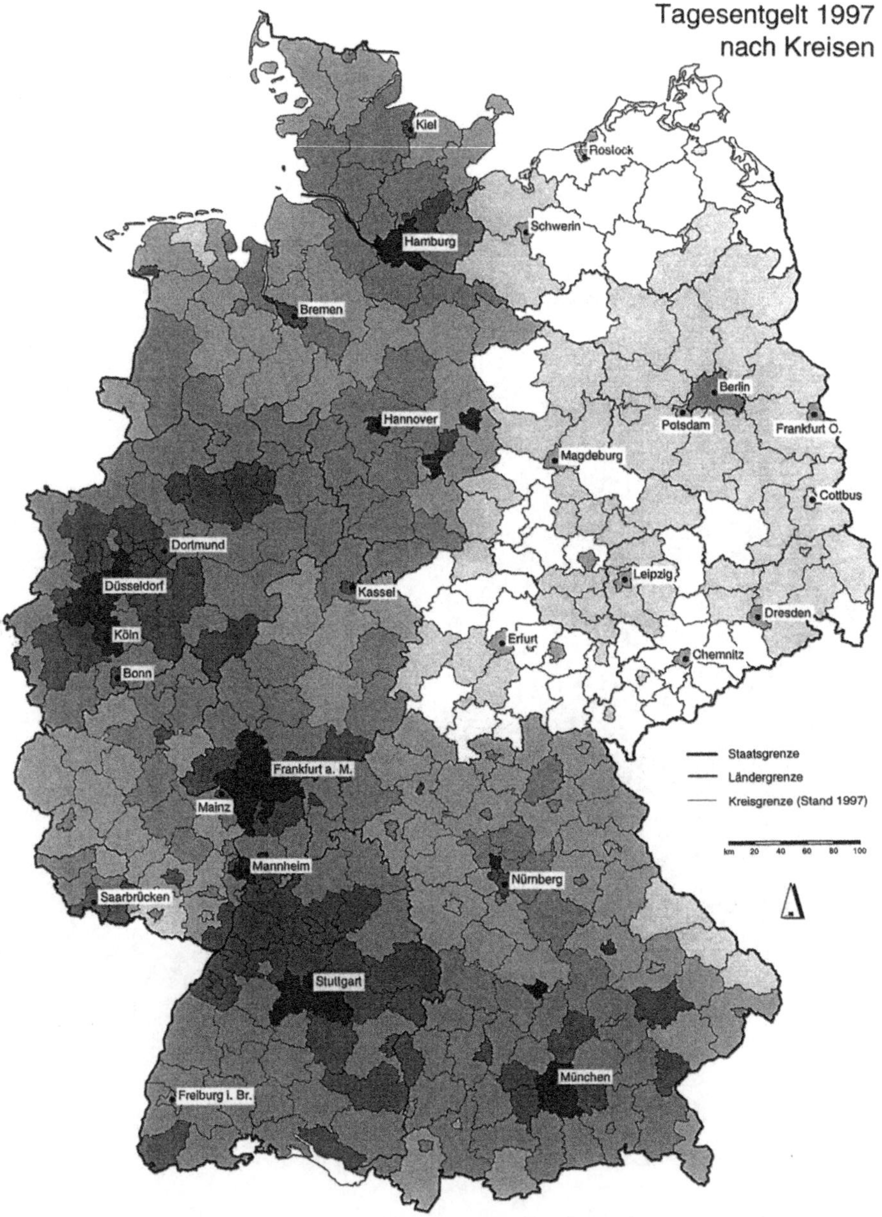

Tagesentgelt 1997 (DM; ohne Verdienste von 12,- DM und weniger); in Klammern: Klassenhäufigkeit

- 85,59 bis unter 99 (45)
- 99 bis unter 112 (59)
- 112 bis unter 125 (93)
- 125 bis unter 138 (140)
- 138 bis unter 151 (75)
- 151 bis 173,29 (27)

gewichtete Durchschnittswerte:

alte Länder (ohne Westberlin):	141,30 DM
neue Länder (mit Westberlin):	105,88 DM

KAPITEL III Entwicklungsunterschiede zwischen Regionen und regionale Arbeitslosigkeit

1. Der Ansatz der Regionalökonomie

In jüngster Zeit erfährt die Regionalökonomie eine bemerkenswerte Renaissance, die auf einer Trendumkehr beruht. In dem die ökonomische Theorie dominierenden neoklassischen Paradigma wird nämlich der Verteilung ökonomischer Aktivitäten im Raum kaum Aufmerksamkeit geschenkt. „Es gibt nur wenige mikro- und makrotheoretische Lehrbücher, welche die explizite Einbeziehung von geographischem Raum einer genaueren Analyse für würdig halten" (Stahl, 1995: 3). Betrachtet man Anwendungen der neoklassischen Wachstumstheorie auf regionale Fragestellungen (vgl. Barro, Sala-i-Martin 1995), so findet man ausführliche Diskussionen von Konvergenzprozessen im Hinblick auf Wirksamkeit und Geschwindigkeit. Gemäß der gängigen Sichtweise verschwinden regionale Unterschiede tendenziell, im langfristigen Gleichgewicht spiegeln vorhandene Differenzierungen der Arbeitslosenquote oder im durchschnittlichen Lohnniveau allenfalls kompensatorische Differentiale: In attraktiven Regionen, die durch niedrige Umweltverschmutzung oder durch die Schönheit ihrer Natur gekennzeichnet sind, muß weniger bezahlt werden, um Arbeitskräfte anzulocken und zu halten. Damit sind, in dieser Sichtweise, regionalspezifische Fragestellungen von zweitrangigem Interesse, weil regionale Besonderheiten ohnehin entweder gewollt oder nur vorübergehender Natur sind.

Wenn also die neoklassische Theorie zu dem Schluß gelangt, daß Konvergenzprozesse bezogen auf ein Marktgleichgewicht ubiquitär sind und in neueren Arbeiten allenfalls betont wird, daß solche Entwicklungen langsam ablaufen, so stellt sich die einfache Frage, wieso überhaupt Abweichungen von diesem Endzustand auftreten, wieso also derart starke Wachstums- und Schrumpfungsvorgänge für Regionen festzustellen sind, wie sie im vergangenen Kapitel kurz charakterisiert wurden. Die im Rahmen des herrschenden Paradigmas typische Antwort ist, daß Abweichungen durch Schocks provoziert sind. Das Auftreten solcher Schocks wird als zufällig und damit als exogen für den Rahmen der ökonomischen Theorie angesehen.

Nun ist dies zweifellos kein befriedigender Zustand, da regionale Heterogenitäten auffällig sind, gleichgültig, welches Gebiet der Welt man auch immer betrachtet. Für Krugman (1991a: 5) ist die „schlagendste Eigenschaft der Geographie ökonomischer Aktivität" ihre „Konzentration". Zwar hat diese Konzentration in den letzten Jahrzehnten etwas abgenommen (vgl. für die USA: Krugman 1991a: 75ff.; für Europa: Moll 1997; für Westdeutschland: Möller, Tassinopoulos 2000), trotzdem bleibt ihr Grad erstaunlich hoch und es ist erklärungsbedürftig, wieso sie gegen die Kräfte der Konkurrenz bestehen kann.

In der Wirtschaftsgeographie, die akademisch üblicherweise in den Fachbereichen der Geographie, nicht der Ökonomie angesiedelt ist, werden neoklassische Ansätze traditionell als nur ein Weg unter mehreren möglichen behandelt. Eine verbreitete Gruppe alternativer Arbeiten wird z. B. als „Polarisationsansätze" bezeichnet. Die einflußreichsten Analysen aus dieser Gruppe sind schon etwas älter, hier können z. B. Myrdal (1957), Kaldor (1970) und Buttler (1973) genannt werden, die in Lehrbüchern (vgl. Schätzl 1992; Maier, Tödtling 1992) und Übersichtsartikeln (vgl. Buttler, Hirschenauer 1995) immer noch eine herausragende Rolle spielen. Von den genannten Autoren werden systematische Faktoren behandelt, die die Konzentration ökonomischer Aktivität entstehen lassen. Prozesse zirkulärer Verursachung sind z. B. bei Myrdal dafür verantwortlich, daß eine regionale Differenzierung im Hinblick auf Produktionsstandorte entsteht. Hat sich zufällig irgendwo eine relativ kleine Konzentration ergeben, wird sich diese selbst verstärken, da sie Zuwanderung vor allem von besser qualifizierten Arbeitskräften provoziert, die wiederum die wirtschaftlichen Aussichten in der betreffenden Region verbessern.

Neben den Arbeiten der genannten Autoren, die obzwar zweifellos Ökonomen, inzwischen mehr von Wissenschaftlern anderer Fachgebiete gewürdigt werden, gibt es einen weiten Bereich von Analysen, der innerhalb der ökonomischen Wissenschaft eine respektable, aber doch Existenz am Rande der akademischen Aufmerksamkeit führt. Dies ist der Bereich der Standorttheorie, die ebenfalls in starkem Maße von der Wirtschaftsgeographie rezipiert wird. Im Rahmen von Ansätzen, die sich bis auf von Thünen (Anfang des 19. Jhh. - hier allerdings eher in der Form der Landnutzungstheorie) zurückverfolgen lassen und in späterer Zeit von Weber und Christaller geprägt worden sind (vgl. für einen Überblick Schätzl 1992; Maier, Tödtling 1992; Puu 1997) wird die optimale Anordnung von Produktion in Reaktion auf Transportprobleme und Bodenknappheit behandelt.

Die Entstehung von Inhomogenitäten in einem Raum, die letztlich zur Bildung von Orten führt, wird behandelt und aus dem optimierenden Verhalten der Wirtschaftssubjekte, der Existenz von Transportkosten und der Preisbildung eines unvermehrbaren Faktors, des Bodens erklärt. Orte, deren Entstehung von den Urban Economics als eigener Gegenstand aufgegriffen wird, konzentrieren sich wiederum entlang eines Systems von Verkehrsachsen.

Die Randständigkeit dieser Arbeiten in der ökonomischen Wissenschaft überrascht, angesichts der Bedeutung des Fakts, daß wirtschaftliche Aktivitäten nicht gleichmäßig über den Boden verteilt sind, sondern eben die beschriebene Tendenz zu Konzentration und zur Anordnung in vielfältigen Mustern aufweisen.[1] Stahl (1995: 4ff.) weist darauf hin, daß für das neoklassische Paradigma die Konvexitätsidee kennzeichnend ist. Danach ist es immer möglich, eine beliebige Produktionsaktivität in zwei getrennt ablaufende aufzuspalten, ohne daß dies an der numerischen Größe der Inputs und Outputs etwas ändern würde. Unter vollständiger Konkurrenz bei konstanten Skalenerträgen kann eine Firma in zwei kleinere zerlegt oder umgekehrt mit anderen Firmen der gleichen Branche zusammengelegt werden, ohne daß dies Konsequenzen für zentrale ökonomische Variablen wie den Produktpreis hätte. Jedoch: Wie noch „zu zeigen sein wird, wäre ohne die Einbeziehung von Nicht-Konvexitäten auf Mikro- und Makroebene die Erklärung und Beurteilung raumwirtschaftlicher Allokationsentscheidungen auf

---

[1] Empirische Belege finden sich in großer Zahl. Ein interessantes Beispiel ist die Anordnung von Regionen mit mehr oder minder großen Beschäftigungsproblemen in den neuen Ländern in einem System konzentrischer Ringe um Berlin (Blien, Hirschenauer 1999). Angedeutet ist diese regionalökonomisch sehr wichtige Struktur auch in Abbildung 2.2 zu sehen.

einigermaßen triviale Fälle reduziert" (Stahl 1995: 4).

Da die Ballung ökonomischer Aktivitäten im Raum gerade Folge der Nichtkonvexitäten ist, wird verständlich, wieso Arbeiten, die hier ihren Ausgangspunkt nehmen, kaum mit dem neoklassischen Paradigma integriert waren. Aus dieser randständigen Existenz innerhalb der ökonomischen Wissenschaft ist die Regionalökonomie jedoch in jüngster Zeit herausgetreten. Zwei Entwicklungen sind dafür maßgeblich, die beide mit dem Namen Krugman verknüpft sind. Die erste der beiden Entwicklungen besteht in der Erweiterung des Instrumentariums der ökonomischen Wissenschaft auf Fälle von Nichtkonvexität. In der Industrieökonomie und der Makroökonomie wird dem Fall wachsender Skalenerträge große Aufmerksamkeit geschenkt.

Das „Konsens-Modell" der Makroökonomie (Layard, Nickell, Jackman 1991 und 1994; Carlin, Soskice 1990) auch „Europäisches Arbeitsmarktmodell" genannt (vgl. Stephan 1996) betrachtet vollständige Konkurrenz nicht mehr als den empirisch maßgeblichen Fall. Stattdessen greifen die betreffenden Autoren zur Modellierung auf das für monopolistische oder oligopolistische Konkurrenz notwendige formale Instrumentarium zurück, das insbesondere in den achtziger Jahren entwickelt wurde. Die Anwendung dieses Instrumentariums hat insbesondere Krugmans (1991a) „Neue ökonomische Geographie" geprägt (vgl. Fujita, Krugman, Venables 1999). Nicht die Ideen über die Wirksamkeit von Agglomerationseffekte etc. sind neu - hier wenden Wirtschaftsgeographen zu recht ein, daß sie ähnliche Ideen schon immer vertreten haben. Krugmans Leistung besteht vielmehr darin, diese Effekte mit dem Instrumentarium der ökonomischen Wissenschaft zu analysieren und mit herkömmlichen Argumentationen zu integrieren.

Die andere zentrale Entwicklung, die dazu beiträgt, daß die Regionalökonomie international aus ihrer randständigen Existenz eher ins Zentrum der ökonomischen Theorie rückt, besteht darin, daß sich für empirische Analysen die Informationsbasis sofort drastisch verbessert, wenn statt Makroökonomien Regionen betrachtet werden. Viele Beziehungen zwischen zentralen ökonomischen Variablen, also Arbeitslosigkeit, Beschäftigung, Entlohnung etc. lassen sich sowohl im Querschnitt wie in der Entwicklung besser analysieren, wenn statt Daten über eine nationale Ökonomie Informationen über z. B. 327 (Anzahl der Kreise Bundesrepublik Deutschland - West) kleine regionale Ökonomien einbezogen werden. Dieses von Krugman betonte Argument impliziert, daß es möglich ist, durch Regionalanalysen für viele Fragestellungen „Varianz zu gewinnen". Zudem erweist sich die Region für viele ökonomische Prozesse als die adäquate Ebene: Es ist zunächst die lokale Arbeitslosigkeit, die sich für einen Beschäftigten als bedrohlich erweist. Da für ihn ein Umzug kostspielig sein wird, nützt ihm nicht viel, wenn anderswo genug Arbeitsplätze vorhanden sind.

Neben diesen, eher wissenschaftsimmanenten Gründen gibt es eine empirische Entwicklung, die dazu beiträgt, daß derzeit international die Regionalökonomie eine viel höhere Aufmerksamkeit erfährt als noch in den achtziger Jahren (vgl. Stahl 1997). Die fortschreitende Integration von Staaten in wirtschaftliche Zusammenschlüsse wie die EU oder die NAFTA trägt dazu bei, für Fragestellungen, die früher eher die Außenhandelstheorie interessierten, nun die Regionalökonomie zu verwenden. Auch in der Bundesrepublik Deutschland wurden regionale Themen in jüngerer Zeit auf wichtigen Tagungen als eigener Schwerpunkt behandelt (vgl. Gahlen, Hesse, Ramser 1995; Vosgerau 1997).

Hier sollen jene Erkenntnisse der jüngeren Zeit verarbeitet werden, die zeigen, daß eine Parallelität der neuen Regionalökonomie zu neukeynesianischen Ansätzen besteht. In beiden Fällen werden neoklassische Methoden verwendet, aber einige Basisannahmen des neoklassischen Paradigmas aufgegeben. Vollständige Konkurrenz bei konstanten Skalenerträgen kann keine sinnvolle Annahme sein, wenn das Vorliegen räumlicher Strukturen gerade steigende Skalenerträge anzeigt. Die Regionalanalyse im hier verstandenen Sinne ist ein Gebiet, das von ganz allgemeiner Bedeutung für die ökonomische Theorie ist, da sie die endogene Entstehung von Konkurrenzbeschränkungen zeigt. Gebiete mit einer Konzentration ökonomischer Aktivität entwickeln sich, obwohl dies eine verschärfte Konkurrenz um Boden, Arbeitskräfte und sonstige ökonomische Ressourcen impliziert.

Im folgenden soll insbesondere in Abschnitt 3 ein Ansatz zur Erklärung regionaler Disparitäten dargelegt werden, der nur insoweit neu ist, als daß verschiedene Theorieelemente aus anderen Teilgebieten der Ökonomie, insbesondere aus der Makroökonomie kombiniert und auf die Regionalebene angewendet werden. Die Argumentation erfolgt in zwei Schritten: Zunächst (in Abschnitt 2) werden Gründe für die Spezialisierung von Regionen entwickelt, anschließend (im Abschnitt 3) wird gezeigt, inwiefern daraus ein unterschiedliches Schicksal der Regionen ableitbar ist. Die wichtigste zu erklärende Variable ist die regionale Beschäftigung, aus der dann nahezu direkt Konsequenzen für das Arbeitslosigkeitsniveau folgen. Zugrunde liegen Vorstellungen zum Aktivitätsniveau der Produktion, während weitere Effekte auf die Lohnentwicklung hier nicht näher betrachtet werden. Die Argumentation ist vor allem analytisch-abstrakt, Beispiele zu empirischen Regionen der Bundesrepublik werden jedoch immer wieder herangezogen

2. Die Spezialisierung von Regionen

2.1 Urbanisierungseffekte

Die Regionalökonomie unterscheidet im Hinblick auf die Konzentration wirtschaftlicher Aktivität zwischen „Lokalisationsökonomien und Urbanisierungsökonomien. Die ersteren beziehen sich auf die Kräfte, die zur räumlichen Konzentration gleichartiger Wirtschaftsaktivitäten führen; die letztere umfaßt alle, also auch intersektorale Agglomerationskräfte“ (Stahl 1995: 14).

Die Analyse von Urbanisierungseffekten hat in jüngster Zeit durch Krugman (1991a) starke Anstöße erhalten, da er bereits seit längerem diskutierte Argumente, die z. B. von Myrdal verwendet wurden, in formale Modelle integriert, die teilweise aus der Industrieökonomie oder der Theorie des internationalen Handels übernommen sind (Krugman 1998 bezieht sich auf Dixit, Stiglitz 1977). Krugmans zentrales Anliegen ist zu zeigen, wieso einzelne Gebiete in viel stärkerem Maße Industrien attrahieren als andere. In seinen Analysen kann die zufällige Entstehung von geringfügigen Unterschieden dauerhafte Wirkungen haben, da Regionen, die anfangs im Hinblick auf die Standortgunst identisch sind, ein völlig unterschiedliches Schicksal durchlaufen können.

Hier wird ein einfaches Modell von Krugman behandelt, das zum Verständnis geographischer Konzentration bei industrieller Produktion (Krugman 1991a: 16ff.) beiträgt und das die Elemente wachsende Skalenerträge, Transportkosten und Nachfrage enthält. Fallen insbesondere hohe Skalenerträge an, wird jede Firma ihren Markt von nur einem Standort aus bedienen wollen. Indem sie sich dort niederläßt, wo die Nachfrage am größten ist, um Transportkosten zu minimieren, wählt sie den Ort mit der höchsten Konzentration der Bevölkerung und verstärkt ihrerseits die Konzentration weiter. Andere Firmen werden in der gleichen Weise reagieren, und den gleichen Standort wählen, so daß am Ende die mobile Produktion in nur einer Region stattfindet.

Krugman betrachtet eine geschlossene Volkswirtschaft mit nur zwei Regionen, die er Ost und West nennt. Die Produktion spaltet sich in zwei Branchen auf, die stationäre Landwirtschaft, die zu gleichen Teilen in beiden Regionen vertreten ist, und die mobile Industrie. Zusammen absorbieren sie das gesamte Arbeitskräfteangebot, das als unbegrenzt mobil angenommen wird, alle Arbeitskräfte leben und konsumieren jeweils dort, wo sie arbeiten. Die kaufkräftige Nachfrage ist proportional zur Größe der Bevölkerung. Dann ergibt sich folgende Gleichung für den Anteil L_w der Region West an der Bevölkerung, die mit dem Arbeitskräftepotential gleichgesetzt wird:

$$L_w = \frac{1-\pi}{2} + \pi\delta$$

π ist hier der Anteil der Gesamtbevölkerung, der bei der Industrie beschäftigt ist, δ der Anteil der Region West an der Industrie. Q seien weiterhin die fixen Kosten für die Eröffnung einer neuen Firma, Y ihr Produkt und τ die Transportkosten je Produkteinheit, die nur anfallen, wenn von einer Region in die andere geliefert werden muß. Dann ist es billiger, die Region West von einer bestehenden Firma in Ost zu beliefern, solange gilt: $L_w \cdot Y\tau < Q$ Es ist billiger, Ost von West aus zu beliefern, wenn $(1 - L_w)\, Y\tau < Q$ gilt und es ist optimal, in beiden Regionen zu produzieren, wenn keine der beiden Bedingungen erfüllt ist. Folglich kann die Größe der Industrieproduktion im Standort West durch folgende Beziehungen beschrieben werden:

$$\delta = 0, \text{ wenn } L_w < \frac{Q}{Y\tau}$$

$$= L_w \text{ wenn } \frac{Q}{Y\tau} < L_w < 1 - \frac{Q}{Y\tau}$$

$$= 1 \text{ wenn } 1 - \frac{Q}{Y\tau} < L_w$$

Sind die Kosten der Eröffnung einer Firma, verglichen mit den Transportkosten, hinreichend groß, ($Q > \frac{1-\pi}{2}\tau Y$) sind drei verschiedene Gleichgewichte möglich: Ein (instabiles) Gleichgewicht impliziert, daß Bevölkerung und Produktion gleichmäßig zwischen den Regionen aufgeteilt werden. Die anderen beiden Gleichgewichte sind stabil, sie beruhen auf der Konzentration der industriellen Produktion und der mobilen Arbeitsbevölkerung in Ost oder in West. Welches der Gleichgewichte jeweils realisiert wird, hängt von (zufälligen) Ausgangsbedingungen ab.

Die Konzentration der Produktion ist das Ergebnis einer Nachfrageexternalität im Marshallschen Sinne. Die Eröffnung neuer Firmen in einer Region lockt zusätzliche Arbeitskräfte an, deren Güternachfrage ist der Grund für weitere Firmen, diesen Standort zu wählen etc. Wenn dann eine spezifische Region das Wirtschaftsleben einer Nation dominiert, mag dies geschichtskundigen Betrachtern als inhärente Tendenz erscheinen oder Ausfluß einer regionalspezifischen Kultur (die z. B. eine entsprechende Überlegenheit im Wirtschaftsprozeß impliziert). Im beschriebenen Modell ist lediglich ein sich perpetuierender Zufall maßgeblich, der zur Konsequenz hat, daß einmal präferierte Standorte immer präferiert werden. Zentrum bleibt Zentrum und Peripherie bleibt Peripherie. Die Städte von gestern sind an den gleichen Plätzen, wie die Städte von heute.

Krugman (1991a: 101) entwickelt eine komplexe Variante des beschriebenen einfachen Modells, die im wesentlichen auf den gleichen Annahmen beruht, aber Marktinterdependenzen berücksichtigt und dadurch ein den Maßstäben der neoklassischen Theorie genügendes allgemeines Gleichgewicht enthält (vgl. die neue Version in Fujita, Krugman, Venables 1999). Da hier vor allem die Spezialisierung von Regionen im Sinne der Wirksamkeit von Lokalisierungseffekten von Interesse ist, sei darauf verzichtet, die komplexe Variante ebenfalls zu diskutieren. Es sei jedoch darauf verwiesen, daß auch die erweiterte Version als kritische Annahme auf der unbeschränkten Mobilität des Faktors Arbeit beruht.

Trotz der Beschränkungen in den Annahmen ist Krugmans Modell einflußreich gewesen und wurde z. B. von Brakman, Garretsen (1994) als Grundlage für eine Simulation der Regionalentwicklung in Ostdeutschland verwendet. Gemäß dem Stil der Analyse kamen sie zu dem Schluß, daß eine Verbesserung des Verkehrsnetzes zur Verschlechterung der Perspektiven für die Entwicklung der neuen Bundesländer führen könnte. Eine Senkung der Transportkosten kann dazu führen, daß es sich lohnt, Ostdeutschland vom Westen aus zu versorgen und daß darum der Aufbau einer Industrie im Osten unterbleibt. Die Schlußfolgerung ist somit, daß der Ausbau von Transportwegen, je nach Lage, unterschiedliche Konsequenzen für die Regionsentwicklung nach sich zieht.

2.2 Lokalisierungseffekte

Lokalisierungseffekte beschreiben Gründe für die Spezialisierung von Regionen auf einige ‚bevorzugte' Branchen. Im Anschluß an Marshall nennt Krugman (1991a: 35ff.) drei verschiedene Gruppen von Faktoren, die eine derartige Spezialisierung unterstützen:

- Nutzung eines firmenübergreifenden Pools von Arbeitskräften
- Bereitstellung intermediärer Inputfaktoren
- Auftreten von technologischen Spillovereffekten

Dem ersten Faktor schenkt er die meiste Aufmerksamkeit und entwickelt wiederum ein komplexes Modell (Krugman 1991a: 123ff.), dessen grundlegende Annahme ist, daß die Konjunkturzyklen für verschiedene Firmen nicht völlig synchron verlaufen. Deshalb ist es für Firmen und Arbeitskräfte vorteilhaft, einen gemeinsamen Arbeitskräftepool zu bilden. Firmen werden sich an Orten niederlassen, wo es schon andere Betriebe aus der gleichen Branche gibt, um Arbeitskräfte einstellen zu können, wenn die eigene Nachfrage hoch und die der anderen eher niedrig ist. Ein derartiges Verhalten reduziert Arbeitslosigkeit oder sorgt, im Falle eines flexiblen Lohns, für eine Verstetigung der Lohnentwicklung. Krugmans Modell zeigt, daß der damit verbundene Vorteil schwerer wiegen kann als die Verschlechterung der Konkurrenzposition, die sich für eine Firma daraus ergibt.

Allerdings erscheint die zugrundeliegende Annahme über den Austausch von Arbeitskräften als restriktiv. Da zumindest der Arbeitsmarkt der Bundesrepublik auf die eher langfristige Bindung in Beschäftigungsverhältnissen ausgerichtet und die Politik des Hire und Fire im Konjunkturzyklus schon aus Gründen des geltenden Kündigungsschutzes weniger verbreitet ist als in den USA, wird Krugmans ausführliches Modell hier nicht diskutiert.

Der zweite der drei von Krugman hervorgehobenen Faktoren ist eher als wichtig einzuschätzen. Ist eine Branche in einer Region überproportional vertreten, entstehen dort spezialisierte Märkte, die gerade auf die regionale Nachfrage nach Vorprodukten ausgerichtet sind. Aus diesem Grund lohnt es sich für weitere Firmen der betreffenden Branche, die Region als Standort zu wählen.

Der dritte Faktoren, regionale Spillovereffekte, wird von Krugman wegen empirischer Meßprobleme (vgl. allerdings für die Bundesrepublik Harhoff 1995) nur kurz behandelt, ihm kann jedoch große Bedeutung eingeräumt werden. Danach wird eine Firma von den Erfahrungen anderer insbesondere dann profitieren, wenn sie sich in räumlicher Nähe befindet. Zum Teil vermittelt sich dieser Vorteil über die bereits genannten spezialisierten Märkte für Vorprodukte, zum Teil basiert er auf dem Austausch von Arbeitskräften, der nicht unbedingt etwas mit der mangelnden Synchronisation von Konjunkturen zu tun haben muß, sondern schlicht über Abwerbungen laufen kann. Zum Teil werden solche Spillovers auch die direkte Folge von Ausgründungen sein, bei deen das neue Unternehmen, das Know how für die Produktion und möglicherweise Teile des Kundenstamms mitnimmt und gerade deswegen in der Region verbleibt.

Die Geringschätzung dieses Effekts bei Krugman kontrastiert mit seiner Behandlung in der Theorie endogenen Wachstums, der ‚neuen' Wachstumstheorie (vgl. für einen Überblick über die Arbeiten der ersten Generation Barro, Sala-i-Martin 1995: 155ff.; Bröcker 1994; zu einigen Anmerkungen vgl. Blien 1994). In Anlehnung an das Modell von Romer (1986) kann eine Umformulierung für eine regionale Fragestellung auf folgende Weise geschehen, wenn die Produktionsfunktion Y zunächst für die einzelne Firma (Index f) geschrieben wird:

$$Y_{tf} = Y_{tf}(A, N, K, V) = A_{tf} K_{tf}^{\beta} N_{tf}^{1-\beta} V_{tr}^{\nu} \qquad (1)$$

Dabei ist A ein Technologiefaktor, N der Einsatz an Arbeit, K der von Kapital. V ist der Effekt, den das Sachkapital einer Region ausübt, t ist der Zeitindex. Da die partielle Produktionselastizität ν des Kapitals einer Region größer als Null angenommen wird, enthält das Modell einen regionalen externen Effekt. Alle Firmen einer Region profitieren von der Produktionskapazität, die insgesamt dort vorhanden ist. Regional stellt sich die Produktionsfunktion auf folgende Weise dar:

$$Y_{tr} = A_{tr} N_{tr}^{1-\beta} V_{tr}^{\beta+\nu}$$

In ihren individuellen Investitionsentscheidungen wird die betreffende Firma V für gegeben und unbeeinflußbar halten. Wie ist der externe Effekt V zu interpretieren? Romer nimmt an, daß der Kapitalstock einer Region das „Know how" verkörpert, das zu seinem Aufbau erforderlich war. Diese Kenntnisse diffundieren über die schon benannten Kanäle in andere Firmen und erhöhen dort die Produktion. Da die einzelne Firma in ihren Investionsentscheidungen den Einfluß auf den gesamtregionalen Kapitalstock nicht berücksichtigt, fallen die gesamtgesellschaftlichen Investitionen gemessen am Paretokriterium zu niedrig aus. Zu divergierenden Entwicklungen von Regionen kommt es insbesondere dann, wenn $\beta + \nu > 1$, wie sich im Modell von Romer zeigen läßt.

Lucas (1988) hat ein ähnliches Modell mit einem externen Effekt entworfen, der jedoch über den anderen eingesetzten Faktor, über die Arbeit, vermittelt ist. Hier wird die Produktionsfunktion vom akkumulierten Humankapital beeinflußt. Die Grundform sowohl des Modells von Lucas wie jenes von Romer berücksichtigt keine Mobilität, es ist aber leicht, an solche Wirkungen zu denken. Da sich die Wirtschaftssubjekte höhere Erträge in jenen Regionen versprechen können, in denen V hoch ist, werden sie sich tendenziell dort niederlassen. Sie vergrößern auf diese Weise *V* weiter, ein sich selbst verstärkender Prozeß kommt in Gang, der zu einer weiteren Differenzierung der Regionen führt.

Schon die Grundform der Modelle der Theorie endogenen Wachstums kennt Fälle ohne jenem Ausgleich der Produktivitäten, die die neoklassische Wachstumstheorie in der Tradition von Solow (1956; vgl. als moderne Befürworter der Theorie Barro, Sala-i-Martin 1995: 14 ff. und Richardson 1969: 331ff. für eine ‚klassische' regionale Umsetzung) immer behauptet hat. Für die Urform der neoklassischen Wachstumstheorie grundlegend sind die Annahmen konstanter Skalenerträge (also: $\nu = 0$), eines im Querschnitt konstanten Technologiefaktors *A* und der vollständigen Konkurrenz, was Vollbeschäftigung impliziert. Unter diesen Umständen durchlaufen Regionen mit anfänglich unterschiedlicher Produktivität eine konvergente Entwicklung. In den Modellen der neuen, der endogenen Wachstumstheorie ist dies nicht notwendigerweise der Fall, da *V* hier einen zusätzlichen Wachstumsimpuls erbringt, der größer für Regionen mit viel akkumuliertem Kapital ausfällt.

Die beschriebene Variante der endogenen Wachstumstheorie nimmt Spillovereffekte unterschiedslos für alles investierte Kapital an. Dies erscheint jedoch als nicht vollständig adäquat, da solche Effekte eher für ähnliche oder gleichartige Produktionsverfahren auftreten werden. Um, mit anderen Worten, die Spezialisierung von Regionen zu integrieren, sollte die Produktionsfunktion eher in der folgenden Weise geschrieben werden:

$$Y_{tri} = A_{tri} N_{tri}^{1-\beta} K_{tri}^{\beta} \mathrm{V}\left(\frac{C_{tri}}{C_{ti}}\right) \qquad (2)$$

Der Index i zeigt an, daß sich eine Variable auf eine einzelne Branche bezieht. $\mathrm{V}(C_{tri}/C_{ti})$ ist eine Funktion, die die Stärke der Spillover- oder Diffusionseffekte in Abhängigkeit von der relativen Konzentration der betreffenden Branche wiedergibt. *C* ist der Anteil der betreffenden Branche an der gesamten Beschäftigung, das Weglassen des Regionsindexes, z. B. bei C_{ti} zeigt einen Bundeswert an. Die Funktion V() wird in der Regel einen nichtlinearen Verlauf nehmen: Stimmt die Annahme über die Spillovereffekte, wird V bei Werten für $C_{tri}/C_{ti} > 1$ überproportional ansteigen. Zusätzlich kann erwartet werden, daß bei sehr hohen Werten für C_{tri}/C_{ti} eine Sättigung erreicht wird. Wird $y = Y/N$ gesetzt, ergeben sich in Abhängigkeit von V für y_{tri}/y_{ti} Werte, die die Faktormobilität beeinflussen. Je nachdem, wie das Differential $y_{tri} - y_{ti}$ auf Unternehmen und Arbeitskräfte verteilt wird, ziehen produktivere Branchen Arbeitskräfte aus anderen Branchen der gleichen Regionen und in geringerem Grade auch Arbeitskräfte anderer Regionen an. Ist die betreffende Branche erfolgreich, wird sie somit in Abhängigkeit von der Gestalt von V() weiter wachsen und die gesamte Region mit ihr.

Zusätzlich zu den von Krugman im Anschluß an Marshall genannten Argumenten zugunsten von regionaler Spezialisierung sei noch ein weiteres genannt. Danach wird die regionale Entwicklung durch den persönlichen Kontakt gefördert, der für viele Geschäftsvorgänge notwendig ist. Warum lohnt es sich immer noch, eine Bank in Frankfurt zu bauen und nicht irgendwo in Niederbayern, wo die Grundstückspreise viel niedriger sind? Man könnte erwarten, daß dies im Zeitalter modernster Kommunikationstechnologien nicht nur einige Direktbanken betrifft. Dennoch ist der Finanzplatz Frankfurt in seiner Entwicklung ungefährdet.

Der Grund dafür ist, daß der persönliche Kontakt zwischen den Akteuren, die auf den verschiedenen Märkten tätig ist, den Austausch von Informationen über Marktpreise und Gelegenheiten für günstige Geschäfte erleichtert. Darum ist wichtig, daß die relevanten Personen in einer Region versammelt sind. Die Ausbildung regionaler Netzwerkstrukturen ist ein Zentralthema der modernen Regionalwissenschaften (vgl. Häußermann 1992; Grabher 1993a, 1993b; Camagni 1991 und 1994).

Allerdings ist noch nicht ganz klar, wieso die relevanten Informationen nicht in höherem Grad über moderne Kommunikationstechniken eingeholt werden können. Ergebnisse der experimentellen Ökonomik helfen hier weiter, da sie einen weiteren Grund für die Bedeutung des persönlichen Kontakts nahelegen. Danach erleichtert der Aufbau persönlicher Beziehungen durch direkten Kontakt die Herausbildung von Vertrauen und Verantwortung in Situationen, die nicht eindeutig kontraktuell geregelt sind. Die Experimente von Ernst Fehr und Mitarbeitern (Fehr, Gächter 1996) zeigen, daß z. B. die Lohnsetzung erheblich vom kompetitiven Gleichgewicht abweicht, wenn durch einen üblichen offenen Arbeitsvertrag nicht klar definiert ist, was von den Kontraktpartnern jeweils als Leistung zu erwarten ist. Im Anschluß an Akerlofs (1982) Effizienzlohnmodell, das auf der Herausbildung eines gemeinsamen normativen Systems zwischen Betriebsleitung und Arbeitskräften beruht, wurden Experimente durchgeführt, die zeigten, daß sowohl Arbeitsleistung wie bezahlter Lohn höher ausfallen als zu erwarten wäre, wenn beide Marktseiten jeweils separat ihren Vorteil verfolgen würden. Zur Erklärung dieses Ergebnisses, das bereits unter verschiedenen Randbedingungen reproduziert wurde und erhebliche Beachtung erlangte, werden Ideen über die „Fairness“ eines spezifischen Verhaltens herangezogen. Die Bedeutung normativer Faktoren für das Verhalten von Wirtschaftssubjekten wird in jüngster Zeit intensiv untersucht. Die Konsequenzen dieser Faktoren könnten immens sein, da man noch sehr wenig über ihre Wirkungen weiß.

Für Fehrs Ergebnis, nach dem Lohn und Arbeitsleistung vom kompetitiven Gleichgewicht abweichen, ist kein unmittelbarer Kontakt zwischen den Versuchspersonen im Labor erforderlich. Gleichwohl kann erwartet werden, daß persönlicher Kontakt den Aufbau von ‚Vertrauen‘ positiv beeinflußt und die Beurteilung der ‚Verläßlichkeit‘ im Kontakt zwischen Wirtschaftssubjekten möglich wird. Normative Elemente sind nach Fehr dort wichtig, wo Marktbeziehungen nicht im Detail geregelt sind.[2] Dies ist häufig der Fall und bestimmt oft die Beziehungen zwischen einer Firma und ihren Zulieferern, soweit es sich dabei um längerfristig ausgerichtete Verhältnisse handelt, die Elemente eines doppelseitigen Monopols einschließen. Auch in diesen Fällen wird die regionale Konzentration günstig sein, da sie den persönlichen Kontakt erleichtert.

---

[2] Demgegenüber konvergieren viele reine Tauschprozesse in klassischen Experimenten nach kurzer Zeit auf ein Konkurrenzgleichgewicht (vgl. Smith 1962 und die nachfolgende Literatur). Eine geeignete Variation der Randbedingungen zeigt den Einfluß von Marktmacht und von monopolistischen Positionen (vgl. die Übersicht bei Roth 1995: 49ff.). Die experimentelle Ökonomik ist ein faszinierendes Gebiet, das in jüngster Zeit vielfältige und überraschende Ergebnisse zur Mikroökonomie beigetragen hat und den bisher verwendeten axiomatischen Ansatz durch empirische Ergebnisse ergänzen und modifizieren kann (vgl. Kagel, Roth 1995 für einen Überblick).

3. Auf- und Abstiege: Entwicklungspfade von Regionen

Die bisher vorgetragene Argumentation verdeutlichte, daß Agglomerationen auf zwei verschiedenen Arten von Effekten beruhen. Urbanisierungseffekte führen zur Entstehung von Städten (bzw. allgemein von Orten), sie erklären die empirisch feststellbare extrem inhomogene Bodennutzung. Städte schließen ganz verschiedene Produktionszweige ein, für die aber i. d. R. eine bestimmte Konzentration vorteilhaft ist. Lokalisationseffekte führen zur Spezialisierung von Regionen nach einzelnen Branchen, es erweist sich für eine Firma tendenziell als vorteilhaft, einen Standort zu wählen, an dem bereits andere Firmen mit einem verwandten Produkt vertreten sind.

Mit den ins Felde geführten Agglomerationseffekten können bereits viele empirische Phänomene räumlicher Konzentration erklärt werden. Die Analyse regionaler Entwicklung soll im folgenden weiter vertieft werden. Wie ist zu erklären, daß Gebiete, wie z. B. die Regionen der Städte Nürnberg oder Schweinfurt, die in der Vergangenheit eine durchaus positive Entwicklung genommen haben, im Zeitablauf zu Problemfällen, ja sogar zu Krisenregionen werden? Ein Verständnis für die dabei ablaufenden Prozesse läßt sich am einfachsten gewinnen, wenn auf die im regionalökonomischen Kontext oft verwendete Produktzyklusthese zurückgegriffen wird, diese jedoch in einem weiteren Schritt mit dem üblichen Instrumentarium der ökonomischen Theorie weiterverarbeitet wird. Gleichzeitig ergibt sich eine Analyse des Strukturwandels (vgl. dazu Ahrns, Feser 1991: 144ff.) in der Interaktion von Mikro- und Makroebene.

Die im regionalwissenschaftlichen Kontext oft verwendete Produktzyklusthese geht u. a. auf Schumpeter (1939; vgl. Wienert 1990; Weinstein et al. 1985: 63ff.) zurück. Sie wird relevant, da bereits gezeigt wurde, daß Regionen oft mehr oder minder spezialisiert sind. Wenn Spezialisierung geradezu ein Erfolgsfaktor ist, wird die Produktion und Beschäftigung in vielen Regionen von einzelnen Produkten, solchen einer spezifischen Branche oder eines spezifischen Produktkonglomerats dominiert. Damit ist jedoch ein Problem verbunden, da Produkte zumeist nicht endlos lange auf einen zahlungskräftigen Bedarf stoßen. Wie das Grammophon durch den Plattenspieler und dieser durch den CD-Player abgelöst wurden, haben viele Produkte eine nur endliche „Lebenszeit". Hat sich eine Region überwiegend auf ein spezifisches Produkt spezialisiert, gerät sie in die Krise, wenn dieses in eine Phase der Sättigung oder an das Ende seiner „Lebenszeit" gelangt.

Das Beispiel der Stadt Schweinfurt verdeutlicht das Phänomen. Die beiden größten Kugellagerhersteller des Landes und ein sehr ähnlicher Hersteller des Kfz-Zulieferbereichs waren mit Großbetrieben in der Stadt vertreten. Diese drei Betriebe repräsentierten im Jahre 1992 mit ca. 23 000 nahezu die Hälfte der Beschäftigung von 49 826 Personen, die fast das Niveau der Bevölkerung (ca. 54 000) erreichte. Damit hatte Schweinfurt die höchste Einpendlerquote von allen kreisfreien Städten der Republik.

Die Produktion von Kugellagern war einstmals ‚High Tech', ein hervorragendes Beispiel der Ingenieurkunst und die damit verbundenen Genauigkeitsanforderungen generell nur an wenigen Plätzen der Welt zu erfüllen. Später waren die technischen Bedingungen für die Herstellung von Kugellagern industrieller Normalstandard, der mit Verfahren der Massenproduktion abgedeckt werden konnte. Bis dahin verlief die Entwicklung für Schweinfurt vorteilhaft. Im Rahmen der Massenproduktion entstanden viele Arbeitsplätze, die auch im Rahmen von Rationalisierungen nicht wegfielen, da die Nachfrage schnell genug mitstieg.

Dies änderte sich jedoch im Zeitablauf, da sich der Markt mehr und mehr seiner Sättigungsgrenze näherte. Spätestens in den neunziger Jahren wurden Produktivitätsgewinne nicht mehr durch Absatzsteigerungen kompensiert, die Kugellagerindustrie Schweinfurts stürzte in eine massive Krise und zog die gesamte Region mit (vgl. Blien 1993b). Krisenverschärfend wirkte, daß das Produkt inzwischen technologisch ausgereizt war, heute können Kugellager auch in einem Schwellenland produziert werden, wie nicht zuletzt der Bau einer Tochterfirma in China beweist. Damit kommen die dort üblichen niedrigen Löhne zum Tragen.

Das Beispiel der Kugellagerproduktion in Schweinfurt verdeutlicht den Zusammenhang mehrerer ökonomischer Variablen in ihrer Entwicklung, die in der Abbildung 3.1 zusammengestellt sind. Diese zeigt, daß der Produktlebenszyklus (oder Produktzyklus, um die biologische Assoziation zu vermeiden) nicht mit dem ‚Tod' des betreffenden Produkts enden muß. In der

Markteinführungsphase sind sowohl Produktinnovationen als auch Prozeßinnovationen (vgl. Feser 1990b: 15) hoch. Der Absatz ist zunächst niedrig, steigt als Folge des hohen Bedarfs und von Preisreduzierungen schnell.

Abbildung 3.1

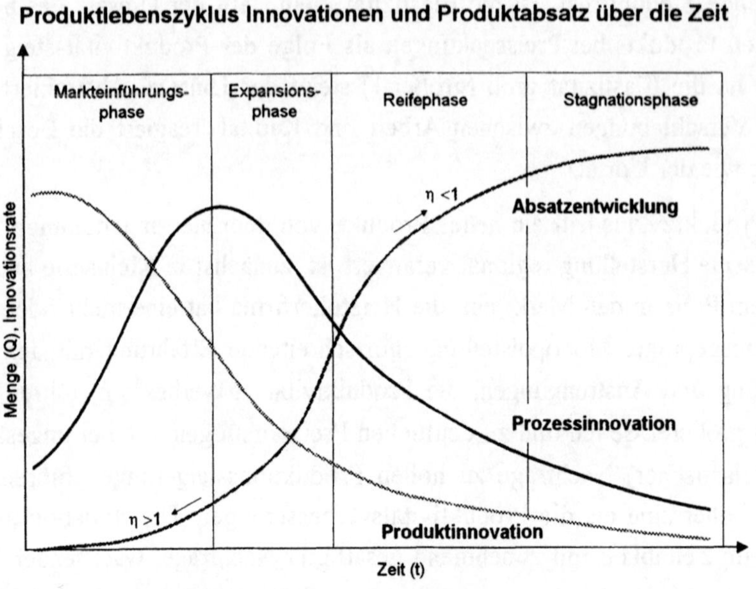

Bereits ein Übergang der Nachfrage in den inelastischen Bereich kann eine Region in eine Krise stürzen. Um dies im einzelnen zu verdeutlichen, soll hier ein Modell dargelegt werden, das die Produktzyklusidee über den Zentralbegriff der Nachfrageelastizität in die ökonomische Theorie integriert. Die Grundstruktur des Modells geht auf Appelbaum und Schettkat (1993, 1994, 1995, 1996; vgl. Schettkat 1998) zurück, die ihre Argumentation jedoch für die makroökonomische Erklärung von Arbeitslosigkeit konstruierten, während es hier um die Entwicklung von Regionen und um regionale Arbeitslosigkeit geht. Eine simple Modellstruktur soll die Argumentation transparent halten, Verallgemeinerungen, die die Resultate modifizieren, sind an verschiedenen Stellen möglich.

Vor einer formalen Darstellung soll der gedankliche Kern und die für das Modell maßgebliche Kausalstruktur dargelegt werden. Es wird angenommen, daß Produktivitätsfortschritte von den Firmen proportional auf die Preise weitergegeben werden. Die Umsatzentwicklung unter den Bedingungen fortschreitender Technologie wird dann von der Elastizität der Nachfrage auf dem Gütermarkt bestimmt, der für die betreffende Region die dominierende Stellung hat. Ist die Elastizität klein, fällt der Umsatz des betreffenden Produkts bei Preissenkungen als Folge der Produktivitätssteigerungen. Ist die Elastizität groß (größer 1) steigt der Umsatz. Abstrahiert man von Verschiebungen zwischen Arbeit und Kapital, reagiert die Beschäftigung wie der Umsatz.

Im Produktzyklus tritt ein neues Produkt, von dem hier angenommen wird, daß seine Herstellung regional verankert ist, zunächst in Kleinserie bei sehr hohem Preis in den Markt ein, die Herstellerfirma hat eine mehr oder minder ausgeprägte Monopolstellung. Fortschreitende Erfahrung mit der Herstellung und Anstrengungen, die Produktivität zu verbessern, führen zum Start größerer Serien und zu deutlichen Preissenkungen, die bei ungesättigter (elastischer) Nachfrage zu hohen Produktionssteigerungen führen, die weit höher sind als die Produktivitätsverbesserungen. Die Situation ändert sich im Zeitablauf mit zunehmend gesättigter Nachfrage, wachsender Konkurrenz auf den Märkten und mit ausgereizten technologischen Spielräumen. Jetzt führen Produktivitätsverbesserungen nur noch zu kleinen Steigerungen der abgesetzten Gütermenge und damit zu sinkendem Umsatz und verringerter Beschäftigung. Die am Ende ihres Produktzyklus stehenden Firmen ziehen dann die Region, in der sie ihren Standort haben, mit in die Krise. Dieses Erklärungsmuster wird vorgeschlagen, um die in Kapitel 2 dargestellten stark auseinanderstrebenden Entwicklungsmuster von Regionen zu erklären.

Die Erklärung läßt sich im Detail in einem formalen Modell demonstrieren. Es enthält als Zentrum der Dynamik einen Produktmarkt, der im vorliegenden Kontext den Bereich darstellt, auf den sich eine Region, aus den dargelegten Gründen, spezialisiert hat. Die Gleichungen 1 und 2 beschreiben

Nachfrage und Angebot auf diesem Markt:

$$P_r = a - bY_r \tag{3}$$

$$P_r = MW / D_r \tag{4}$$

Die Nachfrage nach einer bestimmten Menge des hier relevanten Produkts (Y_r) hängt also invers von seinem Preis (P_r) ab; $a > 0$ und $b > 0$ sind zwei Lageparameter der als linear angenommenen Funktion. Die Linearität ist nicht essentiell für das folgende Argument, verwendet werden könnten auch andere Funktionen. Wichtig ist jedoch, daß ihre Elastizität mit höheren Werten von Y_r abnimmt.

Die Angebotsfunktion wird zunächst einfach als konstant im relevanten Wertebereich aufgefaßt. Der Preis ist abhängig von den Kosten, die hier auf Lohnkosten W (pro Arbeitskraft) reduziert sind, in Relation zur Arbeitsproduktivität D_r. Der Zuschlagsfaktor $M > 1$ umfaßt die Verzinsung des eingesetzten Kapitals, so daß hier von Normalkostenpreissetzung ausgegangen wird, wie in der modernen makroökonomischen Theorie in weiten Bereichen üblich (vgl. Carlin, Soskice 1990: 423). Gibt N die Anzahl der beschäftigten Arbeitskräfte an, ist die Arbeitsproduktivität definiert als:

$$D_r = \frac{Y_r}{N_r} \tag{5}$$

Wie erwähnt, wird D_r zunächst als fixer Parameter aufgefaßt, der eine gegebene Produktionstechnik verkörpert. Aus (3) und (4) ergeben sich die auf dem Produktmarkt realisierte Menge und der Preis der betreffenden Ware:

$$Y_r = \frac{a}{b} - \frac{k}{bD_r}W \tag{6}$$

Unter Nutzung von (5) kann die Arbeitsnachfrage berechnet werden:

$$N_r = \frac{a}{bD_r} - \frac{M}{bD_r^2}W \tag{7}$$

Im vorliegenden Modell bleibt zunächst offen, wie der Lohn bestimmt wird. Hier sei angenommen, daß der Lohn bundesweit festgelegt wird, für die betreffende Region also exogen ist. Wie verändert sich die Beschäftigung in Abhängigkeit von der Arbeitsproduktivität? Differenzieren von (7) ergibt:

$$\frac{dN_r}{dD_r} = \frac{-a}{bD_r^2} + \frac{2MW}{bD_r^3} \qquad (8)$$

Dieser Ausdruck ist Null, größer oder kleiner Null entsprechend der folgenden Bedingung:

$$\frac{dN_r}{dD_r} \gtreqless 0 \quad \text{wenn} \quad W \gtreqless \frac{aD_r}{2M} \qquad (9)$$

Zur Interpretation von (9) kann eine Aussage für die Nachfrageelastizität hergeleitet und zu (7) in Beziehung gesetzt werden. Die Nachfrageelastizität η ist definiert als:

$$\eta_r = -\frac{P_r}{Y_r}\frac{dY_r}{dP_r} = \frac{1}{b}\frac{P_r}{(a/b - P_r/b)} \qquad (10)$$

Setzt man (4) in (10) ein, ergibt sich für die Nachfrageelastizität:

$$\eta_r = \frac{MW}{aD_r - MW} \qquad (11)$$

Daraus kann ersehen werden, wann η_r größer, gleich oder kleiner 1 ist:

$$\eta_r \gtreqless 1 \quad \text{wenn} \quad W \gtreqless \frac{aD_r}{2M} \qquad (12)$$

Aus der Äquivalenz von (9) und (12) kann wiederum entnommen werden, daß eine Produktivitätssteigerung genau dann zur Vergrößerung der Arbeitskräftenachfrage führt, wenn die Nachfrage auf dem Produktmarkt elastisch reagiert ($\eta_r > 1$). Produktivitätsveränderungen bleiben ohne Konsequenzen, wenn die Nachfrage eins-elastisch ist, sie führen zu Beschäftigungseinbrüchen, wenn die Produktnachfrage unelastisch ($\eta_r < 1$) ist.

Bevor die Konsequenzen des beschriebenen Zusammenhangs im einzelnen behandelt werden, sei kurz die Möglichkeit der Endogenität von W gestreift. Wenn $W = W_r$ in der betreffenden Region festgelegt wird, besteht die Möglichkeit, daß der Beschäftigungseinbruch abgemildert wird. Fällt der Lohn als Reaktion auf die Arbeitslosigkeit, steigt ceteris paribus die Beschäftigung, wie die negative Steigung der Arbeitsnachfragefunktion (7) anzeigt. Solche Effekte werden im sechsten Kapitel untersucht, wo der Lohn endogenisiert wird.

Eine wichtige Einschränkung zur Reichweite der vorgetragenen Argumentation sei noch angefügt. Die Preissetzungsfunktion der Firmen unterstellt, daß die Einsatzverhältnisse von Kapital und Arbeit selbst bei Produktivitätssteigerungen konstant sind. Dies sieht man sofort, gibt man die Gewinnfunktion G explizit an, indem man eine neoklassischen Produktionsfunktion $Y_r = Y_r(K, N)$ verwendet, die das eingesetzte Kapital angibt:

$$G_r = P_r \cdot Y_r(K,N) - WN_r - RK_r \qquad (13)$$

R steht hier für die Verzinsung des Kapitals. Dann ergibt sich der Preis als

$$P_r = \frac{W + RK_r / N_r + G_r / N_r}{Y_r / N_r} \qquad (14)$$

Es ist offensichtlich, daß Gleichung (14) nur dann äquivalent zu (5) ist, wenn der technische Fortschritt das Einsatzverhältnis der Faktoren K und N unberührt läßt („Hicks-neutraler technischer Fortschritt", vgl. Hahn, Matthews 1964). Bei Nichteinhaltung dieser Bedingung werden die unter Gültigkeit von (5) behaupteten Entwicklungen modifiziert.

Arbeitssparender technischer Fortschritt wird insbesondere dort eine Rolle spielen, wo Arbeitskräftemangel herrscht. Investitionen in Arbeitskräfte und in Sachkapital können differentielle Wirkungen haben. Vor allem gegen Ende des Produktzyklus kann die Substitution von Arbeit durch Kapital die Beschäftigungseinbrüche weiter vergrößern. Zu Beginn des Zyklus kann diese Substitution den Aufbau von Beschäftigung zur Herstellung eines bestimmten Produkts reduzieren.

Dies zeigt, daß mit dem beschriebenen Mechanismus, der auf die Elastizität der Nachfrage abstellt, nur ein Prinzip der Regionalentwicklung identifiziert wurde, das allerdings hier für wesentlich gehalten wird. Veränderungen des Einsatzverhältnisses zwischen Sachkapital und Arbeitskräften müssen klein genug sein, um die Wirkungen von Nachfrageänderungen nicht zu stören.

Trotz dieser Einschränkungen beanspruchen die vorgetragenen Überlegungen im Sinne einer Abstraktion einige wesentliche Ursachen des Aufstiegs und Falls von Regionen zu beschreiben (vgl. die Analogie zu Olson 1982).

Bemerkenswert an dieser Erklärung regionaler Entwicklung ist, daß die gleichen Faktoren, die zunächst den Erfolg einer Region ausmachen, später ebenso für ihren Mißerfolg maßgeblich sind. Es reicht aus, daß sich in einer Region ein bestimmtes Produkt, eine Branche, ein Produktkonglomerat als dominierend etabliert. Im Zyklus kann sich diese Art der Produktion zunächst als außerordentlich erfolgreich zeigen, später jedoch zu Krisenerscheinungen führen. Die Branchen, die zunächst die Dominanz einer Region begründen, erweisen sich später als altindustrielle Bereiche.

Für diese Abläufe können genug Beispiele in der Empirie der Bundesrepublik gefunden werden, nicht nur der oben erwähnte Fall Schweinfurts. Das Ruhrgebiet war einst eine der führenden Regionen, der Standort von Schlüsselindustrien, heute ist es durch hohe Arbeitslosenquoten und die dauerhaften Strukturprobleme der altindustriellen Region charakterisiert (Müller 1996). Die Region Nürnberg (vgl. Glaser, Lindenmann 1998) war eines der wichtigsten Industriegebiete im Süden Deutschlands, heute erscheint sie weit im Rückstand gegenüber der Konkurrenz von München und Stuttgart. Neue Technologien warten schon, daß sich Regionen spezialisieren, man könnte an Bio- und Umwelttechnologien denken (zu letzteren vgl. verschiedene Aufsätze in Feser, von Hauff 1997).

Zwar stehen harte empirische Tests der dargestellten Theorie aus und können aus Mangel an Daten über regionale Gütermärkte auch hier nicht geleistet werden. Immerhin gibt es Untersuchungen für die Ebene der Makroökonomie, auf die zurückgegriffen werden kann. Die Veränderung der nationalen Nachfrageelastizitäten zuungunsten des verarbeitenden Gewerbes wurde bereits von Möller (1998) nachgewiesen.

Vorzug der Theorie ist die Bezugnahme auf ein dynamisches Element, während die klassischen Standorttheorien in ihrer statischen Orientierung die schnellen Entwicklungen, die in Kapitel 2 dargestellt werden, nicht erklären können. Allerdings kann die Spezialisierung einer Region durch natürliche Vorteile begünstigt werden, die zum Teil in den Standorttheorien betont werden und die einen bestimmten Standort gegenüber anderen als vorteilhaft ausweisen, also z. B. Verkehrsverbindungen einer spezifischen Art oder eine bestimmte Lage relativ zu anderen Regionen.

Wichtig ist auch, daß die hier vorgetragene Analyse die Bedeutung einer in jüngster Zeit viel diskutierten Entwicklung beleuchtet. Globalisierung (vgl. Lammers 1998; Feser 1990b: 7ff.) erscheint als jener Trend, der aus den Versuchen von Firmen erwächst, neue Märkte zu erschließen, um die Nachfragesättigung für ihre Produkte zu umgehen. Die Nachfrage nach einem bestimmten Produkt kann durch die Eröffnung neuer Absatzmöglichkeiten einen völlig neuen Schub erhalten. Auch dies kann die differentielle Entwicklung von Regionen erklären.

Der hier vorgetragene Theorieansatz kann auf die Betrachtung längerer Zeiträume ausgedehnt werden, wenn man daran denkt, daß bestimmte Basisinnovationen Zeit brauchen, bis ihre industrielle Umsetzung großmaßstäblich gelingt. Im neunzehnten Jahrhundert war dies so bei der Eisenbahn, vorher schon bei der Einführung der Dampfkraft, in diesem Jahrhundert bei der Herstellung des Autos oder von Computern. Regionen, die sich bei der Produktion auf der Grundlage dieser Basisinnovationen als erfolgreich erweisen, können sich in besonderem Maße Vorteile sichern. Die beschriebene Produktzyklusidee findet hier ihre Ausweitung auf ganze Bündel von Produkten, die mit der Basisinnovation verknüpft sind.

Allerdings kann daraus gerade im Fall von Basisinnovationen keine feste Regelmäßigkeit der Entwicklung im Sinne „langer Wellen", im Sinne von Kondratieffzyklen (vgl. Nefiodow 1996), abgeleitet werden. Während einzelne Produkte sicherlich kommen und gehen, sind die Mechanismen zur Entstehung von Basisinnovation viel schwerer zu verstehen und sind mit den Besonderheiten jener Bereiche von Naturwissenschaft und Technologie verknüpft, die dabei jeweils genutzt werden. Darüber hinaus werden Verschiebungen in den Einsatzverhältnissen und den Rollen von Sachkapital und Arbeitskräften von massiver Art sein, so daß der beschriebene Zusammenhang nicht für die Entstehung „langer Wellen" verwendet werden kann.

Als vorläufiges Fazit kann festgehalten werden, daß Ursachen für die differentielle Entwicklung von Regionen theoretisch belegt werden können. Die Resultate sind zunächst an der Höhe der Beschäftigung in den betreffenden Regionen festzustellen. Die regionale Arbeitslosenquote U_r wird schließlich ebenfalls reagieren:

$$U_r = (L_r - N_r) / L_r$$

L_r ist hier das Arbeitskräfteangebot, das kurzfristig fix ist, N_r ergibt sich nach (7). Geht man von einer konstanten Kapitalintensität aus, wie in dem zuletzt dargelegten Modell, könnte interregionale Mobilität von Kapital und Arbeit tendenziell ausgleichend auf die Arbeitslosenquoten wirken. Dieser Prozeß verläuft jedoch relativ langsam, da eine solche Mobilität für die Arbeitskräfte kostspielig und im Falle des Kapitals, durch die Vornahme von Investitionen, langwierig sein wird. Glaubt man den von Barro et al. vorgetragenen empirischen Analysen, sind die Konvergenzprozesse, die von der neoklassischen Theorie und in der von dieser inspirierten empirischen Analyse betont werden, wirksam, dauern aber lange (vgl. für die Bundesrepublik auch das dynamische Modell von Möller 1995, der allerdings auch hysteretische Effekte findet).

Mit der vorgetragenen Analyse wurde gezeigt, daß es systematische Gründe für die differentielle Entwicklung von Regionen gilt, die letztlich in unterschiedliche Arbeitslosenquoten münden. Zwar sind die Kristallisationskerne von regionalen Inhomogenitäten zufällig bedingt, geringe Fluktuationen auf Grund beliebig unbedeutender historischer Umstände oder natürliche Standortvorteile dienen als Ausgangspunkt. Eine Anwendung des Instrumentariums der ökonomischen Analyse erbringt als Ergebnis, daß sich diese Inhomogenitäten zwischen Regionen endogen verstärken. Sie betreffen im weiteren Verlauf viele Aspekte des ökonomischen Prozesses, die hier in ihrer Konsequenz für Beschäftigung und Arbeitslosigkeit dargestellt wurden.

KAPITEL IV Konvergierende Tendenzen in der modernen makroökonomischen Theorie

1. Die Modellintegration zu einem umfassenden Ansatz

Die Beziehung zwischen Arbeitslosigkeit und Entlohnung ist eines der Grundprobleme der Volkswirtschaftslehre. Es gibt kaum eine makroökonomische Theorie, die nicht zu bestimmten Folgerungen zu der Beziehung dieser beider Variablen gelangt wäre oder dazu bestimmte Annahmen unterstellte. Unter Verwendung formaler Modellargumentation wird im folgenden das Grundgerüst einer Theorie dargelegt, in der sich beide Variablen simultan ergeben. Das Ziel ist, einerseits theoretisch abzuklären, inwieweit Arbeitslosigkeit das Lohnniveau potentiell senken könnte. Zum anderen interessieren Effekte, bei denen der Kausalpfeil in die umgekehrte Richtung weist, also vom Lohn auf die Arbeitslosigkeit.

Dabei wird von einer Variante jenes Theorieansatzes ausgegangen, der unter verschiedenen Namen, wie „Konsensusmodell" oder „Europäisches Arbeitsmarktmodell", die Diskussion unter den Ökonomen in den neunziger Jahren stark geprägt hat. Verschiedene, vor allem in den achtziger Jahren unabhängig voneinander entwickelte Argumentationslinien lassen sich unter diesem theoretischen Gerüst in Beziehung setzen und bilden somit die in der Kapitelüberschrift angesprochenen ‚konvergierenden Tendenzen'. Obwohl die verschiedenen Teile (z. B. der Effizienzlohnansatz oder die Theorie monopolistischer Konkurrenz) ohne Bezug aufeinander entwickelt wurden, verbinden sie sich doch zu einem kohärenten Ganzen, das der Ausgangspunkt für viele empirische Untersuchungen und wirtschaftspolitische Analysen war und ist.

Grundelemente des Modells, auf dem die Theorie aufbaut, sind die Lohn- und die Preissetzungskurve, die die Ansprüche verschiedener Gruppen von Wirtschaftssubjekten an das Sozialprodukt wiedergeben. Diese Ansprüche sind nur bei einer bestimmten Arbeitslosenquote (der NAIRU = „Non

Accelerating Inflation Rate of Unemployment") vereinbar. Bei anderen Arbeitslosenquoten treten steigende oder fallende Inflationsraten auf, die durch eine Phillipskurve beschrieben werden können. Der Gütermarkt kann - über ein modifiziertes IS-LM-Schema - integriert werden.

Die Grundelemente einer makroökonomischen Argumentationsweise werden hier vor allem deshalb entfaltet, um Beziehungen zur Regionaltheorie herauszuarbeiten, die in den folgenden Kapiteln im Vordergrund steht. Die Erklärung der Lohnkurve ist im wesentlichen eine regionalisierte Umsetzung der benannten Makrotheorie. Die Diskussion des Verhältnisses von Regional- und Makrotheorie ist erforderlich, da nur so geklärt werden kann, wie viel allgemein über das Funktionieren einer Ökonomie zu lernen ist, wenn man zur Betrachtung von Regionen übergeht. Es gilt also, den Anspruch theoretisch zu rechtfertigen, daß man statt einzelne ‚große' auch viele ‚kleine' Ökonomien untersuchen kann. Dies ist nur soweit möglich, als man tatsächlich parallele Strukturen auf den verschiedenen Ebenen vorfindet und jeweils ähnliche Kausalbeziehungen feststellbar sind. Andererseits ist eine bestimmte Variation der Randbedingungen erforderlich, die jedoch gegeben ist, wie Kapitel 2 gezeigt hat.

Bei der Übertragung der Makrotheorie auf regionale Ökonomien müssen einzelne Bausteine modifiziert werden. Z. T. vereinfacht sich die Argumentation, da bestimmte Einflußgrößen, z. B. die Entwicklung des Preisniveaus, als weitgehend exogen angesehen werden können. Andererseits ergeben sich Komplikationen, da Interdependenzen zwischen Regionen eine gewichtigere Rolle spielen als solche zwischen Nationen.

Im folgenden werden zunächst die Grundideen der benannten makroökonomischen Theorie einschließlich des dabei im Vordergrund stehenden Arbeitsmarktes verbal dargestellt, dann folgt eine kurze formale Analyse. An sie schließt eine Entwicklung der Mikrofundierung des Modells an.

2. Grundideen des „Europäischen Arbeitsmarktmodells"

In der zweiten Hälfte der achtziger Jahre entstand eine makroökonomische Theorie, die ihre bekannteste Form in den Arbeiten von Layard, Nickell und

Jackman (1991, 1994) gefunden hat. Das Basismodell findet sich bereits bei Blanchard und Kiyotaki (1987). In den neunziger Jahren wurde die Theorie weiterentwickelt und häufig zur Erklärung von Unterschieden in der Arbeitslosigkeit zwischen Ländern und zum Verständnis der Auswirkungen politischer Veränderungen angewendet.[1]

Leider hat sich kein eindeutiger Name für die Theorie eingebürgert. Anders als die von G. Stephan (1996) vorgeschlagene Bezeichnung „Europäisches Arbeitsmarktmodell" suggeriert, handelt es sich um eine Makrotheorie, die für interdependente Märkte formuliert ist und mehr als den Arbeitsmarkt betrachtet. Sie ist aus mehreren (Teil-) Modellen zusammengesetzt und um die Erklärung zentraler makroökonomischer Variabler, wie Inflation und Arbeitslosigkeit, bemüht. Allerdings steht der Arbeitsmarkt im Zentrum der Aufmerksamkeit, nicht der Gütermarkt, wie in der Grundversion des Keynesianismus und auch nicht der Geldmarkt, wie im Monetarismus oder in der Neuklassischen Makroökonomie.

Zunächst sollen die Grundideen der Theorie dargestellt werden. Danach wird der Arbeitsmarkt durch zwei in Logarithmen formulierte Funktionen charakterisiert, nämlich durch die Lohnsetzungskurve (WS) und durch die Preissetzungskurve (PS).

Beide Kurven lassen sich in einem Diagramm mit den Achsen Reallohn $\ln(W/P)$ und Beschäftigungsrate ($E = N/L$, wobei N: Anzahl der Beschäftigten, L: Arbeitskräftepotential) darstellen. In der Abbildung 4.1 ist das gesamte Arbeitskräfteangebot L konstant und auf 1 gesetzt. Die fallende Preissetzungskurve stellt die Ansprüche an das Sozialprodukt dar, die sich mit den Preis- und Mengenentscheidungen der Unternehmen verbinden.

---

1 Wichtige Beiträge aus der Bundesrepublik sind Vogt (1995, 1996) und Franz (1992, 1996), vgl. auch Beißinger (1996). Carlin und Soskice (1990) haben schon früh eine brilliante Lehrbuchdarstellung beigesteuert, die zentrale eigenständige Elemente der Erklärung enthält, die für die vorliegende Arbeit nutzbringend verwendbar sind. Die Theorie ist inzwischen hinreichend konkretisiert, so daß sie zunehmend für wirtschaftspolitische Fragestellungen herangezogen werden kann, und sie wird auf dem ‚Stand der Kunst' weiterentwickelt, wie z. B. die Kontroverse über die Erklärung der Arbeitslosigkeit in den Ländern der OECD in der Ausgabe Nr. 448 des Economic Journal mit Beiträgen von Nickell (1998) und anderen zeigt.

Die mit der Beschäftigung ansteigende Lohnsetzungskurve verkörpert die ‚Ansprüche', die von den Arbeitskräften an das Sozialprodukt gestellt werden, wenn eine bestimmte Arbeitslosenquote auftritt. Diese Quote ist hier indirekt durch den Abstand zwischen dem gesamten Arbeitskräfteangebot $L = 1$ und dem aktuellen Beschäftigungsniveau gegeben. Bei einer höheren Arbeitslosigkeit werden die Gewerkschaften eher geringere Lohnforderungen erheben, als bei kleineren Quoten. Betrachtet man das Arbeitsangebot als gegeben, hat die Lohnsetzungskurve darum einen mit der Beschäftigung steigenden Verlauf.

Eine wichtige Qualifizierung dieser Aussage sei sogleich angefügt: Die hier vorgestellte Theorie läßt offen, ob es wirklich das Verhalten der Gewerkschaften ist, das zu einer mit der Höhe der Arbeitslosigkeit fallenden Lohnsetzungskurve führt. Alternativ kann sich dahinter auch Effizienzentlohnung verbergen. In diesem Fall werden die Firmen bei niedriger Arbeitslosigkeit aus ihrem Eigeninteresse heraus relativ hohe Löhne zahlen, um die Arbeitskräfte zu einer profitablen Leistungsintensität zu veranlassen. Ist die Arbeitslosigkeit hoch, werden die Beschäftigten dieses Verhalten ohnehin zeigen. Löhne und Arbeitslosigkeit sind in diesem Ansatz Substitute im Hinblick auf die Leistungsmotivation der Beschäftigten.

Die Lohnsetzungskurve spiegelt also die Durchsetzung der Lohnansprüche der Beschäftigten, wobei zunächst offen bleibt, ob sich diese selbst (oder ihre Interessenvertreter, in Gestalt der Gewerkschaften) darum bemühen müssen oder ob die Knappheit der Arbeitskräfte auf Märkten die Firmen veranlaßt, höhere (Effizienz-)Löhne zu zahlen.

Gegenstück der Lohnsetzungskurve ist die Preissetzungskurve, die letztlich die Ansprüche der Eigner der Firmen an das Sozialprodukt verkörpert. Bei höherer Beschäftigung werden diese eher in der Lage sein, höhere Preise durchzusetzen. Dieses Verhalten führt zu niedrigeren Reallöhnen, d. h. zu einer fallenden Preissetzungskurve. Allerdings werden oft auch Argumente dazu vorgetragen, daß die Preissetzungskurve horizontal verläuft.

Abbildung 4.1

Arbeitsmarkt und Inflationsänderung

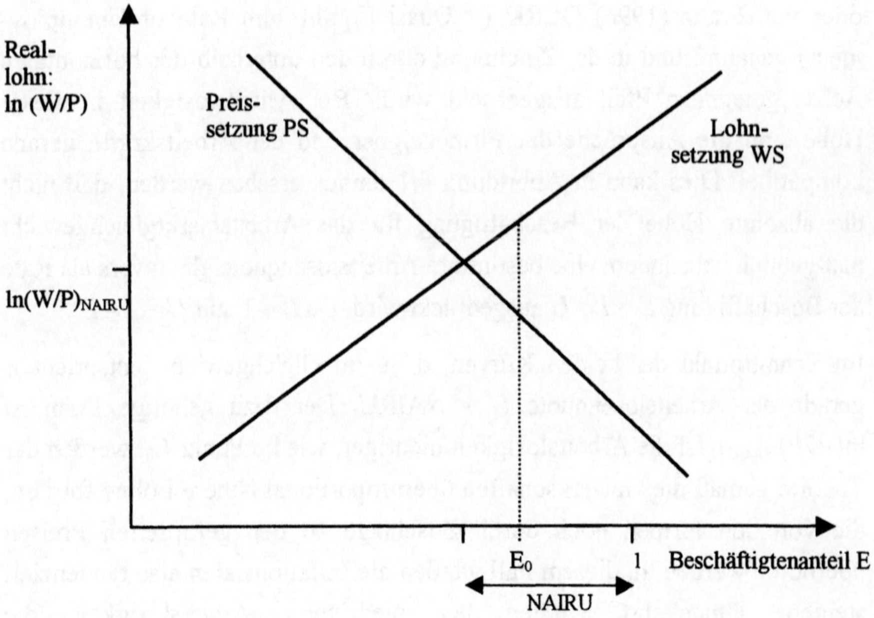

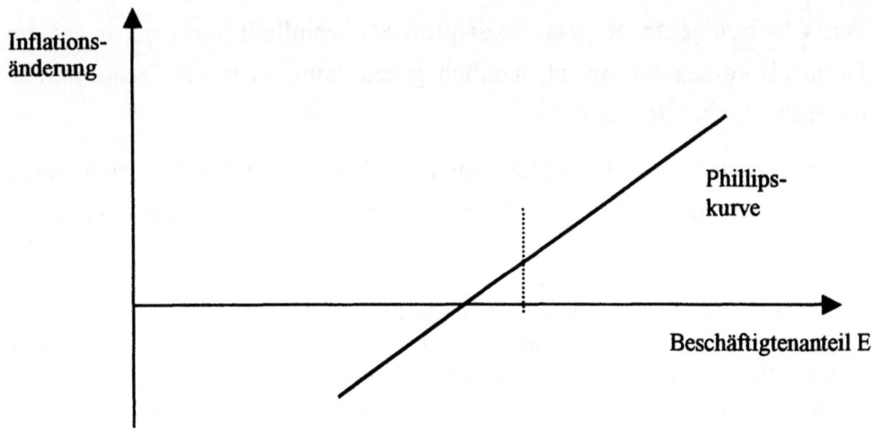

Der Schnittpunkt von Preissetzungs- und Lohnsetzungskurve gibt das Gleichgewicht auf dem Arbeitsmarkt an. Dabei handelt es sich nicht um eine Situation mit Vollbeschäftigung. Das Gleichgewicht ist vielmehr durch ein bestimmtes Niveau an Arbeitslosigkeit gekennzeichnet, das NAIRU oder von Franz (1996) QERU (= Quasi Equilibrium Rate of Unemployment) genannt, und in der Zeichnung durch den unterhalb der horizontalen Achse gelegenen Pfeil ausgedrückt wird.[2] Bei Arbeitslosigkeit in dieser Höhe sind die Ansprüche der Firmeneigner und der Arbeitskräfte gerade kompatibel. Dies kann in Abbildung 4.1 daraus ersehen werden, daß nicht die absolute Höhe der Beschäftigung für das Arbeitsmarktgleichgewicht maßgeblich ist, sondern eine bestimmte Arbeitslosenquote, die invers als Rate der Beschäftigung $E = L - U$ ausgedrückt wird. Da $L = 1$, gilt $U = 1 - E$.

Im Schnittpunkt der beiden Kurven, d. h. im Gleichgewicht, entspricht E gerade der Arbeitslosenquote U = NAIRU. Der dazu gehörige Lohn ist $\ln(W/P)_{\mathrm{NAIRU}}$. Ist die Arbeitslosigkeit niedriger, wie im Punkt E_0, werden der Theorie gemäß die Gewerkschaften überproportional höhere Löhne fordern, die von den Firmen noch durch Zuschläge zu den geforderten Preisen überboten werden. In diesem Fall werden die Inflationsraten also tendenziell steigen. Umgekehrt werden bei niedrigerer Arbeitslosigkeit die Inflationsraten eine fallende Tendenz aufweisen. Die Arbeitslosigkeit hat demnach die zentrale Eigenschaft, daß sie die Ansprüche der Wirtschaftssubjekte an das Sozialprodukt beeinflußt und sie in einem Grenzfall kompatibel macht, nämlich genau dann, wenn die Quote gerade die Höhe der NAIRU erreicht.

In der Theorie hat die Kausalität folgenden Verlauf: Auf dem hier nicht näher betrachteten Gütermarkt, der z. B. in Form eines IS-LM-Schemas spezifiziert

---

2 Andere Bezeichnungen sind nicht so glücklich, so der Begriff der „natürlichen" Arbeitslosigkeit, der von Blanchard (1997: 309f.) als „Standard" bezeichnet wird. Blanchard selbst macht deutlich, daß die quasigleichgewichtige Rate nicht durch natürliche Faktoren bestimmt ist. Er würde demgemäß die von Phelps (1994) gewählte Bezeichnung „Strukturelle Arbeitslosenquote" vorziehen. Nachteil dieser Bezeichnung ist, daß sie Verwechslungen mit dem Begriff der „strukturellen Arbeitslosigkeit" provozieren würde, der in der Vergangenheit vor allem zur Benennung von Mismatch-Arbeitslosigkeit verwendet wurde (vgl. Blien, Koller 1995: 37).

werden kann, wird durch das Zusammenwirken von Realzinsniveau und Güternachfrage eine bestimmte Höhe der Beschäftigung festgelegt, die in Abbildung 4.1 als E_0 eingetragen ist. Die damit ebenfalls determinierte Höhe der Arbeitslosigkeit legt eine Entwicklung der Inflationsrate fest. Da E_0 eine Arbeitslosigkeit in Höhe von $U = 1 - E_0$ impliziert, die kleiner ist als die NAIRU, wird die Inflation ansteigen, wie auf folgende Weise gezeigt werden kann: Zunächst werden die Beschäftigten einen Lohn fordern, der höher ist als jener, der mit der NAIRU kompatibel ist (dies wäre der Lohn $\ln(W'/P) > \ln(W/P)_{NAIRU}$). Die Firmen reagieren auf die Übernachfrage auf den Gütermärkten, die durch das hohe Beschäftigungsniveau indiziert wird, mit der Setzung von überproportional hohen Preisen. Dies führt zum Sinken des Reallohns und zu Gegenreaktionen der Beschäftigten ‚in der nächsten Runde'. Im Endeffekt akzeleriert die Inflation, wie durch das Auseinanderklaffen von Lohn- und Preissetzungskurve bei der Beschäftigung in Höhe von E_0 angezeigt wird.

Im unteren Teil von Abbildung 4.1 ist die kurzfristige Phillipskurve dargestellt, die sich über den beschriebenen Prozeß ergibt. Sie hat den umgekehrten Verlauf wie üblich, d. h. verläuft ansteigend, da an der x-Achse der Beschäftigungsanteil eingetragen ist, nicht die Arbeitslosenquote. Passen sich die Inflationserwartungen in der üblichen Weise an (z. B. in der Form adaptiver Erwartungen) kann davon ausgegangen werden, daß die langfristige Phillipskurve senkrecht ist, wie im Monetarismus. Verfolgt die Zentralbank keine akkomodierende Geldpolitik, sondern bricht sie den Inflationsprozeß durch eine Erhöhung der Zinssätze, reduziert sich die Übernachfrage auf dem Gütermarkt und die Arbeitslosigkeit bewegt sich auf die NAIRU zu.

Die Preis- und Lohnsetzung erfolgt in dem Modell nicht nach dem Muster der vollständigen Konkurrenz, sondern bei Preis- und Lohnsetzungsmacht der Wirtschaftssubjekte. Preise ‚fallen nicht vom Himmel', in dem Sinne, daß sie von einem fiktiven Auktionator gesetzt werden wie in älteren Versionen der Allgemeinen Gleichgewichtstheorie. Die Preissetzung kann vielmehr auf die Kalküle der beteiligten Personen, Firmen und Verbände zurückgeführt werden.

Die auftretende Arbeitslosigkeit ist unfreiwillig in dem Sinne, daß Arbeitslose bereit wären, zum herrschenden Lohnsatz zu arbeiten, sie jedoch keinen entsprechenden Arbeitsplatz finden. Man sieht eine verbindende Linie, die zum Keynesianismus führt, auch wenn die Argumentationsweise sich grundlegend von jener unterscheidet, die man in Lehrbüchern zur Makroökonomie der sechziger oder siebziger Jahre fand. Ein zentraler Unterschied ist insbesondere, daß eine (quasi-)gleichgewichtige Quote in den Vordergrund rückt, die eine eher langfristige Eigenschaft der Ökonomie darstellt. Konjunkturelle Phänomen stehen nicht mehr derart im Vordergrund wie zu früheren Zeiten. Darin spiegelt sich die Entwicklung, die die Ökonomien westlichen Typs in den letzten Jahrzehnten genommen haben. Arbeitslosigkeit ist von einem konjunkturellen zu einem Dauerphänomen geworden.

Die Erwartungen der Wirtschaftssubjekte spielen in der hier vorgestellten Theorie eine wichtige Rolle wie in jedem anderen Makromodell, das Inflation und Investitionen betrachtet. Die Erwartungsbildung erfolgt relativ kurzfristig, nicht weil der Wahrnehmung der Wirtschaftssubjekte Kurzsichtigkeit unterstellt wird, sondern weil über die Zukunft keine hinreichend genauen Informationen vorliegen. Dies ist zumindest in der einflußreichen Monographie von Phelps (1994) partiell anders, dessen Inhalt Verwandtschaft zu dem hier behandelten Ansatz aufweist, aber in dem von langfristiger Optimierung ausgegangen wird.

Da die Erwartungsbildung an der aktuellen Situation orientiert ist und nicht an langfristig sich herstellenden Gleichgewichten, findet sich hier ein Unterschiede des hier behandelten Ansatzes zur neoklassischen Tradition. Zwar wehren sich Layard et al. (1991: 11) gegen die Bezeichnungen (neo-) „klassische" oder „keynesianische" Position für ihre Theorie, da sie diese Kategorien hierfür nicht mehr als trennscharf ansehen. Ihre Theorie beinhalte vielmehr klassische Elemente, z. B. die NAIRU, wie auch Keynesianische Argumentationslinien. Von anderer Seite wird der Ansatz jedoch als Variante der neo-keynesianischen Strömung aufgefaßt, da Erwartungsbildung und die Betonung unfreiwilliger Arbeitslosigkeit eher der keynesianischen Tradition entsprechen, während die Mikrofundierung neoklassischen Grundsätzen folgt.

Damit wird deutlich, daß das skizzierte Modell nicht alle relevanten modernen makroökonomischen Ansätze als Spezialfälle umfaßt. Ebensowenig handelt es sich um ein Modell, das von allen führenden Ökonomen unserer Zeit als allgemein gültig betrachtet würde. Konkurrierende Ansätze kommen z. B. aus dem Bereich der neuklassischen Theorie bzw. der Theorie der realen Konjunkturzyklen (vgl. u. a. Kydland, Prescott 1982, 1991), die mit Arbeitslosigkeit verbundene Konjunktureinbrüche als eine effiziente Antwort auf exogene Schocks betrachtet.[3] Trotzdem wird das Europäische Arbeitsmarktmodell in einer Reihe von Fällen als Konsensus-Modell angesprochen (vgl. Blanchflower, Oswald, Garrett 1990; Möller 1992: 116; Beißinger 1996: 24).

Im Hinblick auf die konkurrierenden Ansätze in der modernen makroökonomischen Theorie, erscheint es angemessener, das „Europäische Modell“ als einen Analyserahmen zu verstehen, der nur eine bestimmte Teilmenge theoretischer Ideen beinhaltet, die im folgenden noch verdeutlicht werden sollen. In dieser Sichtweise (die sich z. B. auf Vogt 1996: 238f. und Franz 1996: 4 stützen kann) ist der Analyserahmen das Ergebnis einiger konvergenter Tendenzen in der ökonomischen Wissenschaft, für die es gute Gründe gibt, die gleichwohl keine allgemeine Anerkennung finden.

Es wurde schon angeführt, daß in der wissenschaftlichen Diskussion eine einheitliche Bezeichnung für die hier behandelte Theorie fehlt und die Charakterisierung als „Europäisches Arbeitsmarktmodell“ irreführend ist. Andere Bezeichnungen wie „Konsensusmodell“ sind jedoch aus den genannten Gründen ebenfalls nicht vollständig treffend. Die von Carlin und Soskice gewählte Bezeichnung, die in Annäherung als „Makromodell mit unvollständiger Konkurrenz“ übersetzt werden kann, ist zu umständlich. Aus diesen Gründen belassen wir es bei den „konvergierenden Tendenzen in der Makroökonomie“.

---

3 Eine weitere, erwähnenswerte Theorie ist jene von Hahn & Solow (1997), die auf der einen Seite eine Kritik des neuklassischen Ansatzes beabsichtigen, dabei jedoch andererseits genug an positiver Argumentation entwickeln, um als eigener Beitrag akzeptiert zu werden.

3. Erklärung von Arbeitslosigkeit und Reallohn

Im vorherigen Abschnitt dieses Kapitels wurde dargelegt, welche Verlaufsformen die Konkurrenz zweier großer Gruppen von Wirtschaftssubjekten, nämlich der Arbeitskräfte und der Firmeneigner, um einen Anteil am Sozialprodukt haben kann. Im (Quasi-) Gleichgewicht macht die Arbeitslosenquote die Ansprüche jeweils kompatibel, bei höherer oder niedrigerer Unterbeschäftigung treten fallende oder steigende Inflationsraten auf. Im vorliegenden Abschnitt erfolgt eine formale Darstellung der Grundzüge des Modells.

Wie erwähnt, sind zwei Grundgleichungen für den Arbeitsmarkt maßgeblich. Das Lohnsetzungsverhalten ist zunächst durch die allgemeine Preisentwicklung bestimmt, da von Produktivitätseffekten im folgenden jeweils abstrahiert wird und sich somit Löhne und Preise im Gleichgewicht parallel entwickeln werden. Zum anderen wird ein Zuschlag angesetzt, dessen Höhe von der Arbeitslosenquote abhängt. Wird der Zuschlag linear gefaßt (als $\beta_1 U$) kann diese Reaktionsweise durch folgende Gleichung WS für das Lohnsetzungsverhalten beschrieben werden:

$$\text{WS: } \ln W = \beta_0 + \ln P^e - \beta_1 U \tag{1}$$

Hier ist U die Arbeitslosenquote, W der Lohn, P das gesamtwirtschaftliche Preisniveau. ln ist der Logarithmus, β_0 ein Parameter, der Verteilungsansprüche bezeichnet, die über den Ausgleich der Preissteigerungen (d. h. $W = P^e$) hinausgehen. Mit einem e bezeichnete Variable zeigen ex ante erwartete Werte an. β_1 indiziert den Effekt der Arbeitslosigkeit auf das Lohnniveau, von dem angenommen wird, daß er negativ ist, da die Parameter α und β in dieser und der folgenden Gleichung als größer Null gesetzt werden.

Mit dieser Lohnsetzungskurve (WS) korrespondiert eine Preissetzungskurve (PS), in der α_0 wiederum einen eigenen autonomen Verteilungsanspruch darstellt:

$$\text{PS: } \ln P = \alpha_0 + \ln W^e + \alpha'_1 C \tag{2'}$$

Hier ist C die gesamtwirtschaftliche Nachfrage, die am einfachsten über eine von Layard et al. „Okuns Gesetz" genannte Beziehung mit der Arbeitslosigkeit U in Verbindung gebracht werden kann, obwohl es sich nicht exakt um eine Entsprechung zu Okuns Arbeiten handelt:

$$C = -\gamma U \tag{3}$$

Somit ergibt sich für die Preissetzungskurve, wenn $\alpha_1 = \gamma\alpha_1'$

$$\text{PS: } \ln P = \alpha_0 + \ln W^e - \alpha_1 U \tag{2}$$

Sind die Ansprüche der beiden Marktseiten kompatibel, entsprechen die realisierten Werte der zentralen Variablen den Erwartungen, d. h. es gilt $P = P^e$ und $W = W^e$. Die Arbeitslosenquote, bei der dies der Fall ist, kann dann als gleichgewichtig interpretiert werden. Aus (1) und (2) ergibt sich:

$$U^* = U_{NAIRU} = \frac{\alpha_0 + \beta_0}{\alpha_1 + \beta_1} \tag{4}$$

Aus (4) ist offensichtlich, daß das Gleichgewicht auf dem Arbeitsmarkt nicht Vollbeschäftigung impliziert, sondern nur, daß keine Gruppe von Wirtschaftssubjekten Anlaß hat, ihr Verhalten zu ändern, da alle Erwartungen erfüllt werden. Das dazu passende Reallohnniveau W^*/P ergibt sich durch Einsetzen von (4) in (1).

Außerhalb des Gleichgewichtszustands kann für die Arbeitslosigkeit allgemein angegeben werden:

$$U = U^* - \frac{(\ln P - \ln P^e) + (\ln W - \ln W^e)}{\alpha_1 + \beta_1} \tag{5}$$

Ist U ungleich U^*, sind die Pläne der verschiedenen Kategorien von Wirtschaftssubjekten nicht miteinander kompatibel. Dies führt zu steigenden (wenn $U < U^*$) bzw. fallenden (wenn $U > U^*$) Inflationsraten. Für die kurze Frist ergibt sich eine Phillipskurvenrelation des üblichen Typs, wie in folgender Weise gezeigt werden kann: Wenn die tatsächlichen Löhne von den erwarteten in der gleichen Weise abweichen, wie die erwarteten Preise von den tatsächlichen, ergibt sich aus (5):

$$\ln P - \ln P^e = \frac{(\alpha_1 + \beta_1)(U^* - U)}{2} \tag{6}$$

Hat die Inflation $\Delta \ln P$ keinen Entwicklungstrend und folgt sie einem random walk: $\Delta \ln P = \Delta \ln P_{-1} + \varepsilon$ (mit ε als zufälliger Störung und -1 als Index zur Bezeichnung der Vorperiode), ist eine rationale Prognose für die Veränderung der Inflation der laufenden Periode:

$$\ln P^e - \ln P_{-1} = \Delta \ln P_{-1} = \ln P_{-1} - \ln P_{-2}$$ Daraus folgt:

$$\ln P - \ln P^e = \ln P - \ln P_{-1} - \Delta \ln P_{-1}$$ oder:

$$\Delta \ln P - \Delta \ln P_{-1} = \frac{(\alpha_1 + \beta_1)(U^* - U)}{2} \tag{7}$$

Der obere Teil von Abbildung 4.1 zeigt den Arbeitsmarkt im beschriebenen Modell. Die Lohnsetzungskurve entspricht Gleichung (1), die Preissetzungskurve Gleichung (2). Die Höhe der gleichgewichtigen Arbeitslosigkeit U^* wird durch Gleichung (4) beschrieben, die den Schnittpunkt der beiden Kurven angibt. Wie aus (7) deutlich wird, ist die Inflationsänderung bei U^* gerade 0, U^* entspricht damit der inflationsstabilen Arbeitslosenquote, der NAIRU. Im unteren Teil der Abbildung 4.1 ist unter „Inflationsänderung" als y-Achse der linke Teil von (7) aufgetragen: also $\Delta \ln P$ - $\Delta \ln P_{-1}$.

Die Inflationsänderung gibt eine kurzfristige Phillipskurve in der Weise an, wie sie seit Friedman's Monetarismus üblich geworden ist. Die kurzfristige Relation ist invers mit der Arbeitslosigkeit verknüpft. Da sich die Preiserwartungen P^e in der beschriebenen Weise an die realisierte Inflation anpassen, verläuft die langfristige Phillipskurve im Verhältnis zur Arbeitslosigkeit senkrecht.

Damit wurden die rudimentären Grundzüge der Theorie entwickelt. Ihre Spezifika werden noch etwas deutlicher, wenn man sie mit anderen Ansätzen vergleicht. Implizit ist mit ihr eine Kritik an älteren Bilanzierungsansätzen zur Analyse des Arbeitsmarktes verbunden. Bei derartigen Ansätzen werden beide Marktseiten als relativ unabhängig voneinander betrachtet (vgl. Klauder 1988) und die Arbeitskräftenachfrage (in einem Manpower-Requirement Approach) und das Arbeitskräfteangebot (in einer Analyse der demographischen und der verhaltensmäßigen Komponenten) unabhängig voneinander ermittelt. Die beiden Seiten des Marktes können darum in einem abschließenden Schritt in Form einer Bilanz einander gegenübergestellt werden, aus der sich ein mögliches Defizit von Arbeitplätzen ergibt. Es entspricht quantitativ einer Summe von Arbeitslosigkeit und „Stiller Reserve" auf dem Arbeitsmarkt.

Die angenommene Unabhängigkeit beider Marktseiten impliziert den Ausschluß von Preis- und Lohneffekten,[4] da sich z. B. Preisänderungen, die durch eine Steigerung des Angebot entstehen, nicht in Form einer Nachfrageerhöhung auswirken können. Im „Europäischen Arbeitsmarktmodell" bewirkt Arbeitslosigkeit oberhalb der NAIRU hingegen einen Verfall des Lohnniveaus, dieser hat eine Steigerung der Arbeitskräftenachfrage zur weiteren Konsequenz. Die Arbeitslosigkeit ist die zentrale Variable, die die Dynamik der Ökonomie bestimmt, sie kann darum nicht aus der Bilanzierung von Angebot- und Nachfrage abgeleitet werden.

Aus dem gleichen Grund haben autonome Veränderungen des Arbeitskräfteangebots nicht einfach Erhöhungen und Senkungen der Arbeitslosigkeit zur Folge. Politische Ratschläge, die zum Beispiel die Reduzierung der Unterbeschäftigung durch Reduzierung der Frauenerwerbstätigkeit, der Ausländerbeschäftigung oder der durchschnittlichen Arbeitszeit erreichen wollen, sind stets nicht nur auf ihre Intentionen und Verteilungswirkungen, sondern auch auf weitere Effekte genau zu prüfen (vgl. Blien, Meyer 1998). Es könnte sein, daß durch solche Maßnahmen die Produktion sinkt und die Volkswirtschaft ärmer wird, aber die Arbeitslosenquote nach einer Zeit der Anpassung wieder ihren ursprünglichen Stand erreicht. Dies wird insbesondere dann der Fall sein, wenn die Preissetzungskurve nicht den in Abbildung 4.1 dargestellten fallenden Verlauf hat, sondern sie flach, d. h. parallel zur x-Achse ausgerich-

[4] Die genannten Effekte sind um so wahrscheinlicher, je länger die für die Anpassung zur Verfügung stehende Frist ist. Dementsprechend sind die langfristigen Arbeitsmarktprojektionen des IAB, in denen zunächst mit einem Bilanzansatz gearbeitet worden war, zunehmend um Rückwirkungen erweitert worden, die von Preisänderungen ausgehen. In jüngerer Zeit wird mit einem komplexen makroökonomischen Modell gearbeitet (vgl. Barth, Klauder 1994; Klauder, Schnur, Zika 1996), das Preiseffekte mit einschließt und insbesondere bei der Diskussion um Politikansätze zur Halbierung der Arbeitslosigkeit viel öffentliches Aufsehen erregt hat. Es dient auch als Hintergrund für aktuelle Politikvorschläge (vgl. Autorengemeinschaft 1998).

tet ist. Um die Determinanten des lang- und des kurzfristig sich herstellenden Niveaus der Arbeitslosigkeit in der Theorie genauer zu verstehen, seien die beiden grundlegenden Kurven und die hinter ihnen stehenden Erklärungsansätze intensiver dargestellt.

4. Mikrofundierung: Preissetzungskurve

Ein zentraler Vorzug der hier diskutierten Theorie ist, daß für die makroökonomischen Beziehungen, die sie enthält, eine konsequente Mikrofundierung entwickelt wurde. Dies gilt besonders für die beiden zentralen Funktionen, für die Preissetzungs- und die Lohnsetzungskurve.

Zunächst wird die Preissetzungskurve behandelt. Die Theorie geht davon aus, daß die Firmen Preise unter den Bedingungen monopolistischer Konkurrenz setzen. Ihr Kalkül berücksichtigt also den Effekt, den eine Veränderung des Preises auf die abgesetzte Menge eines Produkts ausübt. Dann können Standardmodelle der Mikroökonomie zur Beschreibung ihres Verhaltens herangezogen werden. Wie in makroökonomischen Analysen üblich, wird im folgenden davon ausgegangen, daß alle Firmen identisch sind. Eine ‚repräsentative' Firma wird betrachtet, die bei monopolistischer Konkurrenz ihren Gewinn G_i gemäß folgender Gleichung maximiert:

$$G_j = P_j y_j(P_j) - WN_j(y_j(P_j)) \tag{8}$$

Hier ist j ein Index für die einzelne Firma, G_j ihr Gewinn, N_j ihre Beschäftigung und y_j ihr Produkt. Die Produktmenge hängt vom Preis P_j ab, da dieser die Aufnahmefähigkeit des Marktes beeinflußt. Zur Maximierung von G_j muß die Gleichung (8) nach P_j abgeleitet werden. Nullsetzen führt auf die Bedingung, daß die Grenzkosten gleich dem Grenzumsatz sein müssen:

$$y_j + P_j \frac{dy_j}{dP_j} = W \frac{dN_j}{dy_j} \frac{dy_j}{dP_j} \tag{9}$$

Führt man noch die Preiselastizität der Nachfrage η in der üblichen Weise als $\eta = \left| \frac{dy}{dP}(P / y) \right|$ ein, und bezeichnet man das Grenzprodukt der Arbeit als

$MPL = \mathrm{d}y/\mathrm{d}N$, so ergibt sich für das Preissetzungsverhalten:

$$P_j = \left(\frac{1}{1 - 1/\eta_j} \right) \frac{W}{MPL_j} \tag{10}$$

Verglichen mit dem Preissetzungsverhalten bei vollständiger Konkurrenz ergibt sich ein um einen bestimmten Zuschlag M (ein „Mark Up") höherer Preis, wie deutlich wird, wenn man $M = (\eta^{-1} /(1-\eta^{-1})$ setzt:

$$\frac{P_j}{W} = \frac{(1+M)}{MPL_j} \tag{11}$$

Von (11) kommt man näherungsweise durch folgende Schritte auf die Lohnsetzungsfunktion (2): Der gegebene Lohn W muß durch den erwarteten W^e ersetzt werden. Um zu einer Makrobetrachtung zu gelangen, muß man über die einzelnen Firmen j aggregieren. Substituiert man die gesamte Beschäftigung $N = (\Sigma N_j)$ durch den Ausdruck $N = (L - LU)$, wobei L das als konstant angenommene Arbeitskräftepotential bedeutet, ergibt sich logarithmiert die Gleichung:

$$\ln P - \ln W^e = \ln(1+M) - \ln(MPL(L - LU)) \tag{12}$$

Ersetzt man den letzten Term näherungsweise durch $\alpha_1 U$ und den vorletzten durch α_0, ist man bei Gleichung (2). Allerdings ist diese Substitution nur richtig, wenn die unterstellte Produktionsfunktion fallende Skalenerträge aufweist, da $\alpha_1 > 0$. Um auf (2) zu gelangen, könnte man auch von konstanten Skalenerträgen ausgehen und alternativ angenommen werden, daß der Monopolzuschlag mit wachsender Beschäftigung ansteigt. Da beide Möglichkeiten nicht sehr überzeugend sind, gehen Carlin und Soskice (1990, Kapitel 18; vgl. auch Nickell 1998) von einer Preissetzungsfunktion aus, die von U unabhängig ist, das heißt waagerecht verläuft. Sie führen dazu auch eine Reihe von empirischen Befunden an, die diese Auffassung stützen.

Auf der Grundlage der vorstehenden Argumentation wird klarer, was es bedeutet, wenn α_0 oben auf einen ‚autonomen Verteilungsanspruch' zurückgeführt wurde. Die Firmen sind um so eher in der Lage, die Ansprüche ihrer Eigner an das Sozialprodukt durchzusetzen, je eher sie sich auf ihren Absatzmärkten als Monopolist verhalten können, bzw. je unelastischer die ihnen gegenüberstehende Nachfrage ist. In diesen Fällen wächst M, damit der auf dem Markt durchsetzbare Preis und damit auch der Teil des Sozialprodukts, den die Firmen auf sich vereinigen können.

5. Mikrofundierung: Lohnsetzungskurve

Die Lohnsetzungskurve beschreibt die Reaktion des Lohns auf ein bestimmtes Arbeitslosigkeitsniveau. Auch für diese Kurve gibt es eine genaue Mikrofundierung, die allerdings eine Ambivalenz enthält. Während die Preissetzungskurve eindeutig das Kalkül der Firma direkt widerspiegelt, kann die Lohnsetzungskurve alternativ auf die Interessen der Arbeitskräfte (u. U. vertreten durch die Gewerkschaften) oder erneut auf jene der Firmen zurückgeführt werden. Im ersten Fall handelt es sich um den Verhandlungsansatz, im zweiten um den Effizienzlohnansatz. In beiden Fällen repräsentiert die Bezeichnung „Ansatz“ zahlreiche verschiedene Modelle mit z. T. weit abweichenden Argumentationsweisen.

5.1 Effizienzentlohnung

Hier wird zunächst die Effizienzentlohnung in einem nur einfachen Modell behandelt. An späterer Stelle, bei der Entwicklung der regionalen Lohnkurve (vgl. Kapitel 5 und 6), wird noch einmal auf diesen Ansatz zurückzukommen sein. Nachteil dieser Gliederung ist, daß der Gegenstand Effizienzentlohnung an mehreren Stellen behandelt wird. Die Vorgehensweise ist jedoch zweckmäßig, da argumentiert werden kann, daß die Begründung über diesen Ansatz besonders wichtig zum Verständnis der Lohnkurve ist und die dabei implizierte Kausalität wenigstens auf den Arbeitsmärkten der Bundesrepublik Deutschland wichtig sein könnte.

Effizienzentlohnung unterstellt, daß die Firmen Löhne bezahlen, die nicht nur einfach dem Zweck dienen, Arbeitskräfte zu heuern, sondern auch ein bestimmtes Leistungsniveau sichern sollen. Eine in dieser Richtung weisende Argumentation wurde zu Beginn der achtziger Jahre entwickelt. Pioniere waren Schlicht (1978), Solow (1979), Akerlof (1982), Shapiro & Stiglitz (1984) und Bowles (1985). Zusammenfassungen der wichtigsten Ansätze, vor allem der ersten Generation, finden sich bei Yellen (1984), Gerlach & Hübler

(1985), Blien (1986, Kapitel 9), Wagner & Jahn (1997) oder Sesselmeier & Blauermel (1997, Kapitel 8). Einen Überblick zu einigen neueren Arbeiten geben z. B. Goerke & Holler (1997, Kapitel 4). Im vorliegenden Kapitel wird zunächst nur eine einfache Variante vorgestellt, die Gedanken von Layard, Nickell & Jackman (1991) und vor allem von Schlicht (1978) aufgreift, ohne beide Modelle jeweils exakt zu reproduzieren.

Ausgangspunkt der Argumentation sind jeweils Annahmen über die Arbeitskräfte, nach denen diese bestrebt sind, ihre Arbeitsanstrengung zu minimieren und ihren Lohn zu maximieren. Man kann zeigen, daß unter diesen Umständen die Arbeitsanstrengung A einmal vom relativen Lohn abhängt, den eine Firma relativ zum erwarteten Marktlohn W^e zu zahlen bereit ist. Zum anderen wird A von der Arbeitslosenquote beeinflußt, die aktuell gilt.

Der Einfluß des relativen Lohns wird dadurch erklärt, daß Arbeitskräften mit niedriger Arbeitsleistung gekündigt wird. Dies ist unter den Bedingungen des Arbeitsrechts in der Bundesrepublik Deutschland eine starke Annahme. Auf diesen Zusammenhang wird noch zurückzukommen sein. Jedenfalls würde eine Beschäftigte, die überdurchschnittlich entlohnt wird, das Lohndifferential W_j - W^e verlieren, wenn ihr gekündigt würde. Ist dieses Lohndifferential hinreichend groß, und ist sie dazu in der Lage, wird sie ihre Arbeitsanstrengung steigern, um die Kündigung zu vermeiden.

In ähnlicher Weise wirkt die Arbeitslosigkeit als Druckmittel. Bei einer Kündigung geht das gesamte Arbeitseinkommen verloren, allenfalls relativ niedrige Arbeitslosenunterstützung bleibt übrig. Der erwartete Einkommensverlust hängt von der Arbeitslosenquote ab, da diese die Dauer beeinflußt, bis zu der nach einem Jobverlust der Wechsel auf einen neuen Arbeitsplatz erwartet werden kann.

Arbeitslosigkeit und überdurchschnittliche Entlohnung stellen somit Substitute im Hinblick auf das Problem der Firma dar, Arbeitskräfte zu besonderer Leistung zu veranlassen. Wenn angenommen wird, daß die Arbeitskräfte (bezeichnet durch den Index i) identische Motivationsstrukturen haben, kann die Arbeitsanstrengung *A* als Funktion des relativen Lohns und der Arbeitslosigkeit geschrieben werden:

$$A_i = A_i\left(\frac{W_j}{W^e}, U\right),$$
$$\text{mit:}\quad \frac{\partial A_i}{\partial W_j} > 0,\quad \frac{\partial A_i}{\partial U} > 0,\quad \frac{\partial^2 A_i}{\partial W_j^2} < 0,\quad \frac{\partial^2 A_i}{\partial U^2} < 0 \tag{13}$$

Die negativen Werte für die zweiten Ableitungen bedeuten, daß die ‚Arbeitsanreize' mit höherem Einsatz in der Wirkung abnehmen. Eine repräsentative Firma j maximiert ihren Gewinn G_j nach folgender Gleichung:

$$G_j = PY_j(A_i N_j) - W_j N_j \tag{14}$$

Der Preis P ist hier exogen, Y_j ist eine neoklassische Produktionsfunktion mit nur einem kurzfristig variablen Produktionsfaktor. Im traditionellen mikroökonomischen Ansatz hat die Firma nur einen für den Arbeitsmarkt unmittelbar relevanten Parameter, den sie beeinflussen kann, nämlich die Beschäftigung. Im Effizienzlohnansatz wählt sie darüber hinaus auch die Lohnhöhe gemäß einem Optimalitätskalkül. Das hier beschriebene Modell macht die einschränkende Annahme, daß das Optimierungsproblem zwischen den beiden Parametern separierbar ist. In diesem Fall wählt die Firma den Lohn so, daß sie die Kosten pro Effizienzeinheit (W_j/N_j) minimiert. Anschließend wird eine gewinnmaximale Beschäftigung N_j gewählt. Dies heißt für den ersten Schritt:

$$\frac{\partial\left(\dfrac{W_j}{A_i(W_j / W^e, U)}\right)}{\partial W_j} = 0 \quad \text{oder:} \quad \frac{A_i - \dfrac{W_j}{W^e}\left(\dfrac{\partial A_i}{\partial W_j}\right)_i}{A_i^2} = 0 \tag{15}$$

Daraus folgt:

$$\frac{\dfrac{\partial(W_j / W^e)}{A_i}}{\dfrac{A_i}{W_j / W^e}} = 1 \tag{16}$$

Aggregation über die einzelnen Firmen j ergibt einen Ausdruck für eine Lohnsetzungskurve WS:

$$W(U) = \frac{W^e A}{\partial A / \partial(W / W^e)} \tag{17}$$

Um wirklich die (näherungsweise) Entsprechung zur oben verwendeten Gleichung (1) zu zeigen, muß demonstriert werden, daß (17) einen mit U fallenden Verlauf hat. Bei festem W^e ergibt sich durch eine Anwendung des Satzes für implizite Funktionen, wenn man $\widetilde{W} = W / W^e$ setzt:

$$\frac{d\widetilde{W}}{dU} = \frac{[A\widetilde{W}(\partial^2 A/(\partial U \partial \widetilde{W}) - \widetilde{W}(\partial A/\partial U)(\partial A/\partial \widetilde{W})]A^{-2}}{\{[\partial A/\partial \widetilde{W} + \widetilde{W}(\partial^2 A/\partial \widetilde{W}^2)] - \widetilde{W}(\partial A/\partial \widetilde{W})^2\}A^{-2}}$$

Zusammenfassen und Verwenden der Eigenschaft $\frac{\partial A}{\partial \widetilde{W}} = \frac{A}{\widetilde{W}}$ zeigt:

$$\frac{d\widetilde{W}}{dU} = \frac{\partial A/\partial U - \widetilde{W} \cdot (\partial^2 A/\partial \widetilde{W} \partial U)}{\widetilde{W} \cdot (\partial^2 A/\partial \widetilde{W}^2)} < 0 \qquad (18)$$

Logarithmiert man (17), ergibt sich näherungsweise (1) durch Linearisierung:

$$\ln W = \ln W^e + \ln A(U) - \ln(\partial A(U)/\partial(W/W^e)) \approx \ln W^e + \beta_0 - \beta_1 U \qquad (19)$$

Layard, Nickell & Jackman (1991, Kapitel 1 und 3) gehen in ihren formalen Ableitungen einen etwas anderen Weg, bei dem man unter Effizienzentlohnung keine separate Lohnsetzungskurve, dafür aber direkt einen exakten Ausdruck für das globale Gleichgewicht erhält, der die durch die Preissetzungskurve spezifizierten Bedingungen ebenfalls widerspiegelt. Effizienzentlohnung ist ein wichtiges Argument zur Begründung und zur Mikrofundierung der Lohnsetzungskurve, das im Zusammenhang der Diskussion der Lohnkurve noch einmal aufgenommen wird.

5.2 Verhandlungsmodelle

Alternativ zum Effizienzlohnargument kann ein Verhandlungsansatz zur Begründung der Lohnsetzungskurve verwendet werden. Die zugrundeliegende Idee ist vergleichsweise einfach: Danach werden Gewerkschaften durch hohe Arbeitslosigkeit zu eher zurückhaltenden Lohnforderungen veranlaßt. Die Machtbalance auf dem Arbeitsmarkt wird durch höhere Unterbeschäftigungsquoten zugunsten der Firmen verschoben und ihre

Stellvertreter in organisierten Tarifauseinandersetzungen, die Arbeitgeberverbände, profitieren davon.

Mit der Betrachtung von Interaktionen zwischen Gewerkschaften und Arbeitgeberverbänden wird nicht länger angenommen, daß die Firmen in einer einseitigen Aktion in der Lage sind, die Löhne gemäß ihrer Kalküle festzulegen, wie dies im Effizienzlohnansatz der Fall ist. Stattdessen ergibt sich die Kurve als Ergebnis der Interessendurchsetzung, soweit sie den Gewerkschaften oder den individuellen Arbeitskräfte angesichts der Arbeitsmarktlage möglich ist.

Bei der Analyse gibt es eine Variante, in der die Gewerkschaften im Sinne eines Monopolisten in der Lage sind, die Löhne ebenso einseitig festzulegen, wie dies die Firma im Effizienzlohnansatz tut. Diese Variante wird aber als unrealistisch kritisiert (vgl. Carlin, Soskice 1990, Kapitel 16), da sie impliziert, daß die Gewerkschaft umstandslos in der Lage ist, den Firmen ihren Willen aufzuzwingen. Stattdessen wird zumeist eine Analyse der Verhandlungssituation über formale Modelle der Spieltheorie angestrebt. Dabei sind viele verschiedene Ansätze denkbar, unter denen allerdings Lohnverhandlungsmodelle des Nash-Typs in den letzten Jahren immer häufiger herangezogen werden. Zwar haben diese zunächst nur einige ‚wünschenswerte' Eigenschaften, die sie gegenüber anderen Modellen auszeichnen. In verschiedenen aktuellen Arbeiten wurde jedoch gezeigt, daß die Nash-Lösung auch bei nichtkooperativen Spielen folgt (vgl. u. a. Binmore et al. 1986; vgl. den Überblick in Beißinger 1996: 66ff.).

Aus diesem Grund wird hier von einem Nash-Ansatz des üblichen Typs ausgegangen, um eine inverse Beziehung zwischen Arbeitslosigkeit und Entlohnung abzuleiten. Das verwendete, ursprünglich von Peter Sanfey (1992; vgl. Blanchflower, Oswald, Sanfey 1995) entwickelte Modell erlaubt eine besonders einfache Formulierung. Als Voraussetzung bei der Anwendung gilt, daß die Firmen Extraprofite erwirtschaften, um deren Verteilung zwischen Beschäftigten und Beschäftigern gestritten wird. Die Basisannahme ist, daß die Lohnhöhe zwischen Gewerkschaften und Arbeitgeberverbänden ausgehandelt wird, während über den Umfang der

Beschäftigung die Firmen allein entscheiden. Die Grundgleichung zu diesem Ansatz kann in der folgenden Weise dargestellt werden:

$$\text{Max}_{W,E}: \ \phi \ln\{[u(W) - u(\overline{W})]E\} + (1-\phi)\ln G \tag{20}$$

In dieser Gleichung ist ϕ ein Parameter, der die Verhandlungsstärke der Gewerkschaften ausdrückt und u ihre Zielfunktion. Der Ansatz basiert auf der Annahme, daß im Falle des Zustandekommens einer Verhandlungslösung die Beschäftigung E realisiert wird. Wie in den weiter oben behandelten Modellen ist die Variable $E = (\Sigma N_j)/L$ so normiert, daß sie gleichzeitig eine Beschäftigungswahrscheinlichkeit für individuelle Arbeitskräfte ausdrückt. Kommt keine Vereinbarung zustande, erhalten die Arbeitskräfte das Einkommen $\overline{W}$, das somit die nächstbeste Alternative darstellt. Diese externe Alternative $\overline{W} = \overline{W}(W^0, B, U)$ wird als Funktion der Arbeitslosenquote U, der Arbeitslosenunterstützung B und des Lohns in anderen Bereichen der Ökonomie W^0 aufgefaßt. Je niedriger die Arbeitslosigkeit, desto besser ist diese externe Option der Arbeitskräfte.

Beim Scheitern der Verhandlungen oder während der Zeit einer Verzögerung, realisieren die Firmen einen Gewinn ($G = Py(E) - WE$) von Null. Die Nashlösung basiert auf der Annahme, daß der Wert der Zielfunktion (20) durch die gleichzeitige Wahl eines Lohn- und eines Beschäftigungsniveaus maximiert wird. Aus einer der beiden Bedingungen für ein inneres Optimum ergibt sich der folgende Ausdruck:

$$W: \quad \frac{\phi u'(W)}{[u(W) - u(\overline{W})]E} - \frac{1-\phi}{G} = 0, \qquad \text{oder:}$$

$$\frac{u(W) - u(\overline{W})}{u'(W)} = \left(\frac{\phi}{1-\phi}\right)\frac{G}{E} \tag{21}$$

Benutzt man eine Taylorapproximation $u(\overline{W}) \cong u(W) + (\overline{W} - W)u'(W)$, ergibt sich folgendes:

$$W \cong \overline{W} + \left(\frac{\phi}{1-\phi}\right)\frac{G}{E} = (1-\phi)\overline{W} + \phi\frac{Py}{E} \qquad \text{oder:}$$

$$W \cong \overline{W}(W^0, B, U) + \left(\frac{\phi}{1-\phi}\right)\frac{G}{E} \tag{22}$$

Aus Gleichung (22) wird deutlich, daß der Lohn von der Verhandlungsstärke der Gewerkschaft, den Gewinnen der Firmen und den externen Alternativen der Arbeitskräfte abhängt. Die externen Alternativen $\overline{W}$ werden annahmegemäß von der Höhe der Arbeitslosenquote U, der Arbeitslosenunterstützung und dem Lohn in anderen Bereichen der Ökonomie W^0 beeinflußt. Da der Zusammenhang zwischen Arbeitslosenquote und externen Optionen invers ist, beinhaltet (22) eine Begründung für die Lohnsetzungsfunktion (1).

Allerdings könnte eingewandt werden, daß die angegebene ,Mikrofundierung' nur einen ,degenerierten' Fall darstellt, da die Untersuchung auf der Makroebene durchgeführt wird. Eine Gewerkschaft steht einem Arbeitgeberverband gegenüber. Die gleiche Argumentationsweise kann jedoch auch auf viele Akteure übertragen werden. Dies können z. B. viele Betriebsgewerkschaften sein, die mit einzelnen Firmen verhandeln.

Eine noch konsequentere Reinterpretation könnte sich auf einzelne Arbeitskräfte und Firmen beziehen. Jede Arbeiterin verhandelt nur für sich selbst. Wenn alle Arbeitskräfte die gleichen Präferenzen und das gleiche Verhalten zeigen und wenn sich die Firmen nicht voneinander unterscheiden, ergibt sich das gleiche Verhalten wie bei Verhandlungen rein auf der Makroebene. Die Annahme „repräsentativer Aktoren" ist in der Makroökonomie allgemein üblich.

6. „Akzelerierende Inflation oder steigende Arbeitslosigkeit"[5]

Bisher wurde davon ausgegangen, daß die NAIRU als Arbeitslosigkeit, die dem Schnittpunkt von Lohn- und Preissetzungskurve entspricht, eine stabile, quasigleichgewichtige Rate darstellt. Dies ist jedoch empirisch nicht haltbar, da Abschätzungen ein Ansteigen mit jedem Konjunkturzyklus implizieren (vgl. Franz, Gordon 1993; unter regionalem Aspekt: Lüschow, Untiedt 1996). Auf dieses Problem soll im folgenden eingegangen werden.

Im Zusammenhang von Effizienzlohn- und Verhandlungsansätzen wird unterstellt, daß Arbeitslose und Beschäftigte sich nicht wesentlich

[5] Titel von Vogt (1994).

unterscheiden. Dies ist eine notwendige Annahme in beiden Ansätzen, da davon der Druck abhängt, den die Arbeitslosigkeit auf die Beschäftigten ausübt. Nur wenn letztere grundsätzlich durch Arbeitslose substituierbar sind, werden sich die beschriebenen Lohneffekte einstellen.

Nun wird jedoch im Zeitablauf der Anteil jener Personen unter den Arbeitslosen wachsen, deren Merkmale von den Firmen als ungünstig beurteilt werden. Dies ist einerseits auf die Selektion von Bewerbern durch die Firmen zurückzuführen, andererseits auf den Verfall von Qualifikationen bei lang dauernder Arbeitslosigkeit. Das Argument kann an einem plötzlich eintretenden Konjunktureinbruch verdeutlicht werden. In diesem Fall gehen Firmen konkurs, andere müssen in großer Zahl Arbeitskräfte entlassen und dabei - durch das deutsche Kündigungsschutzrecht gezwungen - eine soziale Auswahl treffen, die nicht unbedingt die wenig leistungsfähigen Personen freisetzt. Aus diesem Grund werden sich Arbeitslose und Beschäftigte hinsichtlich Qualifikation, Leistungsfähigkeit und demographischen Merkmalen zunächst kaum unterscheiden.

Bessert sich die Konjunktur, werden wieder Arbeitskräfte eingestellt, nun aber definitiv Personen mit eher günstigen Merkmalen, da die Arbeitslosigkeit von den Firmen für Selektionsprozesse genutzt werden kann. Im Bestand der Arbeitslosigkeit bleiben zunehmend die ‚schlechten Risiken' übrig, der Anteil älterer Personen mit gesundheitlichen Einschränkungen und mit ungünstigen Qualifikationen nimmt tendenziell zu. Je länger diese Personen arbeitslos sind, um so mehr verfallen ihre verbleibenden Qualifikationen. Die Firmen gehen zunehmend davon aus, daß Langzeitarbeitslose mit einer erhöhten Wahrscheinlichkeit auch die als notwendig betrachteten sozialen oder extrafunktionalen Qualifikationen im Hinblick auf Lernfähigkeit, Arbeitsdisziplin und Teamfähigkeit nicht mehr aufweisen. Dies ist nicht nur eine abstrakte Überlegung. Das Anwachsen des Anteils der Personen mit als ungünstig betrachteten Merkmalen im Bestand der Arbeitslosen ist ein empirischer Tatbestand, der für die achtziger Jahre von Rudolph und Gommlich (1993) nachgewiesen wurde.

Ist jedoch keine beliebige Austauschbarkeit zwischen den beiden Gruppen gegeben, wird der Druck relativiert, den die Arbeitslosen auf die Beschäftigten ausüben. Um dies etwas genauer zu zeigen, wird angenommen, es gäbe zwei Gruppen von Arbeitslosen. Die eine bestehe aus Personen, die im Hinblick auf Qualifikation, Arbeitsmotivation und sonstige beschäftigungsrelevante Merkmale vollständig den Beschäftigten entsprechen. Die andere Gruppe möge hingegen aus Personen gebildet werden, deren Merkmale von den Firmen durchweg als ungünstig betrachteten werden, z. B. weil sie veraltete oder unpassende Qualifikationen aufweisen. Unter dieser Annahme würde ein rational handelnder Personalchef immer Arbeitslose der als günstiger betrachteten Gruppe einstellen. Diese extreme Trennung zwischen zwei Gruppen ist sicher eine Überzeichnung, sie sei hier nur zur Klarheit der Darstellung gewählt.

Die Arbeitslosenquote kann sodann additiv aus zwei Teilquoten gebildet werden: $U = U_1 + U_2$. U_1 und U_2 stehen jeweils für die Arbeitslosigkeit der beiden Gruppen, wobei U_1 diejenige kennzeichnet, die sich in den Merkmalen nicht von den Beschäftigten unterscheidet. In den Grundgleichungen der skizzierten Theorie müßte sodann U durch U_1 ersetzt werden, da nur die durch U_1 repräsentierte Arbeitslosigkeit sowohl im Verhandlungsansatz wie im Effizienzlohnansatz entsprechend Druck auf die Beschäftigten ausübt, während sich die durch U_2 repräsentierte Arbeitslosigkeit aus Personen zusammensetzt, die nicht in einer Warteschlange für Jobs stehen.

Über die bereits benannten Selektionsprozesse und über den Qualifikationsverfall bei Langzeitarbeitslosigkeit wird sich das relative Gewicht der beiden Gruppen im Zeitablauf tendenziell mehr und mehr von U_1 nach U_2 verschieben. Im oben entwickelten theoretischen Modell wird die NAIRU allein durch U_1 konstituiert. Tritt daneben noch U_2 auf, erhöht sich die Gesamtarbeitslosigkeit U entsprechend. Die „effektive" NAIRU bleibt gleich, aber die Gesamtarbeitslosigkeit wird langsam ansteigen. Das entsprechende theoretische Argument wurde von Bean (1994), Vogt (1995) und Schlicht (1995) publiziert.

Mit dieser Ergänzung kann das beschriebene Modell hysteretische Phänomene verständlich machen, da ein einmaliger Anstieg der Arbeitslosigkeit dauerhafte Auswirkungen hat. Arbeitslosigkeit hat eine Tendenz zur Verfestigung, die NAIRU eine Tendenz zum Anstieg. Dies befindet sich in weiterer Übereinstimmung mit der empirischen Realität der Bundesrepublik Deutschland, die durch säkular steigende Arbeitslosigkeit gekennzeichnet ist. Seit den siebziger Jahren ist nach jedem Konjunkturabschwung die Arbeitslosenquote nicht mehr auf das vorher bestehende Niveau zurückgegangen. Empirische Schätzungen der Höhe der NAIRU spiegeln diesen Anstieg wieder.

Nach der zuletzt angeführten Argumentation wird dies verständlich, da nur in Zeiten der Übernachfrage auf dem Arbeitsmarkt die Langzeitarbeitslosen in ihrer Gesamtheit wieder integriert werden und somit eine Chance haben, ihre Qualifikationen zu aktualisieren. Weil eine solche Übernachfrage von Inflationsprozessen begleitet ist, stellt sich für W. Vogt (1995) die wirtschaftspolitische Alternative zwischen akzelerierender Inflation und steigender Arbeitslosigkeit.

Aus der entwickelten Argumentation kann somit einerseits geschlossen werden, daß das skizzierte theoretische Modell der Ergänzung um die Analyse der Arbeitslosigkeitsstruktur bedarf. Andererseits wird als wirtschaftspolitische Konsequenz angeführt, daß zur Reduzierung der Arbeitslosigkeit Phasen mit einem bestimmten Ausmaß an Inflation in Kauf genommen werden sollten. Außerdem wird der Arbeitsmarktpolitik eine wichtige Rolle zugewiesen. Gelingt es, durch ABM oder Qualifizierungsmaßnahmen, Personen aus U_2 in U_1 zu überführen, kann sich der Gesamtbestand der Arbeitslosigkeit entsprechend reduzieren.

7. Zur generellen Anwendbarkeit des theoretischen Modells

Die Integration des Effekts der Arbeitslosigkeitsstruktur in die Theorie impliziert keine Kritik i. e. S., sondern eine Ergänzung. In ähnlicher Weise erscheint es notwendig, zum Verständnis von Arbeitslosigkeit zusätzlich eine Konjunkturanalyse heranzuziehen, da die Theorie - abgesehen von den angeführten wirtschaftspolitischen Eingriffen - keinerlei Auskunft über die Ursachen der Abweichungen vom langfristigen (Quasi-) Gleichgewicht gibt.

Derartige Ergänzungen, die hier nicht weiter entwickelt werden sollen, unterstellen, daß das entwickelte theoretische Gebäude eine zutreffende Darstellung der Grundzüge wesentlicher Kausalbeziehungen in der ökonomischen Realität der Bundesrepublik Deutschland umfaßt. Kann davon überhaupt ausgegangen werden? Die Theorie steht und fällt im wesentlichen mit der Gültigkeit der Mikrofundierung. Wird das Gewerkschaftshandeln nicht im hinreichenden Maße von Arbeitslosigkeit betroffen und zahlen die Firmen keine Effizienzlöhne, entfällt die Basis der Lohnsetzungskurve. In diesem Fall müßte nach anderen Erklärungen für die Arbeitslosigkeit und für andere wichtige ökonomische Phänomene gesucht werden.

Eine offene Frage betrifft den Effekt der Arbeitslosigkeit im Verhandlungsmodell. Die dort vorgenommene Verknüpfung der Unterbeschäftigung mit dem Agieren von Gewerkschaften ist keineswegs besonders eng. Eine anderes offenes Problem ist die Übertragung des Effizienzlohnansatzes auf die Verhältnisse der Bundesrepublik Deutschland. Die in erster Linie für die Realität des nordamerikanischen Arbeitsmarktes entwickelten Modelle unterstellen beliebige Kündbarkeit der Arbeitskräfte. Diese Annahme ist für die Regelungen des Kündigungsschutzes in Deutschland offensichtlich unzutreffend.

Für die Theorie spricht, daß sie verschiedene empirisch feststellbare Entwicklungen zutreffend beschreibt. Dies gilt für die implizierte kurzfristige und für die langfristige Phillipskurve, für die hysteretischen Effekte und anderes mehr. Beißinger (1996) und Möller (1992) untersuchen, inwieweit die makroökonomische Realität der Bundesrepublik durch theoretische Modelle des beschriebenen Typs wiedergegeben werden kann und kommen zu positiven Ergebnissen.

In jüngster Zeit ist jedoch der Zweifel an der Erklärungskraft des Modells gewachsen. Die NAIRU kann keineswegs als langfristig stabil gelten, ihre Höhe verändert sich ständig (Franz, Gordon 1993, Gordon 1998, Lüschow, Untiedt 1996). Insbesondere das Absinken der Arbeitslosigkeit in den USA unter die früher als kritisch betrachtete Grenze von 6 % zum Ende der neunziger Jahre hat keineswegs die inflationären Prozesse ausgelöst, die früher als notwendig damit verbunden betrachtet worden waren. Eine kurzfristig variable NAIRU ist jedoch ein Widerspruch in sich selbst, da die inflationsstabile Arbeitslosenquote gerade das langfristige Gleichgewicht ausdrücken sollte.

Ein weiteres Problem ist, daß die institutionelle Beschaffenheit der Ökonomien nicht den erwarteten Einfluß auf die Höhe der Arbeitslosigkeit hat. Freeman (2000) hat die Ergebnisse vieler Studien zusammengetragen und kommt zu dem Schluß, dass die Effekte von Variationen in der Beschaffenheit der Institutionen nicht derart groß sind, wie im Standardmodell erwartet worden war. Freeman argumentiert, daß im Sinne des Coase-Theorems Institutionen vor allem die Verteilung in einer Ökonomie beeinflussen, weniger jedoch die Höhe wichtiger makroökonomischer Variablen.

Das Ausblenden von Konjunkturprozessen und anderen Vorgängen, die für den Arbeitsmarkt von zentraler Bedeutung sind, zeigt an, daß in der Theorie wichtige Quellen der Entstehung von Arbeitslosigkeit fehlen. Um hier Abhilfe zu schaffen, wird im folgenden der Gütermarkt und seine Dynamik in ein einheitliches Modell integriert.

Im übrigen ist ein strikter empirischer Test makroökonomischer Entwicklungen mit Schwierigkeiten verbunden. Da die relevanten Variablen nur in Form einzelner Zeitreihen für einen begrenzten Beobachtungszeitraum vorliegen, steht nur eine vergleichsweise kleine Zahl von Meßpunkten zur Verfügung. Zwar ist es möglich, von Jahres- zu Monatsreihen überzugehen; die dadurch gewonnene Information ist jedoch nur von begrenztem Wert, da die einzelnen Meßpunkte umso stärker korrelieren, je näher sie zusammenliegen und im Zweifelsfall nur das Saisonmuster zusätzlich mit eingebracht wird. Auch die weitere Ausdehnung des Beobachtungsfensters in die Vergangenheit hinein bringt Probleme mit sich, da Strukturbrüche durch Änderungen von Gesetzen, Institutionen, Produktionstechniken und Organisationsformen immer wahrscheinlicher werden.

Aus diesen Gründen empfiehlt es sich, für empirische Tests einen anderen Weg zu gehen, der in der vorliegenden Arbeit beschritten wird. Statt Makroökonomien werden regionale Arbeitsmärkte untersucht. Zwar können auf diese Weise nicht alle Problemstellungen analysiert werden, die die Makroökonomie aufwirft, für einige wichtige ist dies jedoch möglich.

KAPITEL V Theorie der Lohnkurve

1. Die regionale Wendung

„Empirische Gesetze oder Regelmäßigkeiten sind in der Ökonomie von großer Seltenheit“ (Gerlach 1996: 498). Aus diesem Grund ist es ein bemerkenswertes Ereignis, wenn Wissenschaftler mit der Behauptung hervortreten, sie hätten eine solche Regelmäßigkeit gefunden, ja sogar ein „empirisches ‚Gesetz‘ der Volkswirtschaftslehre“. Dies tun Blanchflower und Oswald (1994a: 1) und verdeutlichen sofort, daß sich ihr „Gesetz“ auf zwei Variablen bezieht, die für wirtschaftspolitische Zwecke von höchstem Interesse sind, nämlich auf das Lohnniveau und das Niveau der Arbeitslosigkeit. Nach ihrer Auffassung sind diese beiden Variablen durch eine Kurve miteinander verknüpft, die sogenannte „Lohnkurve“, die eine inverse, nichtlineare Beziehung beschreibt: Je höher die Arbeitslosigkeit, desto niedriger fällt auf regionalen Arbeitsmärkten das Lohnniveau aus. Blanchflower und Oswald haben (in 1994a) aufwendige empirische Analysen für 12 Länder durchgeführt, die die Stabilität selbst der Größe des Effekts der Arbeitslosigkeit zeigen. Demnach reduziert eine Verdoppelung der Arbeitslosen den Lohn um ungefähr 10 %.

Die Idee der Lohnkurve steht in enger Beziehung zu jener makroökonomischen Theorie, die aus den konvergierenden Strömungen der jüngeren Zeit zu rekonstruieren ist (vgl. Kapitel 4). Dort ergab sich Arbeitslosigkeit und Entlohnung simultan unter den Bedingungen unvollständiger Konkurrenz auf den Arbeits- und Gütermärkten. Die Persistenz von Arbeitslosigkeit wird so erklärt, daß die Ansprüche der verschiedenen Gruppen von Wirtschaftssubjekten nur bei einem bestimmten Ausmaß an Arbeitslosigkeit kompatibel sind. In der Theorie spielt eine inverse Beziehung zwischen Arbeitslosigkeits- und Lohnniveau eine zentrale Rolle, die durch die sogenannte Lohnsetzungskurve beschrieben wird.

Die Lohnsetzungskurve hat in der Lohnkurve ein regionalökonomisches Pendant, deren Theorie eng mit den makroökonomischen Ansätzen verwandt ist. Von vornherein waren die von Blanchflower und Oswald unternommenen Untersuchungen zur Lohnkurve theoretisch fundiert, indem Kontrakttheorie, Effizienzlohn- und Verhandlungsansätze herangezogen wurde. Diese theoretische Basis soll im folgenden dargelegt werden, wobei an Punkten, an denen dies möglich ist, bereits Überlegungen zur Relevanz für die Verhältnisse der Bundesrepublik Deutschland begonnen werden. Aus dem umfangreichen Material, das Blanchflower und Oswald vorgelegt haben, wird eine Auswahl in entsprechender Weise getroffen, indem auf die Darstellung von Theoriemodellen verzichtet wird, deren Relevanz für die Verhältnisse des bundesdeutschen Marktes nicht ersichtlich ist. Die Grundstruktur der Theorie wird zunächst im Überblick verbal dargestellt, bevor die dazu gehörigen Modellvorstellungen formal exakt entwickelt werden.

2. Die Theorie der Lohnkurve im Überblick

Zur Begründung der regionalen Lohnkurve werden im Kern die gleichen Ideen verwendet wie zur Begründung der makroökonomischen Lohnsetzungskurve. Die negative Steigung der Lohnkurve in einem Diagramm mit regionalen Durchschnittslöhnen und regionalen Arbeitslosenquoten als Achsenbezeichnungen erklärt sich wiederum durch die unterschiedliche Durchsetzungsfähigkeit bestimmter ökonomischer Interessen unter unterschiedlichen Arbeitsmarktbedingungen, d.h. über Verhandlungs- und Effizienzlohnansätze.

Die Parallelität der Theorien zeigt, daß regionale Ökonomien tatsächlich in bestimmtem Grad als Exemplifizierung von Makroökonomien verwendet werden können. Auf beiden Ebenen, d.h. auf der Makro- wie auf der Regionalebene, finden in bestimmtem Grad die gleichen Prozesse statt. Arbeitslosigkeit - sei es auf regionalen wie auf nationalen Arbeitsmärkten - verändert jeweils die Randbedingungen in den Interessen- und Optimalitätskalkülen der Wirtschaftssubjekte und hat dadurch Wirkungen auf den Lohn.

Allerdings ergeben sich wichtige Unterschiede zwischen den Analyseebenen regionaler und nationaler Märkte vor allem dadurch, daß Interdependenzen zwischen den Regionen viel wichtiger und von anderer Art sind als solche über die Grenzen einer Nationalökonomie hinweg. Diese Interdependenzen sind so stark, daß der für die Makroökonomie geltende (und in Kapitel 4 beschriebene) Prozeß der Inflationsentstehung nicht für einzelne Regionen gelten kann. Die Freiheit der Preissetzung für die Firmen wird wesentlich dadurch beschränkt, daß höhere Preise in einer Region sehr schnell Substitutionsprozesse mit Produkten von Firmen anderer Regionen zur Folge hätten.

Lediglich unter bestimmten Umständen kann ein Preisgefälle von einer Region zu anderen Bestand haben, u.a. dann, wenn es einerseits Unterschiede in den Kostenstrukturen spiegelt, andererseits sich Produktivitätsdifferenzen bemerkbar machen. Unterschiede in der Inflation können nur für kurze Zeit auftreten und sich als Wirkung von Anpassungsprozessen bemerkbar machen. Ihre Stabilität würde unterschiedliche Währungen, eigene Zentralbanken etc. voraussetzen, die dann die Macht zur Auf- oder Abwertung oder zur Einführung flexibler Wechselkurse haben müssen. Die Einführung des „Euro“ als Währung ist in diesem Sinne eine Regionalisierung der Nationalökonomien in Europa, da die Inflationsraten in den einzelnen Länder viel enger aneinander gekoppelt werden als bisher.

Blanchflower und Oswald ziehen vier unterschiedliche Ansätze zur Begründung einer inversen Beziehung zwischen Lohn und Arbeitslosigkeit heran, von denen sie einen jedoch als unzutreffend verwerfen. Verwendet werden Varianten des Effizienzlohnansatzes, des Verhandlungsansatzes, der Theorie impliziter Kontrakte und eines Ansatzes permanenten Ungleichgewichts (vgl. Blanchflower und Oswald 1994a: 37ff.). Wie sich im folgenden zeigen wird, parallelisieren die beiden ersteren Erklärungsansätze die makroökonomische Verwendung bei Layard et al. Der letztgenannte Ansatz wird hingegen von Blanchflower und Oswald kritisiert. Im Überblick kann die Theorie der Lohnkurve entlang der verschiedenen Begründungen wie folgt zusammengefaßt werden.

a) Die Theorie der impliziten Kontrakte: In dieser Theorie wird von vollständiger Konkurrenz auf dem Arbeitsmarkt ausgegangen, Firmen und Arbeitskräfte werden als eine einzige Einheit verstanden, die den gemeinsamen Nutzen maximiert. In der Theorie zeigen hohe Löhne hohe Produktivitäten an, die mit niedrigen Arbeitslosenquoten verknüpft sind.

Die Theorie der impliziten Kontrakte wurde in den siebziger Jahren u. a. von Baily (1974) und Azariadis (1975) als Erklärung von Arbeitslosigkeit entworfen. Danach versichern unter den Bedingungen vollständiger Konkurrenz arbeitende Firmen die risikoaversen Arbeitskräfte gegen die Folgen von Nachfrageschocks, die sich in Form von Lohnsenkungen auswirken würden. Allerdings muß dafür Arbeitslosigkeit in Kauf genommen werden, da die Firmen ihre Löhne nicht mehr flexibel an ihre Kostenstrukturen anpassen können und aus diesem Grund mit einer Anpassung der Höhe der Beschäftigung reagieren.

Von Blanchflower und Oswald wird die Kontrakttheorie nun so gewendet, daß unter den geltenden Bedingungen vollständiger Konkurrenz hohe Löhne eine hohe Produktivität der Arbeitskräfte anzeigen. Regionen, in denen diese Situation eingetreten ist, werden folglich niedrigere Arbeitslosenquoten aufweisen, da es sich für die Firmen lohnt, die hohe Produktivität durch Einstellung weiterer Arbeitskräfte auszunutzen. Im Effekt entsteht also eine Lohnkurve, eine inverse Beziehung zwischen Löhnen und Arbeitslosigkeit.

Von Blanchflower und Oswald (1994a: 38ff.) werden relativ umfangreiche formale Analysen für die kontrakttheoretische Begründung der Lohnkurve angeboten, auf deren Darstellung jedoch hier aus drei Gründen verzichtet wird. Schon früh wurde erstens argumentiert, daß das Auftreten von Arbeitslosigkeit nicht mit einer kontrakttheoretischen Argumentation kompatibel ist, da die Firmen ihre risikoaversen Arbeitskräfte nicht nur gegen Lohnschwankungen, sondern auch gegen das Arbeitslosigkeitsrisiko versichern würden (Akerlof, Miyazaki 1980). Dieses Argument betrifft also die grundsätzliche Anwendbarkeit der Kontrakttheorie und reflektiert letztlich darauf, daß in der Theorie sehr starke Annahmen über die Wirksamkeit der Konkurrenz auf den Märkten gemacht werden, da nur so möglich ist, daß Firmen den Nutzen ihrer Eigner und der Arbeitskräfte maximieren.

Dies leitet über zu einem zweiten Argument: Danach ist gerade der Arbeitsmarkt der Bundesrepublik Deutschland nicht von den Wirkungen vollständiger, d.h. atomistischer Konkurrenz beherrscht. Vielmehr sind überall die Wirkungen von Marktmacht und unvollständiger Konkurrenz zu beachten. Lohnsetzung findet über Gewerkschaften, gegebenenfalls modifiziert durch das Operieren von Betriebsräten statt. Zudem liegt es u. U. im Eigeninteresse der Firmen von kompetitiven Löhnen abzuweichen, um sich qualifizierte und leistungsbereite Arbeitskräfte zu sichern.

Ein drittes Argument wird von Blanchflower und Oswald (1994a: 94) selbst genannt: Die Kontrakttheorie impliziert höhere Löhne bei wachsender Beschäftigung, eine mit dem Lohn fallende Arbeitsnachfragekurve kann nicht auftreten. Dies widerspricht gängigen theoretischen Überlegungen und erscheint weiterhin im Lichte empirischer Erkenntnisse zweifelhaft, die u.a. bei Hamermesh (1993) zusammengefaßt werden. Auch Kölling (1998a) findet für die Bundesrepublik Deutschland (West) mit Daten des IAB-Betriebspanels eine ‚normal' verlaufende, d.h. fallende Arbeitsnachfragekurve.[1]

Aus diesen Gründen wird die Kontrakttheorie in der vorliegenden Arbeit nicht zum Verständnis der Lohnkurve herangezogen.

b) Verhandlungsansätze: In diesem Fall wird von einem bestimmten Maß an Arbeitslosigkeit ausgegangen und gefragt, wie mit dieser Randbedingung der Lohn variiert, den eine Gewerkschaft aushandeln kann. Da die Lohnkurve für Regionen definiert ist, müssen die bereits für den makroökonomischen Fall beschriebenen Verhandlungsprozesse nun unabhängig für einzelne Regionen ablaufen.

Bei Ländern, in denen es auf lokaler Ebene, d.h. auf der Ebene von Firmen oder Regionen, operierende Gewerkschaften gibt, ist die Annahme dezentraler Verhandlungen vernünftig. Zur formalen Ableitung der Lohnkurve benutzen Blanchflower und Oswald das bereits im Zusammenhang der makroökonomischen Lohnsetzungskurve behandelte Modell von P. Sanfey (1992; vgl. Blanchflower, Oswald, Sanfey 1996). Da die Argumentationsweise in diesem Fall auf der regionalen wie der gesamtwirtschaftlichen Ebene jeweils analog ist, kann im folgenden auf die Wiederholung der formalen Argumentation verzichtet werden. Hier sei nur noch daran erinnert, daß ein Nash-Verhandlungsprozeß angenommen wird, bei dem um die

---

[1] Die Elastizität der Beschäftigung im Hinblick auf den Lohn kann nach Kölling (1998b, vgl. Kölling 1998a) auf -0.2 berechnet werden, d. h. eine zehnprozentige Lohnerhöhung reduziert die Beschäftigung um ca. 2%.

Verteilung von in den Unternehmen anfallenden nichtkompetitiven Renten gestritten wird.

Die hier etwas reduzierte Behandlung des Verhandlungsansatzes ist zusätzlich motiviert dadurch, daß für diesen Ansatz angenommen werden muß, daß die für die Lohnfindung entscheidende Einheit die Region ist. Dies ist im Fall der Bundesrepublik Deutschland jedoch nicht gegeben, da Lohnverhandlungen hier nach Branchen geordnet ablaufen und zentralisiert für alle Betriebe im ganzen Lande maßgeblich sind. Einzelne Tarifgebiete sind zwar zusätzlich regional gegliedert, i.d.R. werden jedoch Pilotabschlüsse einer Region nur wenig modifiziert auf alle anderen übertragen (zu dem System der Tariflöhne vgl. Bispinck et al. 1995).[2]

Damit ist die Anwendbarkeit des Verhandlungsansatzes für die Verhältnisse der Bundesrepublik Deutschland generell in Frage gestellt. Eine Relevanz könnte allenfalls dadurch begründet werden, daß der Ansatz von einer Verhandlungssituation mit Gewerkschaften auf eine solche mit individuellen Arbeitskräften (oder Betriebsräten) übertragbar ist. Blanchflower und Oswald setzen sich mit diesem Problem nicht auseinander, obwohl es von erheblicher Bedeutung für die Anwendbarkeit des Ansatzes ist. Das von den Autoren verwendete Verhandlungsmodell wurde bereits im Kapitel 4 dargestellt, da es für die empirischen Arbeitsmärkte der Bundesrepublik eher im Hinblick auf makroökonomische Prozesse relevant erscheint. Aus diesen Gründen wird auf eine erneute Behandlung im Kontext des regional ausgerichteten Lohnkurvenproblems verzichtet.

c) Effizienzlohnansätze: Erneut ist die Grundidee der Argumentation bereits im Zusammenhang der Makrotheorie vorgetragen worden. In Effizienzlohnansätzen wird von offenen Arbeitsverträgen ausgegangen, die die Arbeitsleistung nicht exakt festlegen. Firmen haben darum das Problem, Arbeitskräfte zu einer profitablen Arbeitsleistung zu motivieren, das sie lösen, indem sie höhere als markträumende Löhne zahlen. Arbeitslosigkeit reduziert das Problem, da Arbeitskräfte unter diesen Umständen von Einkommenslo-

[2] In der Metallindustrie variierten Ende 1992 die tariflichen Grundlöhne der mittleren Lohngruppe regional zwischen 2607 und 2616 DM (Bispinck et al. 1995: 65).

sigkeit bedroht sind und darum ein verstärktes Interesse an der Erhaltung ihres Arbeitsplatzes haben werden.

Die substitutive Beziehung zwischen relativ hoher Entlohnung und eher hoher Arbeitslosigkeit begründet die inverse Beziehung zwischen beiden Variablen, die Kern der Lohnkurve ist. Der Übergang von der makroökonomischen Theorie zur regionalen Lohnkurve geschieht wiederum dadurch, daß Regionen als kleine Makroökonomien betrachtet werden, die durch eine bestimmte Arbeitslosenquote charakterisiert sind.

Blanchflower und Oswald verwenden ein anderes Effizienzlohnmodell als jenes, das im Kapitel über die Makroökonomie beschrieben wurde. Sie lehnen sich an das bekannte Modell von Shapiro und Stiglitz (1984) an, in dem Arbeitskräfte eine binäre Entscheidung über ihre Arbeitsleistung treffen: Entweder sie arbeiten mit voller Kraft oder überhaupt nicht. Letzteres wird „shirking“ (= Bummeln) genannt. Das Modell von Shapiro und Stiglitz enthält eine Grenze, die durch bestimmte Kombinationen von Arbeitslosigkeit und Entlohnung gekennzeichnet ist, oberhalb der mit voller Leistung gearbeitet wird. Dies ist die „No-Shirking-Condition“, die von Blanchflower und Oswald als Lohnkurve uminterpretiert wird und die genau den fraglichen Verlauf hat. Das Modell Blanchflower und Oswalds ist eine Vereinfachung desjenigen, das Shapiro und Stiglitz entwickelten, behält aber die Essenz der Argumentation bei.

d) Ungleichgewichtsansatz: Dies ist ein vierter denkbarer Ansatz, der von Blanchflower und Oswald jedoch als Erklärung der Lohnkurve zurückgewiesen wird (1994a: 91ff.). In einer auf Ungleichgewichten aufbauenden Argumentation wäre die Lohnkurve keine stabile Beziehung, sondern nur ein Durchgangsstadium im Rahmen von ständig auftretenden Störungen des Gleichgewichts. Dies könnte durch ein Modell verdeutlicht werden, das die übliche kompetitive Theorie durch verzögerte Anpassungsprozesse auf den Arbeitsmarkt erweitert. In einem solchen Modell hätte ein externer Schock ein Absinken der Nachfrage nach Arbeitskräften auf einem regionalen Arbeitsmarkt und ein Ansteigen der Arbeitslosigkeit zur Folge. Ein weiterer Effekt wäre ein Absinken der Löhne, das wiederum zu einem allmählichen

Abbau der Arbeitslosigkeit führt. Der Prozeß findet sein Ende, wenn für die Arbeitslosigkeit das Niveau vor dem Schock erneut erreicht ist.

Blanchflower und Oswald kritisieren an dieser Erklärung, daß sie keine stabile Lohnkurve impliziert. Der Zusammenhang zwischen Arbeitslosigkeit und Entlohnung gestaltet sich je nach Zeitpunkt der Messung jeweils völlig anders. Bei Eintritt des adversen Schocks, der auf eine Region wirkt, wird die Arbeitslosigkeit einen Extremwert annehmen, aber der Lohn noch fast das ursprüngliche Niveau aufweisen. Gegen Ende des beschriebenen Prozesses zeigt sich die Umkehrung der Startsituation, da sowohl Arbeitslosigkeit wie regionales Lohnniveau jeweils niedrige Werte aufweisen werden. An eine Lohnkurve erinnernde Wertekombinationen sind nur im Bereich zwischen den Extremen möglich.

Motiviert durch derartige Betrachtungen weisen Blanchflower und Oswald den Ungleichgewichtsansatz zur Erklärung von Lohnkurven zurück. Sie argumentieren zusätzlich, daß es einen Unterschied bedeutet, die Auswirkungen der Arbeitslosigkeit auf das Absolutniveau des Lohns zu betrachten - dies ist Gegenstand der Theorie der Lohnkurve - und die Veränderungen des Lohns zu analysieren - dies wäre Gegenstand einer Phillipskurvenanalyse. Möller (1995, 1996) sieht hier jedoch einen Zusammenhang, der an späterer Stelle noch einmal aufgegriffen werden soll.

3. Ein Effizienzlohnmodell zur Begründung der Lohnkurve

Die Darstellung des von Blanchflower und Oswald (1994a: 64ff.) entwikkelten Effizienzlohnmodells als Begründung der Lohnkurve erscheint vor allem deshalb als sinnvoll, da dieser Ansatz insbesondere für die Verhältnisse in der Bundesrepublik Deutschland als möglicherweise adäquat zu überprüfen ist. Die Formalisierung erlaubt eine strenge Mikrofundierung.

Die Darstellung bezieht sich zunächst nur auf eine Referenzregion. Der Nutzen (V_a) einer dort arbeitenden repräsentativen Person wird durch folgende Funktion beschrieben, wenn W den Lohn angibt:

$$V_a = W - A \qquad (1)$$

Die Arbeitsanstrengung A kann nur die Werte von 0 oder 1 annehmen. Weiterhin wird davon ausgegangen, daß ein Beschäftigter, der mit $A = 0$ arbeitet („Shirking"-Verhalten), seinen Arbeitsplatz verliert, sofern die betreffende Firma über die Leistungshöhe informiert ist. Die Wahrscheinlichkeit der Entdeckung ist $1-\delta$ (mit $0 < \delta < 1$). Der Erwartungsnutzen V_u einer Arbeitskraft ohne Beschäftigung wird in der folgenden Weise angegeben:

$$V_u = (W - A)\xi(U) + B[1 - \xi(U)] \tag{2}$$

Dabei ist $\xi(U)$ die Wahrscheinlichkeit, eine Arbeit zu finden, die von der lokal geltenden Arbeitslosenquote U abhängt, B ist die Arbeitslosenunterstützung. Im Gleichgewicht muß der Nutzen, mit $A = 1$ zu arbeiten, gerade infinitesimal größer sein, als mit $A = 0$ zu arbeiten. Im Grenzfall gilt also:

$$W - A = \delta W + (1-\delta)\{(W - A)\xi(U) + B[1 - \xi(U)]\} \tag{3}$$

Daraus ergibt sich die *Lohnkurve*:

$$W = A + B + \frac{A\delta}{(1-\delta)[1-\xi(U)]} \tag{4}$$

Eine gewinnmaximierende Firma wird den von ihr bezahlten Lohn mindestens so hoch ansetzen, daß er Bedingung (4) genügt. Unter der Annahme, daß alle Firmen identisch sind, kann über alle aggregieren werden. (4) wird dann als aggregierte „No-Shirking-Condition"im Sinne von Shapiro und Stiglitz aufgefaßt, die als Lohnkurve interpretiert wird.

Das skizzierte Modell gilt zunächst in einer einzigen Region, die hier als Region 1 bezeichnet wird. Eine zweite in Betracht gezogene Region (Region 2) wird durch die gleiche Modellstruktur charakterisiert. Es besteht jedoch die Möglichkeit, daß sich die Arbeitslosenquote von jener in Region 1 unterscheidet. Darüber hinaus kann es sein, daß Region 2 auf Grund von natürlichen oder sonstigen Eigenschaften gegenüber Region 1 attraktiver ist. Dem wird durch einen zusätzlichen Term F in der für Region 2 geltenden Nutzenfunktion entsprochen:

$$V_{2a} = W_2 - A + F \tag{5}$$

In der zweiten Region ergibt sich statt Gleichung (3) der folgende Ausdruck:

$$W_2 - A + F = \delta(W_2 + F) + (1-\delta)\{(W - A + F)\xi(U_2) + (B+F)[1 - \xi(U_2)]\} \quad (6)$$

Dabei wird im Gegensatz zur Argumentation bei Blanchflower und Oswald angenommen, daß in allen Regionen die gleiche Arbeitslosenunterstützung bezahlt wird. Dann ergibt sich als Lohnkurve für Region 2:

$$W_2 = A + B + \frac{A\delta}{(1-\delta)[1 - \xi(U_2)]} \quad (7)$$

Da der Parameter F herausfällt, der die Attraktivität einer Region anzeigt, weist die Lohnkurve in beiden Regionen die gleichen Parameter auf, W aus Gleichung (4) hat die gleiche Höhe wie W_2 in Gleichung (7), sofern $U_2 = U$. Vorher wurde (4) ganz allgemein geschrieben, da es sich dabei - wie sich nun zeigt - um die allgemeine Bestimmungsgleichung der Lohnkurve handelt, die aus dem Mikromodell über Effizienzentlohnung abgeleitet wurde. Die weitere Verallgemeinerung des Falls von 2 auf jenen mit vielen Regionen ergibt sich zwanglos.

Alle Punkte auf der Lohnkurve sind Gleichgewichtsbedingungen im Sinne des Effizienzlohnmodells, die von unfreiwilliger Arbeitslosigkeit gekennzeichnet sind. Wenn Vollbeschäftigung möglich wäre, müßte die Wahrscheinlichkeit einer Wiederbeschäftigung $\xi(U) = 1$ sein. In diesem Fall reduzierte sich Gleichung (3) auf den Ausdruck $\delta A = 0$. Da beide Parameter jedoch im Gleichgewicht positiv sind, ergibt sich ein Widerspruch. Auf diese Weise kann nebenbei dem Modell ein starker Hinweis darauf entnommen werden, daß unter marktwirtschaftlichen Bedingungen immer ein bestimmtes Maß an unfreiwilliger Arbeitslosigkeit auftreten wird.

Die sich ergebende Lohnkurve hat einen fallenden Verlauf, wie die Ableitung von (4) zeigt:

$$\frac{\partial W}{\partial U} = \frac{A\delta\xi'(U)}{(1-\delta)[1-\xi(U)]^2} < 0 \quad (8)$$

Der fallende Verlauf ist durch $\xi'(U)$ determiniert, ein Ausdruck, der negativ ist, da mit größeren Werten der Arbeitslosigkeit kleinere Wiederbeschäfti gungswahrscheinlichkeiten verbunden sind. Damit verbleibt die Frage, ob die Lohnkurve linear oder nichtlinear verläuft: Für die zweite Ableitung ergibt sich der folgende Ausdruck:[3]

$$\frac{\partial^2 W}{\partial U^2} = \frac{A\delta\left\{[1-\xi(U)]\xi''(U) + 2[\xi'(U)]^2\right\}}{(1-\delta)[1-\xi(U)]^3} \tag{9}$$

Je nach der konkreten Gestalt von $\xi(U)$ sind sowohl konkave $\left(\partial^2 W / \partial U^2 < 0\right)$ wie auch konvexe Verläufe möglich. Ist $\xi''(U) > 0$, so ist dies eine hinreichende aber nicht notwendige Bedingung für einen konvexen Verlauf der Lohnkurve $\left(\partial^2 W / \partial U^2 > 0\right)$.

Ein solcher Verlauf von $\xi''(U)$ ergibt sich u.a. dann, wenn R als konstante Rate von Entlassungen bezogen auf die Anzahl der Beschäftigten N definiert wird und im Gleichgewicht die Zahl der Entlassungen der Zahl der Neueinstellungen entspricht:

$$RN = \xi \cdot [L - N] \tag{10}$$

Wenn die Größe des Arbeitskräftepotentials wiederum durch L bezeichnet und $U = (L-N)/L$ gesetzt wird, ergibt sich für ξ eine nichtlineare Beziehung zu U, die eine positive zweite Ableitung hat:

$$\xi = R\left(\frac{1}{U} - 1\right) \tag{11}$$

4. Die Integration der Lohnkurve in ein regionales Gesamtmodell

Die Zurückweisung eines Ungleichgewichtsmodells durch die Hauptvertreter des Lohnkurvenansatzes (vgl. oben, Abschnitt 2) weist auf eine wesentliche Eigenschaft der von ihnen verwendeten theoretischen Modelle hin. Die Lohnkurve ergibt sich, sei es in der Kontrakt-, der Verhandlungs- oder der Effizienzlohntheorie jeweils als Ort von Gleichgewichtslösungen. Damit ist jedoch ein Problem verbunden: Wie ist es möglich, daß eine Lohnkurve in

---

3 Der entsprechende Ausdruck bei Blanchflower und Oswald (1994a: 68) enthält einen Druckfehler, der an der Aussage bezüglich des Vorzeichens jedoch nichts ändert.

einer Ökonomie langfristig stabil bleibt, obwohl es in ihr einen ungünstigen Ast gibt, der durch Kombinationen von hohen Werten für die Arbeitslosenquote mit niedrigen Werten für das regionale Lohnniveau gekennzeichnet ist und sich den dort befindlichen Beschäftigten auch als solcher darstellt, da sie den günstigen Ast - charakterisiert durch hohe Löhne und niedrige Arbeitslosigkeit - zum Vergleich heranziehen können. Die Beschäftigten werden die Tendenz haben, aus den eher ungünstigen Regionen wegzuwandern oder versuchen, das Problem durch Pendeln zu lösen, wenn sich Gebiete mit günstigen Arbeitsmarktbedingungen in der Nähe befinden. Hier zeigt sich der wiederholt benannte Unterschied zwischen Makro- und Regionalökonomie, da letztere die Verflechtung der Regionen berücksichtigen muß.

Blanchflower und Oswald haben jedoch eine einfache Lösung für dieses Problem, denn sie nehmen an, die im Hinblick auf ökonomische Variablen ungünstigen Regionen würden sich durch günstige außerökonomische Eigenschaften als im Gleichgewicht ebenso nutzenmaximal darstellen, wie die Regionen mit niedriger Arbeitslosenquote und hohen Löhnen. Unter welchen Umständen kann eine solche perfekte negative Korrelation zwischen außerökonomischen und ökonomischen Faktoren auftreten?

Von Blanchflower und Oswald wird ein Spezialfall dargelegt, in dem die attraktiven Regionen so viele Migranten anziehen, daß die Bevölkerungsdichte stark ansteigt. Wird Bevölkerungsdichte als negativ empfunden, kann der Attraktivitätsfaktor einer Region als endogenisiert betrachtet werden. Ein Arbeitsmarkt mit günstigen Werten bei der Beschäftigung und beim Lohn wird solange Arbeitskräfte anziehen, bis die Bevölkerungsdichte so hohe, d.h. als ungünstig betrachtete Werte angenommen hat, daß sich beide Aspekte gerade ausgleichen. Dann kommt die Migration zum Stillstand, da niedrige Arbeitslosigkeit und hohe Löhne exakt die als negativ empfundene hohe Bevölkerungsdichte kompensieren. Diese Konstruktion kann jedoch keine Allgemeingültigkeit beanspruchen, da dies unterstellen würde, daß Städte generell für ungünstiger als ländliche Gebiete eingestuft werden.

Eine Alternative scheint zu sein, die Unterschiede bei den Werten der ökonomischen Variablen einfach in einem allgemeinen Sinne als kompensierende Differentiale aufzufassen, die im Marktprozeß die außerökonomischen Vor- und Nachteile einer Region entlohnen. Um genug Arbeitskräfte anzulocken muß eine Region einfach um so günstigere Werte bei den ökonomischen Variablen anbieten, je unattraktiver sie ansonsten ist.

Die Lösung von Blanchflower und Oswald soll im folgenden im Detail dargestellt werden. Dazu ist es notwendig zu betrachten, wie die Lohnkurve in ein regionales Gesamtmodell eingepaßt wird. Um das Modell des Arbeitsmarktes zu schließen, ist eine Analyse der Nachfrageseite erforderlich. Blanchflower und Oswald schlagen vor, die Modellierung in der gleichen Weise vorzunehmen, wie es von Layard et al. und Carlin & Soskice für große Volkswirtschaften demonstriert wurde. Auf die Unterschiede zwischen Makro- und Regionalökonmie gehen Blanchflower und Oswald nur implizit ein. Insbesondere sind die Güterpreise nicht direkt abhängig von den Bedingungen in einer Regionalökonomie, sondern von den übergeordneten Gebietseinheiten, d.h. dem nationalen oder dem Weltmarkt. Im Unterschied zu Layard et al. gehen Blanchflower und Oswald zumindest teilweise von vollständiger Konkurrenz auf den Gütermärkten aus.

Zwei verschiedene Gesamtmodelle werden behandelt, in denen die Lohnkurve jeweils um die Nachfrageseite ergänzt ist, und die sich u.a. im Hinblick auf die Integration von Migrationsprozessen unterscheiden. In dem ersten der beiden Modelle gilt als Gleichgewichtsbedingung, daß keine regionale Migration stattfindet.

Die beiden betrachteten Regionen unterscheiden sich nur im Hinblick auf die Höhe der Arbeitslosenunterstützung. Unterschiedliche Wertekombinationen für Lohnniveau und Arbeitslosigkeit müssen dann gerade diese Unterschiede bei den Unterstützungszahlungen kompensieren, um der Nichtmigrationsbedingung zu genügen. Da bei bundesdeutschen Regionen die Leistungen aus der Arbeitslosenversicherung einheitlich sind, wird dieses Modell hier nicht weiter verfolgt.

In einem Alternativmodell (Blanchflower und Oswald 1994a: 81) tritt ein Faktor $\varnothing$ auf, der die differentielle Attraktivität zweier Regionen bestimmt und als umgekehrt proportional zur Bevölkerungsdichte definiert wird. Eine Region, die aus ökonomischen Gründen - d.h. wegen niedriger Arbeitslosigkeit und hohem Lohnniveau - Arbeitskräfte anzieht, erhöht dadurch ihre

Bevölkerungsdichte solange, bis ein Gleichgewicht erreicht ist, in dem keine Migration mehr stattfindet. Es wird angenommen, daß alle Extraprofite wegkonkurriert werden und die beiden Regionen jeweils verschiedene Waren bei konstanten Skalenerträgen für den Weltmarkt produzieren. Wird c als jene Funktion spezifiziert, die Minimalkostenkombinationen beschreibt, können die Nullprofitbedingungen wie folgt geschrieben werden:

$$P_r = c_1(W_1, r) \tag{12a}$$

$$1 = c_2(W_2, r) \tag{12b}$$

Hierbei gibt r die Kapitalkosten an. Der Preis des Gutes der zweiten Region wurde zur Vereinfachung und ohne Verlust an Allgemeinheit auf 1 gesetzt. Die Arbeitsnachfragekurven für die beiden Regionen sind aus der Abbildung 5.1 zu ersehen.

Abbildung 5.1

Lohnkurve und regionale Arbeitsnachfrage

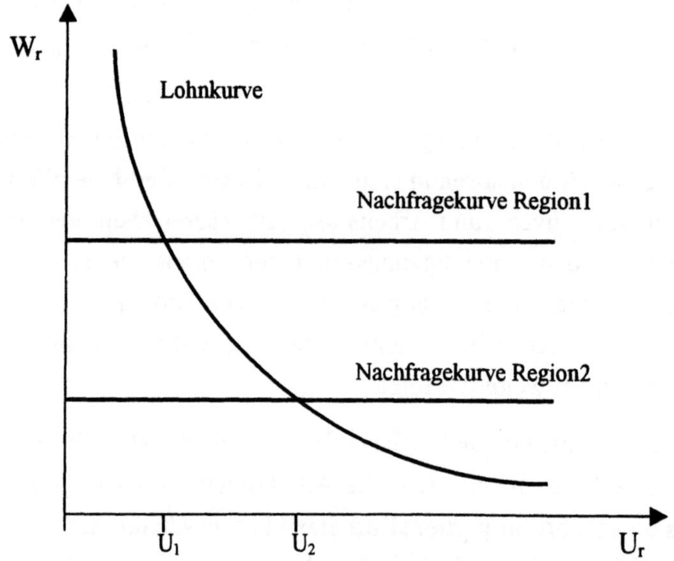

In jedem Fall tritt eine einheitliche Lohnkurve auf (siehe die Gleichungen (2) und (7)).

$$W_r = A + B + \frac{\delta A}{(1-\delta)[1-\xi(U_r)]} \tag{12c}$$

Im Gleichgewicht kommt die Migration gerade zum Stillstand, wenn Arbeitskräfte in beiden Regionen das gleiche Nutzenniveau erreichen, d.h. wenn gilt:

$$(W_1 - A + \varnothing)\xi(U_1) + (B + \varnothing)[1 - \xi(U_1)] = (W_2 - A)\xi(U_2) + B[1 - \xi(U_2)] \tag{12d}$$

Umgekehrt läßt sich folgern: Ist der Faktor $\varnothing$ größer Null, d.h. unterscheidet sich die Bevölkerungsdichte für die beiden Regionen, können die beiden Arbeitsmärkte nicht die gleiche Arbeitslosenquote aufweisen. Der Beweis erfolgt über Widerspruch, d.h. wenn angenommen wird, daß $U_1 = U_2$, so gilt:

$$W_1\xi + \varnothing = W_2\xi \tag{13}$$

Da die Lohnkurve eine mit U monoton fallende Funktion ist, muß bei gleichen Arbeitslosenquoten $W_1 = W_2$ gelten und damit $\varnothing = 0$. Auf diese Weise wird deutlich, daß die in der Lohnkurve sich verkörpernden ökonomischen Vor- und Nachteile von Regionen gerade außerökonomische Vor- und Nachteile kompensieren. Der hier angegebene Beweis ist einfacher als jener, den Blanchflower und Oswald führen (1994a: 69ff.). Sie verwenden ein Modell mit zwei Regionen, das die Nachfrageseite nur durch Annahmen über eine Verteilung von „Schocks" beinhaltet. Hier muß eine Region, die eher Werte auf dem günstigen Ast der Lohnkurve aufweist, außerökonomisch benachteiligt sein. Die Autoren vergleichen zwei Integrale, in denen $\varnothing$ beliebige außerökonomische Faktoren repräsentiert, d. h. nicht unbedingt die Bevölkerungsdichte:

$$\int \{(W_1 - A)\xi(U_1) + B[1 - \xi(U_1)]\} g_1(S_1) dS_1 \quad \text{und:} \tag{14a}$$

$$\int \{(W_2 - A + \varnothing)\xi(U_2) + (B + \varnothing)[1 - \xi(U_2)]\} g_2(S_2) dS_2 \tag{14b}$$

Sie zeigen wiederum, daß die beiden Regionen sich für Lohn und Arbeitslosigkeit unterscheiden müssen, wenn $\varnothing > 0$. Differierende Werte in den ökonomischen Variablen setzen wiederum voraus, daß die Verteilung der Schocks $g_1(S_1)$ und $g_2(S_2)$ für die beiden Regionen unterschiedlich ist. Wie allerdings eine solche Korrelation zwischen der Wahrscheinlichkeit von Schocks und den außerökonomischen Eigenschaften der Regionen entstehen soll, dazu geben Blanchflower und Oswald keine Auskunft. Sie demonstrieren eine solche Korrelation nur für den bereits behandelten Spezialfall, in dem $\varnothing$ die Bevölkerungsdichte angibt.

5. Diskussion und Beurteilung

Das Modell von Blanchflower und Oswald zum Zusammenhang zwischen der Lohnkurve und der Attraktivität von Regionen lohnt eine genaue Betrachtung. In der Regionalökonomie wurde in der Vergangenheit intensiv darüber diskutiert, ob Löhne in unattraktiven Regionen höher sind, ob man also Lohnunterschiede zwischen Regionen als kompensierende Differentiale auffassen kann (vgl. z. B. Roback 1982; Furtado 1997).[4] Insoweit greifen Blanchflower und Oswald hier Ideen auf, die bereits verbreitet sind. Allerdings bezieht sich ihr Argument nicht nur auf den Lohn, sondern auch auf das Niveau der Arbeitslosigkeit.

Kompensierende Arbeitslosigkeitsdifferentiale einzuführen, unterstellt, daß die Wirtschaftssubjekte eine Vorstellung über die langfristige regionale Verteilung adverser Schocks auf regionale Ökonomie gewinnen können. Die Langfristigkeit dieser Erwartungen - die auch von Blanchflower und Oswald immer wieder betont wird - basiert darauf, daß Mobilitätentscheidungen kostspielig sind und dadurch Investititionscharakter haben. Ein Mo-

---

4 In den Arbeiten von Roback und Furtado werden Lohndifferentiale zugunsten von Ballungsräumen als für Umweltbelastungen und Bevölkerungsdichte kompensierend eingestuft. Empirische Analysen für die Bundesrepublik zeigen hingegen, daß Lohnunterschiede zwischen verschiedenen Gebietstypen lokale Preisunterschiede überraschend genau widerspiegeln. Es handelt sich folglich nicht um reale, sondern lediglich um nominale Effekte (vgl. Blien, Mederer 1998c). Darum kann in der Bundesrepublik kaum mit kompensierenden Differentialen argumentiert werden. Dies zeigt auch das Beispiel eher als attraktiv eingeschätzter Hochlohnregionen, wie des Münchner Raums.

dell bei dem Lohnunterschiede für Arbeitslosigkeitsdifferentiale kompensieren, wurde von Harris und Todaro (1970) entwickelt, es impliziert jedoch eine positive Korrelation zwischen Arbeitslosigkeit und Entlohnung.

Damit Lohn- und Arbeitslosigkeitsdifferentiale zusammen die Attraktivität von Regionen kompensieren können, wie in der Konstruktion von Blanchflower und Oswald erwartet, müßten die Wirtschaftssubjekte den Zusammenhang zwischen der Arbeitslosigkeit und dem regionalen Lohnniveau kennen. Sie müßten um die Lohnkurve wissen, die doch erst gerade, mit großem wissenschaftlichen Aufwand, nachgewiesen werden soll. Die Wirtschaftssubjekte müßten also um die längerfristige regionale Verteilung der adversen Schocks auf die Ökonomie kennen und zusätzlich ihre Auswirkungen auf das Lohnniveau berücksichtigen. Dies erscheint als viel zu starke Voraussetzung.

Ein weiterer kritischer Punkt betrifft die Weise, mit der das Modell der Lohnkurve geschlossen wird. Weiter oben wurde bereits deutlich gemacht, daß diese Schließung nicht durch eine Preissetzungskurve erfolgen kann, sondern daß eine Schar von traditionellen Arbeitsnachfragekurven verwendet wird, die unter der Annahme vollständiger Konkurrenz auf den Gütermärkten abgeleitet werden. Diese Kurven haben einen horizontalen Verlauf (siehe Abbildung 5.1).

Die verschiedenen Arbeitsnachfragekurven repräsentieren einerseits die Spezialisierung der Regionen auf spezifische Produkte und andererseits die unterschiedlichen Produktivitäten, die dabei auftreten. Die Konstruktion impliziert, daß allein die Lohnhöhe durch die Arbeitsnachfrage fixiert wird, während die Höhe der Arbeitslosigkeit durch die Lohnkurve determiniert ist. Reflektiert man auf deutsche Verhältnisse, so erscheint dies als nur schwer vorstellbar. Man weiß, daß die Lohnunterschiede zwischen deutschen Regionen relativ klein sind, wenn man sie um die Werte interagierender Variablen bereinigt (Blien 1995a: 165; Wagner 1991: 76). Diese kleinen Unterschiede sollen nun relativ große Arbeitslosigkeitsunterschiede erklären können. Dies scheint die zugrundeliegenden Erklärungsansätze erheblich zu überziehen.

Schließlich ist anzumerken, daß sich unter der Hand die Kausalität umgekehrt hat. Nicht mehr die Arbeitslosigkeit determiniert, vermittelt durch die Lohnkurve, den Lohn. Statt dessen determiniert der Lohn die Arbeitslosigkeit. Allerdings erfolgt dies in der umgekehrten Weise wie üblich, da hohe Löhne mit niedrigen Arbeitslosenquoten verknüpft sind.

Eine kritische Auseinandersetzung mit der Theorie der Lohnkurve muß sich zusätzlich mit der zugrundeliegenden Idee der Mikrofundierung auseinandersetzen, da die Lohnkurve bestimmte Eigenschaften von dem verwendeten Effizienzlohnmodell „erbt". Erstens muß das Modell annehmen, daß alle Arbeitskräfte, die „Bummeln", d.h. für die der Effizienzparameter $A = 0$ ist, entlassen werden.

Zweitens hängt die Wahrscheinlichkeit der Entdeckung des „Bummelns" nur von der Überwachung der Arbeitskräfte durch die betreffende Firma ab. Diese reagiert auf ein Informationsproblem mit der Einführung von Effizienzlöhnen. Demgemäß kann gefolgert werden, daß sich Effizienzentlohnung auf alle Arbeitskräfte beschränkt, die nicht genau durch Firmen kontrolliert werden können. Dies ist eine kritische Annahme, da man alternativ argumentieren kann, daß für die Firmen ein Problem erst dadurch entstehen wird, daß die Leistungsintensität im Arbeitsvertrag nicht genau festgeschrieben und damit nicht einklagbar ist.

Das Konzept eines Ansatzes, der mit „Bummeln" der Arbeitskräfte argumentiert, erscheint insoweit nicht als überzeugend, da es unterstellt, daß die Firma automatisch Anspruch auf die Maximalleistung hätte. Das Problem wird zugespitzt durch die Verwendung einer Funktion für die Leistungsintensität, die nur die zwei Werte 0 und 1 annehmen kann. Zusammen mit der Voraussetzung, daß bummelnde Arbeiter gekündigt werden, erscheint das verwendete Modell erneut als weit von der Realität der Bundesrepublik Deutschland entfernt.

Blanchflower und Oswalds Theoriekonzeption ist von einer Art, die ein Gleichgewicht auf regionalen Arbeitsmärkten sichert und letztlich die Präferenzen der Wirtschaftssubjekte im Hinblick auf außerökonomische Eigenschaften von Regionen für die Verteilung der Arbeitslosigkeit verantwortlich macht. Die genannten Kritikpunkte enthalten Hinweise darauf, daß über

Blanchflower und Oswalds Modell noch einmal nachgedacht werden sollte, um es ggf. anzupassen - insbesondere an die Verhältnisse in der Bundesrepublik Deutschland.

6. Zusammenfassung und weiterführende Überlegungen

Da die Lohnkurve im empirischen Teil der vorliegenden Arbeit näher untersucht werden soll und auch in den theoretischen Überlegungen eine wichtige Rolle spielt, lohnt es sich, die Überlegungen von Blanchflower und Oswald noch einmal kurz zu resümieren. In ihrer Theorie verfolgen die Autoren den Anspruch einer strikten Mikrofundierung durch Ableitung aus dem maximierenden Verhalten der Arbeitskräfte und Firmen. Da Verhandlungsansätze und Kontrakttheorie für die Regionen der Bundesrepublik weniger relevant sind, wurde im vorliegenden Kontext das von Blanchflower und Oswald entwickelte Effizienzlohnmodell für eine genauere Analyse herangezogen. Als Resultate ergaben sich insbesondere:

- Alle Regionen weisen eine einheitliche Lohnkurve auf, die Arbeitslosenquote und Durchschnittslöhne fest verknüpft (empirischer Test möglich).

- Die Lohnkurve fällt, d.h. mit höheren Werten der Arbeitslosigkeit ergeben sich niedrigere Löhne (empirischer Test möglich).

- Die Lohnkurve ist normalerweise nichtlinear, bei geeigneter Spezifikation der Wiederbeschäftigungswahrscheinlichkeit flacht sie sich mit höheren Werten für die Arbeitslosigkeit ab (empirischer Test möglich).

- Die Lohnkurve repräsentiert Gleichgewichte auf regionalen Arbeitsmärkten, sie beschreibt keine Momentaufnahmen in einem regionalen Anpassungsprozeß. Dies ist ein fundamentaler Unterschied zur Phillipskurve.

- Die Konzeptualisierung der Lohnkurve als Ort von Gleichgewichtszuständen setzt allerdings voraus, daß außerökonomische Vorteile gerade für die ökonomischen Vorteile einer Region kompensieren, um Migration zu verhindern.

- Die Integration der Lohnkurve in ein regionales Gesamtmodell erfolgt in einer Weise, daß auf der Nachfrageseite unterschiedliche Lohnniveaus determiniert werden und die Lohnkurve dann kausal ein bestimmtes Arbeitslosigkeitsniveau determiniert.

Das skizzierte Modell der Lohnkurve provoziert Kritik unter verschiedenen Gesichtspunkten. Hier sei zusammenfassend angeführt, daß die Vorstellung, ökonomische Variablen würden die außerökonomischen Eigenschaften von Regionen gerade so ausgleichen, daß sich ein Nutzen-maximierender Zustand in gleicher Weise für alle Regionen ergibt, sehr hohe Anforderungen an die Marktübersicht und das ökonomische Verständnis der Wirtschaftssubjekte stellt und auch empirisch zumindest für die Bundesrepublik Deutschland nicht gestützt ist. Das verwendete Effizienzlohnmodell geht davon aus, daß die Firmen ein Informations- kein Durchsetzungsproblem lösen wollen und macht Annahmen bezüglich des Kündigungsrechts, die eher für die Arbeitsmärkte des angelsächsischen Raumes passen als für jene Mitteleuropas.

Aus diesen Gründen sollten die Überlegungen zur Lohnkurve fortgeführt werden. Insbesondere erscheint sinnvoll, die Annahme kompensierender Lohn- und Arbeitslosigkeitsdifferentiale fallen zu lassen und ein anderes Effizienzlohnmodell zu verwenden, daß an die institutionellen Bedingungen deutscher Arbeitsmärkte besser angepaßt ist.

Eine Alternativkonstruktion sollte jedoch insbesondere die Einbettung der Lohnkurve in ein Gesamtkonzept des Arbeitsmarktes beibehalten bzw. den Ausbau zu einem regionalen Gesamtmodell vorantreiben. Insbesondere erscheint sinnvoll, die in Kapitel 3 entworfenen Überlegungen zu Entwicklungsunterschieden regionaler Arbeitsmärkte erneut aufzugreifen. Außerdem kann von den makroökonomischen Ansätzen aus Kapitel 4 mehr gelernt werden, als Blanchflower und Oswald übernehmen. Im folgenden Kapitel sollen die zur Entwicklung eines alternativen theoretischen Modells notwendigen Schritte unternommen werden.

KAPITEL VI Ein integrierter Ansatz zur Erklärung von Arbeitslosigkeit und Entlohnung auf regionalen Arbeitsmärkten

1. Die Zusammenführung verschiedener Partialansätze

In der Volkswirtschaftslehre und Wirtschaftspolitik beschreiben Arbeitslosigkeit und durchschnittliches Lohnniveau zentrale Dimensionen regionaler Arbeitsmärkte. Im folgenden soll ein Theorieansatz entwickelt werden, der eine Erklärung beider wichtiger Variablen erlaubt. Im Unterschied zu verschiedenen bisher diskutierten Partialmodellen sollen in einer Gesamtbetrachtung die wechselseitigen Auswirkungen zwischen Arbeitslosigkeit und Entlohnung in der Interaktion mit weiteren Bestimmungsgründen behandelt werden.

Der Theorieansatz stützt sich auf ein Modell, das Gründe für die Ausbildung unterschiedlicher Arbeitslosenquoten beschreibt, die insbesondere mit der Elastizität der Produktnachfrage auf Gütermärkten und mit der Entwicklung der Produktionstechnik zusammenhängen. Die Arbeitslosigkeit hat Auswirkungen auf das Lohnniveau, wie sie aus der Diskussion um die „Lohnkurve" bekannt sind, d. h. höhere Raten der Unterbeschäftigung sind mit niedrigeren regionalen Durchschnittslöhnen verknüpft. Zum Verständnis dieses Zusammenhangs wird ein regionales Effizienzlohnmodell verwendet.

In der umgekehrten Richtung wirkt der Lohn auch auf das Arbeitslosigkeitsniveau, da Lohneinbußen zu erhöhter Beschäftigung führen. Die Lohnreduktionen führen jedoch nicht dazu, daß sich das regionale Beschäftigungsniveau angleicht, vielmehr existieren Disparitäten fort. Die dadurch motivierte Mobilität der Arbeitskräfte führt zu einer allmählichen Erodierung des Lohnkurvenzusammenhangs und zur Konvergenz von Regionen. Die in dem Modell auftretenden Gleichgewichte sind darum zunächst nur temporärer Natur. Auch Mobilität führt jedoch nicht zu einem Zustand, in dem sich die regionalen Arbeitslosigkeits- und Lohnniveaus angeglichen haben, da sie - bedingt durch hohe Kosten - mit niedrigen Raten verläuft und ein langfristiges Gleichgewicht ständig durch das Fortschreiten der Produkte in ihrem Zyklus, also in Richtung Marktsättigung, gestört wird.

Das Modell greift Argumentationslinien bereits behandelter Ansätze auf, ohne sich in diesen zu erschöpfen. Es verwendet Elemente des „Europäischen Arbeitsmarktmodells" sowie des Lohnkurvenansatzes von Blanchflower & Oswald und integriert diese mit Ideen der Arbeiten von Krugman und von Appelbaum & Schettkat. Gleichwohl kann die gewählte Konstruktion und insbesondere die Form der Integration verschiedener Elemente ökonomischer Argumentation nicht anderen Autoren angelastet werden.

Das Modell gibt Hinweise sowohl für konvergente als auch für divergente Tendenzen der Regionalentwicklung, da es zeigt, welche Kräfte wirksam sind, um in einer Region eine im positiven wie im negativen Sinne divergente Entwicklung insbesondere im Hinblick auf die Beschäftigung zu provozieren. Parallel werden entgegenwirkende Prozesse behandelt, die verhindern, daß zu starke Abweichungen auftreten, bzw. tendenziell wieder einen Ausgleich zwischen den Regionen herstellen, also konvergente Entwicklungslinien implizieren.

Das Prinzip der Mikrofundierung makro- oder regionalökonomischer Phänomene wird beibehalten. Da man jedoch umgekehrt zur Bestimmung der Rahmenbedingungen von Individualverhalten die Aufnahme des makroökonomischen Kontextes benötigt, könnte das verwendete theoretische Konstruktionsprinzip durch einen konzeptionellen Mehrebenenansatz charakterisiert werden.

Nach der bisher schon üblichen Systematik der Darstellung werden einige Grundideen zunächst verbal dargelegt und anschließend ein formales Modell entwickelt. Da teilweise auf Argumentationslinien aus früheren Kapiteln zurückgegriffen wird, kann die Darstellung entsprechend kurz gefaßt werden.

2. Grundideen eines regionalen Arbeitsmarktmodells

a) Zur Ausbildung regional unterschiedlicher Arbeitslosigkeitsniveaus: In Kapitel drei waren in Anlehnung an Krugman und an traditionelle und neue Arbeiten der Standorttheorie die Gründe dargelegt worden, aus denen sich Regionen auf bestimmte Branchen spezialisieren. Die Arbeitsteilung zwischen verschiedenen Räumen führt zur Realisierung von Agglomerations-, d h. von Urbanisierungs- und von Lokalisationseffekten. Diese beruhen u. a. darauf, daß ein gemeinsamer, für bestimmte Aufgaben qualifizierter Arbeitskräftepool genutzt werden kann, daß Vorprodukte leichter verfügbar sind und gemeinsam auf bestimmte Infrastruktureinrichtungen zugegriffen werden kann. Die bereits entwickelten Argumente dienen hier als Ausgangspunkt und sollen nicht wiederholt werden.

Diese Spezialisierung von Regionen kann, wie die Umsetzung des Ansatzes von Appelbaum und Schettkat zeigt, kurzfristig günstige, langfristig jedoch ungünstige Auswirkungen nach sich ziehen. Da Branchen oft einem Produktzyklus unterliegen, können sich die Erfolgsfaktoren der Vergangenheit später leicht in Gründe krisenhafter Entwicklungen verwandeln. Wichtiges Kennzeichen des Produktzyklus' ist, daß die Nachfrage auf dem Gütermarkt im Zeitablauf mehr und mehr gesättigt und damit preisunelastischer wird. Es kann formal gezeigt werden, daß sich unter diesen Umständen Produktivitätssteigerungen sehr unterschiedlich auswirken, da sie bei elastischer Nachfrage, d. h. zu Beginn des Produktzyklus, zu wachsender, bei unelastischer Nachfrage jedoch zu sinkender Beschäftigung führen.

Da die Firmen aller Branchen jedoch stets zu Produktivitätssteigerungen gezwungen sind, um sich am Markt zu behaupten, unterscheiden sich die Entwicklungsperspektiven der Regionen gemäß der Güter, auf die sie sich spezialisiert haben. Über Multiplikatoreffekte verstärken sich krisenhafte Entwicklungen, da die dominierende Branche auf andere Bereiche ausstrahlt. Lokale Beschäftigungsrückgänge führen sekundär über Nachfrageffekte zu Einbrüchen bei Firmen anderer Branchen, die sich auf die Kaufkraft des lokalen Marktes konzentrieren.

Die unterschiedlichen Entwicklungsperspektiven der Regionen haben eine weitere Differenzierung im Hinblick auf die regionalen Arbeitslosenquoten zur Konsequenz. Im Unterschied zum Modell von Blanchflower und Oswald ist nicht eine positive Korrelation von Arbeitslosigkeit und außerökonomischen Eigenschaften von Regionen für die Verteilung der Unterbeschäftigung maßgeblich. Primär entscheidend sind vielmehr die Gütermärkte, maßgeblich ist die Stellung, die die wichtigsten Branchen einer Region im Produktzyklus einnehmen. Ein Problem tritt auf, wenn die Märkte, für die eine Region produziert, bereits weitgehend gesättigt sind, d. h. die Güternachfrage unelastisch reagiert. In diesem Fall führen Produktivitätssteigerungen zu erhöhter Arbeitslosigkeit. Und Produktivitätssteigerungen werden unter kapitalistischen Bedingungen immer auftreten.

b) Zu den Auswirkungen der Arbeitslosigkeit auf das Lohnniveau: Im Modell von Appelbaum und Schettkat ist der Lohn exogen, hier wird hingegen erwartet, daß regionale Arbeitslosigkeit die aus der Diskussion der Lohnkurve bereits bekannten lohnsenkenden Effekte hat. Allerdings läuft der Mechanismus, über den sie sich herstellen, anders ab als in den Modellen von Blanchflower und Oswald. Zwar wird erneut ein Effizienzlohnmodell herangezogen, dieses baut jedoch nicht auf den Ideen von Shapiro und Stiglitz (1984) auf, verwendet jene von Schlicht (1978). Die Konzentration auf regionale Ökonomien macht eine Abänderung bzw. Uminterpretation von Modellstrukturen notwendig, die für Makroökonomien entwickelt wurden. Zur Motivierung des Modells werden neue empirische Ergebnisse von Fehr et al. aus der experimentellen Ökonomie aufgegriffen.

In dem hier verwendeten Effizienzlohnmodell bezahlen Firmen höhere als markträumende Löhne, nicht weil sie schlecht über die Arbeitsleistung der Beschäftigten informiert wären, sondern weil sie unter den Bedingungen offener Arbeitsverträge ein Problem mit der Durchsetzung der für sie gewinnoptimalen Leistung haben. Zudem sind die Firmen bestrebt, sich betriebsspezifische Qualifikationen gegen Tendenzen der Abwanderung von Arbeitskräften zu sichern.

Erneut verhalten sich hohe Arbeitslosenquoten und hohe Löhne substitutiv, da Arbeitskräfte auch bei niedrigen Löhnen zu hohen Leistungen und zum

Betriebsverbleib bereit sein werden, wenn sie durch relativ hohe Arbeitslosenquoten von Einkommenslosigkeit bedroht sind. Dementsprechend zeigt sich eine Lohnkurve mit der üblichen Gestalt.

c) Rückwirkungen des Lohns auf das Arbeitslosigkeitsniveau: Der Lohnkurvenmechanismus führt dazu, daß sich relativ hohe regionale Arbeitslosenquoten, die als Folge der Gütermarktdynamik auftreten, in einem relativ niedrigen Lohnniveau niederschlagen. In dem gewählten Modell für den regionalen Gesamtarbeitsmarkt hat dies die Konsequenz, daß negative Beschäftigungseffekte, z. B. durch einen Nachfrageeinbruch auf dem Gütermarkt, abgemildert werden. Der regionale Lohn sinkt - zumindest in bestimmtem Grade - die Kosten der Produktion vermindern sich, der Verkaufspreis reduziert sich und so fällt die abgesetzte Stückzahl auf dem Gütermarkt nicht im gleichen Maße, wie dies bei einem starren Lohn der Fall wäre. Dadurch steigt die regionale Arbeitslosigkeit nicht derart stark wie es andernfalls zu erwarten wäre. Die Lohnreaktion trägt in bestimmtem Maße zur Stabilisierung der Beschäftigung bei.

Im Unterschied zu einfacheren Modellen der Lohnkurve ist die Beschäftigung also ihrerseits endogen. Dies hat Auswirkungen für die empirischen Untersuchungen, die im Hinblick auf die Lohnkurve unternommen werden.

d) Kurzfristige Gleichgewichte und langfristige Anpassung: Blanchflower und Oswald weisen ein Ungleichgewichtsmodell zur Erklärung der Lohnkurve zurück. Die von ihnen gewählte Konstruktion macht jedoch sehr starke Annahmen über den Grad, zu dem Wirtschaftssubjekte über die langfristige Entwicklung von Regionen und über die in ihnen ablaufenden ökonomischen Prozesse informiert sind und stellt hohe Anforderungen an die Wirksamkeit kompetitiver Prozesse.

Alternativ wird hier argumentiert, daß die Lohnkurve nur temporäre, kurzfristig geltende Gleichgewichte beschreibt. Nehmen wir an, daß eine Erhöhung der Arbeitsproduktivität bei unelastischer Güternachfrage die regionale Arbeitslosigkeit vergrößert. Als Folge des Lohnkurvenmechanismus reagiert der Lohn. Die Beschäftigung steigt sekundär an, allerdings zu wenig, um die Arbeitslosigkeit auf das Niveau zurückzuführen, das sie vor der Produktivitätssteigerung hatte. Damit ‚wandert' die Region vom günstigen in Richtung des ungünstigen Astes der Lohnkurve und bleibt dort zumindest eine Zeitlang.

Neben dieser ungünstigen Region gibt es in der Ökonomie andere, in denen bessere Verhältnisse herrschen. Wie Möller (1995, 1996) nicht zuletzt unter Bezug auf Blanchard und Katz (1992) demonstrieren konnte und wie sich auch aus regionalen Anwendungen der neoklassischen Wachstumstheorie ableiten läßt (vgl. für eine frühe Ausarbeitung Borts, Stein 1964), treten Mechanismen auf, die langfristig ausgleichend wirken. Zunächst sind hier Migrationsprozesse zu nennen, da Arbeitskräfte aus benachteiligten Regionen mit hoher Arbeitslosigkeit und niedrigen Löhnen in andere abwandern, die bessere Bedingungen bieten. Diese Wanderungen gleichen die regionalen Arbeitslosenquoten tendenziell aus und erodieren die Lohnkurve.

Ein anderer wichtiger Ausgleichsprozeß wird durch Kapitalmobilität vermittelt. Der Lohnkurvenmechanismus bewirkt, daß die Löhne in notleidenden Regionen relativ niedrig sind. Außerdem stehen unbeschäftigte Arbeitskräfte zur Verfügung. Die Preise materieller Ressourcen, von Grundstücken und Häusern sind unterdurchschnittlich hoch. Dadurch wird Kapital angezogen, weil für Investitionen in den betreffenden Gebieten niedrigere Kosten entstehen.

Diese, in der ökonomischen Theorie oft diskutierten Anpassungsprozesse führen dazu, daß die durch die Lohnkurve beschriebenen Gleichgewichte nur kurzfristiger Natur sind. Allerdings laufen diese Prozesse relativ langsam ab, da Kapital- und Arbeitskräftemigration kostspielig sind und im Fall der Arbeitskräfte zusätzlich durch soziale Bindungen gebremst wird. Dies hat zur Konsequenz, daß nur für einen Teil der Arbeitskräfte und Firmeninhaber das Kostengefälle zwischen Regionen groß genug ist, um Mobilität als lohnend erscheinen zu lassen. Unterschreitet das Kostengefälle eine bestimmte Schwelle, die gerade den Mobilitätskosten entspricht, kommt die durch die Lohnkurve motivierte Mobilität ganz zum Erliegen. Aus diesem Grund verlaufen derartige Anpassungsprozesse langsam und wirken deshalb nur langfristig. Dies deckt sich mit den Ergebnissen von empirischen Untersuchungen für die USA (Blanchard und Katz 1992; Möller 1996).

Aus dem gleichen Grund findet nie ein vollständiger Ausgleich zwischen den Regionen im Hinblick auf Arbeitslosigkeit und Lohnniveau statt. Zudem durchlaufen die Regionen immer von neuem Prozesse der Spezialisierung auf einzelne Branchen und diese nehmen erneut am Produktzyklus teil. Demgemäß wird das langfristige Gleichgewicht beständig durch divergente Entwicklungen gestört und die Lohnkurve wird in empirischen Untersuchungen sichtbar.

3. Ein regionalisiertes Effizienzlohnmodell zur Begründung der Lohnkurve

In den bisherigen Diskussionen wurden Effizienzlohnansätze als theoretische Begründung einer in der Bundesrepublik Deutschland möglicherweise nachweisbaren Lohnkurve präferiert. Unter den Bedingungen offener Arbeitsverträge, die Inhalt der Arbeit und Leistungsniveau nicht eindeutig festlegen,[1] ist es für die Firmen zweckmäßig, Anreize zu setzen, um sich ein gewinnbringendes Leistungsniveau und eine qualifizierte Belegschaft zu sichern. Diese Notwendigkeit reduziert sich in dem Maße, wie die einzelne Firma auf einem Arbeitsmarkt operiert, der durch Arbeitslosigkeit gekennzeichnet ist. In diesem Fall impliziert Arbeitslosigkeit für die einzelne Arbeitskraft das Risiko, das Erwerbseinkommen zumindest für eine längere Zeit zu verlieren. Im Hinblick auf das Problem der Firma, sich eine leistungsfähige und -motivierte Belegschaft zu sichern und Fluktuationskosten zu minimieren, ist Arbeitslosigkeit ein funktionales Äquivalent zur Bezahlung eher höherer Löhne. Natürlich hat die Firma weder die Macht, noch

---

1 Damit stellt sich die Frage, warum die Firmen überhaupt derartige Verträge abschließen. In der Literatur wird allgemein die Antwort gegeben, daß die Firmen auf diese Weise Transaktionskosten sparen und Flexibilität gegenüber Fluktuationen des Marktes und Unwägbarkeiten der Produktion gewinnen. Ein zweiter Grund ist ein ‚Ungleichgewichtsargument‘ (Blien 1987 und Blien 1986, Kapitel 9 und 10): Extragewinne, die durch zunehmende Erfahrung mit einer Produktionsmethode nahezu zwangsläufig anfallen, kommen unter den Bedingungen offener Arbeitsverträge ‘unauffällig’ den Firmen zugute. Bei fester Vereinbarung eines bestimmten Arbeitsergebnisses würden sie zunächst den Arbeitskräften zufallen.

gegebenenfalls das Interesse an der Herstellung von Arbeitslosigkeit, diese stellt sich hinter dem Rücken der Akteure in einem Marktprozeß her.

Die Argumentation im Rahmen des Effizienzlohnmodells, wie es hier verwendet wird, muß weiter präzisiert werden, da sie sich von jener unterscheidet, die im Rahmen des „Shirking-Modells" von Shapiro und Stiglitz (1984) erfolgt. Dort war die Leistungsintensität ein Informations-, hier ist sie ein Durchsetzungsproblem. Bei Shapiro und Stiglitz und in der Adaption ihres Modells von Blanchflower und Oswald ist ein Parameter δ relevant (vgl. die Gleichung (4) in Kapitel 5), der die Wahrscheinlichkeit der Entdeckung eines „bummelnden" Arbeiters (als $1 - \delta$) angibt. Ist diese Wahrscheinlichkeit gleich 1, werden schlicht kompetitive Löhne bezahlt.

Hier steht dieses Informationsproblem nicht im Vordergrund der Analyse, da gemäß der Empirie westlicher Marktwirtschaften davon ausgegangen wird, daß die Leistungsintensität nicht im Arbeitsvertrag festgelegt ist. Demgemäß ist nicht auszuschließen, daß die Firmen hinreichend über die Intensität der Arbeit der Beschäftigten informiert sind. Sie können jedoch eine unprofitable Leistungsintensität nur sehr schwer vor Gericht einklagen oder - aus dem gleichen Grund - bei gegebenen Kündigungsschutzregelungen durch Entlassungen durchsetzen (vgl. Däubler 1992: 330ff. und 520ff.; Wagner und Jahn 1997: 119).

Auch die im Rahmen der Modelle von Shapiro und Stiglitz und Blanchflower und Oswald getroffene Annahme, daß die Leistungsintensität nur zwei Werte - Null oder Eins - annehmen kann, erscheint unter diesem Gesichtspunkt als nicht adäquat. In derartigen Effizienzlohnmodellen wird davon ausgegangen, daß die Arbeitskräfte entweder voll arbeiten oder überhaupt nicht. Im letzteren Fall liegt Shirking-Verhalten vor, d. h. die Beschäftigten „Bummeln". Ist unter den Bedingungen offener Arbeitsverträge das erforderliche Leistungsniveau nicht exakt angebbar, kann nicht gesagt werden, wann die Normalleistung erreicht wird. Es hilft auch nicht weiter, wenn man annimmt, daß das Shirking-Verhalten nicht die unrealistische Variante der tatsächlichen Nulleistung impliziert, sondern lediglich eine unprofitable Grundleistung.

Statt ein Effizienzlohnmodell zu verwenden, das in der Tradition von Shapiro und Stiglitz argumentiert, wird hier auf die Pionierarbeit von Schlicht (1978) zurückgegriffen. Allerdings war das Modell von Schlicht nicht auf die Leistungsintensität abgestellt, sondern auf die Sicherung der Qualifikation einer Belegschaft. Eine vereinfachte Version des Modells war bereits in Kapitel 4 behandelt worden. Hier wird das Modell so abgeändert, daß es zur Erklärung des Lohnniveaus auf regionalen Arbeitsmärkten geeignet ist. Eine Funktion, die die Intensität der Leistung beschreibt, nimmt dabei die entscheidende Schnittstelle ein:

$$\tilde{A}_i = \tilde{A}_i\left(\frac{W_j}{W^e}, \frac{U_r}{U^e}\right) \quad \text{oder:} \quad A_i = A_i\left(\frac{W_j}{W^e}, U_r\right),$$

$$\text{mit:} \quad \frac{\partial A_i}{\partial W_j} > 0, \quad \frac{\partial A_i}{\partial U_r} > 0, \quad \frac{\partial^2 A_i}{\partial W_j^2} < 0, \quad \frac{\partial^2 A_i}{\partial U_r^2} < 0, \quad \frac{\partial^2 A_i}{\partial U_r \partial W_j} < 0 \tag{1}$$

Die Leistungsintensität A eines individuellen Arbeiters i hängt ab vom Lohnniveau W_j in der Firma j relativ zu einem externen, nicht regional variierenden Lohnniveau W^e und der Arbeitslosigkeit U_r in der betreffenden Region r, relativ zu einer externen Arbeitslosigkeit U^e. Diese wird im folgenden allerdings zunächst als fixer Parameter behandelt, darum die vereinfachte Version der Funktion A zugrundegelegt. Die Arbeitskräfte i werden zunächst als immobil und über alle Regionen hinweg identisch angenommen. Von den ebenfalls immobilen Firmen wird vorausgesetzt, daß sie sich zwischen den Regionen unterscheiden, jene einer Region jedoch identisch sind. In jeder Region wird ein spezifisches Produkt hergestellt, das einen bestimmten Marktpreis hat.

In der obigen Gleichung wurde die Leistungsintensität durch den Index i bezeichnet, da es sich immer um die Tätigkeit einer individuellen Arbeitskraft handelt. Allerdings könnte man sich auch vorstellen, den Index j zu verwenden, da die Firma den Anreiz setzt und die Abhängigkeit des Produktionsergebnisses von den Anstrengungen der Arbeitskräfte mit organisatorischen und technologischen Bedingungen der Produktion von Gütern und Dienstleistungen variieren. Davon wird hier jedoch abstrahiert, wie durch den Index i angezeigt wird.

Der Gewinn einer repräsentativen Firma einer bestimmten Region wird durch folgende Gleichung angegeben:

$$G_{jr} = P_r Y_{jr}(A_i N_{jr}) - W_{jr} N_{jr} \tag{2}$$

Um den Gewinn zu maximieren, wählen die Firmen entsprechende Werte für N_j und W_j. Im Kapitel 4 war die einschränkende Annahme getroffen worden, daß das Optimierungsproblem zwischen den beiden Parametern separierbar ist. Dies ist jedoch nicht notwendig, wie die beiden Bedingungen für das Gewinnmaximum zeigen:

$$\frac{\partial G_{jr}}{\partial N_{jr}} = P_{jr} Y_{jr}{}' A_i - W_{jr} = 0, \qquad \text{bzw.} \tag{3}$$

$$\frac{\partial G_{jr}}{\partial W_{jr}} = P_{jr} Y_{jr}{}' \frac{\partial A_i}{\partial (W_{jr} / W^e)} \frac{1}{W^e} - N_{jr} = 0 \tag{4}$$

Daraus folgt:

$$\frac{\dfrac{\partial A_i}{\partial (W_{jr} / W^e)}}{\dfrac{A_i}{W_{jr} / W^e}} = 1 \tag{5}$$

Die Elastizität der Leistung im Hinblick auf den relativen Lohn muß gleich 1 sein. Für die Firma lohnt es sich mit anderen Worten, den Lohn solange zu erhöhen, wie sie dadurch überproportionale Leistungssteigerungen realisieren kann. Ist der Lohnanreiz generell zu schwach, daß diese Bedingung überhaupt jemals eintreten würde, so müßten die Beschäftigten im Rahmen des Modells die Leistungsintensität $A = 0$ zeigen. Dies könnte man auch als jenes Leistungsniveau interpretieren, das sich an den vor Gericht einklagbaren Minimalanforderungen orientiert.

Das vereinfachte Modell aus Kapitel 4 führt auf die gleiche Bedingung (5), macht jedoch die einschränkende Annahme der Separierbarkeit des Optimierungskalküls der Firma. Diese setzt zunächst den Lohn als Leistungsanreiz und wählt dann die optimale Höhe der Beschäftigung. Beide Schritte können ebensogut simultan erfolgen, auch dann ergibt sich eine Lohnkurve, diesmal durch die Aggregation über Arbeitskräfte und Firmen in einer Region:

$$W_r(U_r) = \frac{W^e A(U^r)}{\partial A(U^r) / \partial (W_r / W^e)} \qquad (6)$$

Die Lohnkurve hat den erwarteten Verlauf. Sie ist im allgemeinen Fall nichtlinear und fallend, wie man analog zum Beweis in Kapitel 4 zeigen kann. Allerdings ist damit die Analyse noch nicht zu Ende, da der externe Lohn W^e und die externe Arbeitslosenquote U^e noch nicht genau definiert, sondern nur ausgeführt wurde, daß W^e jener Lohn ist, anhand dessen die Beschäftigten die Generosität der Bezahlung in einer Firma beurteilen.

In Schlichts ursprünglichem Modell war W^e einfach der firmenexterne Lohn, der in der Ökonomie allgemein bezahlt wird. Ein besonderes regionales Lohnniveau kam nicht vor. In diesem Modell ergibt sich folgende Dynamik, die auch formal analysiert wird und hier kurz verbal zusammengefaßt sei. Beginnend mit einer Vollbeschäftigungssituation (d. h. $U = 0$) bemühen sich die Firmen, den externen Lohn zu übertreffen, um Leistungsanreize zu bieten (also $W_j > W^e$). Analoges Verhalten für alle Firmen führt jedoch lediglich zu global steigenden Löhnen. Dies wiederum verteuert die Arbeitskräfte und erhöht das Interesse der Firmen an Rationalisierungsinvestitionen. Grenzbetriebe können dem Druck nicht standhalten und scheiden aus dem Markt aus. Entlassungen und Arbeitslosigkeit sind die Folge, während die Löhne nicht gesenkt werden, um den Leistungsanreiz nicht zu zerstören. Die sich entwickelnde Arbeitslosigkeit reduziert jedoch die Notwendigkeit für die Firmen, die Löhne über Marktniveau zu halten.

Bei einem bestimmten Niveau der Unterbeschäftigung U^* wird schließlich ein stabiler Zustand erreicht, da die Firmen dann Marktlöhne setzen können, d. h. es gilt: $W_j / W^e = 1$. Das Niveau der Arbeitslosigkeit bleibt dann stabil,

d. h. erneut wurde eine Begründung für die endogene Entstehung eine gleichgewichtigen Arbeitslosigkeit gefunden.[2] Der Lohn, den die einzelne

---

2 Die Gleichgewichtsbedingung lautet:

Firma setzt, entspricht genau dem Referenzlohn, wenn die Arbeitslosigkeit ihr gleichgewichtiges Niveau U_r* erreicht.

Hier wird jedoch ein anderer Prozeß für die Entstehung von Unterschieden der regionalen Arbeitslosigkeit verantwortlich gemacht. In Umkehrung der Kausalität des Modells von Schlicht ist Arbeitslosigkeit hier vorausgesetzt, ihre Entstehung mit regional unterschiedlichen Ausprägungen wurde in Kapitel 3 bereits diskutiert und wird im folgenden Abschnitt erneut aufgegriffen. Das regionalisierte Effizienzlohnmodell wird zur Erklärung von Lohnunterschieden verwendet.

Dazu wird angenommen, daß die Wirtschaftssubjekte, d. h. Arbeitskräfte wie Firmen, sich an einem globalen Lohnniveau W^e orientieren, das gesamtwirtschaftlich als ‚normal' gilt und in erster Annäherung als Durchschnittsniveau im Bund beschrieben werden kann. Dies reicht jedoch nicht aus, da in der Bundesrepublik Deutschland Tariflöhne eine wichtige Orientierungsfunktion haben. Sie sind einerseits arbeitsrechtlich bedeutsam, geben andererseits einen Maßstab dafür ab, was als ‚normal' in der Ökonomie angesehen wird. Tariflöhne werden oftmals als Mindestlöhne interpretiert (vgl. Bellmann 1995; Büttner und Fitzenberger 1998), und als Begründung angegeben, daß zumindest die tarifgebundenen Betriebe nur nach oben durch übertarifliche Bezahlung ausweichen können. Hier wird jedoch argumentiert, daß diese vorgebliche Untergrenze der betrieblichen Lohnsetzung nur unscharf ist und sie durchaus Abweichungen nach unten erlaubt, da die Einstufung eines Arbeitsplatzes in eine bestimmte Lohn- oder Gehaltsgruppe nicht exakt festgelegt ist.[3]

$$\frac{\dfrac{\partial A_i(1,U^*)}{\partial (W_j / W^e)}}{A_i(1,U^*)} = 1$$

[3] Die durchschnittliche Lohnspanne zwischen der tatsächlichen und der tariflichen Entlohnung betrug im Jahre 1993 ca. 7,6 %, dies geht aus einer Analyse von Bellmann & Kohaut (1995: 65) mit Daten des IAB-Betriebspanels hervor. Diese Lohnspanne ist relativ klein, insbesondere wenn man sie mit enormen, um die Wirkung interagierender Variablen bereinigten Effekten der Betriebsgröße (über 49 % Unterschied zwischen Betrieben mit weniger als 5 Beschäftigten und solchen mit mehr als 5000 Beschäftigten) vergleicht (vgl. Blien 1995b: 160). Dies zeigt, daß die Betriebe durchaus Spielräume bei der Lohnset-

Schließlich ist von Bedeutung, daß die Entwicklung des Lohns in der Vergangenheit zu berücksichtigen ist. Die Wirtschaftssubjekte können künftige Entwicklungen nur anhand von Informationen über die Vergangenheit abschätzen, sie werden sich also an diesen Werten orientieren.[4] Dies vermag zumindest partiell erklären, warum eine Senkung von Löhnen z. B. nur schwer durchsetzbar ist. Alle, d. h. wenigstens alle Arbeitskräfte, die ‚Insider' sind, betrachten ein Lohnniveau, das sich über einige Zeit eingespielt hat, als ‚normal', sie werden darum Kürzungen nur schwer akzeptieren, während andererseits Lohnsteigerungen gerne mitgenommen werden. Aus diesen Gründen ist auch die Entwicklung der Vergangenheit bei der Festlegung des erwarteten Lohns wichtig (vgl. Bewley 1998). Die Festlegung eines globalen Vergleichslohns für regionale Entlohnung kann darum auf folgende Weise durchgeführt werden:

$$W_t^e = \sum_{k=1}^{K} \lambda_{t-k} W_{t-k}^G \tag{7}$$

W^G soll hier für den tariflich vereinbarten Reallohn stehen, t gibt einen Zeitindex an, λ die Gewichte der Vergangenheit und K bestimmt den Zeithorizont der Wirtschaftsssubjekte. In der Regel werden mit zunehmendem k die einzelnen λ_{t-k} schnell kleiner, da man von einem relativ ‚kurzen Gedächtnis' der Wirtschaftssubjekte ausgehen kann. Wichtig ist auch, daß die Summe der Gewichte $\Sigma\lambda_{t-k}$ nicht genau 1 sein muß, sondern z. B. etwas größer sein kann. Dies schließt einen Aufschlag durch übertarifliche Entlohnung mit ein, der ebenfalls als ‚normal' empfunden wird.

zung haben. Allein die Lohnunterschiede zwischen verschiedenen Typen von Regionen liegen im Bereich der Größe der genannten Lohnspanne (ebenda). In Analysen mit Effektivverdienststatistiken findet Schnabel zum Teil wesentlich höhere Werte für die Lohnspanne (bis über 30 %, vgl. Schnabel 1995: 37) als nach den Ergebnissen des IAB-Betriebspanels zu erwarten wäre.

4 In der volkswirtschaftlichen Theorie können verschiedene „Schulen" geradezu danach unterschieden werden, welche Form der Erwartungsbildung sie in ihrer Modellbildung annehmen. Die Diskussion um „adaptive" versus „rationale" Erwartungen soll hier nicht aufgenommen werden (vgl. z. B. Vogt 1996, Teil 3), da derartige Probleme hier eine geringere Rolle spielen, wo z. B. die Inflation sich für alle Regionen nur wenig unterscheiden wird.

Da der Lohn W^e in Beziehung zu dem regionalen Lohnniveau W_r gesetzt wird, beurteilen die Wirtschaftssubjekte die Generosität bzw. Restriktivität der Entlohnung danach, wie sich das Lohnniveau des jeweiligen Betriebs im Vergleich zur Normalentlohnung im ganzen Bundesgebiet verhält. Es wird angenommen, daß alle Betriebe einer Region gleich entlohnen, da eine einzelne Firma von diesem Niveau nach unten nur um den Preis von Einbußen in der Leistungsintensität abweichen kann. Umgekehrt ist die Firma nicht genötigt, ihre Konkurrenten auf dem regionalen Arbeitsmarkt nach oben zu überbieten, sofern der von ihr bezahlte Lohn gerade die regional gegebene Arbeitslosigkeit ausbalanciert.

Dieses regionale Arbeitslosigkeitsniveau wurde oben in Gleichung (1) zum globalen Arbeitslosigkeitsniveau in Beziehung gesetzt. Dieses Verhältnis spielt eine ähnliche Rolle wie der Vergleich des regionalen Lohns mit dem globalen Niveau (vgl. Gleichung (1)). Herrscht in einer Region eine besonders hohe Arbeitslosigkeit, so wird ein Wechsel des Arbeitsplatzes u. U. kostspielig. Entweder droht der betreffenden Arbeitskraft selbst Arbeitslosigkeit, d. h. mindestens auf das Niveau von Arbeitslosenunterstützung verringerte Bezüge, oder es ist räumliche Mobilität ins Auge zu fassen. Beide Möglichkeiten sind kostspielig, und die Arbeitskräfte haben ein Interesse an der Erhaltung ihres Arbeitsplatzes, dem sie nachgehen, indem sie eine besonders hohe Leistungsintensität anstreben.

Die Relation U_r/U^e hat noch in anderer Hinsicht eine wichtige Bedeutung. Sie informiert darüber, ob die Ökonomie einer Region in einer Krise steckt oder prosperiert. Im hier verwendeten Modell, wo sich Regionen vollständig auf ein bestimmtes Produkt spezialisieren und alle Firmen, die dieses herstellen, identisch sind, ist die Verbindung zu den einzelnen Firmen eindeutig, unter empirischen Verhältnissen trifft die Übertragung nur mit einer bestimmten Wahrscheinlichkeit zu.

Benutzen die Arbeitskräfte die regionale Arbeitslosigkeit als Index für die Profitabilität von Firmen, werden sie in Zeiten der Krise geneigt sein, bei den Löhnen eher nachzugeben. In Zeiten des Booms, also bei niedrigen Arbeitslosenquoten, werden sie versuchen, sich Renten, d. h. Extragewinne durch hohe Lohnforderungen anzueignen. Sie können dies dann mit kleinerem Risiko tun.

Ausgangspunkt für die Analyse einer Lohnkurve ist hier also die Relation der Region zu einem global erwarteten Arbeitslosigkeits- und Lohnniveau. Damit ist klar, daß sich dieses nicht einfach durch Aggregation über die Regionen ergeben kann, wenn eine zirkuläre Argumentationsweise vermieden werden soll. Stattdessen wurden unterschiedliche Prozesse bei der Lohnbildung identifiziert. Auf gesamtwirtschaftlicher Ebene werden Löhne zwischen Tarifparteien verhandelt, auf regionaler Ebene ist für die Lohnbildung das Interesse der Firma maßgeblich. Um sich ein möglichst hohes Leistungsniveau zu sichern, werden die Firmen den gesamtwirtschaftlich erwarteten Lohn und das erwartete globale Arbeitslosigkeitsniveau mit den entsprechenden regionalen Werten vergleichen und den Lohn in Rücksicht auf diese Kalkulation setzen.

Arbeitslose werden nicht in der Lage sein, den regional geltenden Lohn zu unterbieten, da Firmen dann dafür zu niedrige Leistungen antizipieren.[5] Selbst wenn Arbeitslose bei niedrigerem Lohn gerne noch härter als üblich arbeiten würden, sind sie unter den Bedingungen offener Arbeitsverträge nicht in der Lage, dies glaubhaft zu machen. Somit sind sie unfreiwillig arbeitslos. Die Firma erwartet potentiell von jeder Arbeitskraft, der niedrige Löhne geboten werden und die das Gebot annimmt, daß sie am Anfang der Beschäftigung motiviert arbeitet, da die Erinnerung an die Arbeitslosigkeit noch frisch ist. Nach einer gewissen Zeit könnten jedoch die negativen Aspekte der niedrigen Entlohnung hervortreten und als ungerecht empfunden werden. Die Firma erwartet dann, daß in Reaktion auf diese Situation und durch den offenen Arbeitsvertrag sowie in bestimmtem Maße durch das Arbeitsrecht gedeckt, die Leistung absinken wird. Auch wenn für die Anreizfunktion des Lohns das Interesse der Firma maßgeblich ist, stützt diese sich auf antizipierte Bedürfnisse, Werturteile und Einschätzungen der Arbeitskräfte.[6]

---

5 Bewley (1998) führte extensive Interviews in Rezessionszeiten aus, um empirisch Aufschluß über die Gründe von Starrheit des Lohns gegenüber Kürzungen zu finden. Er kommt zu dem Schluß, daß die Fähigkeit der Identifikation der Beschäftigten mit ihrem Betrieb von zentraler Bedeutung für die Firmen ist. Diese versuchen Lohnkürzungen zu vermeiden, weil sie die Identifikation gefährden und dadurch die Leistungsintensität reduzieren würden.

6 In spezifischen Situationen kann die Bedeutung dieser Faktoren stark hervortreten, wie u. a. im Prozeß der deutschen Vereinigung deutlich wurde. Obwohl in Ostdeutschland die Arbeitslosigkeit stark anstieg, fielen die Löhne nicht, sondern

Damit wird die Interdependenz der Regionen hervorgehoben, der nur durch eine konzeptionelle Mehrebenenanalyse Rechnung getragen werden kann, wie sie hier durchgeführt wird. Im Effizienzlohnansatz wird auf die Kalküle der Wirtschaftssubjekte zurückgegriffen.[7] Diese sind maßgeblich für das regionale Lohnniveau. Allerdings verwendet der Effizienzlohnansatz auch Informationen über eine ‚höhere', eine globale Ebene. Der Referenzlohn spielt eine zentrale Rolle, wie u. a. im Prozeß der deutschen Vereinigung deutlich wurde. Zum Verständnis des ökonomischen Prozesses sind die verschiedenen Ebenen miteinander zu integrieren.

Die Verwendung des Effizienzlohnansatzes lohnt eine weitere Diskussion, weil sich die Frage stellt, inwieweit derartige Effizienzlohnmodelle unter den Bedingungen des deutschen Arbeitsrechtes überhaupt realistisch sind. Die Arbeitskräfte setzen sich nur dann der Gefahr aus, das Lohndifferential, das eine Firma anbietet, bei relativ niedriger Arbeitsleistung zu verlieren, wenn diese Firma dann Kündigungen aussprechen kann. Entlassungen sind jedoch an Bedingungen geknüpft, die einer gerichtlichen Überprüfung standhalten müssen. Warum sollten die Arbeitskräfte mehr als die vor Gericht einklagbare Basisleistung bieten?

Auf diese Frage gibt es vier Antworten. Die erste ist in dem Sinne negativ, daß sehr viele Leistungsanreize nicht durch das skizzierte Effizienzlohnmo-

---

stiegen ihrerseits. In diesem Fall galt als Referenzlohn ein (etwas reduzierter) westdeutscher Standard, nicht ein wie auch immer gearteter ostdeutscher Durchschnitt. Die Lohnentwicklung verlief somit völlig anders als in den benachbarten osteuropäischen Staaten. Ein Argument zugunsten der Angleichung des Lohnniveaus trotz extrem unterschiedlicher ökonomischer Verhältnisse, unterschiedlicher Geschichte und unterschiedlicher Produktivitätsniveaus in Ost und West war die Forderung „Gleicher Lohn für gleiche Arbeit". Natürlich haben für die Lohnentwicklung weitere Faktoren eine Rolle gespielt, so die Tatsache, daß mit der deutschen Vereinigung - insbesondere im politischen Bereich - geradezu euphorische Erwartungen geschürt worden waren, die zum Beispiel das Eintreten eines „Wirtschaftswunders" beinhalteten.

[7] Will man die normativen Elemente im Kalkül der Arbeitskräfte in einer Nutzenfunktion darstellen, müßte diese folgende Gestalt haben:

$V_i = V_i(\overset{-}{A_i}, \overset{+}{\overline{\overline{W}}_i}, \overset{+}{(\overline{W}_i / \overline{W}_{s \neq i})})$, mit $\overline{W}$ als Einkommen aus Arbeit bzw. aus der Arbeitslosenunterstützung. V verbirgt sich hinter der Anreizfunktion A().

dell beschrieben werden[8] und es darüber hinaus Phänomene wie ,intrinsische Motivation' gibt, die spezielle Anreize überflüssig machen. In diesem Fall wäre das beschriebene Effizienzlohnmodell nicht anwendbar und irrelevant. Folgerungen für die Analyse der Lohnkurve könnten nicht gezogen werden.

Die zweite Antwort ist, daß auch bei arbeitsrechtlichem Kündigungsschutz der Firma viele Möglichkeiten verbleiben, weniger leistungsbereiten Arbeitskräften zu kündigen, z. B. im Falle von Reduzierungen der Belegschaft. Zwar sind zumindest größere Firmen hier nach deutschem Recht verpflichtet, eine soziale Auswahl zu treffen (vgl. Däubler 1992: 505ff.), es kann jedoch angenommen werden, daß Spielräume für Leistungskriterien offen bleiben. Die Beschäftigten werden dies antizipieren und sich in ihrem Leistungsverhalten daran ausrichten.

Die dritte Antwort ist, daß das Leistungsverhalten nicht durch derart simple Strukturen optimierenden Verhaltens, wie bisher zugrundegelegt, beschrieben werden kann. Eine seit geraumer Zeit als wichtig betrachtete Ergänzung ist die Einbeziehung von Kriterien zur „Fairness" des Lohns. Von Akerlof (1982) wurde der leistungsfördernde Lohn als ein Austausch von „Geschenken" beschrieben. Der beschäftigende Betrieb bezahlt mehr als den am Markt durchsetzbaren Minimumlohn und die Beschäftigten zeigen eine höhere Arbeitsleistung als dem unbedingt erforderlichen Minimum entspricht.[9]

Diese Hypothese wurde von Fehr und Mitarbeitern[10] in den letzten Jahren in umfangreichen Serien von Experimenten unter verschiedenen Randbedin-

---

[8] Beispiele reichen vom simplen Leistungslohn bis zur Senioritätsentlohnung (vgl. Lazear 1981). Allerdings haben die verschiedenen Formen von Leistungsanreizen vom Standpunkt des Beschäftigers wiederum spezifische Nachteile, die ihre Anwendbarkeit beschränken (vgl. die Diskussion in Blien 1987 und 1986, Kapitel 9).

[9] Ein einfaches, aber ,elegantes' Modell zur fairen Effizienzentlohnung wird von Wagner & Jahn (1997: 124ff.) dargelegt. Auch hier tritt ein spezieller Referenzlohn auf, der von den Arbeitskräften als Anhaltspunkt für die Lohngerechtigkeit genommen wird und ihr Leistungsverhalten beeinflußt.

[10] Vgl. die Veröffentlichungen Fehr, Gächter (1996), Fehr, Gächter, Kirchsteiger (1996) und (1997), Fehr, Kirchler, Weichbold (1998), Fehr, Kirchsteiger, Riedl

gungen experimentell überprüft. Generell fand sich positive Evidenz in Experimenten, die folgendem Grundmuster entsprechen: Zwei Gruppen von Versuchspersonen stellen „Firmeninhaber“ bzw. „Arbeitskräfte“ dar. Die Arbeitskräfte können innerhalb bestimmter Schranken frei eine „Arbeitsleistung“, die Firmen wiederum innerhalb von Grenzen eine bestimmte „Entlohnung“ wählen. Obwohl das Experiment so angelegt ist, daß rationale Kalkulation die beide Marktseiten repräsentierenden Subjekte veranlassen würde, jeweils Minimalwerte zu wählen, bezahlten und leisteten die Probanden im Durchschnitt erheblich mehr. Der Lohn und die erbrachte Arbeitsleistung übertrafen die Minimalwerte im Durchschnitt deutlich. Zudem gab es einen korrelativen Zusammenhang zwischen Lohn und Leistung, da höherer Lohn höherer Leistung entsprach und umgekehrt.

Von Fehr et al. wird die Strategie der Versuchspersonen zwar nicht als kurzfristig rational, aber doch als in einem übergeordneten Sinne „effizient“ (Fehr, Gächter 1996: 32) charakterisiert, da sie sich auf diese Weise besser stellten, als mit der Minimalstrategie. Hier soll nicht weiter untersucht werden, ob das Probandenverhalten im Sinne der ökonomischen Theorie als rational bezeichnet werden kann. Wichtig ist jedoch, daß es auftritt und daß es an die Existenz offener Verträge gebunden ist. Werden Lohn und Leistung hingegen vertraglich exakt festgelegt, konvergieren die Werte beider Variablen relativ rasch gegen das kompetitive Gleichgewicht. In diesem Fall werden nur jene Minimalwerte realisiert, die man bei kurzfristig rationaler Kalkulation auch im Fall des simulierten Arbeitsverhältnisses erwartet hätte.

Schließlich kann eine vierte Antwort auf die Frage nach der Relevanz des beschriebenen Effizienzlohnansatzes zum Verständnis einer Lohnkurve auf deutschen Arbeitsmärkten gegeben werden, die zum Ausgangspunkt der Modelldarstellung zurückkehrt. Hier wird das Niveau der gesamtgesellschaftlichen Arbeitslosigkeit und Entlohnung, das als Referenzgröße verwendet wird, im Sinne eines Informationsproblems verstanden. Die Arbeitskräfte benutzen beide globale Durchschnittswerte zur Orientierung über

(1998), die zum Teil in den renommiertesten ökonomischen Zeitschriften erfolgten.

den Betrieb, in dem sie arbeiten und darüber, ob es sich bei der jeweiligen Tätigkeit um gut oder schlecht bezahlte Arbeit handelt.

Kommen sie zu dem Schluß, daß ihre Arbeit „normal" oder „gut" bezahlt wird, werden sie ein spezifisches Interesse an der Erhaltung ihres Arbeitsplatzes haben und sich demgemäß mehr bemühen, eine höhere Arbeitsanstrengung zu zeigen als unter Bedingungen, wo sie der Ansicht sind, übervorteilt zu werden. Im letzteren Fall werden sie eine Alternative eher in Kauf nehmen oder sich sogar aktiv darum bemühen.

Die letzten drei Antworten auf die gestellte Frage beziehen in unterschiedlichem Maße normative Elemente zur Erklärung der Effizienzentlohnung mit ein. Seit den bahnbrechenden Experimenten von Fehr und Mitarbeitern steht jedoch außer Frage, daß diese Form der Entlohnung empirisch eine Rolle spielt.

4. Die Integration der Arbeitskräftenachfrage in ein regionales Arbeitsmarktgesamtmodell

In Kapitel 3 waren im Anschluß an Krugman (1991) und die modernen und traditionellen Ansätze der Standorttheorie (vgl. Puu 1997 für einen Überblick auf der Grundlage moderner mathematischer Modellierung) Gründe genannt worden, aus denen sich Regionen auf bestimmte Produkte spezialisieren. Agglomerationsvorteile wirken in Form von Urbanisierungs- und von Lokalisierungseffekten. Insbesondere letztere sind hier von Interesse, da sie die Spezialisierung von Regionen auf ein bestimmtes Produkt oder, allgemeiner, eine bestimmte Branche implizieren. Der ökonomische Erfolg, den Regionen dann realisieren, hängt von der Nachfrage ab, den die dominierende Branche auf sich ziehen kann. In Kapitel drei wurden bestimmte grundlegende Abläufe anhand eines einfachen Modells gezeigt, das Erkenntnisse von Appelbaum und Schettkat (1993, 1994, 1995, 1996) aufgreift. Die Basisgleichungen seien hier noch einmal resümiert.

Die beiden folgenden geben Nachfrage und Angebot auf einem Gütermarkt wieder:

$$P_r = a - bY_r \tag{8}$$

$$P_r = MW / D_r \tag{9}$$

Dabei ist (9) gleichzeitig die Preissetzungsgleichung aus den von Layard et al. bekannten Modellen. Die Parameter a und b seien hier zur Vereinfachung ohne Regionalindex geschrieben, sie beziehen sich aber auf ein bestimmtes Produkt, das in einer bestimmten Region hergestellt wird. Die Arbeitsproduktivität D ist definiert als:

$$D_r = \frac{Y_r}{N_r} \tag{10}$$

Wenn die Definitionsgleichung für die Arbeitslosenquote $U = \frac{L-N}{L}$ ist, und das Lohnniveau nun als W_r regionalisiert wird, ergibt sich für das regionale Arbeitslosigkeitsniveau:

$$U_r = \frac{MW_r}{bD_r^2 L_r} - \frac{a}{bD_r L_r} + 1 \tag{11}$$

Im Kapitel drei wurde der Lohn exogen bestimmt. Dies wird hier aufgehoben, da statt dessen angenommen wird, daß sich die Lohnhöhe gemäß einer Lohnkurve auf Grund von Effizienzentlohnungsmechanismen ergibt. Aus Gleichung (6) kann die folgende Spezifikation der Lohnkurve entnommen werden:

$$\ln W_r(U_r) = \ln W^e + \ln A(U_r) - \ln[\partial A(U_r) / \partial(W_r / W^e)] \tag{12}$$

Analog zu den Überlegungen in Kapitel vier über die Darstellung der Lohnsetzungskurve kann man von einer näherungsweisen loglinearen Formulierung ausgehen, die aber für die Essenz der folgenden Argumente nicht notwendig ist:

$$\ln W_r(U_r) = \alpha' + \ln W^e - \beta \ln(U_r / U^e), \qquad \text{oder:}$$

$$\ln W_r(U_r) = \alpha' + \ln W^e - \beta \ln U_r + \beta \ln U^e \tag{13}$$

Hier wird also die globale Arbeitslosigkeit explizit in die Betrachtung aufgenommen (vgl. Gleichung (1)). Der Parameter α' muß Null sein, wenn die Wirtschaftssubjekte die ‚richtigen' Erwartungen haben und sich die Ökonomie in einem langfristigen Gleichgewicht befindet. Dies gilt für eine Region, die jeweils die vorausgesetzten Globalwerte für die Arbeitslosigkeit aufweist. Hier braucht jedoch kein langfristiges Gleichgewicht angenommen zu werden. Wirtschaftssubjekte können ‚falsche' Erwartungen in dem Sinne haben, daß diese auf gesamtwirtschaftlicher Ebene nicht kompatibel sind. In diesem Fall läuft ein gesamtwirtschaftlicher Anpassungsprozeß der Art ab, wie er in Kapitel vier diskutiert wurde. Da hier jedoch die Regionalperspektive im Vordergrund steht, wird nur der exogene Parameter α' eingeführt.

Die Gleichungen (13) und (11) bestimmen dann die kurzfristigen Gleichgewichtswerte für U_r und für W_r. Das Zusammenfügen von Lohnkurve und Erklärung der Arbeitslosigkeit in einem integrierten Ansatz läßt bemerkenswerterweise zentrale Eigenschaften beider Teilmodelle unberührt. Die in Kapitel drei dargelegte Eigenschaft, daß Produktivitätssteigerungen in regionalen Standorten genau dann zu Beschäftigungseinbußen führen, wenn die Produktnachfrage unelastisch reagiert, wird durch die Erweiterung des Modells reproduziert, wie man einerseits bereits den bisher verwendeten Gleichungen entnehmen kann. Andererseits kann man dies direkt zeigen, indem man (13) in (11) einsetzt, um die implizite Funktion Z für U_r zu erhalten (mit $\alpha = \exp(\alpha')$):

$$1 = U_r - \frac{M\alpha \cdot U_r^{-\beta} \cdot U_e^{\beta} \cdot W^e}{bD_r^2 L_r} + \frac{a}{bD_r L_r} = Z \tag{14}$$

Diese kann man gemäß der Regel für implizite Funktionen ableiten, um den Effekt der Produktivität auf die Arbeitslosigkeit zu erhalten:

$$\frac{\mathrm{d}U_r}{\mathrm{d}D_r} = -\frac{2M\alpha \cdot U_e^{\beta} \cdot W^e - aD_r U_r^{\beta}}{D_r(bD_r^2 L_r U_r^{\beta} + \beta U_r^{-1} M\alpha \cdot U_e^{\beta} \cdot W^e)} \tag{15}$$

Dieser Ausdruck ist größer, kleiner oder gleich Null, wenn

$$aD_r \overset{<}{\underset{>}{=}} \frac{2M\alpha \cdot U_e^{\beta} \cdot W^e}{U_r^{\beta}} \quad \text{oder:} \quad \frac{a}{2} \overset{<}{\underset{>}{=}} \frac{MW_r}{D_r} \tag{16}$$

Für die Nachfrageelastizität η_r gilt:

$$\eta_r = -\frac{P_r}{Y_r}\frac{dY_r}{dP_r} = \frac{1}{b}\frac{P_r}{(a/b - P_r/b)} = \frac{MW_r}{aA_r - MW_r} \tag{17}$$

das heißt:

$$\eta_r \overset{>}{\underset{<}{=}} 1 \text{ wenn}: \frac{a}{2} \overset{<}{\underset{>}{=}} \frac{MW_r}{D_r} \tag{18}$$

Aus der Äquivalenz von (16) und (17), bei umgekehrtem Vorzeichen, kann wiederum entnommen werden, daß eine Produktivitätssteigerung genau dann zur Vergrößerung der regionalen Arbeitslosigkeit führt, wenn die Nachfrage auf dem Produktmarkt unelastisch reagiert (d. h. $\eta_r < 1$). Produktivitätsveränderungen bleiben ohne Konsequenzen, wenn die Nachfrage Einselastisch ist, sie führen zu einer Reduzierung der Arbeitslosigkeit, wenn die Produktnachfrage elastisch ($\eta_r > 1$) ist. Erneut sei daran erinnert, daß dieses Ergebnis an das Vorliegen von Hicks-neutralem technischen Fortschritt und an andere in Kapitel drei erörterte Bedingungen gebunden ist.

Abbildung 6.1

Löhne und Arbeitslosigkeit auf regionalen Märkten

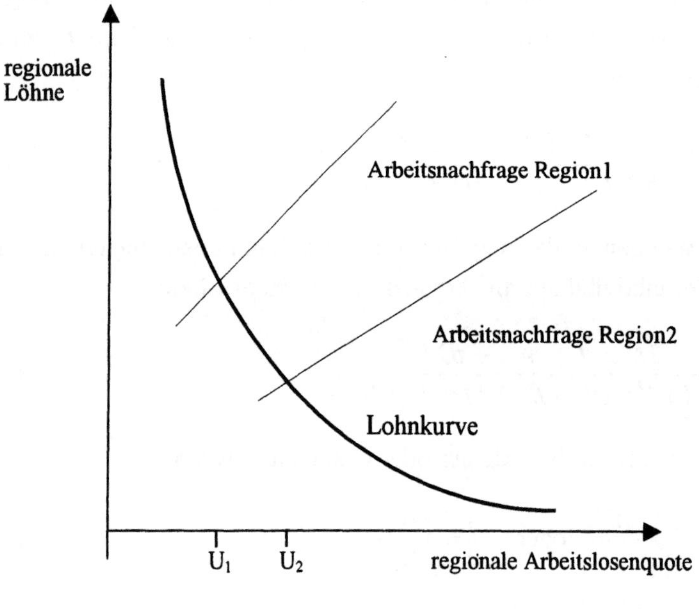

Die Lohnreaktion dämpft das Durchschlagen von Nachfrageschocks auf den Arbeitsmarkt. Dies kann man aus Abbildung 6.1 entnehmen oder sich z. B. verdeutlichen, indem man die Parameter a und b, die auf dem Gütermarkt die Wirkung von Preisveränderungen regulieren, als regionalspezifische Variable auffaßt, die einer Veränderung unterliegen können. Steigt der Parameter b_r durch exogene Einflüsse im Wert, so verändert sich die Arbeitslosigkeit im Modell ohne Lohnreaktion (Gleichung 11) um:

$$\frac{\mathrm{d}U_r}{\mathrm{d}b_r} = \frac{a_r D_r - MW_r}{b_r^2 D_r^2 L_r} \tag{19}$$

Im Modell mit Lohnreaktion (Gleichung 14) hingegen gilt:

$$\frac{\mathrm{d}U_r}{\mathrm{d}b_r} = \frac{a_r D_r - M\alpha U_r^{-\beta} \cdot U_e^{\beta} \cdot W^e}{b_r M\beta\alpha U_r^{-(1+\beta)} \cdot U_e^{\beta} \cdot W^e + b_r^2 D_r^2 L_r} \tag{20}$$

Die Veränderung der Arbeitslosigkeit wird dementsprechend durch die Lohnreaktion gedämpft. Die Stärke der Dämpfung hängt insbesondere von dem Parameter β ab. Geht er gegen Null (und ist $\alpha = 1$), reduziert sich (20) auf (19), d. h. auf das Modell ohne Lohnreaktion. Ist er groß, sind starke Veränderungen des Lohns auf die regionale Arbeitslosigkeit die Folge, die die Veränderungen auf der Produktmarktseite abdämpfen.

5. Anpassungsprozesse

Zuletzt wurde schon behandelt, wie sich exogene Nachfrageschocks in dem integrierten Modell auswirken. Darüber hinaus sind Anpassungsprozesse vorstellbar, die mit der Existenz der Lohnkurve in Verbindung stehen. Durch die Lohnkurve sind zwei Dimensionen regionaler Disparitäten verknüpft, da Regionen mit hoher Arbeitslosigkeit relativ niedrige Löhne aufweisen. Auch wenn dieser Zusammenhang den Wirtschaftssubjekten nicht bekannt ist, werden viele von ihnen merken, daß bestimmte Regionen für sie eher ungünstige Erwerbsaussichten bieten. Sie sind von Arbeitslosigkeit bedroht oder erleben diese selbst und auch die ihnen gebotenen Löhne fallen eher unterdurchschnittlich aus. Als Konsequenz werden sie die Neigung haben, aus den Regionen, die in der Lohnkurve den ungünstigen Teil besetzen, der in Abbildung 6.1 unten rechts ausläuft, in Regionen mit günstigen Perspektiven abzuwandern. Letztere sind in der Abbildung auf dem nach links oben aufstrebenden Ast der Lohnkurve lokalisiert.

Blanchflower und Oswald nehmen hingegen an, daß die Arbeitskräfte in den eher ungünstigen Regionen bleiben, da diese nur im Hinblick auf die ökonomischen Variablen unattraktiv erscheinen, während sie im außerökonomischen Bereich eher Vorteile bieten. Da die Begründung für diese Korrelation jedoch als problematisch erscheint, wird hier statt dessen erwartet, daß sehr wohl eine Neigung zu regionaler Mobilität besteht, die die erheblichen Unterschiede in den regionalen Arbeitslosenquoten erodiert.[1] Als weitere Folge verschwinden auch die Lohnunterschiede.

Dennoch kann eine Lohnkurve für eine begrenzte Zeit stabil bleiben, da hier als Erklärung vorgeschlagen wird, daß Mobilität durch die damit verbundenen beträchtlichen Kosten nur so schwach ausfällt, daß Arbeitslosigkeitsunterschiede nur langsam abnehmen. Solche Kosten treten zunächst bei der Suche nach einem Arbeitsplatz auf, die in entfernteren Regionen durchaus erheblich sind. Wenn jemand zu einem Vorstellungsgespräch über die halbe Republik anreisen muß, wird er die Tendenz haben, solche Kontakte im Umfang zu beschränken.

Ein weiterer Kostenfaktor entsteht durch die Umzugskosten. Wohnt jemand im eigenen Haus oder in der eigenen Wohnung, fallen u. U. sogar ganz erhebliche Kosten an. Es kann erwartet werden, daß die Hauspreise in Regionen mit prosperierender Ökonomie wesentlich höher sind als in Krisengebieten. Um eine vergleichbare Wohnung zu finden, müssen demnach ganz erhebliche Summen aufgewandt werden. Da darüber hinaus beträchtliche

---

1 Zur Analyse der Mobilitätsentscheidung muß das Kalkül der Arbeitskraft näher analysiert werden. In der Literatur besteht (u. a. im Anschluß an Harris und Todaro 1970) Einigkeit darüber, daß erwartete Unterschiede bei Arbeitslosigkeit und Entlohnung eine zentrale Rolle spielen. Weitere Faktoren, von denen einige nachfolgend genannt sind, werden von Delbrück und Raffelhüschen (1993) zusammengestellt. Decressin (1994) zeigt in empirischen Analysen für die Bundesrepublik, daß relative Arbeitslosigkeit und Entlohnung Effekte in der erwarteten Richtung auf Migrationsströme ausüben (vgl. auch Haisken-DeNew 1996).

Such- und Transaktionskosten anfallen, wird Wohnungseigentum einen wesentlichen Einfluß auf Mobilitätsentscheidungen ausüben.[2]

Ist die betreffende Arbeitskraft verheiratet oder in anderer Weise persönlich gebunden, muß u. U. nicht nur ein Arbeitsplatz gefunden werden, sondern auch einer für den Partner (vgl. für eine theoretische Analyse Ommeren, Rietveld und Nijkamp 1998). Dies verkompliziert die Suche erheblich. Kann kein adäquater Arbeitsplatz gefunden werden, ist eine zeitlich begrenzte Trennung oder Wochenpendeln oder ähnliches ins Auge zu fassen. Dies führt zu erheblichen subjektiven Nachteilen, die jenen verwandt sind, wenn jemand aus der Gegend, in der er oder sie persönlich verwurzelt ist, in eine andere wechselt, wo dies nicht der Fall ist. Sind Kinder vorhanden, macht dies Mobilität noch schwieriger, weil deren Präferenzen und Ausbildungsgelegenheiten ebenfalls von Bedeutung sind.

Das notwendige Verlassen des Freundeskreises bei Migration hat auch im engeren Sinne ökonomische Konsequenzen, da es sich mit der Folge verbindet, daß das Netz persönlicher Kontakt zerrissen wird, das auch für die Vermittlung künftiger Arbeitsplätze von Bedeutung ist. Granovetter (1973 und 1994) hat argumentiert, daß viele Arbeitsplätze über die sozialen Kontakte besetzt werden, die die Arbeitskräfte unterhalten. Verläßt jemand die Region, wo er viele Leute gut kennt, beraubt er sich der Gelegenheit, in Zukunft über diese Kontakte attraktive Angebote zu erhalten.

Aus diesen Gründen kann eine Lohnkurve auch dann im Zeitablauf Bestand haben, wenn Migration auftritt, die Raten räumlicher Mobilität müssen nur hinreichend niedrig sein. Neben Migration spielen weitere Mechanismen der Anpassung zwischen den Regionen eine Rolle, auf die von Möller (1995, 1996: 479f.) verwiesen wird:

- Kapitalströme reagieren auf niedrige Löhne, da dies eine günstige Kostenstruktur bei Investitionen impliziert. Hohe Arbeitslosigkeitsraten sind ebenfalls günstig für Investitionen, da ein Arbeitskräftepool zur Verfügung steht.

[2] A. Oswald (1996) will Unterschiede bei den Arbeitslosenquoten zwischen den Industrienationen geradezu durch unterschiedliche Quoten von Wohnungseigentum erklären, da dieses die Mobilitätsraten senkt und dadurch die gleichgewichtige Rate der Arbeitslosigkeit erhöht.

- Ebenfalls günstig für Investitionen sind die Auswirkungen von Preisveränderungen. Immobile Faktoren werden relativ preiswert sein, dies wird Auswirkungen auf das generelle regionale Preisniveau haben.
- Die regionale Wirtschafts- und Strukturpolitik ist bestrebt, regionale Disparitäten auszugleichen.

Empirische Analysen zeigen jedoch, daß diese Ausgleichsmechanismen außerordentlich langsam wirken. „Die Dauer der Anpassungsprozesse ist eher in Dekaden als in Jahren auszudrücken“ (Möller 1995: 225). Wie in den USA (vgl. Blanchard und Katz 1992) ist unter diesen Ausgleichsmechanismen die regionale Migration am wichtigsten, wenn auch die Anpassungszeiten in Deutschland viel höher liegen.[3]

Demnach müßte das bisher entwickelte Modell durch eine Migrationsgleichung (zur Theorie und Empirie der Migration vgl. Delbrück und Raffelhüschen 1993; Decressin 1994; Haisken-De New 1996) modifiziert werden. Wird eine einfache Form gewählt, könnte diese z. B. in der folgenden Weise definiert werden:

$$\Delta L_r = g(W_r - W^e, U^e - U_r) \qquad (21)$$

Danach wächst der Arbeitskräftepool einer Region, wenn sie überdurchschnittliche Löhne anzubieten hat und wenn ihre Arbeitslosigkeit unterdurchschnittlich ist. Komplexere Formulierungen derartiger Mobilitätsfunktionen g könnten auch die Entfernung zwischen Regionen berücksichtigen.

Bei Gültigkeit von (21) könnte die Dynamik regionaler Arbeitsmärkte auf der Grundlage der bisher entworfenen Argumentation in der folgenden Weise skizziert werden. Nehmen wir an, eine Region spezialisiert sich zunehmend auf eine Branche, die im Produktzyklus am Anfang steht. In diesem Fall reagiert die Produktnachfrage elastisch und Produktivitätssteigerungen

[3] Die Bevölkerungsgewinne von Bundesländern aus interregionalen Wanderungen betrugen z. B. 1993 für alle Länder mit positivem Saldo zusammengenommen gerade 77 568 Personen (EUROSTAT 1997: 48f.). Gemessen an der Gesamtbeschäftigung von über 27 Millionen ist dies eine sehr kleine Zahl, die kaum einen einen Effekt auf den Arbeitsmarkt ausübt. Zu Zeiten der deutschen Vereinigung war dies vorübergehend anders (vgl. Dietz, Gommlich, Karr 1992). Für Migrationsanalysen zu den achtziger Jahren vgl. Karr et al. (1987).

werden zu einer Erhöhung der regionalen Beschäftigung führen. Die Arbeitslosigkeit sinkt auf unterdurchschnittliche Werte, als Folge des Lohnkurveneffekts steigen die Löhne. Interregionale Migration wirkt dem in bestimmtem Umfang entgegen, weil zusätzliche Arbeitskräfte aus anderen Regionen angelockt werden.

Probleme entstehen, wenn die dominierende Branche im Produktzyklus weiter fortschreitet und die Nachfrage allmählich unelastisch wird. Nun haben Produktivitätssteigerungen zunehmend die Folge, daß Arbeitskräfte freigesetzt werden, die regionale Arbeitslosenquote steigt. Die Erfolgsrezepte der Vergangenheit, d. h. die Spezialisierung der Region auf eine, früher als attraktiv erscheinende Branche, werden immer mehr zur Ursache negativer, schließlich krisenhafter Entwicklungen. Mit der steigenden Arbeitslosigkeit fällt über den Lohnkurvenmechanismus das Lohnniveau. Die Region bewegt sich in Abbildung 6.1 auf der Lohnkurve nach rechts unten.

Erneut wirken Migrationsprozesse dieser Entwicklung entgegen und schwächen sie ab. Wie im umgekehrten Fall im Aufschwung sind sie jedoch nicht stark genug, um den Prozeß generell aufhalten zu können. Die Entwicklung kommt erst wieder zum Erliegen, wenn sich neue Branchen bevorzugt in der Region ansiedeln, die im Produktzyklus erst am Anfang stehen und wieder auf eine elastische Güternachfrage rechnen können.

6. Schlußfolgerungen

Im hier vorgetragenen theoretischen Modell hat die Lohnkurve eine andere Interpretation als bei Blanchflower und Oswald. Hier ist die Lohnkurve kein Ort langfristiger Gleichgewichtszustände, sie repräsentiert vielmehr nur temporäre Gleichgewichte. Unterschiede zwischen regionalen Arbeitslosenquoten werden aus der Interaktion von technischem Fortschritt und der Güternachfrage erklärt. Die Lohnbildung ergibt sich aus der Reaktion auf diese Unterschiede gemäß Effizienzentlohnungsprozessen. Die dadurch konstituierte Lohnkurve verschwindet in dem Maße wieder, wie sie durch regionale Ausgleichsmechanismen betroffen wird. Allerdings verlaufen diese Ausgleichsprozesse so langsam, daß bei Querschnittsbetrachtungen eine Lohnkurve feststellbar ist.

Das integrierte Modell verbindet die Erklärung von regionalen Arbeitslosigkeitsunterschieden mit der Lohnkurve. Damit ist es möglich, Beschränkungen aufzuheben, die beiden Partialmodellen zuvor anhafteten. Die Endogenisierung des Lohns zeigt, daß Veränderungen auf den Produktmärkten nicht im gleichen Maße auf die Arbeitslosigkeit durchschlagen wie es bei inflexiblen Löhnen der Fall wäre. Damit ist es möglich, die Annahmen des Modells über die Ausbildung regionaler Arbeitslosigkeitsunterschiede aufzuweichen. Trotz der Endogenisierung des Lohns bleiben die in Kapitel drei dargestellten Eigenschaften des Modells vollständig erhalten.

Für die Lohnkurve ergibt sich ein paralleles Ergebnis. Das integrierte Modell enthält eine voll entwickelte Lohnkurve, obwohl sich Unterschiede im Arbeitslosigkeitsniveau nunmehr modellimmanent herstellen. Trotz der Integration beider Teile ist das entstehende Gesamtmodell immer noch einfach strukturiert und bleibt somit durchschaubar.

Da die Lohnkurve im vorliegenden Kontext nicht mehr der Ort langfristiger, sondern nur noch temporärer Gleichgewichte ist, vermittelt sie langfristige Anpassungsprozesse und wird ihrerseits durch Migration von Arbeit und Kapital erodiert. Prozesse, die eine konvergente Entwicklung von Regionen implizieren, werden im vorliegenden Zusammenhang ebenso betrachtet wie solche, die zu Divergenz führen. Die in der Regionalökonomie und Wachstumstheorie oft zu beobachtende Spaltung zwischen Ansätzen, die nur einen Aspekt hervorheben, ist also aufgehoben.

Im Sinne einer Mehrebenenbetrachtung greift die Analyse zur Erklärung der Regionalentwicklung sowohl auf die Kalküle einzelner Wirtschaftssubjekte zurück (Mikrofundierung) als auch auf die gesamtwirtschaftlichen Rahmenbedingungen (‚Makrofundierung'), die den Wirtschaftssubjekten u. a. die Orientierungsgrößen liefern, die sie für ihr Handeln benötigen.

Mit dem vorliegenden Kapitel sind die theoretischen Teile der gesamten Arbeit komplett. Im folgenden sollen die empirischen Untersuchungen zunächst in methodisch-ökonometrischen Analysen vorbereitet und anschließend ihre Durchführung dargestellt werden.

KAPITEL VII Zur empirischen Mikrofundierung makroökonomischer Zusammenhänge: die Ökonometrie regionaler Arbeitsmarktanalysen

1. Das Modellierungsproblem

Die Ausgangsfrage der folgenden Darstellung bezieht sich auf einen adäquaten Modellansatz zur empirischen Analyse der Determinanten des regionalen Lohnniveaus. Eine Antwort erfordert einige allgemeine methodisch-theoretische Überlegungen zum Verhältnis von Mikro- und Makroebene. Viele ökonomische Fragestellungen setzen Einheiten voraus, die in Hierarchien angeordnet werden können: Arbeitskräfte (Ebene 1) arbeiten in größerer Zahl in Firmen (Ebene 2), diese sind in Regionen (Ebene 3) lokalisiert, die wiederum zu größeren Regionen (Ebene 4) zusammengefaßt werden können. Die Gesamtheit aller Regionen bildet eine Volkswirtschaft (Ebene 5). Viele Fragestellungen empirischer Analysen beziehen sich auf mehr als eine Ebene. In der vorliegenden Arbeit geht es u. a. darum, wie der Lohn von individuellen Beschäftigten mit der Arbeitslosigkeit variiert, die für die Region, also für eine Aggregateinheit, definiert ist.

Die Verknüpfung von Mikro- und Makroeinheiten stellt neue methodische Probleme. Während in der Theorie die Forderung nach Mikrofundierung intensiv diskutiert wurde und als Reaktion auf diesen Anstoß ganze Schulen des ökonomischen Denkens, z. B. in Gestalt des neukeynesianischen Ansatzes, entstanden sind, wird bei der Diskussion ökonometrischer Modelle oft nicht zwischen Makro- und Mikroperspektiven unterschieden, geschweige denn die Interaktion der Ebenen untersucht. Die Literatur zur empirischen Analyse ökonomischer Fragestellungen, sei sie zur Ökonometrie i. e. S., zur Arbeits- oder Regionalökonomie oder zur empirischen Makroökonomie zu rechnen, beschäftigt sich bisher zu wenig mit diesem Problem. Ausnahmen finden sich u. a. im Bereich der Mikrosimulationsmodelle und der empirischen Gleichgewichtsmodelle.

Um hier für die empirische Untersuchung der regionalen Lohnunterschiede, insbesondere im Hinblick auf die Lohneffekte von Arbeitslosigkeit einen Beitrag zu liefern, wird die folgende Abhandlung auf einen Typ ökonometrischer Modelle ausgerichtet, der Wirkungen von der einen auf die andere Ebene einschließt. Dies ist das maßgebliche inhaltliche Kriterium, dem die formale Besonderheit entspricht, daß in einer Schätzgleichung eine Mischung von „Mikro-" und „Makrovariablen" anzutreffen ist. In der Literatur der Arbeitsökonomie heißen solche Makrovariablen oft „strukturelle Faktoren", wenn sie in eine für individuelle Wirtschaftssubjekte definierte Gleichung eingeführt werden.

Ökonometrische Modelle, mit denen die Interaktion zwischen Mikro- und Makroebene studiert wird, werden im folgenden Sprachgebrauch Mehrebenenmodelle genannt. Dabei braucht es sich nicht um Modelle eines speziellen Typs zu handeln, auch Regressionsmodelle, die dem Standardansatz „Pooled Regression" entsprechen, können hier eingeordnet werden, z. B. wenn sie „strukturelle Faktoren", d. h. Makrovariablen, in einem mikroökonometrischen Ansatz beinhalten.

Darüber hinaus gibt es Mehrebenenmodelle mit zufälligen oder konstanten Effekten oder Koeffizienten, die stärker spezialisiert sind und für die es bereits eine umfangreiche Literatur gibt. Diese Beiträge wurden allerdings in der Ökonometrie bisher nicht aufgegriffen und sind dort kaum bekannt. Sie sind im Kontext anderer (Sub-)Disziplinen entstanden, wie z. B. der erziehungswissenschaftlichen Statistik und der daran orientierten empirischen Forschung. Die Bezeichnung „Mehrebenenmodelle" wird in diesem Zusammenhang oft als Abkürzung für den Begriff „Mehrebenenmodelle mit zufälligen Koeffizienten" verwendet. Zu einer solchen Einengung besteht jedoch keine Veranlassung, so daß der Begriff Mehrebenenmodell hier in dem angegebenen allgemeineren Sinn verwendet wird.

Die verschiedenen Varianten derartiger Modelle werden in Teil drei des vorliegenden Kapitels behandelt, dort wird auch auf die zu ihrer Schätzung notwendigen Strategien eingegangen. Im zweiten Teil stehen jedoch die zugrundeliegenden inhaltlichen Probleme und die Ideen zu ihrer Lösung im Vordergrund. Die Integration der eher modell-‚technischen' und der theoretisch-methodologischen Erörterungen erfolgt unter dem Gesichtspunkt, den die Ökonometrie seit Anbeginn zumindest als Anspruch verfolgt: statistisch-ökonometrische Methoden haben sich an inhaltlichen-theoretischen Gesichtspunkten zu orientieren.

2. Die Verbindung von Mikro- und Makroebene in empirischen Analysen

2.1 Mikroökonometrische Modellierung makroökonomischer Fragestellungen im Lohkurvenansatz

Bei ihren Lohnanalysen haben Blanchflower & Oswald (1994a) einen Ansatz gewählt, der nach den Worten David Cards (1995: 785 und 798) Besprechungsartikel als Mittelposition zwischen mikro- und makroökonomischer Perspektive einzuordnen ist. Ein genauerer Blick zeigt jedoch, daß die Analysen zur Lohnkurve nicht hinreichend als Zwischenposition charakterisiert sind, da sie eine Verbindung der Mikro- mit der Makroebene implizieren und in einem grundlegenden Sinne beide Ebenen umgreifen. Die Autoren verwenden zumeist einen mikroökonometrischen Ansatz in ihren Analysen, sie interessieren sich jedoch für globale Zusammenhänge, mindestens auf regionaler Ebene, wenn sie nicht sogar die Grundlagen für makroökonomische Argumentationen legen wollen. Der mikroökonometrische Ansatz dient zur Formulierung einer kausalen Verbindung zwischen zwei Makrovariablen, dem durchschnittlichen regionalen Lohnniveau W_r und der regionalen Arbeitslosenquote U_r. Einmal als empirisch gültig etabliert, kann die Lohnkurve als Substitut für die übliche Angebotskurve makroökonomischer Analysen verwendet werden.

Ein Verdienst der Analysen zur „Wage Curve" besteht in diesem Sinne geradezu darin, sich um die empirische Mikrofundierung der Makroökonomie zu bemühen. Ökonometrische Mehrebenenmodelle werden notwendig, da ein Makrozusammenhang mit der regionalen Arbeitslosenquote als zentraler unabhängigen Variablen mit einem Mikromodell untersucht wird, dessen endogene Variable der individuelle Lohn ist. Die in der ökonomischen Theorie gestellte Forderung nach einer Grundlage der Makroperspektive in der

Mikroökonomie findet ihre Entsprechung in empirischen Analysen. Hier werden Modellgleichungen für individuelle ökonomische Agenten formuliert, obwohl sich die Fragestellung auf ökonomische Globalzusammenhänge bezieht. Card (1995) etwas erweiternd ist die Basisgleichung der Lohnkurve durch (1a) gegeben:

$$\ln W_{irt} = \beta_0 + \beta_u \ln U_{rt} + \boldsymbol{\beta}_1' \mathbf{x}_{irt} + \boldsymbol{\beta}_2' \mathbf{x}_{rt} + \mu_r + \lambda_t + \tilde{\varepsilon}_{irt} \tag{1a}$$

U und W sind wiederum Arbeitslosigkeit und Lohn, ln ist der natürliche Logarithmus. Der Index i (i = 1, ...,N) steht hier für individuelle Arbeitskräfte, r (r = 1,...,R) für Regionen (R = Anzahl der Regionen, R-1 = Anzahl der fixen Effekte), t für die Zeit (t = 1,...,T; T-1 = Anzahl der Zeitdummys). $\mathbf{x}_{irt}$ ist ein Vektor mit den unabhängigen (Mikro-) Variablen, die Werte während eines Beschäftigungsspells annehmen (z. B. das Geschlecht oder Bildungsniveau). Die $\mathbf{x}_{rt}$ sind Makrovariablen, die nur zwischen den Regionen r variieren und innerhalb der Regionen konstant sind (z. B. der Typ einer Region). Der Vektor $\boldsymbol{\beta}$ enthält die Regressionskoeffizienten. Ein Set von Effekten (Koeffizienten von Dummyvariablen) spezifisch für die Zeit (λ_t) und für die Regionen (μ_r) vervollständigen das Modell. In der hier verwendeten Notierung werden Vektoren durch kleine Buchstaben in Fettdruck bezeichnet, während Matrizen im folgenden durch Großbuchstaben in Fettdruck dargestellt sind. Realisierungen von Zufallsvariablen erhalten eine Tilde, wenn sie in Gleichungen vorkommen, wobei allerdings darauf verzichtet wird, die abhängige Variable so zu kennzeichnen, um die Notierung nicht zu überfrachten.

Setzt man $y_{irt} = \ln W_{irt}$, ordnet man die Realisierungen U_r zu einem Vektor $\mathbf{u}$ und schließt man eine Spalte mit Einsen in die Datenmatrix $\mathbf{X}$ (die Designmatrix) ein, lautet (1a) in Matrixschreibweise:

$$\mathbf{y} = \mathbf{X}\boldsymbol{\beta} + \beta_u \mathbf{u} + \mathbf{Z}_1 \boldsymbol{\mu} + \mathbf{Z}_2 \boldsymbol{\lambda} + \tilde{\boldsymbol{\varepsilon}} \tag{1b}$$

Dabei sind $\mathbf{Z}_1$ und $\mathbf{Z}_2$ zwei Selektormatrizen, die die zugehörigen Sets von Dummyvariablen für Regionen und für die Zeit enthalten. $\mathbf{Z}_1$ hat R-1 Spalten. Die Elemente der Spalte r_0 sind jeweils Eins für alle Beschäftigten, die sich in der Region mit der Nummer r_0 befinden. Für alle anderen Beschäftigten sind die Elemente der betreffenden Spalte gleich Null. Die Designmatrix **X** besitzt K + 1 Spalten, für die Zahl der einbezogenen Variablen zuzüglich der Regressionskonstanten und N Zeilen für die Anzahl der Fälle. Vorübergehend wird angenommen, daß alle Mikroeinheiten (Wirtschaftssubjekte) nur während eines Zeitpunktes beobachtet werden, um Probleme mit Abhängigkeiten in der Zeitdimension zu vermeiden.

Die einzelnen Dummyvariablen in Modell (1a) bzw. in (1b) bewirken in der üblichen Weise eine Parallelverschiebung der Regressionsgeraden (bzw. -hyperebenen im multiplen Fall). Für eine Region r_0 wird sie um einen Wert, der gerade μ_{r0} entspricht, gegenüber dem Wert einer Referenzregion nach unten oder nach oben verschoben. Man kann dies auch so auffassen, daß in der Schätzgleichung jede Region eine spezifische Konstante aufweist: $\beta_{0r} = \beta_0 + \mu_{r0}$.

Abbildung 7.1 zeigt die Verschiebung der Regressionsgeraden um einen regionsspezifischen Effekt. Die y-Achse zeigt die abhängige Variable, hier den Logarithmus des individuellen Lohn, die x-Achse verkörpert beliebige unabhängige Variablen.

Abbildung 7.1

Regionsspezifische Effekte in der Regressionsanalyse

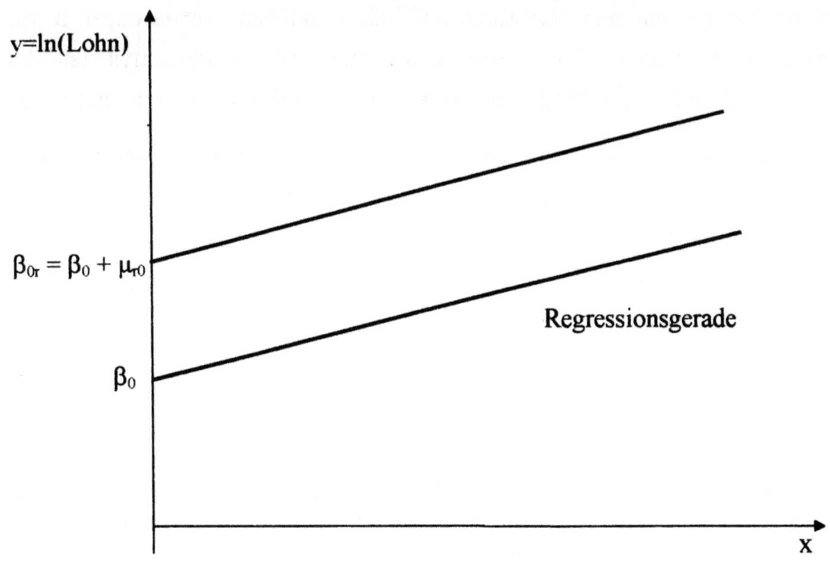

Blanchflower & Oswald benutzten z. T. Daten für unabhängige Querschnitte, um (1a) zu schätzen, z. T. verwendeten sie Paneldaten (z. B. in Analysen für die Bundesrepublik, vgl. Blanchflower, Oswald 1996), d. h. Informationen zu wiederholten Beobachtungen einzelner Personen. Die Modelle werden mit der Methode der kleinsten Quadrate (Ordinary Least Squares - OLS) geschätzt und damit die üblichen Annahmen für das klassische multiple Regressionsmodell zugrundegelegt. In Ermangelung eines entsprechenden deutschen Begriffs heißt dieser Modelltyp „Pooled Regression", weil alle Fälle gesammelt in die Schätzung eingehen, ohne daß Abhängigkeiten zwischen verschiedenen Zeitpunkten berücksichtigt werden. Die Schätzung der β-Koeffizienten erfolgt gemäß der nachstehenden Gleichung:[1]

$$\hat{\boldsymbol{\beta}}_{OLS} = (\mathbf{X}'\mathbf{X})^{-1}\mathbf{X}'\mathbf{y}$$

Die Verwendung des Mikromodells (1a) in den empirischen Analysen impliziert, daß ein Wirkungskanal von einer Aggregatebene, für die u. a. die Arbeitslosenquote steht, zu einem individuellen Respons modelliert wird, der durch den Lohn einer Arbeitskraft gegeben ist. Gleichung (1a) kann man demgemäß als Mehrebenenmodell mit fixen regionalen Effekten bezeichnen. Diese Bezeichnung ist gerechtfertigt, da einerseits mindestens eine Variable mit Regionalbezug enthalten ist, nämlich die Arbeitslosenquote, während die meisten anderen Variablen auf Individualebene variieren, d. h. für einzelne Beschäftigte. Die Verwendung von Regionaldummys ist der Grund, aus dem (1a) als Modell mit fixen Regionaleffekten bezeichnet wird.

Modell (1a) kann in Bezug auf Beschäftigte und Regionen als hierarchische Struktur interpretiert werden, da jeder Regionaleinheit, die durch den Index r bezeichnet wird, bestimmte Arbeitskräfte, identifiziert durch den Index i, zugeordnet sind. Die Relation ist zu jedem gegebenen Zeitpunkt eindeutig, ein Beschäftigter gehört zu genau einer Region.

---

1 Die Theorie des klassischen linearen Regressionsmodells kann einem der vielen modernen Ökonometrielehrbücher entnommen werden, z. B. Greene (1997) oder Baltagi (1998). Sie wird im folgenden vorausgesetzt.

Spezifikum des Lohnkurvenansatzes ist somit die Mikromodellierung mit Individualdaten. Daneben verwenden Blanchflower & Oswald eine Modellierung, die von vornherein nur Aggregatdaten benutzt:

$$\ln W_{rt} = \beta_0 + \beta_u \ln U_{rt} + \boldsymbol{\beta}'\mathbf{x}_{rt} + \mu_r + \lambda_t + \tilde{\varepsilon}_{rt} \qquad (2)$$

Das Weglassen des Index i deutet an, daß sich die Daten ausschließlich auf Regionen beziehen. Ausgehend von Individualdaten wird dies erreicht, indem über Beobachtungen, die sich jeweils auf die gleiche Region und den gleichen Zeitpunkt beziehen, gemittelt wird. Die Anzahl der Analyseeinheiten reduziert sich von N auf RT.

2.2 Methodologischer Individualismus und Makrofundierung

Die Formulierung des Lohnkurvenansatzes von Blanchflower & Oswald in einem ökonometrischen Mikromodell ist ein Hauptunterschied zu den Arbeiten, die von dem „Europäischen Arbeitsmarktmodell" z. B. von Layard et al. (1990, 1994) ausgehen. Dies ist eine Annäherung des Modells an die ‚Realität' und damit ein wichtiger Vorzug der Analysen zur Lohnkurve. Alle relevanten Prozesse sind in empirischen Ökonomien mit dem Handeln ökonomischer Agenten, mit dem Handeln von Menschen verbunden. Entscheidungen, die sie treffen, haben intendierte oder nichtintendierte Folgen auf der Makroebene. In der theoretischen Position, die in der ökonomischen Wissenschaft dominiert, wird daraus die Folgerung gezogen, daß alle Erklärung letztlich auf individuelles Rationalverhalten rekurrieren muß. Das für die Theorie weithin akzeptierte Konstruktionsprinzip wird von Blanchflower & Oswald auf empirische Untersuchungen übertragen und eine starke Begründung für die Verwendung von Mikromodellen und Mikrodaten gewonnen.

Die Forderung nach empirischer Mikrofundierung hat ihre Quelle somit im Handlungsmodell der ökonomischen Theorie. In dieser Sichtweise sind Makromodelle, die keinen Rekurs auf individuelle Entscheidungskalküle nehmen, nicht angemessen, da sie keine Erklärungen erlauben. In der neoklassischen Ökonomie wird aus der Forderung nach Mikrofundierung ein methodologisches Grundprinzip und ist die Position des methodologischen Individualismus konstitutiv für die Argumentationsweise der ökonomischen Wissenschaft.

In der von Becker wenigstens 1976 verfolgten radikalen Variante des methodologischen Individualismus (vgl. hingegen Becker 1998, wo diese Position modifiziert wird) sind die Präferenzen von Individuen nicht mehr hintergehbar, zumindest ihre Grundstruktur wird als über alle Gesellschaften relativ konstant betrachtet. Diese Auffassung ist kritisierbar. Warum sollten die Präferenzen von Wirtschaftssubjekten nicht gesellschaftlich beeinflußt sein? Ergebnisse der experimentellen Ökonomie zeigen, daß Präferenzen durchaus mit dem Kontext variieren, in dem sie formuliert werden.

In einem pragmatischeren Ansatz wird der methodologische Individualismus mit dem Argument gerechtfertigt, daß bei Verwendung variabler Präferenzen die ökonomische Modellbildung in ad hoc-Behauptungen abgleiten müsse. Nahezu jede Veränderung der empirischen Realität kann in einem kurzschlüssigen Sinne damit erklärt werden, daß sich die Präferenzen der beteiligten Wirtschaftssubjekte entsprechend geändert hätten. Derartige Tautologien werden vermieden, wenn zumindest von relativer Stabilität der Präferenzen ausgegangen wird. Diese Position wird hier geteilt.

Für die langfristige Entwicklung von Präferenzen könnte allerdings durchaus auf andere Möglichkeiten zurückgegriffen werden, indem der Imperativ der Mikrofundierung durch die Forderung nach Makrofundierung ergänzt und davon ausgegangen wird, daß sich Präferenzen zumindest zum Teil in Abhängigkeit von der Struktur einer gegebenen Gesellschaft und Ökonomie entwickeln. Dies führt auf ein schwierig zu erfüllendes Konstruktionsprinzip von Theorien und empirischen Untersuchungen, nach dem Mikro- und Makroebene simultan zu beachten sind, ohne daß die Argumentation in ad hoc-Sätze abgleiten darf. Dieses Konstruktionsprinzip kann als konzeptioneller Mehrebenenansatz bezeichnet werden, der den üblichen methodologischen Individualismus der neoklassischen Ökonomie transzendiert.

Dies kann z. B. an dem Effizienzlohnansatz (siehe Kapitel 5 und 6) verdeutlicht werden, der von fixen Präferenzen der Arbeitskräfte ausgeht. Diese schätzen hohe Arbeitsanstrengungen nicht, sind aber an hohen Löhnen interessiert. Eine alternative Annahme, die durchaus partiell hohe Arbeitsleistungen einschließt, wäre, daß sie an einem erfüllten Arbeitsleben interessiert sind. Dagegen könnte jedoch eingewandt werden, daß in einer Marktwirtschaft die Orientierung am Geldeinkommen von zentraler Bedeutung für die Wirtschaftssubjekte sein wird. Diese gewinnen Kontrolle über den ökonomischen Prozeß in dem Maße, wie sie sich Zugang zu ökonomischen Werten verschaffen können. Diese Überlegung wird sich auch den Arbeitskräften mitteilen und sie werden ihre Präferenzen in der entsprechenden Weise anpassen.

Diese Überlegungen brauchen hier nicht weiter vertieft zu werden. Auch wenn lediglich eine Argumentation verfolgt wird, die sich an den Imperativen des methodologischen Individualismus orientiert, erscheint es angemessen, ein ökonometrisches Mehrebenenmodell zu verwenden. Für ein solches Modell ist kennzeichnend, daß Makrobedingungen und Mikroverhalten in integrierter Weise analysiert werden, wie es z. B. durch die Gleichung (1a) ausgedrückt wird. Ein ökonometrisches Mehrebenenmodell paßt zur neoklassischen Theorie, wo individuelle ökonomische Aktoren auf (z. B. makroökonomische) Veränderungen der Randbedingungen reagieren. Derartige Wirkungskanäle stehen in vielen der üblichen Modelle im Vordergrund. In einem konzeptionellen Mehrebenenansatz wird der Wirkungskanal von der Aggregat- auf die Individualebene nur erweitert, indem auch die Präferenzen endogenisiert werden. Der ökonometrische ist von dem konzeptionellen Mehrebenenansatz zu unterscheiden.

Wendet man die Aufmerksamkeit wieder der konkreten vorliegenden Fragestellung nach der Beziehung zwischen Arbeitslosigkeit und Entlohnung zu, so führt das Bestreben nach empirischer Mikrofundierung auf einen ökonometrischen Mehrebenenansatz: Makrobedingungen und Mikroverhalten müssen wie in Gleichung (1a) integriert sein, um zu aussagefähigen Ergebnissen zu führen.

Im folgenden werden die Vorteile der Mikromodellierung makroökonomischer Fragestellungen zunächst in weiteren Schritten (Teile 2.3 und 2.4) entwickelt, im Abschnitt 2.5 die umgekehrte Bedeutung der adäquaten Integration der Makroebene herausgestellt und abschließend die Probleme der Integration in Mehrebenenansätzen diskutiert.

2.3 Mikrodaten zur Kontrolle beobachteter Heterogenität

Welche Vorteile bietet die Mikromodellierung makroökonomischer Problemstellungen, was sind die Eigenschaften derartiger Modellansätze? Dies ist die Ausgangsfrage. Gleichung (1a) ist zunächst einmal eine semilogarithmische Modellgleichung der Art, wie sie von Mincer (1974) eingeführt wurde. In seiner Formulierung waren keine Aggregatvariablen (x_r, U_r) oder regionale Effekte μ_r enthalten:

$$\ln W_i = \beta_0 + \boldsymbol{\beta}'\mathbf{x}_i + \tilde{\varepsilon}_i$$

Die Variablen x_{ir} bezogen sich in erster Linie auf das Niveau von Bildung, um die Grundform einer humankapitaltheoretisch motivierten „Lohnfunktion" darzustellen. Unter einigen restriktiven Annahmen (insbesondere unbeschränkte Voraussicht, Gleichgewichtserwartungen, vgl. Blien 1986 zur Diskussion) kann im Hinblick auf Bildung dem Entscheidungskalkül von Wirtschaftssubjekten in einem stetigen Ansatz die in der Humankapitaltheorie gültige Form gegeben werden, aus der die semilogarithmische Schätzgleichung direkt abgeleitet werden kann. Der Koeffizient der Bildungsvariablen kann unmittelbar als Ertragsrate von Investitionen in Qualifikationen interpretiert werden, wenn die Bildung in Jahren gemessen wird.

Gleichwohl hat eine semilogarithmische Lohnfunktion eine allgemeinere, über die Humankapitaltheorie hinausweisende Bedeutung, da empirische Analysen gezeigt haben, daß der Ansatz auch zur Untersuchung struktureller Faktoren, wie Branchen- und Berufsgliederungen sinnvoll verwendet werden kann. Dies unterstellt einen Kausalprozeß auf dem Arbeitsmarkt, der multiplikativ wirkt, wie deutlich wird, wenn man die Mincer-Gleichung delogarithmiert.

Die inhaltliche Öffnung impliziert, daß die unmittelbare Interpretation der Koeffizienten als Ertragsraten nicht durchgängig möglich ist. Vielmehr werden auch Segmentationslinien des Arbeitsmarktes, institutionelle Barrieren, etc. in der Lohngleichung mit abgebildet. In der Diskussion der letzten Jahrzehnte wurde deutlich, daß auch die Koeffizienten der Bildungsvariablen anders als Ertragsraten interpretiert werden können, z. B. als Ausfluß von Screening- und Filterprozessen.

Mit Individualdaten sind Gleichungen der Art von (1a) sehr häufig geschätzt worden. Normalerweise wird als Schätztechnik die Methode der kleinsten Quadrate (OLS) verwendet. Zahlreiche ökonometrische Verfeinerungen, die z. T. weiter unten noch deutlicher werden, wurden im Laufe der Zeit eingeführt:

- Instrumentalvariablenschätzungen, um die Endogenität von einzelnen Variablen, wie z. B. der Bildung, zu kontrollieren (vgl. Baltagi 1995; IAB-Anwendung auf die Lohnkurve: Baltagi, Blien 1998)
- Panelschätzungen, um die unbeobachtete Heterogenität der Personen in der Untersuchungspopulation ‚herauszurechnen' (Löwenbein 1991; IAB-Anwendung: Blien, Rudolph 1989)
- Korrektur von Selektionsverzerrungen, z. B. in Form der Heckmankorrektur (Heckman 1979; Blien, Mavromaras, Rudolph 1998).

Die Verwendung einer Schätzgleichung für individuelle Arbeitskräfte in einer Regionalanalyse (vorgeführt für die Bundesrepublik von Gerlach, Kehlbeck 1988 und Jakoby 1990) erfordert Mikrodaten in den empirischen Arbeiten. Wodurch ist der damit verbundene erheblich höhere Analyseaufwand gerechtfertigt? Zunächst ist anzuführen, daß sich mit Mikrodaten die Heterogenität von Regionen wesentlich besser kontrollieren läßt. Dies ist wichtig, da die Wirkung von Makrovariablen, z. B. der Arbeitslosenquote, nur aufgefunden werden kann, wenn man berücksichtigt, daß die Verteilung von Personen und Jobs ganz erheblich nach Regionen differiert. Der Lohn hängt nicht nur von der Arbeitslosenquote, sondern von der Branchen- und der Berufsstruktur sowie vielen anderen Variablen in der betreffenden Region ab. Die verschiedenen Einflüsse lassen sich verschiedenen Ebenen zurechnen, da z. B. die Kontrolle des Regionstyps ein genuines Regionalmerkmal betrifft, während die Merkmale von Beschäftigten einer Region sich auf die Individualebene beziehen. Kann man Variable dieser unteren Ebene mit kontrollieren, besteht eine größere Aussicht, die Wirkung der Arbeitslosigkeit aufzufinden.

Wird für solche interagierenden Einflüsse nicht kontrolliert, sind Schlüsse nur schwer möglich, wie die in Kapitel 2 geführte Diskussion um die Tabellenanalyse von Siebert zeigt, die ohne Drittvariablen auskommt. Kontrolliert man in einer Regressionsanalyse nicht für interagierende Variablen, macht man u. U. einen Fehler, der dem in der Ökonometrie als „omitted variable Bias" bekannten Spezifikationsfehler zuzuordnen ist. Dieser tritt genau dann ein, wenn die weggelassen Variablen mit den einbezogenen korrelieren. In diesem Fall gilt: $E[\tilde{\varepsilon}|\mathbf{X}] \neq \mathbf{0}$, d. h. der Erwartungswert des Vektors $\tilde{\varepsilon}$ der „Fehler"variablen, gegeben die Realisierungen der einbezogenen exogenen Variablen $\mathbf{x}$ (zusammengestellt in der Designmatrix $\mathbf{X}$), ist ungleich des Nullvektors. Damit ist eine grundlegende Annahme für die Erwartungstreue der OLS-Schätzung von Regressionsmodellen verletzt. Bestehen Korrelationsbeziehungen, ‚übernehmen' die einbezogenen Variablen zusätzlich die Wirkung der nicht berücksichtigten Merkmale und die Koeffizienten werden verzerrt geschätzt.

Aus diesem Grund genügt es nicht, nur eine einfache Tabellenanalyse durchzuführen, wie Siebert es tut. Der Lohn repräsentiert sehr viele Einflüsse, die mit multivariaten Methoden untersucht werden müssen. Erst nach Kontrolle interagierender Variablen kann mit Sicherheit auf den Effekt der Arbeitslosigkeit geschlossen werden.

Die einbezogenen Variablen können auf verschiedenen Niveaus gemessen werden. Die genannte mögliche kontrollierende Variable Siedlungsdichte variiert auf Makro- d. h. auf Regionsebene. Andere Variablen, von denen angenommen werden kann, daß sie den Lohn beeinflussen, sind für individuelle Beschäftigte definiert. Die Analyse ermöglicht durch systematische Einbeziehung von Merkmalen, die für die kleinste mögliche Einheit, d. h. für einzelne Wirtschaftssubjekte variieren die Erfassung der relevanten Quellen der Variation. In dieser Hinsicht erscheint die Verwendung von Mikrodaten also zunächst als besonders günstige Möglichkeit, die Wirkung interagierender Variablen aufzunehmen.

2.4 Zum Problem des ökologischen Fehlschlusses

Zugunsten der Verwendung von Mikrodaten können weitere Argumente angeführt werden. Vor allem in der empirischen Soziologie ist das Auftreten von Problemen diskutiert worden, wenn Schlüsse, die mit Aggregatdaten gewonnen wurden, auf individuelle Personen übertragen werden. Nach Robinson (1950) wird eine Korrelation zwischen Aggregatvariablen, die z. B. als Prozentzahlen gegeben sind und die die Verteilung einer Population angeben, als ökologische Korrelation bezeichnet. In erster Annäherung an das Problem sei hier ein Beispiel konstruiert, das auf die Lohnkurve abstellt und voraussetzt, daß anstelle des Mikromodells (1a) das Makromodell (2) geschätzt wird.

Zur Verdeutlichung des Arguments wird angenommen, es gäbe zwei unterschiedliche Typen von Regionen. Bei Typ 1 ist die Arbeitslosigkeit niedrig, ebenso - dies ist eine weitere Annahme - der Anteil von Akademikern. Im Fall von Typ 2 gibt es hingegen viel Arbeitslosigkeit und relativ viele Hochschulabsolventen. Ein korrekt spezifiziertes Modell bestünde aus drei Gleichungen:

$$\ln W_{rt} = \beta_0 + \beta_u \ln U_{rt} + \beta_h H_{rt} + \boldsymbol{\beta}'\mathbf{x}_{rt} + \mu_r + \lambda_t + \widetilde{\varepsilon}_{rt} \qquad (2')$$

$$H_{rt} = \beta_{01} + \beta_{11} A_{rt} + \widetilde{\tau}_{1rt}$$
$$U_{rt} = \beta_{02} + \beta_{12} A_{rt} + \widetilde{\tau}_{2rt}$$

Der Anteil der Hochschulabsolventen in einer Region wird durch H_{rt} angegeben, A_{rt} sei die dichotome Variable, die den Typ der Region bezeichnet. β_{11} und β_{12} seien jeweils größer Null. Haben die Fehlerterme τ_1 und τ_2 eine nur kleine Varianz, ist (2') multikollinear, da H_{rt} und U_{rt} hoch miteinander korrelieren. Doch selbst wenn die Varianzen von τ_1 und τ_2 relativ groß sind, wird es schwer sein, einen Effekt der Arbeitslosigkeit auf das Lohnniveau nachzuweisen. Bei Gültigkeit der Lohnkurvenbeziehung trägt die Verteilung der Arbeitslosigkeit dazu bei, daß die Tendenz zu hohen Durchschnittslöhnen in Regionen des Typs 1 durch den niedrigen Akademikeranteil abgeschwächt wird. Eine mit Aggregatdaten auf Regionsebene ausgeführte Analyse könnte demnach zum Resultat haben, daß keine Lohnkurvenbeziehung sichtbar ist, der Koeffizient der Arbeitslosigkeit nicht mehr signifikant ausfällt.

Anders bei Analysen, die mit Individualdaten auf der Ebene der einzelnen Wirtschaftssubjekte ausgeführt werden. In diesem Fall ist die Trennung der Effekte ohne Schwierigkeiten möglich. Der Unterschied zwischen Schlüssen, die auf Individualdaten und solchen, die auf Aggregatdaten beruhen, entsteht, weil im ersten Fall die Wirkung einer Variablen direkt beobachtet werden kann. Im zweiten Fall ist zusätzlich die Verteilung der Beobachtungen auf die Regionen relevant.

Allerdings ist das Problem des ökologischen Fehlschlusses im vorliegenden Lohnkurvenbeispiel nur von begrenzter Bedeutung, da die Arbeitslosenquote eine für Makroeinheiten gemessene Variable ist und Fehlschlüsse vor allem Variablen betreffen, die für individuelle Einheiten variieren. In der Literatur zur empirischen Soziologie finden sich viele Beispiele für derartige Analysen, bei denen Aussagen, die für Aggregate gewonnen wurden, fälschlich auf individuelle Einheiten übertragen werden. Für den bivariaten Fall hat schon Robinson (1950) einige Extrembeispiele belegt. In einem Datensatz für Bundesländer der USA war die ökologische Korrelation zwischen Analphabetismus und der Variablen, die die Hautfarbe abbildet (mit der Ausprägung schwarz oder weiß) 0,95, während die Korrelation auf der individuellen Ebene lediglich 0,20 war. In einem weiteren Beispiel betrug die Korrelation zwischen Analphabetismus und dem Status als Einwanderer (Ausprägung ja oder nein) auf individueller Ebene 0,1, auf Aggregat-, d. h. Bundeslandebene, jedoch -0,6. Hier trat demnach sogar ein Wechsel des Vorzeichens auf. Grund all dieser Probleme ist eine Verschleierung von Heterogenität durch die Aggregatdatenanalyse, bei der ignoriert wird, daß die Aggregate inhomogen zusammengesetzt sind. Im letzteren Beispiel sind Einwanderer tendenziell eher Analphabeten, lassen sich jedoch bevorzugt in Regionen nieder, in denen der Analphabetismus selten ist.

Das Problem des ökologischen Fehlschlusses ist bei Verwendung von Aggregatdaten stets präsent und gibt einen weiteren starken Grund dafür ab, Mikromodelle und Individualdaten zu verwenden.[2] Bei der Aggregation

[2] Im Falle theoretischer Argumentation ist das Aggregationsproblem schon lange bekannt und wurde z. B. in der sogenannten Cambridge-Debatte (vgl. Harcourt 1972; Bliss 1975 für eine Übersicht; Schlicht 1976 für eine Dokumentation verschiedener Originalbeiträge und Bröcker 1992 für eine neuere Beurteilung) intensiv diskutiert. Ergebnis der Debatte ist, daß 'perverse' Reaktionen, z. B. die Erhöhung der Arbeitskräftenachfrage bei Lohnerhöhung, möglich sind, obwohl die Firmen auf der Mikroebene kein solches Verhalten zeigen. In diesem Fall ist das Auseinanderfallen von Aggregat- und Mikroverhalten der Interdependenz der Märkte und des Verhaltens geschuldet.

innerhalb von Regionen besteht die Gefahr von Fehlzuschreibungen, die allerdings, wie erwähnt, im vorliegenden Analyseproblem zum Zusammenhang von Arbeitslosigkeit und Entlohnung als geringer eingeschätzt werden kann als bei Schlüssen auf die Individualebene.

2.5 Zum Problem des individualistischen Fehlschlusses

Bisher wurde die Bedeutung von Mikrodaten herausgestellt, Makrovariablen sind jedoch ebenfalls relevant. Dies ist trivial, wenn eine der hauptsächlich interessierenden Variablen die Arbeitslosenquote ist. Auf der Seite der unabhängigen Variablen sind jedoch zusätzlich relevante Einflußfaktoren auf Makroebene zu berücksichtigen. Dies wurde bereits bei der Diskussion des Beispiels von Siebert deutlich, wo gezeigt wurde, daß der Regionstyp relevant ist.

Die Integration der verschiedenen Variablenklassen ist von allgemeiner Bedeutung, wie das Problem des von Esser (1988) so genannten individualistischen Fehlschlusses zeigt. Zur Erläuterung stelle man sich vor, daß ein Mikromodell, wie in Gleichung (1a) geschätzt wird, die relevanten Makrovariablen, wie z. B. die Arbeitslosenquote und der Regionstyp, jedoch weggelassen werden. Ist die Verteilung der Personen über die Regionen uniform, entsteht kein Problem, die Koeffizienten werden korrekt geschätzt. Es ist jedoch davon auszugehen, daß die Regionen im Hinblick auf die einbezogenen Merkmale heterogen zusammengesetzt sind, z. B. Arbeitsplätze für höhere Qualifikationen eher in Großstadtregionen anzutreffen sind, in denen unabhängig davon im Durchschnitt auch besser bezahlt wird. In diesem Fall wird die Ertragsrate von Bildungsinvestitionen in einem rein individualistischen Modell überschätzt.

Der individualistische Fehlschluß kann also dadurch charakterisiert werden, daß Effekte von Makrovariablen fälschlich Individualvariablen zugerechnet werden. Erneut ist die Schätzgleichung fehlspezifiziert, weil Variablen fehlen.

Es ist davon auszugehen, daß in der Arbeitsökonomie solche Probleme häufig auftreten, da oft mit Individualdaten gearbeitet wird und den Kontexten, in die die Personen eingebettet sind, nicht hinreichende Beachtung geschenkt wird. Die Art der Modellierung läßt dann gar nicht zu, daß unterschiedliche Gelegenheitsstrukturen abgebildet werden, der gesamte ökonomische Prozeß und die Verteilung seiner Erfolge und Niederlagen erscheint determiniert durch die Merkmale von Individuen. Dann wird z. B. der Abgang von Personen aus Arbeitslosigkeit allein ihnen selbst zugeschrieben und nicht untersucht, inwieweit die Höhe der Arbeitslosenquote zu einer bestimmten Zeit und in einer bestimmten Region ebenfalls eine Rolle spielt.[3]

Damit wurde einer der zentralen Gründe dafür gefunden, daß der Mehrebenenanalyse nicht eine Stellung am Rande der empirischen Subdisziplinen in der Ökonomie zukommt, sondern ein Platz in ihrem Zentrum. Viele Fragestellungen beinhalten mit Notwendigkeit, daß der Blick des Analytikers sich auf individuelle Fähigkeiten und Präferenzen in ihrer Interaktion mit den gegebenen Kontextbedingungen und den zur Verfügung stehenden Ressourcen richtet.

2.6 Mikro- und Makroeinflüsse

Die Klassifizierung von Variablen als Mikro- oder Makroeffekte erscheint leicht durchzuführen: Makrovariablen geben Zustände von Einheiten der höheren Ebene, hier der Region, an. Sie sind konstant für alle Mikroeinheiten, z. B. Beschäftigte, die der betreffenden Makroeinheit zugeordnet sind. Mikrovariablen hingegen variieren zwischen den Mikroeinheiten.

Der zunächst so klar erscheinende Unterschied verwischt sich, wenn man einer Kritik von Rohwer (1996; vgl. Pötter, Rohwer 1997) folgt. Danach läßt sich in einer Analyse mit Mikrodaten jede beliebige kategoriale Variable, je nach Sichtweise, sowohl als Mikro- wie als Makrovariable auffassen. Mikrovariable ist jedes Merkmal, weil es Bedeutung stets nur für die individuellen Einheiten erlangt. Eine Charakterisierung eines regionalen Arbeits-

---

3 Kraus, Puhani & Steiner (1997) bemühen sich in ihren Analysen des Abgangs von Arbeitskräften aus Arbeitslosigkeit bzw. aus arbeitsmarktpolitischen Maßnahmen das Problem zu vermeiden, indem sie das Bundesland kontrollieren. Auch dieses ist jedoch im Hinblick auf die Arbeitsmarktlage heterogen.

marktes ist nur soweit relevant, als sie sich auf Perzeption und Ressourcen der individuellen ökonomischen Agenten auswirkt.

Umgekehrt kann jede Mikrovariable, die nur eine endliche Zahl von Ausprägungen aufweist, als Makrovariable interpretiert werden, indem man eine Partitionierung der Grundgesamtheit definiert, die den Ausprägungen entspricht. Die Individualvariable Geschlecht läßt sich als Makrovariable auffassen, wenn man als Aggregate der Population die beiden Geschlechter vorsieht.

Diesem Standpunkt von Pötter & Rohwer (1997) wird hier insoweit zugestimmt, als es tatsächlich möglich ist, eine Population in viele verschiedene ‚Makro'-gliederungen zu zerlegen: Arbeitskräfte können z. B. in ‚Makro'-einheiten gemäß Branche, Alter, Beruf etc. typisiert werden. Stets ist die alternative Weise der Beschreibung möglich, die diese Typen als Mikromerkmale auffasst. Die Uminterpretation z. B. der Berufsgliederung in ein Makro- und der Regionen in ein Mikromerkmal könnte z. B. gemäß (1c) angedeutet werden.

$$\ln W_{ibt} = \beta_0 + \beta_u \ln U_{rt} + \mathbf{\beta}'\mathbf{x}_{ibt} + \lambda_t + \tau_b + \tilde{\varepsilon}_{ibt} \qquad (1c)$$

τ_b ist hier der Effekt einer bestimmten Berufsgruppe, die regionalen Effekte μ_r wurden in den Vektor $\mathbf{x}$ integriert. Auf den ersten Blick scheint eine vollkommene Symmetrie zwischen Mikro- und Makrovariablen zu bestehen, die Bezeichnung von (1a) als Mehrebenenmodell wäre unangemessen. In dieser Sichtweise hätte die Unterscheidung zwischen Analyseebenen in empirischen Untersuchungen keine Bedeutung.

Tatsächlich können jedoch zwei Argumente gegen diese Auffassung vorgebracht werden. Das erste bezieht sich darauf, daß es Variablen gibt, die für individuelle Einheiten nicht sinnvoll definiert sind. Die Arbeitslosenquote ist eine nähere Charakterisierung von Makroeinheiten, während Sets von Dummys wie die regionalen Effekte μ_r oder die Effekte spezifischer Berufsgruppen τ_b lediglich die Unterschiedlichkeit der Einheiten anzeigen.

Dies ist jedoch nur ein formaler Hinweis auf ein zugrundeliegendes inhaltliches Kriterium für die Unterscheidung von Mikro- und Makrovariablen, das hier als wesentlich betrachtet wird. Die Einordnung einer bestimmten Variablen als Makrogröße kann dann gerechtfertigt werden, wenn das Merkmal nicht lediglich eines ist, das eine bestimmte Anzahl von Wirtschaftssubjekten gemeinsam hat, sondern bei diesen als solchen gar nicht sinnvoll feststellbar, d. h. meßbar ist. Dies gilt für die Arbeitslosenquote, die nicht für einzelne Personen definiert ist, denn diese sind entweder arbeitslos oder nicht. Man kann zwar ein individuelles Arbeitslosigkeitsrisiko berechnen, aber auch dieses unterscheidet sich von der Arbeitslosenquote einer Region. Die Unterscheidung ist den einzelnen Wirtschaftssubjekten durchaus geläufig, wie das Beispiel einer Beschäftigten zeigt, die zur Abschätzung ihres individuellen Risikos, die lokale (oder die globale) Arbeitslosenquote verwendet (oder auf die ihrer Berufsgruppe zurückgreift).

Im Sinne dieser Kategorisierung kann man die einzelnen Variablen als Individual- oder Makrovariable ordnen: Die Berufsgruppe z. B. ist ein Individualmerkmal in dem Sinne, daß sie einen bestimmten Set von Tätigkeiten umfaßt, die von allen Personen ausgeübt werden, die den betreffenden Beruf ausüben. Die Branche hingegen ist ein Makromerkmal, das den Betrieb beschreibt, in dem Arbeitskräfte arbeiten. Jemand kann die exakt gleiche Tätigkeit (z. B. als Hausmeister) in Betrieben ganz verschiedener Branchen ausüben. Dann kann die Branche nur dadurch festgestellt werden, daß nicht auf die individuelle Person, sondern auf den Kontext, in dem sie agiert, geachtet wird.

Tatsächlich ist die auch hier z. T. vorgenommene Bezeichnung von Makro- als Aggregatvariablen irreführend. Für eine Makrovariable ist nur ein notwendiges Definitionskriterium, daß sie eine Vielzahl von Personen, ein Aggregat betrifft. Hinreichendes Kriterium ist jedoch, daß sich die Variable auf eine Entität bezieht, die von individuellen Personen unterscheidbar ist. Eine Makroeinheit hat in diesem Sinne bestimmte Eigenschaften, die an den individuellen Einheiten nicht feststellbar sind.

Das von Rohwer zur Relativierung des Unterschieds zwischen Mikro- und Makroebenen zusätzlich genannte Argument, nachdem es bei Makrogrößen auf die individuelle Verarbeitung ankommt, erscheint nicht als stichhaltig. Das Argument unterstellt bereits, daß eine Realität außerhalb des Individuums in Gestalt des Kontextes existiert, dessen Relevanz bestritten wird.

Ursache (Kontext) und Wirkung (persönliches Verhalten) werden nicht mehr auseinander gehalten. Die regionale Arbeitslosigkeit kann im Lohnkurvenansatz nicht bruchlos z. B. als Arbeitslosigkeitsrisiko einer Beschäftigten operationalisiert werden. Jemand kann das Arbeitslosigkeitsrisiko von Null haben und ihr Lohn mag - bedingt durch den Lohnkurveneffekt - dennoch unterhalb des Lohns liegen, der in Regionen mit höherem Beschäftigungsstand gezahlt wird.

Aus diesem Grund sei hier festgestellt: Die Unterscheidung von Kontexten und Personen erscheint als ebenso fundamental, wie die Unterscheidung von Alter und Ego, der Unterschied von Ursache und Wirkung. Damit ist die Auffassung von (1a) als Mehrebenenmodell mit einer hierarchischen Struktur gegen Kritik verteidigt worden. In einem grundlegenden Sinne ist die Arbeitslosenquote eine Variable, die Makroentitäten näher beschreibt.

Damit ist die Diskussion der Unterscheidung von Mikro- und Makroentitäten noch nicht zu Ende. Im Grunde ist nämlich die Unterscheidung von Mikro- und Makrovariablen im hier angestrebten multivariaten ökonometrischen Ansatz irrelevant. Solange nur die entsprechenden Variablen - egal auf welcher Ebene auch immer - in der Analyse enthalten sind und solange man über Daten für die Individualeinheiten verfügt, ist man stets auf der sicheren Seite. Ein Problem entsteht jedoch dort, wo man eine Variable hat, die metrisch ist, sich auf eine Makroeinheit bezieht und für die kein Set fixer oder zufälliger Effekte in dem Modell enthalten ist. Dies wird sich im übernächsten Abschnitt erweisen, wo Moultons Problem behandelt wird.

2.7 Schlußfolgerungen

Die bisherige Diskussion der Integration von Mikro- und Makroperspektive in ein Modell, das demgemäß Mehrebenenmodell genannt wurde, erbrachte einige Ergebnisse. Aus von der ökonomischen Theorie angegebenen Gründen werden Mikromodelle präferiert, selbst wenn das Erklärungsziel sich auf Makroeinheiten bezieht. Zudem sind technische Schwierigkeiten möglich, wenn lediglich mit Makromodellen gearbeitet wird, da in diesem Fall die Gefahr von Fehlschlüssen besteht.

Zu ergänzen ist, daß ein wichtiger Grund für die Verwendung von Mehrebenenmodellen mit Mikrodaten darin besteht, daß dieser Datentyp eine viel höhere Schätzpräzision erlaubt. Würden die Daten aggregiert werden, ginge viel Varianz verloren, die zur Bestimmung der Modellparameter verwendet werden kann.

Damit wurden verschiedene grundlegende Begründungen dafür gefunden, auch im Falle von Makro- oder Regionalanalysen mikroanalytisch vorzugehen: Einerseits erlaubt dies eine verbesserte Präzision durch den Einsatz des ‚Mikroskops', der Mikrodaten. Andererseits entspricht dies der Forderung nach Mikrofundierung ökonomischer Gesetze.

Umgekehrt zeigt sich, daß Modelle für Mikroeinheiten auch im Hinblick auf Makrobedingungen sorgfältig spezifiziert sein müssen. Hier besteht die Gefahr, daß individuellen Arbeitskräften Phänomene angelastet werden, die in Wirklichkeit durch die sie umgebende ökonomische Realität produziert wurden. Ist eine der beiden Perspektiven - ‚Mikro' oder ‚Makro' - nicht korrekt spezifiziert, kann die empirische Untersuchung zumindest irreführende Ergebnisse erbringen.

3. Mehrebenenmodelle verschiedenen Typs

3.1 Moultons Problem und seine Lösung in Mehrebenenmodellen mit fixen regionalen Effekten

Im folgenden wird beabsichtigt, die bisher erhobene Forderung nach einer Integration von Mikro- und Makroperspektive in einen angemessenen Modellansatz zu übersetzen. Dabei wird zunächst ein technisches Problem formuliert, auf das Moulton (1986, 1990) nachdrücklich hingewiesen hat.

Während in Gleichung (1a) die abhängige Variable auf Mikroniveau gemessen ist, findet sich auf ihrer rechten Seite eine Mischung von Mikro- und Makrovariablen. Üblicherweise werden Aggregatvariablen in derartig zusammengesetzten Gleichungen als strukturelle Faktoren bezeichnet. Moulton (1990: 334) konstatiert, daß es häufig geübte Praxis ist, solche strukturelle Effekte in Gleichungen für Mikroeinheiten zu verwenden, um die Wirkung von Makrovariablen auf das ökonomische Verhalten zu untersuchen.

Damit besteht ein Unterschied solcher Analysen zu den Arbeiten über die Lohnkurve, da bei letzterer der eigentlich interessierende Zusammenhang auf der Makroebene verortet ist, während sonst zumeist die individuelle Reaktion auf einen Makrofaktor interessiert.[4]

Werden nun Makro- und Mikrovariablen in einem Ansatz ‚gemischt', ohne daß zusätzliche Vorsorgen getroffen werden, so entsteht eine Schwierigkeit, die inzwischen als Moultons Problem in die Literatur eingegangen ist. Dieses Problem besteht darin, daß die Schätzung der Koeffizienten nicht länger effizient, jene der Standardfehler sogar verzerrt ist, wenn die Beobachtungen innerhalb der Makroeinheiten korrelieren.

Kann man davon ausgehen, daß einige beobachtete Makrovariablen einen Einfluß ausüben, so kann man dies auch für unbeobachtete Variablen annehmen. Dies heißt also, daß sich unter den Variablen, die üblicherweise in den Störterm der Regressionsgleichung eingeschlossen werden, auch einige Makrovariable befinden. Die unbeobachteten Makrovariablen führen zu einer Korrelation der Beobachtungen jener Untersuchungseinheiten, die zu der gleichen Makroeinheit gehören. In diesem Fall wären die Daten gruppiert im Hinblick auf die Einheiten, für die die Makrovariable definiert ist. Dies impliziert eine Verletzung der Annahmen des allgemeinen Regressionsmodells, das üblicherweise mit der Methode der kleinsten Quadrate geschätzt wird.

---

4 Allerdings ist dies oft eine Frage der Interpretation, da in vielen Fällen mindestens institutionelle Regelungen den Zusammenhang vermitteln. Bei Löhnen sind dies einerseits Firmen, andererseits auch die Kontrahenten in Lohnkonflikten, d. h. Arbeitgeberverbände und Gewerkschaften. Darüber hinaus läßt sich oft ein Makrozusammenhang konstruieren, der als Ausgangspunkt die einbezogene exogene Makrovariable verwendet. Betrachten wir als Beispiel die Untersuchung von Haisken-DeNew & Zimmermann (1995), die die Wirkung der Ausländerbeschäftigung auf das Lohnniveau von Deutschen untersuchen. Sie messen den Ausländeranteil auf der Makroebene, d. h. für Wirtschaftszweige und benutzen das Individualeinkommen von deutschen Arbeitskräften als abhängige Variable. Kontrollierende Variablen sind wiederum für die Mikroebene definiert. Statt dieser Gleichung im Sinne eines individuellen Respons auf einen Makroeinfluß zu interpretieren, könnte man sie auch als Makrogleichung für Branchenentlohnung auffassen. Die formale Vorgehensweise ist vollständig analog zu jener bei den Untersuchungen zur Lohnkurve.

Im vorliegenden Fall ist eine Makrovariable, die Arbeitslosenquote, für Regionen definiert. Es ist davon auszugehen, daß weitere Variablen, über die nur zum Teil Informationen vorliegen, auf regionaler Ebene wirksam sind. Beispiele sind das Aktivitätsniveau der regionalen Ökonomie, ihre Infrastrukturausstattung oder eine regionale Ausprägung der Arbeitskultur.

Solchen unbeobachteten Variablen könnte durch fixe Effekte μ_r in der Schätzgleichung Rechnung getragen werden. Mit fixen Effekten sind hier die Koeffizienten von Dummyvariablen gemeint, die zusätzlich zu den sonstigen Variablen einbezogen werden. Gibt es R Aggregateinheiten, müssen R-1 solcher Dummys aufgenommen werden, eine für jede Aggregateinheit. Ausgenommen ist eine, die als Referenzeinheit betrachtet wird. Hier sei zunächst angenommen, daß keine solchen fixen Effekte aufgenommen werden, so daß die Schätzgleichung folgende Gestalt hat:

$$\ln W_{irt} = \beta_0 + \beta_u \ln U_{rt} + \mathbf{\beta}'\mathbf{x}_{irt} + \lambda_t + \tilde{\nu}_{irt} \tag{1d}$$

Ein Grund, auf die Dummys unter Umständen zu verzichten, könnte sein, daß die einbezogene, eigentlich interessierende Aggregatvariable stark mit den Dummys korreliert. Dies ist sicherlich der Fall, wenn die Aggregatvariable sich im Zeitablauf wenig verändert. Ein Extremfall dieser Möglichkeit ist, daß sich die Daten auf einen Querschnitt beziehen. Dann würde bei Aufnahme fixer Effekte ein Problem exakter Multikollinearität entstehen, da sich die Aggregatvariable u_r als Linearkombination der μ_r beschrieben ließe (in diesem Fall wären keine λ_t in (1d) enthalten, der Index t wäre redundant).

Tatsächlich tritt Moultons Problem insbesondere dann auf, wenn ein Modell mit Aggregatvariablen, aber ohne fixe Effekte geschätzt werden soll. Spielen nämlich zusätzlich zu den Regressoren auch unbeobachtete Aggregatvariablen eine Rolle, kann man den Störterm ν in zwei Komponenten zerlegen:

$$\tilde{\nu}_{irt} = \tilde{\mu}_r + \tilde{\varepsilon}_{irt} \tag{3a}$$

Die erste der beiden Komponenten nimmt dabei die Wirkung aller Makrovariablen auf, für die man nicht kontrolliert, die zweite ist ein üblicher Fehlerterm auf Individualebene. Entsprechend den Komponenten des Störterms läßt sich auch die Fehlervarianz zerlegen:

$$\sigma_v^2 = \sigma_\mu^2 + \sigma_\varepsilon^2 \tag{3b}$$

Dabei ist σ_μ^2 die regionale Varianzkomponente und σ_ε^2 die Varianzkomponente der Individualebene, wenn angenommen wird, daß die Kovarianz zwischen den beiden Störtermen $\tilde{\varepsilon}_{ir}$ und $\tilde{\mu}_r = 0$. Damit wird die Varianz-Kovarianzmatrix **V** der Beobachtungen als Konsequenz der Wirkung unbeobachteter regionaler Variablen blockdiagonal:

$\mathbf{V} = \{\mathbf{V}_r\} \otimes \mathbf{I}_R$, oder:

$$\mathbf{V} = \begin{bmatrix} \mathbf{V}_r & \mathbf{0} & \mathbf{0} & . & \mathbf{0} \\ \mathbf{0} & \mathbf{V}_r & \mathbf{0} & . & \mathbf{0} \\ & & . & & \\ & & . & & \\ \mathbf{0} & \mathbf{0} & . & . & \mathbf{V}_r \end{bmatrix} \tag{4}$$

wobei $\mathbf{V}_r = \sigma_\mu^2 \mathbf{J}_{n_r} + \sigma_\varepsilon^2 \mathbf{I}_{n_r}$

Hier ist $\mathbf{V}_r$ die Varianz-Kovarianzmatrix der Beobachtungen einer Region r, deren Hauptdiagonale jeweils mit $(\sigma_\mu^2 + \sigma_\varepsilon^2)$ besetzt ist, während die anderen Matrixelemente den Wert σ_μ^2 annehmen, sofern die Varianzen jeweils über die Beobachtungen und Makroeinheiten konstant bleiben, d. h. Heteroskedastie und Autokorrelation ausgeschlossen sind. **J** ist eine Matrix aus Einsen, **I** die Einheitsmatrix, z. B. von der Dimension n_r, dies ist die Anzahl der Beobachtungen in Region r. $\otimes$ ist das Kronecker-Produkt.

Gleichung (4) zeigt, daß eine Annahme des klassischen multiplen Regressionsmodells, das mit OLS geschätzt wird, verletzt ist. Diese setzt voraus, daß die einzelnen Beobachtungen unabhängig voneinander sind, d. h. daß gilt: $\mathbf{V} = \sigma_v^2\ \mathbf{I}$. Ist diese Bedingung nicht erfüllt, sondern gilt (4), werden die Koeffizienten mit OLS immer noch unverzerrt geschätzt. Das Ergebnis ist allerdings nicht mehr effizient, d. h. der Schätzer hat nicht mehr die minimale Varianz. Dann können die geschätzten Koeffizienten weitab von jenen liegen, die man bei Berücksichtigung der Korrelation erhalten würde.

Ein zweites, unter Umständen viel gravierenderes Problem ist, daß die Schätzung der Standardfehler verzerrt erfolgt. Sind die Beobachtungen gemäß (4) korreliert, werden die Standardfehler inkonsistent geschätzt. Es ist den Ökonometrikern und Statistikern bisher nicht gelungen, im allgemeinen Fall eine geschlossene Formel für die Abweichung zu finden. Es gibt jedoch eine umfangreiche Literatur zur Art des Fehlers, die viele Spezialfälle untersucht hat (vgl. neben Moulton: u. a. Greenwald 1982; Pfefferman, Smith 1985; Scott, Holt 1982; Kloek 1981; Stoker 1993). Zentraler Punkt ist insbesondere, daß die Standardfehler normalerweise unterschätzt werden. Moulton faßt die Ergebnisse der Arbeiten zum Thema in Makroeinheiten gruppierter oder klassierter Beobachtungen zusammen: Diese Literatur „hat gezeigt, daß die Verzerrung nach unten für die Standardfehler mit der durchschnittlichen Gruppengröße, der Korrelation der Fehlerterme innerhalb der Klassen und der Korrelation der Regressoren innerhalb der Klassen zunimmt. Für eine innerhalb der Klassen fixierte Aggregatvariable ist die Korrelation innerhalb der Klassen gleich 1“ (Moulton 1990: 335, Übersetzung des Verfassers).

Dies bedeutet, daß in erster Linie auf Aggregatebene gemessene Regressoren betroffen sind. Mit den unterschätzten Standardfehlern fallen die Signifikanztests zu günstig aus. Ein Forscher, der sich des Problems nicht bewußt ist, wird geneigt sein, Nullhypothesen zu verwerfen, d. h. Effekte als signifikant anzusehen, obwohl sich diese bei einer entsprechenden Spezifizierung als nicht signifikant erweisen. Die Gefahr von „spurious regressions“ droht.

Moulton unternimmt umfangreiche empirische Untersuchungen zur Verdeutlichung des Risikos. Er (vgl. Moulton 1990) schätzt eine normale Lohnfunktion mit Individualdaten, die einen Querschnitt aus dem US-amerikanischen Current Population Survey (CPS) für März 1982 beinhalten. Neben zahlreichen kontrollierenden Regressoren, die in der üblichen Weise auf Individualniveau gemessen sind, bezieht er Variablen mit ein, die Aggregatniveau aufweisen. Sein spezieller ‚Trick‘ besteht darin, daß ein Teil der Variablen keine ökonomische Bedeutung hat. Sie müßten also einen Koeffizienten mit Null zugewiesen bekommen.

Das von ihm verwendete Beispiel zeigt drastisch die Bedeutung des Fehlers, der durch die Korrelation der Beobachtungen entstehen kann. Von 14 einbezogenen ‚Nonsens'-Variablen werden immerhin 6 als signifikant getestet, d. h. ihre Effekte auf den Lohn bestätigt. Darunter befinden sich Variablen wie die Landfläche des betreffenden Bundesstaats, die Fläche seiner Seen, ja sogar Zufallszahlen, die als Aggregatvariable behandelt werden, haben solche signifikanten Lohneffekte. Es ist klar, daß derartige Ergebnisse auf den Anwender ökonometrischer Modelle irritierend wirken müssen. Moulton weist sogleich den Ausweg aus dem Dilemma: Er schätzt ein Alternativmodell, das die Korrelation explizit berücksichtigt.[5] In diesem Modell sind alle aufgenommenen Variablen nicht mehr signifikant. ‚Leider' tritt der gleiche Effekt auch für einbezogene Aggregatvariablen auf, die eine ökonomische Bedeutung haben: Das Wirtschaftswachstum eines Staates hat keinen signifikanten Koeffizienten mehr in der geschätzten Lohnfunktion.

Ein Modell, das die Korrelation von Beobachtungen berücksichtigt, beinhaltet folglich einen konservativeren Test. Moulton liefert keine veranschaulichende Erklärung des Unterschieds zu einem Modell mit Unabhängigkeitsannahme. Es kann jedoch angeführt werden, daß eine Aggregatvariable weniger Information beinhaltet als eine Individualvariable. Die Arbeitslosenquote in der Bundesrepublik variiert mit der Zahl der Regionen. Sie liegt pro Zeitpunkt z. B. 11 mal vor für Länder oder 142 mal für Arbeitsamtsbezirke. Benutzt man nun Mikrodaten zum Test der Lohnkurvenhypothese, so hat man für jeden Zeitpunkt Tausende von Beobachtungen, zwischen denen Individualmerkmale variieren können. Behandelt man z. B. die Arbeitslosenquote für Länder umstandslos als Individualmerkmal, so gibt man vor, statt über elf z. B. über 4000 Beobachtungen zu verfügen. In dieser Hinsicht wird bei individuellen Lohngleichungen also die Zahl der Freiheitsgrade völlig falsch beurteilt.

---

5 Allerdings verfährt Moulton (1990) inkonsequent: Das Modell zur Berücksichtigung der Abhängigkeit der Beobachtungen, das er verwendet, läßt sich als Mehrebenenmodell mit zufälligen Effekten interpretieren (siehe den folgenden Abschnitt 3.2). Er schätzt jedoch nur die Standardfehler, nicht die Koeffizienten, obwohl diese in dem Modell mit der Basisannahme der Unabhängigkeit ineffizient geschätzt werden.

Auch dieses Argument trifft jedoch den Kern des Problems noch nicht vollständig. Letztlich ist nicht die Zahl der Beobachtungen entscheidend, sondern ihre Korrelation. Die Auswirkungen von Aggregatvariablen führen dazu, daß die Beobachtungen innerhalb von Klassen, im vorliegenden Fall innerhalb von Regionen, korreliert sind. Dies ist die entscheidende Reduktion der Information, auf die ein Modell reagieren sollte.

Welche Auswege bieten sich an? Hat man Daten, die sich auf verschiedene Zeitpunkte beziehen, so gibt es eine einfache Strategie, die Korrelation der Beobachtungen einzubeziehen, wenn die Zahl der Klassen nicht zu groß wird. Man kann fixe Effekte für die Klassen in das Modell aufnehmen, wie in (1a). Die Wirkungen der unbeobachteten Variablen schlagen sich in den regionalen fixen Effekten μ_r nieder. Sie geben den Korrelationen der Fälle innerhalb von Makroeinheiten eine Möglichkeit, sich darzustellen. Deshalb entsteht kein Problem aus der Gruppierung der Fälle, solange solche zusätzlichen Dummys in der Modellgleichung enthalten sind. Die Struktur der Fehler wird dann adäquat beschrieben nicht durch die blockdiagonale Varianz-Kovarianzmatrix in (4), sondern durch die in der Kleinstquadratschätzung übliche Matrix $\mathbf{V} = \sigma_\varepsilon^2 \, \mathbf{I}$.

Die Schätzgleichung (1a) ist also hinreichend, um Moultons Problem Rechnung zu tragen. Blanchflower & Oswald haben zur Kenntnis genommen, daß bei gruppierten Daten Moultons Schätzproblem entsteht, sind sich jedoch nicht bewußt, daß ihre Grundgleichung zur Beschreibung der Lohnkurve, die hier unter formalem Aspekt Mehrebenenmodell mit fixen Effekten genannt wurde, bereits eine adäquate Lösung darstellt. Eine der zusätzliche Ausweichstrategien, die sie für notwendig halten, ist die ausschließliche Verwendung aggregierter Daten (vgl. z. B. Blanchflower, Oswald 1995: 150ff.):

$$\ln W_{rt} = \beta_0 + \beta_u \ln U_{rt} + \boldsymbol{\beta}' \mathbf{x}_{rt} + \mu_r + \lambda_t + \tilde{\varepsilon}_{rt} \qquad (2)$$

Da sich die Anzahl der Beobachtungen von N auf RT reduziert, ist ein Nachteil dieser Strategie, daß sehr viel Varianz ungenutzt verloren geht. Diese könnte zumindest zur präzisen Schätzung der Variablen verwendet werden, die zur Kontrolle der regionalen Heterogenität im Hinblick auf die Beschäftigten wichtig sind. Die Koeffizienten der Variablen zur Kontrolle der Branchen- und Berufsstruktur z. B. werden viel ungenauer geschätzt, ihre Standardfehler sind viel größer (vgl. Card 1995: 789). Da die gesamte Schätzgleichung beeinflußt wird, muß diese Strategie auch auf den Koeffizienten der Arbeitslosenquote U_r durchschlagen. Das zusätzliche Problem des ökologischen Fehlschlusses verschärft die Nachteile dieser Strategie.

Ein Problem in Blanchflower & Oswalds Analysen ist demgemäß, daß die Elastizität des Lohns im Hinblick auf die Arbeitslosigkeit zumindest für die USA stark unterschiedlich in der vergröberten Version (2) verglichen mit (1a) geschätzt wird (vgl. Tabelle 8.2). Mit aggregierten Daten ist der Effekt der Arbeitslosigkeit nur ungefähr halb so groß (vgl. Cards Hinweis 1995: 791).

Da das Basismodell zur Schätzung der Lohnkurve (1a) der Korrelation der Beobachtungen innerhalb von Regionen Rechnung trägt, wird Moultons Problem entsprochen, d. h. es kann auf die zusätzliche Verwendung von Gleichungen (2) rein für Aggregatdaten verzichtet werden. Dieser Schluß ist der gesamten Lohnkurvenliteratur zumindest außerhalb des deutschen Raumes nicht geläufig (vgl. z. B. auch Card 1995).[6]

3.2 Mehrebenenmodelle mit zufälligen Effekten

3.2.1 Nachteile von Modellen mit fixen Effekten

Es wurde schon dargelegt, daß mit der Lösung von Moultons Problem über Mehrebenenmodelle mit fixen (Regional-)Effekten auch Nachteile verbunden sein können. Die Wirkung der Arbeitslosigkeit und anderer Aggregatvariablen ist nicht schätzbar, wenn die Daten nur im Querschnitt vorliegen

---

6 Dies ist umso erstaunlicher, als die Inklusion fixer Effekte in Modelle für Branchen- oder Regionseinflüsse in den letzten 10 Jahren zu einer verbreiteten Methode ausgebaut wurde. Insbesondere wurde die Zentrierung solcher Effekte behandelt. Diese messen Abweichungen des Werts einer Makroeinheit (z. B. Region) dann nicht mehr von einer Basiskategorie aus, sondern vom Stichprobendurchschnitt (vgl. Krueger, Summers 1988). Die dann nötigen Transformationen der Standardfehler wurden von Möller (1995) und Haisken-DeNew & Schmidt (1997) entwickelt, sowie von letzteren, Haisken-DeNew & Schwarze (1997) und Burda & Schmidt (1997) auf regionale Lohnanalysen angewendet.

oder wenn die einbezogenen Variablen stark mit den Regionaldummys korreliert sind.

Ein weiterer Nachteil ist der erhebliche Effizienzverlust, der mit der Inklusion einer Vielzahl von Regressoren verbunden ist. Da die Schätzpräzision auch der interessierenden Variablen leidet, wenn eine große Anzahl Regionaldummys zusätzlich enthalten ist, wird das Problem im Falle kleiner Regionaleinheiten besonders virulent. Die Verwendung kleiner Einheiten wird aber angestrebt, um homogene Arbeitsmärkte abzugrenzen.

Ein weiteres Problem ist, daß die Inklusion fixer Effekte in Modelle für Paneldaten letztlich eine komplette Abhängigkeit der fixen Effekte von den anderen einbezogenen Variablen unterstellt. Mundlak (1978) zeigte, daß der normale Kleinstquadratschätzer zu einem Schätzer mit fixen Effekten wird, wenn die fixen Effekte als lineare Funktionen aller einbezogenen Variablen modelliert werden. Dies erscheint als eine weitreichende Annahme. Oft will man geradezu davon ausgehen, daß die fixen Effekte zumindest partiell unabhängige Einflüsse darstellen.

Schließlich gibt es noch einen inhaltlichen Grund, der oft gegen die Verwendung fixer Effekte spricht. Wenn man nicht daran interessiert ist, Auskünfte über einen spezifischen Set von Untersuchungseinheiten zu erhalten, sondern diese z. B. per Zufallsstichprobe aus einer größeren Population gezogen sind, auf die hin man Schlüsse formulieren will, erscheint es nicht angemessen, einen Effekt als fix zu behandeln. Eine Alternative ist die Verwendung zufälliger Effekte. Modelle für solche Effekte werden im folgenden behandelt, bevor noch einmal auf den Vergleich „fixe" versus „zufällige" Effekte zurückzukommen ist (vgl. Abschnitt 3.3).

3.2.2 Modelle mit zufälligen Effekten

In seinen Vergleichen zwischen Modellen mit abhängigen und mit unabhängigen Beobachtungen benutzt Moulton (1990) Modelle mit zufälligen Effekten, die Interdependenzen zwischen den Fällen explizit berücksichtigen. Ein einfaches Modell der Art, wie er es verwendet, hat folgende Gestalt:

$$\ln W_{ir} = \beta_0 + \beta_u \ln U_r + \boldsymbol{\beta}'_1 \mathbf{x}_{ir} + \boldsymbol{\beta}'_2 \mathbf{x}_r + \tilde{\mu}_r + \tilde{\varepsilon}_{ir} \qquad (5)$$

Hier wurde gegenüber (1a) der Zeitindex t fallengelassen, um zur Vereinfachung in der folgenden Betrachtung zunächst davon zu abstrahieren, daß mehrere Datensätze von einer Person stammen können. Das Problem der Paneldaten wird in Teil 4 dieses Kapitels noch einmal aufgegriffen. Periodenspezifische Effekte λ werden nicht mehr dargestellt, man kann sie sich in den unabhängigen Variablen x eingeschlossen denken.

Bei (5) handelt es sich um ein Mehrebenenmodell mit zufälligen Effekten, hier um ein Zweiebenenmodell. Im Unterschied zu (1a) wird der regionale Effekt nicht mehr als fix betrachtet, sondern als Realisierung einer Zufallsvariablen $\tilde{\mu}_r$. Vergleicht man (1a) und (5) so ist kein großer Unterschied erkennbar. Die Einführung eines zufälligen Effekts auf der Regionsebene führt wiederum zur Verschiebung der Regressionsgeraden, für jede Region wird ein eigener Achsenabschnitt geschätzt (vgl. wiederum Abbildung 7.1).

Da die Residualvarianz $\tilde{v}_{ir}$ als zusammengesetzt betrachtet wird ($\tilde{v}_{ir} = \tilde{\mu}_r + \tilde{\varepsilon}_{ir}$), werden Modelle wie in Gleichung (5) auch als Varianzkomponentenmodelle bezeichnet (vgl. Searle, Casella, McCulloch 1992 für eine intensive Behandlung). Solche Modelle wurden bereits vor Moultons Arbeiten für empirische Problemstellungen in den Erziehungswissenschaften verwendet, um dort z. B. in Analysen der Schulleistung der Gruppierung von Beobachtungen nach Schülern, Klassen, Schulen und Regionen Rechnung zu tragen.

Pionierarbeiten bei der Entwicklung der Methoden zur Anwendungsreife wurden u. a. von Goldstein (1986, 1995) und Longford (1987, 1993; vgl. Aitkin, Longford 1986) geleistet. Die Modelle dieser Autoren sind Verallgemeinerungen von (5), insbesondere in zweierlei Hinsicht. Einmal treten nicht nur regionale Effekte auf, sondern auch variable Koeffizienten, zum anderen gibt es mehr als zwei Ebenen. Beides wird in den Abschnitten 3.2.5 und 3.2.5 näher ausgeführt, zunächst sei nur festgehalten, daß innerhalb der Ökonometrie die ganze Modellklasse kaum bekannt und noch seltener angewendet wird, aus Gründen, die ebenfalls noch deutlich zu machen sind (über die Umsetzung auf die Ökonometrie regionaler Löhne vgl. Blien, Wiedenbeck, Arminger 1994).

Zur Schätzung von Modellen mit zufälligen Effekten wie in (5) müssen Annahmen über die Verteilung der $\tilde{\varepsilon}$ und der $\tilde{\mu}$ gemacht werden. Dies kann z. B. die Normalverteilungsannahme sein. Andere wichtige Annahmen sind, daß beide Fehlerterme einerseits unabhängig voneinander sind, andererseits unabhängig von den einbezogenen exogenen Variablen, also:

$$\mathrm{E}[\tilde{\mu}_r \,|\, \mathbf{X}] = 0 \quad \text{und:} \quad \mathrm{E}[\tilde{\varepsilon}_{ir} \,|\, \mathbf{X}] = 0 \tag{6}$$

$$\tilde{\mu}_r \sim N(0, \sigma_\mu^2) \quad \text{und:} \quad \tilde{\varepsilon}_{ir} \sim N(0, \sigma_\varepsilon^2)$$

Gleichung (4), die direkt die Varianz-Kovarianzmatrix der Fehlerterme zu (5) angibt, sei noch einmal angeführt:

$$\mathbf{V} = \{\mathbf{V}_r\} \otimes \mathbf{I}_R, \quad \text{mit} \quad \mathbf{V}_r = \sigma_\mu^2 \mathbf{J}_{n_r} + \sigma_\varepsilon^2 \mathbf{I}_{n_r} \tag{4}$$

Der Index n_r gibt hier die Anzahl der Beobachtungen in der betreffenden Region (oder allgemein Gruppe) an. Da die Beschäftigten einer Region nicht unabhängig voneinander sind, ist die Kovarianz der Beobachtungen, die zur gleichen Gruppe, hier Region, gehören, ungleich Null:

$$\mathrm{cov}(\nu_{ir}, \nu_{i'r}) = \sigma_\mu^2 \quad \text{für } i' \neq i$$

Im Mehrebenenmodell mit zufälligen Effekten müssen weniger Parameter als im Modell mit fixen Effekten geschätzt werden. Statt einen Koeffizienten für jede Region muß nur ein Parameter für die Varianz der Regionsebene geschätzt werden. Es handelt sich also um ein „sparsameres" Modell. Die Schätzung der Parameter ist mit erheblichen Effizienzgewinnen verbunden.

Für die Residuen ergeben sich im Zweiebenenmodell zwei Quellen der Variation, nämlich die Varianz zwischen den Gruppen, hier Regionen, („between") und die Varianz zwischen den Beobachtungen innerhalb einer Gruppe („within"). Als Maß für die Abhängigkeit zweier Beobachtungen, die der gleichen Gruppe angehören, kann der Korrelationskoeffizient verwendet werden:

$$\rho = \sigma_\mu^2 / \left(\sigma_\mu^2 + \sigma_\varepsilon^2\right).$$

Bei einem Korrelationskoeffizienten von Null kann die gesamte Residualvarianz auf unbeobachtete Unterschiede zwischen den Beschäftigten zurückgeführt werden. Es verbleibt dann kein Rest, der über eine Heterogenität der Einheiten der zweiten Ebene erklärt werden könnte. In diesem Fall kann alternativ einfach das klassische lineare Modell verwendet werden, das mit der Methode der kleinsten Quadrate unverzerrt und effizient zu schätzen ist.

3.2.3 Iterative Generalized Least Squares (IGLS) zur Schätzung von Mehrebenenmodellen

Im Fall einer allgemeinen Varianz-Kovarianzmatrix **V** der abhängigen Variablen können die Regressionsparameter durch folgende Gleichung geschätzt werden, sofern **V** bis auf einen multiplikativen Faktor bekannt ist.

$$\hat{\boldsymbol{\beta}}_{GLS} = \left(\mathbf{X}'\mathbf{V}^{-1}\mathbf{X}\right)^{-1}\mathbf{X}'\mathbf{V}^{-1}\mathbf{y} \qquad (7)$$

Diese Schätzmethode wird als Generalized Least Squares Verfahren (GLS) bezeichnet. Nun sind jedoch **V** normalerweise unbekannt, muß also selbst geschätzt werden. Dies führt auf einen zweistufigen Ansatz: Mit GLS werden die Regressionskoeffizienten, die in der Sprache der Mehrebenenmodelle „fixe Parameter" heißen, geschätzt. Anschließend werden die Varianzen der „zufälligen Effekte" ermittelt.

Bei der ersten Stufe, bei GLS, ist ein numerisches Problem zu lösen, das in der Berechnung der Inversen der Varianz-Kovarianzmatrix besteht. Diese ist von der Dimension N × N und wächst somit quadratisch mit der Zahl der Beobachtungen. Hat die Kovarianzmatrix eine beliebige Struktur, werden bei Rechnerkapazitäten, wie sie normalerweise verfügbar sind, selbst Fallzahlen unter 1000 zu einem unüberwindbaren Hindernis. Für die Analyse von Paneldaten wurden Verfahren des Feasible GLS entwickelt, die auf einer Transformation der Designmatrix **X** beruhen. Durch spezifische Gewichtungen der Rohdaten wird die Multiplikation mit der inversen Kovarianzmatrix implizit durchgeführt (GLS als Weighted Least Squares). Diese Methode wird im folgenden Abschnitt 4 im Zusammenhang der Diskussion von Panelmodellen vorgeführt.

Bei der Entwicklung der Mehrebenenanalyse wurden andere Wege gegangen. Einfallsreiche ‚Tricks' wurden erfunden, die insbesondere die spezifische Struktur von **V** ausnutzen, nämlich berücksichtigen, daß **V** blockdiagonal ist, dann ist es nämlich auch $\mathbf{V}^{-1}$. Ein wichtiges Verfahren besteht in der Adaption des Fisher Scoring Algorithmus (Longford 1993), der eine Maximum-Likelihood-Schätzung realisiert. Vorzug dieser Methode ist, daß nur die suffizienten Statistiken für die einzelnen Iterationen in der numerischen Umsetzung benötigt werden. Darum ist diese Schätzmethode sehr ökonomisch im Hinblick auf Rechenzeiten und Speicherplatzbedarf. Häufiger angewendet, da in der Breite der Anwendungen flexibler, ist das Iterative Generalized Least Squares Verfahren (IGLS) im Anschluß an Goldstein (1995), das zwar zu Fisher Scoring ähnliche Operationen während der einzelnen Iterationen ausführt, aber verlangt, daß die transformierte Designmatrix im Hauptspeicher gehalten wird.

Die Idee hinter IGLS ist, die Koeffizienten und die Varianzen zu (7) abwechselnd zu schätzen, bis Konvergenz eintritt. Man beginnt also normalerweise mit einer OLS-Schätzung der Koeffizienten, benutzt diese als Ausgangspunkt für eine Varianzschätzung. Damit erhält man eine erste Version der Kovarianzmatrix **V**, die für das GLS-Verfahren benutzt werden kann, um die fixen Parameter zu ermitteln. Auf der Grundlage der fixen Parameter erhält man eine neue Varianzschätzung usw.

Eigentlich kritischer, weil neuer Punkt ist die Berechnung von **V** in jedem Schritt. Hier folgt Goldstein Ideen, die ausführlicher in Searle, Casella, McCulloch (1992, Kapitel 12) dargestellt sind und auf Pukelsheim (1974) zurückgehen. Das zugehörige Modell heißt bei Searle et al. das Dispersion-Mean Modell. Hier sind die Varianzkomponenten Regressionskoeffizienten eines linearen Modells für die Erwartungswerte der Kreuzprodukte der Residuen bei der OLS-Schätzung des Modells, das durch Gleichung (5) gegeben ist.

Zur Ermittlung der Varianzkomponenten wird daher im IGLS-Verfahren ein entsprechendes lineares Regressionsmodell für die ermittelten Werte der Kreuzprodukte in Form von $\mathrm{vec}(\tilde{v}\tilde{v}')$ als abhängiger Variable verwendet. Der vec-Operator kennzeichnet, daß die Spalten einer Matrix zu einem Vektor übereinander ‚gestapelt' werden. Setzt man $\hat{y}$ als den prognostizierten Wert der abhängigen Variablen, die in Modell (5) aus der Regression für die fixen Parameter, die Koeffizienten, mit GLS (oder mit OLS, vor Beginn der Iterationen) ermittelt wurden, so können die Werte der abhängigen Variablen im Dispersion-Mean Modell in der folgenden Weise geschrieben werden:

$$\mathbf{y}_r^* = vec\left\{(\mathbf{y}_r - \hat{\mathbf{y}}_r)(\mathbf{y}_r - \hat{\mathbf{y}}_r)'\right\}. \tag{8}$$

Die Designmatrix $\mathbf{X}^*$ des Dispersion-Mean Modells zur Varianzschätzung besteht nur aus Nullen und Einsen. Blockweise kann sie in der folgenden Weise angegeben werden:

$$\mathbf{X}_r^* = \left\{vec(\mathbf{J}_R), vec(\mathbf{I}_R)\right\} \tag{9a}$$

Die β-Koeffizienten (Parameter) in diesem Regressionsmodell ohne Konstante sind die gesuchten Varianzen σ_μ^2 und σ_ε^2:

$$\mathbf{y}^* = \mathbf{X}^*\boldsymbol{\beta}^* + \varphi, \quad \text{wobei: } \boldsymbol{\beta}^* = \begin{pmatrix} \sigma_\mu^2 \\ \sigma_\varepsilon^2 \end{pmatrix} \tag{9b}$$

Die β^* sind erneut mit GLS zu schätzen:

$$\hat{\boldsymbol{\beta}}^* = \left(\mathbf{X}^{*\prime}\mathbf{V}^{*-1}\mathbf{X}^*\right)^{-1}\mathbf{X}^{*\prime}\mathbf{V}^{*-1}\mathbf{y}^* \tag{9c}$$

Auf den ersten Blick scheint dieses Verfahren in einen infiniten Regress zu münden: Um $\mathbf{V}^*$ zu ermitteln, müßte IGLS erneut eingesetzt werden, usw. Dies ist jedoch nicht der Fall, $\mathbf{V}^*$ läßt sich zumindest im balancierten Fall, d. h. bei konstanten Gruppengrößen, in geschlossener Form angeben (Longford 1993: 46):

$$\mathbf{V}^* = \left\{\mathbf{V}_r \otimes \mathbf{V}_r\right\} \otimes \mathbf{I}_R \tag{10a}$$

Nach den Rechenregeln für Kroneckerprodukte macht dann auch die Bestimmung der Inversen keine Schwierigkeiten mehr:

$$\mathbf{V}^{*-1} = \left\{\mathbf{V}_r \otimes \mathbf{V}_r\right\}^{-1} \otimes \mathbf{I}_R = \left\{\mathbf{V}_r^{-1} \otimes \mathbf{V}_r^{-1}\right\} \otimes \mathbf{I}_R \tag{10b}$$

Bei IGLS werden abwechselnd Schätzungen für die fixen Effekte und für die Varianzkomponenten durchgeführt, das Ergebnis des einen Schritts wird jeweils zur Durchführung des anderen verwendet. Die beiden Operationen werden so lange wiederholt, bis der Algorithmus konvergiert, i. d. R. ist dies bereits nach relativ wenigen Iterationen der Fall, d. h. die Rechengenauigkeit ist schon dann für praktische Zwecke hinreichend groß.

Goldstein (1986) hat demonstriert, daß das mit IGLS ermittelte Ergebnis einer Maximum-Likelihood-Schätzung entspricht, wenn die Annahme der Normalverteilung auf den verschiedenen Ebenen zutrifft. Trivial ist, daß eine Rechnung, die bereits nach der ersten Iteration abbricht, auf GLS-Ergebnisse führt.

3.2.4 Ein einfaches Beispiel für die Anwendung des IGLS-Verfahrens

Das IGLS-Verfahren kann in etwas vereinfachter Notierung an einem 2-Ebenen Varianzkomponentenmodell mit nur einer exogenen Variablen beispielhaft vorgestellt werden (vgl. Goldstein 1986 und 1995, vor allem S. 21ff.):

$$y_{ir} = \beta_0 + \beta_1 x_{ir} + \mu_r + \varepsilon_{ir}\,.$$

Die Parameter des Modells werden in der üblichen Weise durch GLS ermittelt:

$$\hat{\boldsymbol{\beta}}_{\mathrm{GLS}} = \left(\mathbf{X}'\mathbf{V}^{-1}\mathbf{X}\right)^{-1}\mathbf{X}'\mathbf{V}^{-1}\mathbf{y} \tag{11a}$$

Die Residuen, die für die Varianzschätzung benötigt werden, ergeben sich als:

$$\hat{v}_{ir} = y_{ir} - \hat{\beta}_0 - \hat{\beta}_1 x_{ir} \tag{11b}$$

Die Varianzkomponenten σ_μ^2 und σ_ε^2 werden als Koeffizienten eines linearen Modells geschätzt, das in der folgenden Weise angegeben werden kann:

$$\begin{pmatrix} \hat{v}_{11}^2 \\ \hat{v}_{21}\hat{v}_{11} \\ \vdots \\ \hat{v}_{22}^2 \end{pmatrix} = \begin{pmatrix} \sigma_\mu^2 + \sigma_\varepsilon^2 \\ \sigma_\mu^2 \\ \vdots \\ \sigma_\mu^2 + \sigma_\varepsilon^2 \end{pmatrix} + \varphi = \sigma_\mu^2 \begin{pmatrix} 1 \\ 1 \\ 0 \\ \vdots \\ 1 \end{pmatrix} + \sigma_\varepsilon^2 \begin{pmatrix} 1 \\ 0 \\ 0 \\ \vdots \\ 1 \end{pmatrix} + \varphi \tag{11c}$$

Zusammenfassend ist also festzuhalten, daß zu Beginn der Iterationen eine OLS-Schätzung ausgeführt wird, die die Startwerte für die β-Koeffizienten ergibt. Diese dienen zur Berechnung der Residuen, die in (11c) als abhängige Variable verwendet werden. Die damit berechnete Inverse der Varianz-Kovarianzmatrix wird dann für (11a) benötigt, um mit GLS neue fixe Parameter zu ermitteln, die dann wieder für (11b) verwendet werden. Der Iterationsprozeß wird so oft wiederholt, bis die Ergebnisse konvergieren.

3.2.5 Drei und mehr Ebenen im Modell mit zufälligen Effekten

Verallgemeinerungen des grundlegenden Mehrebenenmodells sind für zwei Richtungen entwickelt worden (vgl. wiederum Aitken, Longford 1986, Goldstein 1986 als Pionierarbeiten): Zum einen wird das Modell von zwei auf viele Ebenen erweitert, zum anderen sind nicht nur zufällige Effekte möglich, sondern auch zufällige Koeffizienten. Zunächst wird hier die Einführung weiterer Ebenen behandelt. Ein Dreiebenenmodell, als nächstliegende Erweiterung, kann in der folgenden Weise dargestellt werden:

$$y_{irf} = \beta_0 + \boldsymbol{\beta}'_1 \mathbf{x}_{irf} + \boldsymbol{\beta}'_2 \mathbf{x}_{rf} + \boldsymbol{\beta}'_3 \mathbf{x}_{ft} + \tilde{\pi}_f + \tilde{\mu}_{rf} + \tilde{\varepsilon}_{irf} \qquad (12)$$

In Gleichung (12) wird angenommen, daß die Elementareinheiten i der Analyse kleineren Gruppen r zugehören und diese wiederum größeren Gruppen f zugeordnet sind. Auf jeder Ebene gibt es einen Satz zufälliger Effekte, die mit den Einheiten der betreffenden Ebene variieren: $\tilde{v}_{irf} = \tilde{\pi}_f + \tilde{\mu}_{rf} + \tilde{\varepsilon}_{irf}$. Auch die Variablen können nach Ebenen geordnet werden. Manche Variablen variieren mit den Einheiten der untersten, andere mit jenen der oberen Ebenen. Erst mit der Einführung der dritten Ebene wie in (12) wird die Klasse Mehrebenenmodelle ihrem Namen wirklich gerecht. Erst von hier begannen in der Statistik der achtziger Jahre die wirklich innovatorischen Entwicklungen, da auch schon in früherer Zeit Zweiebenenmodelle mit zufälligen Effekten verwendet worden waren.

In den Studien zur Schulleistung, in denen die Methoden der Mehrebenenanalyse zuerst eingesetzt wurden, waren die Ebenen z. B. durch Schüler, Klassen und Schulen definiert. Die Schulleistung hängt in einem derartigen Modell nicht nur von den individuellen Merkmalen eines Schülers, sondern auch von denen seiner Schulklasse und jenen der Schule ab.

Für die Lohnkurvenfragestellung kann man sich vorstellen, daß der Lohn nicht nur von den Verhältnissen innerhalb eines regionalen Arbeitsmarktes abhängt, sondern auch von jenen, die auf den benachbarten Arbeitsmärkten herrschen. Einflußgrößen auf Löhne können neben individuellen und regionalen Eigenschaften weitere Variable sein, die Merkmale übergeordneter, großräumiger Aggregateinheiten sind. Sind diese großräumigen Einheiten überschneidungsfrei, so liegt eine hierarchische Anordnung der Ebenen vor. In diesem Fall läßt sich das bisher betrachtete Zwei-Ebenen-Modell auf natürliche Weise zu einem hierarchischen Drei-Ebenen-Modell erweitern, für das analoge Schätztechniken angewendet werden können. Aus diesem Grund wird im folgenden zunächst davon ausgegangen, daß jede Einheit i (Ebene 1) genau einer Einheit r (Ebene 2) und diese wiederum genau einer Einheit f (Ebene 3) zugeordnet ist. Ist die Einheit i ein Beschäftigter, so arbeitet er in genau einer kleinen Region r und diese ist Teil einer größeren Region f. Die unterstellten Interdependenzen implizieren, daß in einem Dreiebenenmodell der räumlichen Autokorrelation kleiner Regionaleinheiten (Index r) innerhalb größerer (Index f) Rechnung getragen wird.

Bei der Berücksichtigung von drei Ebenen bewegt man sich in der gleichen Modellklasse wie mit zwei Ebenen. An den grundlegenden Schätzstrategien ändert sich dadurch nichts, insbesondere kann das IGLS-Verfahren wiederum angewendet werden. Die Varianz-Kovarianzmatrix ist erneut blockdiagonal, allerdings überlagern sich kleinere und größere Blöcke. Bei der Varianzschätzung innerhalb von IGLS sind jetzt σ_π^2, σ_μ^2 und σ_ε^2 , d. h. drei verschiedene Varianzen zu ermitteln. Das Verfahren kann weiter verallgemeinert werden, da der Übergang zu mehr als drei Ebenen nach dem gleichen Muster erfolgt.

3.2.6 Modelle mit zufälligen Koeffizienten

Es könnte nun sein, daß die Spezifizität der Arbeitsmarktsituation in den einzelnen Regionen sich nicht nur in einer Verschiebung der Regressionsgerade äußert, sondern in einer Variation der Wirkung einzelner exogener Variablen. Zum Beispiel ist vorstellbar, daß die Schulbildung in verschiedenen Regionen jeweils spezifische Effekte hat, da die Knappheitsverhältnisse auf Teilarbeitsmärkten regional differieren. In diesem Fall würde die Steigung der Regressionsgeraden nach Regionen variieren. Diese Variation könnte durch die Inklusion von Interaktionseffekten zwischen den Regionsdummys und der Variablen, deren Koeffizient Veränderungen unterliegt, abgebildet werden.

Eine andere Möglichkeit besteht darin, auf Mehrebenenmodelle mit zufälligen Effekten aufzubauen, die dann auch zufällig variierende Koeffizienten enthalten. Gehen man wieder auf den Zweiebenenfall zurück, stellt sich ein derartiges Modell in der folgenden Weise dar:

$$y_{ir} = \beta_0 + \tilde{\boldsymbol{\beta}}'_1 \mathbf{x}_{ir} + \boldsymbol{\beta}'_2 \mathbf{x}_r + \tilde{\mu}_r + \tilde{\varepsilon}_{ir} \tag{13a}$$

Hier variiert wird nicht nur der Achsenabschnitt als Zufallsvariable zwischen den Regionen r, sondern auch die Koeffizienten jener Variablen, die den Einheiten der unteren Ebene, d. h. den Elementareinheiten der Analyse zuzuordnen sind, werden als zufällig veränderlich betrachtet. Für jedes Element $\tilde{\beta}_{1mr}$ des Vektors $\tilde{\boldsymbol{\beta}}_{1r}$ kann folgende Gleichung angegeben werden:

$$\tilde{\beta}_{1mr} = \beta_{1m} + \tilde{\eta}_{mr} \tag{13b}$$

Für die $\tilde{\eta}_{mr}$ müssen wiederum bestimmte Verteilungsanahmen getroffen werden. In der Regel wird angenommen, daß sie normalverteilt mit Mittelwert Null sind. Außerdem muß eine Varianz-Kovarianzmatrix zwischen den $\tilde{\eta}_{mr}$ und den $\tilde{\mu}_r$ festgelegt werden.

Setzt man (13b) in (13a) ein, ergibt sich ein Modell mit konstanten Koeffizienten, aber einem komplexen Fehlerterm:

$$y_{ir} = \beta_0 + \boldsymbol{\beta}'_1 \mathbf{x}_{ir} + \boldsymbol{\beta}'_2 \mathbf{x}_r + \tilde{\mu}_r + \tilde{\eta}'_r \mathbf{x}_{ir} + \tilde{\varepsilon}_{ir} \tag{13}$$

Da angenommen wird, daß nicht nur gruppenspezifische Effekte auftreten, sondern auch gruppenspezifische Koeffizienten zeigt Abbildung 7.2 ein ganzes Bündel von Regressionsgeraden, die nicht parallel verlaufen. Für jede Region wird nicht nur ein spezifischer Effekt, eine eigene Regressionskonstante, geschätzt, sondern auch ein spezifischer Steigungsparameter. Bei der Mehrebenenanlyse mit zufälligen Koeffizienten hat man folglich eine Annäherung an eine Situation, bei der für jede Region eine eigene Regressionsanalyse durchgeführt wird. Wird davon ausgegangen, daß die Bildungsvariable regional unterschiedliche Wirkungen hat, da die Knappheitsverhältnisse auf Teilarbeitsmärkten regional differieren, erscheint ein Modell mit variablen Koeffizienten angemessen, da es die Modellierung derartiger ökonomisch bedeutsamer Phänomene erlaubt.

Nur solche Parameter werden bei der Modellspezifikation als zufällig und nicht fix deklariert, bei denen eine zufällige Variation zwischen den Gruppen, im vorliegenden Fall zwischen den Regionen, erwartet werden kann. Zur Prüfung, ob eine solche Variation vorliegt, kann der Likelihood-Ratio-Test verwendet werden. Bei dem Test wird die sogenannte Devianz berechnet, dies ist der negative zweifache Wert der Loglikelihood eines bestimmten Modells.

Abbildung 7.2

Regionsspezifische Koeffizienten in der Regressionsanalyse

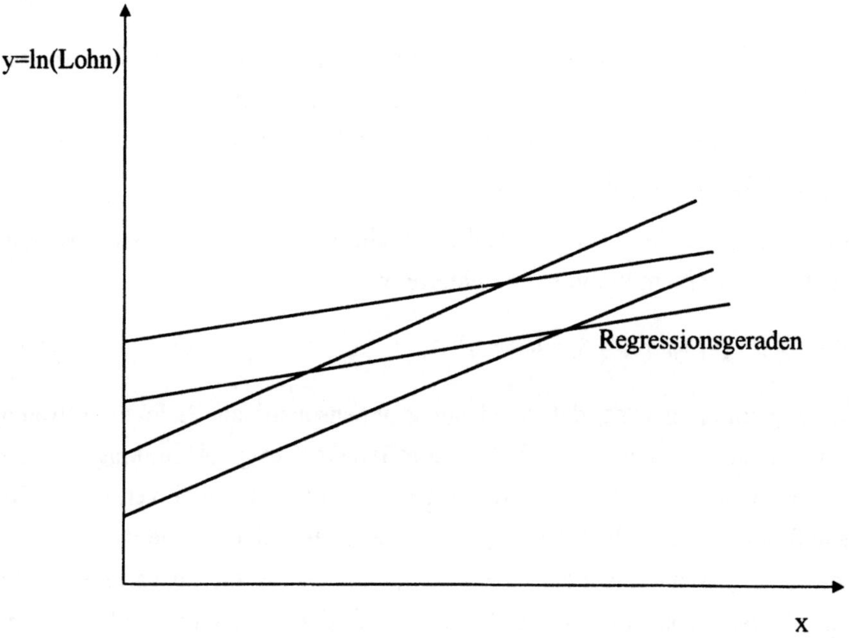

Will man wissen, ob ein bestimmter Parameter, d. h. ein β_{lm} oder auch die Regressionskonstante β_0 eine signifikante Variation aufweist, werden zwei Modelle geschätzt. In einem ist der betreffende Parameter variabel, im anderen fix. Die Differenz bei den Werten für die Devianz ist Chi-Quadrat verteilt und kann verwendet werden, um die Signifikanz der Variation zu beurteilen. Da nach dem gleichen Muster auch die Inklusion zufälliger Effekte beurteilt werden kann, ist ein Likelihood-Ratio oder Devianz Test ein sinnvolles Instrument zur Entscheidung über die Relevanz von Variation auf einzelnen Ebenen der Analyse. Allerdings setzt der Test voraus, daß von den beiden Modellen, die verglichen werden, das eine ein Teilmodell des anderen ist. Es ist demnach nicht möglich, zwei Modelle zu vergleichen, die nur eine Teilmenge an Variablen gemeinsam haben.

Bei der Schätzung von Modellen mit zufälligen Koeffizienten kann wiederum der Fisher-Scoring Algorithmus oder das IGLS-Verfahren verwendet werden (vgl. Longford 1993 und Goldstein 1995).

3.3. Diskussion und Schlußfolgerungen

Die Mehrebenenanalyse erwies sich als aussichtsreiche Möglichkeit, makro-, im vorliegenden Fall regionalökonomische Zusammenhänge mit mikroökonometrischen Methoden zu untersuchen. Ob Modelle mit fixen oder mit zufälligen Effekten verwendet werden, ist hier zunächst zweitrangig. Derartige Effekte, die für eine Makro-, d. h. hier Regionalebene definiert sind, übernehmen die Wirkung unbeobachteter Variablen, die für die Makroeinheiten als jeweils konstant betrachtet werden können. Das Auftreten ungemessener Makrovariablen wird somit explizit modelliert, Moultons Problem wird Rechnung getragen.

Damit sind diese Modelle für Populationen geeignet, in denen die einzelnen Beobachtungen nicht unabhängig voneinander sind, sondern innerhalb gegebener Einheiten, d. h. Regionen, korrelieren. Die Interaktionen von Wirtschaftssubjekten werden berücksichtigt. Es ist möglich, daß sie gemeinsamen Bedingungen unterworfen sind, über eine Vielzahl von Märkten untereinander in Kontakt stehen und sich sogar ihre Präferenzen gegenseitig beeinflussen. Die Stärke dieser Interdependenzen ist selbst endogen, sie kann auch verschwinden. Tests stehen zum Nachweis zur Verfügung, ob die Residualvarianz auf den verschiedenen höheren Ebenen von Null verschieden ist.

Die Behandlung der gruppenspezifischen Effekte als fix oder als zufällig hat jeweils Vor- und Nachteile (vgl. Abschnitt 3.2.1):

- Die Schätzung eines fixen Effekts für jede Gruppe hat Effizienzverluste zur Konsequenz, d. h. die Varianz der geschätzten Regressionskoeffizienten steigt.
- Repräsentieren die Daten einen Querschnitt, führt die Inklusion von Gruppenregressoren und fixen Effekten zu exakter Multikollinearität.
- Modelle mit zufälligen Effekten benötigen Verteilungsannahmen.

Der letzte Punkt erfordert eine genauere Betrachtung. Zur Schätzung muß eine spezifische Verteilung zugrunde gelegt werden, z. B. die Normalverteilung. Außerdem wird vorausgesetzt, daß die unabhängigen Variablen $\mathbf{x}_k$ und die Fehlerterme $\tilde{\varepsilon}$ bzw. $\tilde{\mu}$ voneinander unabhängig sind (Gleichung 6). Ist die Unabhängigkeitsannahme nicht erfüllt, wird ein Teil der Varianz der Residuen in die Schätzung der Koeffizienten der exogenen Variablen eingehen. Da Ziel der Schätzung ist, die Residualvarianz zu minimieren, würde sich der ‚Erklärungsbeitrag' der exogenen Variablen erhöhen. Man erhielte mit anderen Worten eine verzerrte Schätzung der Koeffizienten.

Das Problem kann bei jeder Pooled Regression, die mit OLS geschätzt wird, relevant sein. Es ist erneut eine spezifische Form des „Omitted Variable Bias". Das klassische Beispiel dafür ist eine Lohnfunktion vom Mincertyp mit der der Lohneffekt von Bildungsinvestitionen abgeschätzt werden soll (vgl. Baltagi 1995: 120ff.). Nimmt man an, daß Bildung und Lohn jeweils von unbeobachteten „Fähigkeiten" abhängen, ergibt sich ein überhöhter Koeffizient der Bildungsinvestitionen, da diesen der überdurchschnittliche Lohn zugeschlagen wird, der in Wirklichkeit das Ergebnis der unbeobachteten „Fähigkeiten" ist. Die Bildung erhielte im Zweifelsfall selbst dann einen signifikant positiven Koeffizienten, wenn Bildungsinvestitionen irrelevant für das Einkommen wären.

Damit wird ein Vorteil von Modellen mit fixen Effekten deutlich. Ist die Korrelation zwischen den sonstigen Makrovariablen und den Regionsdumys nicht zu stark, d. h. kann Multikollinearität vermieden werden, können die Koeffizienten der Makrovariablen unverzerrt geschätzt werden. Die in vieler

Hinsicht bestehende Symmetrie zwischen Mehrebenenmodellen mit fixen und solchen mit zufälligen Effekten wird hier durchbrochen.

Es ist bemerkenswert, daß das Problem in der Literatur über Mehrebenenmodelle mit zufälligen Koeffizienten kaum Aufmerksamkeit auf sich gezogen hat. Hier wird schlicht angenommen, daß die Voraussetzungen an die Anwendungen der Methoden erfüllt sind. Diese Voraussetzungen können unter bestimmten Voraussetzungen nachgeprüft werden. Wird mit GLS gearbeitet, können Hausman-Tests eingesetzt werden, um zu überprüfen, ob die Koeffizienten in einem Modell mit zufälligen Effekten verzerrt geschätzt werden. Dabei werden die Koeffizienten eines Modells mit fixen und eines mit zufälligen Effekten verglichen. Die zu berechnende Prüfgröße ist Chi^2 verteilt. Der Hausman-Test ist aus der Panelanalyse bekannt und wird im folgenden bei der Diskussion von Panelmodellen genauer vorgestellt.

4. Erweiterungen für Paneldaten und zur Korrektur von Verzerrungen

4.1 Panelanalyse

4.1.1 Die Problemstellung

Von der Ökonometrie wurden verschiedene Methoden zur Panelanalyse entwickelt. Sie sind für Daten angemessen, bei denen zu den Untersuchungseinheiten einer Population, hier zu den Beschäftigten, Informationen vorliegen, die sich auf eine Abfolge von Zeitpunkten beziehen. Sind für jeden der Stichzeitpunkte Daten für exakt alle Untersuchungseinheiten verfügbar, spricht man von einem balancierten Panel, wo dies nicht der Fall ist, handelt es sich um ein unbalanciertes Panel.

Analysen von Paneldaten repräsentieren die Problemstellung, die bei den Analysen zu den Lohneffekten von Arbeitslosigkeit normalerweise vorliegt, wie die Grundgleichung (1a) zeigt. Im folgenden sollen die Ansätze zunächst ohne Bezug zur Mehrebenenproblematik eingeführt werden, die Kombination Mehrebenenanalyse für Paneldaten wird daran anschließend demonstriert. Da Panelmodelle bereits ausführlich in Lehrbüchern für Fortgeschrittene behandelt werden (siehe vor allem Baltagi 1995, kürzer in

Greene 1997, Kapitel 14 und Baltagi 1998, Kapitel 12) kann die Darstellung auf einige Grundgedanken und auf den für die folgende Kombination notwendigen Kern reduziert werden. Insbesondere werden die meisten Tests hier nicht behandelt.

Bei Paneldaten wird eine bestimmte Population (Index i = 1...N) im Hinblick auf bestimmte Variablen (k = 1...K) für eine Abfolge von Zeitpunkten (t = 1...T) mit normalerweise gleichen Abständen wiederholt beobachtet. Paneldaten weisen gegenüber Querschnittsdaten einige entscheidende Vorteile auf. Unter bestimmten Annahmen erlauben sie die Kontrolle unbeobachteter Heterogenität. Weiterhin können Veränderungen, die bei spezifischen Untersuchungseinheiten entstehen, von solchen getrennt werden, die Veränderungen der Population betreffen. Zum Beleg für den zweiten Punkt sei ein Standardbeispiel der Panelanalyse herangezogen (vgl. z. B. Baltagi 1995: 4f.). Aus Querschnittsdaten sei bekannt, daß sich über einen längeren Zeitraum der Prozentsatz der Armen an der Bevölkerung nur wenig verändert. Für sozialpolitische Maßnahmen ist es wichtig zu erfahren, ob dieser Bevölkerungsteil immer aus den gleichen Personen besteht oder ob er sich immer wieder anders zusammensetzt. Diese Frage kann mit Paneldaten eindeutig entschieden werden.

In der folgenden Darstellung wird von einer Population aus Wirtschaftssubjekten i (i...N) ausgegangen, die für T Zeitpunkte (Index t...T) beobachtet werden, so daß, im hier zumeist vorausgesetzten balancierten Fall NT Beobachtungen vorliegen. Die Kontrolle der Heterogenität einer Population ist mit derartigen Paneldaten leichter möglich, wie an einem Basismodell der folgenden Gestalt demonstriert werden kann:

$$y_{irt} = \beta_0 + \boldsymbol{\beta}'\mathbf{x}_{irt} + \chi_i + \lambda_t + \tilde{\varepsilon}_{irt} \tag{14a}$$

oder, in Matrixschreibweise, wenn man die Zeitdummys in die Designmatrix **X** einschließt:

$$\mathbf{y} = \mathbf{X}\boldsymbol{\beta} + \mathbf{Z}\boldsymbol{\chi} + \tilde{\boldsymbol{\varepsilon}} \tag{14b}$$

Oder, wenn man das Modell auf die vorliegende Fragestellung nach den Lohneffekten von regionaler Arbeitslosigkeit bezieht, hier jedoch keine Regionaldummys aufnimmt:

$$\ln W_{irt} = \beta_0 + \beta_u \ln U_{rt} + \boldsymbol{\beta}'_1 \mathbf{x}_{irt} + \boldsymbol{\beta}'_2 \mathbf{x}_{rt} + \chi_i + \lambda_t + \tilde{\varepsilon}_{irt} \quad (14c)$$

Die Gleichungen (14a) - (14c) schließen einen individuenspezifischen Effekt χ_i ein, um auf diese Weise die Heterogenität zwischen Individuen kontrollieren zu können. Die Heterogenität kann z. B. aus betriebsspezifischen Qualifikationen bestehen, die durch die gemessenen Qualifikationsunterschiede (verkörpert in den **x**) nur unzureichend wiedergegeben sind. Für die Lohnkurvenproblematik kann man folgern, daß über die Inklusion der χ_i die Verteilung von Personen zwischen den Regionen nicht nur im Hinblick auf die gemessenen Variablen **x** berücksichtigt werden kann, sondern auch im Hinblick auf unbeobachtete persönliche Eigenschaften. Von Card (1995: 787) wird im Anschluß an Ergebnisse von Solon, Barsky & Parker (1994) diskutiert, ob der Koeffizient der Arbeitslosenquote in (1a) nicht um 50 % größer wäre, wenn man zu einem Panelmodell wie (14b) übergeht.

Wesentliche Annahme bei der Behandlung der personenspezifischen Effekte χ_i ist ihre Zeitkonstanz, nur so ist eine Abschätzung möglich. Wird diese Annahme zugrundegelegt, können die Effekte wiederum als fix oder als zufällig betrachtet werden. Ihre Behandlung erfolgt somit parallel zu den regionsspezifischen Effekten in den Modellen zur Mehrebenenanalyse, allerdings sind in der Panelanalyse andere Schätztechniken verbreitet. Da diese mindestens zum Teil ebenfalls benötigt werden, sollen sie im folgenden behandelt werden.

4.1.2 Panelmodelle mit fixen Effekten

Im Falle von Modellen mit fixen Effekten wird die Gleichung (14a) ohne Änderung übernommen, d. h. der individuelle Effekt χ_i durch eine Dummyvariable für jede Querschnittseinheit, d. h. hier für jeden Beschäftigten, dargestellt. In der schon aus der Diskussion der Mehrebenenmodelle bekannten Weise übernehmen die Dummys die Wirkung der unbeobachteten Variablen für jede Untersuchungseinheit i. Die Varianz-Kovarianzmatrix der Beobachtungen ist eine Diagonalmatrix. Um Multikollinearität zu vermeiden, muß entweder einer der individuellen Effekte auf Null gesetzt, oder eine zusätzliche Restriktion eingebaut werden: $\Sigma_i \chi_i = 0$.

Die Zahl der einbezogenen Dummys wächst mit der Population, kann also bei praktischen Problemen so groß werden, daß die bei OLS anfallende Inversion einer Matrix von der Dimension m x m (mit m als Zahl der Variablen einschließlich Dummys) mit den verfügbaren Rechnern nicht mehr bewältigbar ist. Eine Lösung besteht darin, die Ausgangsdaten zu transformieren, indem man sie mit einer Gewichtungsmatrix **Q** vormultipliziert:

$$\mathbf{Qy} = \mathbf{QX}\boldsymbol{\beta} + \mathbf{Q}\boldsymbol{\chi} + \mathbf{Q}\tilde{\boldsymbol{\varepsilon}} = \mathbf{QX}\boldsymbol{\beta} + \mathbf{Q}\tilde{\boldsymbol{\varepsilon}} \qquad (15a)$$

$$\text{mit:} \quad \mathbf{Q} = \mathbf{Q}_{NT} = \begin{bmatrix} \mathbf{Q}^0 & \mathbf{0} & \mathbf{0} & . & \mathbf{0} \\ \mathbf{0} & \mathbf{Q}^0 & \mathbf{0} & . & \mathbf{0} \\ & & . & & \\ & & . & & \\ \mathbf{0} & \mathbf{0} & . & . & \mathbf{Q}^0 \end{bmatrix} \quad \text{und:} \quad \mathbf{Q}^0 = \mathbf{I}_T - \frac{1}{T}\mathbf{J}_T \qquad (16)$$

I ist wiederum die Einheitsmatrix, **J** eine Matrix aus Einsen, jeweils von der angegebenen Dimension. Wir nehmen hier wie im folgenden balancierte Daten an, d. h. für jede individuelle Einheit sollte die gleiche Zahl von Beobachtungen vorliegen. Die Schätzer stehen aber auch für unbalancierte Daten zur Verfügung.

Die Matrix **Q** transformiert alle Variablenausprägungen in Abweichungen von ihren personenspezifischen Mittelwerten. Variablen, die in der Zeit konstant sind, d. h. u. a. die Effekte χ_i werden auf 0 gesetzt, also eliminiert. Die Schätzung erfolgt dann nach der folgenden Gleichung:

$$\hat{\boldsymbol{\beta}}_{LSDV} = (\mathbf{X}'\mathbf{QX})^{-1}\mathbf{X}'\mathbf{Qy} \qquad (17)$$

da **Q'Q** = **Q**, d. h. **Q** idempotent ist, wie sich an Hand von (16) zeigen läßt. Gleichung (17) gibt den Least Squares Dummy Variables Estimator (LSDV) an. Dieser ist ein unverzerrter Schätzer für die β-Koeffizienten der Gleichung (14a). Eine einzelne Gleichung in (15a) hat folgende Gestalt, wenn der Index r unterdrückt wird:

$$y_{it} - y_i = \sum_k^K [\beta_k(x_{kit} - x_{ki})] + (\tilde{\varepsilon}_{it} - \tilde{\varepsilon}_i) \qquad (15b)$$

Hier zeigt das Weglassen des Index t bei einzelnen Variablen jeweils eine Durchschnittsbildung über alle Zeitpunkte für die individuellen Einheiten an.

Die individuellen Effekte sind in (15a) zwar eliminiert, eine Schätzung wird jedoch in der gleichen Weise durchgeführt als wenn sie enthalten wären. Eine OLS-Schätzung mit Dummys und eine LSDV-Schätzung, die die Dummys eliminiert, führt für (14a) auf die gleichen numerischen Ergebnisse. Oft wird eine OLS-Schätzung jedoch nicht möglich sein, da der explizite Einschluß von Hunderten oder Tausenden von Dummyvariablen und die damit verbundene Inversion einer entsprechend großen Matrix, die für den OLS-Schätzer notwendig ist, jede verfügbare Rechnerkapazität übersteigen würde.

4.1.3 Panelmodelle mit zufälligen Effekten

Bei einem Panelmodell mit zufälligen Effekten (= Varianzkomponentenmodell oder Error Component Modell = EC-Modell) wird der individuenspezifische Term als zufällig modelliert. Üblicherweise werden dafür Techniken des GLS verwendet, wie in Gleichung (7), für die aber keine Inversion der Varianz-Kovarianz-Matrix **V** benötigt wird. Stattdessen wird eine geeignete Gewichtung der Datenmatrix **X** vorgenommen und somit Generalized Least Squares als Weighted Least Squares realisiert. Da dies eine Art der Schätzung ist, die selbst bei einer großen Zahl von individuellen Einheiten noch möglich ist, heißt sie auch Feasible GLS. Für die Schätzgleichung ergibt sich, wenn periodenspezifische Effekte λ_t erneut unter die **x** eingeschlossen sind:

$$y_{it} = \beta_0 + \boldsymbol{\beta}'\mathbf{x}_{it} + \widetilde{\chi}_i + \widetilde{\varepsilon}_{it} \qquad (18)$$

Über die Verteilung der Fehlerterme müssen wiederum einige Annahmen getroffen werden:

$$\mathrm{E}[\widetilde{\chi}_i \,|\, \mathbf{X}] = 0 \quad \text{und:} \quad \mathrm{E}[\widetilde{\varepsilon}_{it} \,|\, \mathbf{X}] = 0 \qquad (19)$$

$$\widetilde{\chi}_i \sim \mathrm{N}(0,\sigma_\chi^2) \quad \text{und:} \quad \widetilde{\varepsilon}_{it} \sim \mathrm{N}(0,\sigma_\varepsilon^2)$$

Ein solches Modell, für das noch angenommen wird, daß die Fehlerterme $\tilde{\chi}_i$ und $\tilde{\varepsilon}_{it}$ unkorreliert sind, kann direkt als Mehrebenenmodell interpretiert und z. B. mit IGLS geschätzt werden. Die Gruppen der Mehrebenenanalyse sind dann durch einzelne Personen, hier Beschäftigte, definiert. In der Panelanalyse hat sich jedoch eine spezielle Variante des Feasible GLS durchgesetzt (zur Ableitung vgl. Baltagi 1995: 13ff. für den hier unterstellten balancierten und Baltagi 1995: 149ff. für den unbalancierten Fall), die auf einen ‚Trick' von Fuller & Battese zurückgeht und eine Multiplikation der ursprünglichen Regressionsgleichung (18) mit $\sigma_\varepsilon \mathbf{V}^{-1/2}$ impliziert:

$$\sigma_\varepsilon \mathbf{V}^{-1/2}\mathbf{y} = \sigma_\varepsilon \mathbf{V}^{-1/2}(\mathbf{X}\boldsymbol{\beta} + \tilde{\boldsymbol{\chi}} + \tilde{\boldsymbol{\varepsilon}}) \qquad (20a)$$

$$\text{dabei ist: } \mathbf{V}^{-1/2} = \frac{1}{\sigma_1}\mathbf{P} + \frac{1}{\sigma_\varepsilon}\mathbf{Q} \qquad (20b)$$

$$\text{mit } \mathbf{P} = \mathbf{I}_N \otimes \bar{\mathbf{J}}_T \quad \text{und: } \bar{\mathbf{J}}_T = \frac{\mathbf{J}_T}{T}, \quad \text{sowie: } \sigma_1^2 = T\sigma_\chi^2 + \sigma_\varepsilon^2$$

Für Beobachtung it hat (20a) die typische Gestalt:

$$y_{it} - \theta \bar{y}_i = (1-\theta)\beta_0 + \sum_k^K [\beta_k (x_{kit} - \theta \bar{x}_{ki})] + \tilde{\chi}_i + \tilde{\varepsilon}_{it} \quad \text{mit: } \theta = 1 - \frac{\sigma_\varepsilon}{\sigma_1} \qquad (21)$$

Die Varianzen, die zur Berechnung des Parameters θ benötigt werden, sind zunächst unbekannt. Sie können auf verschiedene Weise geschätzt werden, Baltagi (1995: 13ff.) behandelt einige Varianten. Oft wird zu dieser Aufgabe eine OLS-Schätzung des Modells (18) durchgeführt oder ein LSDV-Modell gemäß (14a) geschätzt. Im Unterschied zur Vorgehensweise bei IGLS, wo eine größere Zahl von Iterationsschritten durchgeführt wird, verfährt Feasible GLS in lediglich zwei Schritten.

Das Vorliegen der Annahmen über die Verteilung gemäß (19) kann mit einem Hausman-Test überprüft werden. Besteht das Modell mit zufälligen Effekten den Test, kann es unbedenklich verwendet werden, bietet in dieser Situation erhebliche Effizienzvorteile gegenüber dem Modell mit fixen Effekten. Dieses ist sehr ineffizient, da es lediglich die Längsschnitt-, nicht aber die Querschnittinformation nutzt.

Der Hausman-Test geht von einem Vergleich der mit dem Least Squares Dummy Variable Estimator (LSDV) erhaltenen Vektor $\hat{\boldsymbol{\beta}}_{LSDV}$ der Schätzwerte für die Koeffizienten aus und vergleicht sie mit dem durch GLS geschätzten Vektor $\hat{\beta}_{GLS}$. Beide Schätzer sind konsistent unter der Nullhypothese verschwindender Korrelationen zwischen Fehlertermen und exogenen Variablen. Der Schätzer $\hat{\beta}_{LSDV}$ ist ineffizient, aber selbst dann konsistent, wenn die Nullhypothese nicht gegeben ist. Die χ^2 -verteilte Teststatistik ist gemäß Hausman (1978):

$$H = (\hat{\boldsymbol{\beta}}_{\mathrm{GLS}} - \hat{\boldsymbol{\beta}}_{\mathrm{LSDV}})'[\mathrm{var}(\hat{\boldsymbol{\beta}}_{\mathrm{GLS}} - \hat{\boldsymbol{\beta}}_{\mathrm{LSDV}})]^{-1}(\hat{\boldsymbol{\beta}}_{\mathrm{GLS}} - \hat{\boldsymbol{\beta}}_{\mathrm{LSDV}}) \tag{22}$$

Die Erfahrung zeigt, daß der Hausman-Test ab einer bestimmten Stichprobengröße immer Korrelationen zwischen den exogenen Variablen und den Störtermen anzeigt. Die kritische Stichprobengröße kann nicht exakt beziffert werden, sie ist jedoch bei Individualdaten der Umfrageforschung normalerweise gegeben. Aus diesen Gründen werden bei Paneldaten Modelle mit fixen Effekten präferiert. Leider sind der Effizienzverlust und die mögliche Multikollinearität oft Hindernisse beim Einsatz derartiger Modelle. Ein weiteres Problem ist, daß die Koeffizienten zeitkonstanter Merkmale mit diesem Modelltyp nicht ermittelt werden können.

Von noch größerer Bedeutung ist, daß der Hausman-Test beim Vorliegen von Heteroskedastizität oder serieller Korrelation nicht angewendet werden kann. Solche Fälle, die häufig auftreten, betreffen vor allem die Schätzungen mit fixen Effekten. Für solche Situationen wird die Verwendung von Ersten Differenzen anstelle von fixen Effekten empfohlen (vgl. Baltagi 1995: 125ff.).

Beschränkt sich die praktische Analyse auf die Schätzung von Modellen mit fixen und zufälligen Effekten so ergibt sich oft folgende Sackgasse: Man schätzt parallel die beiden Modelle und vergleicht sie mit einem Hausman-Test, der das Modell mit zufälligen Effekten verwirft. Eine genauere Betrachtung der Koeffizienten des Modells mit fixen Effekten zeigt jedoch absurde Werte. Offensichtlich liegen Multikollinearitäten oder andere Spezifikationsprobleme vor. Diese bei der Arbeit mit Lohnfunktionen für Paneldaten geradezu typischerweise auftretenden Schwierigkeiten verlangen nach einer Lösung. Hier wird in jüngster Zeit ein sehr ‚eleganter' Ausweg angeboten, der im folgenden behandelt wird.

4.2 Ein Conditioned Iterative Generalized Least Squares Estimator (CIGLS) zur verzerrungsfreien Schätzung von Modellen mit zufälligen Effekten

Es wurde bereits darauf hingewiesen, daß das Panelmodell mit zufälligen Effekten auch mit Methoden geschätzt werden kann, die dem Maximum Likelihood Kriterium entsprechen, insbesondere mit Goldsteins IGLS (Iterative Generalized Least Squares) Estimator. Durch eine bedeutende Neuentwicklung der jüngsten Zeit ist es möglich, das Schätzverfahren so abzuändern, daß unverzerrte Koeffizienten ermittelt werden, obwohl die exogenen Variablen und die Residuen miteinander korreliert sind. Die Methode geht auf Rice, Jones & Goldstein (1997) zurück.

Im Rahmen des sogenannten Conditioned Iterative Generalized Least Squares Estimator (CIGLS) wird eine weitere Variable in die Schätzgleichung eingeschlossen, die das arithmetische Mittel der Residuen auf der Gruppenebene repräsentiert. Diese Ebene kann nun sowohl durch Regionen, so im Lohnkurvenbeispiel, definiert sein, wie auch durch einzelne Personen, für die in einer Panelanalyse mehrere Beobachtungen vorliegen. Kehrt man zur Regionalanalyse zurück und verwendet den Index r für die Gruppen, sowie den Index j für die einzelnen Beobachtungen, so ergibt sich:

$$\mathbf{y} = \mathbf{X}\boldsymbol{\beta} + \alpha_s \mathbf{s} + \tilde{\boldsymbol{\varepsilon}} \qquad \text{mit } s_r = \sum_{i=1}^{n_r} \frac{y_{ir} - \mathbf{x}_{ir}\hat{\boldsymbol{\beta}}}{n_r} \tag{23a}$$

Folgende Darstellung ist möglich, wenn $\mathbf{Q}$ analog zu (16) definiert wird:

$$\mathbf{y} = \mathbf{X}\boldsymbol{\beta} + \left[(\mathbf{I} - \mathbf{Q})(y - \mathbf{X}\hat{\boldsymbol{\beta}})\right]\alpha_s + \tilde{\boldsymbol{\varepsilon}} \tag{23b}$$

Bei der Umsetzung der CIGLS Methode werden die gleichen Iterationen wie bei IGLS ausgeführt, jedoch jeweils ein zusätzlicher Schritt eingeschaltet. Eine Iteration mit der zusätzlichen Variable *s*, deren Werte aus der vorherigen Iteration nach (23a) ermittelt wurden, dient zur Berechnung der β-Koeffizienten. Im damit alternierenden Schritt wird *s* wieder ausgeschlossen und eine Iteration zur Berechnung der Varianzen durchgeführt. Dann wird der Doppelschritt wiederholt, indem *s* wieder in die Regressionsgleichung aufgenommene wird etc. etc. Ergibt sich bei Konvergenz, daß $\alpha_s = 1$, dann folgt:

$$\mathbf{Qy} = \mathbf{QX\beta} + \tilde{\varepsilon}^* \tag{23c}$$

Man sieht sofort, daß mit $\tilde{\varepsilon}^* = \mathbf{Q}\tilde{\varepsilon}$ (23c) (15a) entspricht, also das Modell mit zufälligen Effekten äquivalent einem mit fixen Effekten ist. Auf diese Weise können die Vorteile beider Modellklassen realisiert werden. Insbesondere erfolgt eine konsistente Schätzung der fixen Parameter wie beim Modell mit festen Effekten. Andererseits können die verfügbaren Freiheitsgrade voll genutzt werden, man erhält eine effiziente Schätzung, wie im ‚einfachen' Modell mit zufälligen Effekten. Wie bei diesem ist eine Schätzung der Koeffizienten von Variablen möglich, die nicht in der Zeit - oder hier zwischen den Gruppen, d. h. Regionen - variieren.

Diese Neuentwicklung erlaubt die Vermeidung von Sackgassen, in die die Anwendung der Standardmodelle der Panelanalyse sehr häufig führt. Damit bietet sich der Ansatz von Rice, Jones & Goldstein (1997) sehr vorteilhaft dar und steht auch für Modelle mit zufälligen Koeffizienten zur Verfügung.

Eine offene Frage bleibt: Es erscheint plausibel, daß Konvergenz einen Koeffizienten von $\alpha_s = 1$ unterstellt. Eine exakte Demonstration der Bedingungen, unter denen dies der Fall ist, steht jedoch noch aus. Rice et al. (1997: 7) äußern lediglich, daß eine Konvergenz auf einen Wert, der signifikant von 1 differiert, auf eine Fehlspezifikation des Modells hindeutet.

4.3 Integration von Mehrebenenanalyse und Panelanalyse

Damit bleibt nur noch eine Frage zu klären. Panelanalyse und Mehrebenenanalyse verwenden ganz ähnliche Modellansätze und Algorithmen, lassen sich die beiden Strategien zusammenführen? Ein solches Vorhaben erscheint als besonders wichtig, da es für die Rücksichtnahme auf Interdependenzen zwischen den Datensätzen sowohl in der Zeit wie auch innerhalb von Regionen jeweils gute Gründe gibt.

Wenn man die Effekte der regionalen Arbeitslosigkeit auf das Lohnniveau abschätzen will, erscheint es sinnvoll, mit Paneldaten zu arbeiten. Auf diese Weise kann man die unbeobachtete Heterogenität der Beschäftigten kontrollieren, dazu sind jedoch Panelmodelle erforderlich. Zum anderen sprechen viele Gründe dafür, dies im Rahmen eines Mehrebenenmodells zu tun, das Daten für individuelle Arbeitskräfte verwendet, aber ihre Gruppierung innerhalb von Regionen berücksichtigt.

Eine naheliegende Möglichkeit ist, ein Dreiebenenmodell zu formulieren, in dem die unterste Ebene die Beobachtung eines Beschäftigten zu einem spezifischen Zeitpunkt $t = t_0$ darstellt. Indiziert werden die Einheiten dieser Ebene durch Indexpaare it. Die zweite Ebene ist die der Beschäftigten, die dritte die der Region. Eine Formulierung als Mehrebenenmodell mit zufälligen Effekten hätte dann folgende Gestalt:

$$\ln W_{irt} = \beta_0 + \beta_u \ln U_{rt} + \boldsymbol{\beta}'_1 \mathbf{x}_{irt} + \boldsymbol{\beta}'_2 \mathbf{x}_i + \boldsymbol{\beta}'_3 \mathbf{x}_r + \lambda_t + \tilde{\mu}_r + \tilde{\chi}_i + \tilde{\varepsilon}_{irt} \quad (24)$$

Jeder Ebene sind spezifische Variablen zugeordnet und es treten spezifische zufällige Effekte auf. Allerdings stellt sich ein Problem: die hierarchische Ordnung der Einheiten der verschiedenen Ebenen kann nicht mehr durchgehalten werden, da es im Zeitablauf möglich ist, daß ein Beschäftigter die Region wechselt. Zwischen der Beobachtung mit Index it und der Region r gibt es eine eindeutige Zuordnung, ebenso zwischen der Beobachtung und dem individuellen Beschäftigten. Es ist aber möglich, daß ein Beschäftigter i zum Zeitpunkt $t = t_0$ in der Region r_0 arbeitet, während $t = t_1$ jedoch in der Region r_1.

Vom modellogischen Standpunkt ergeben sich aus der nichthierarchischen Struktur keine Probleme, unter rechentechnischem Gesichtspunkt zeigt sich jedoch eine Schwierigkeit. Die Varianz-Kovarianzmatrix der Beobachtungen it ist nicht mehr blockdiagonal, damit versagen die bisher vorgestellten Algorithmen, mit denen die Inversion einer großen Matrix vermieden werden kann.

Methoden des Feasible GLS scheinen Lösungen zu bieten. Dort werden sogenannte Two Way Variance Component Modelle für fixe und zufällige Effekte angeboten. Normalerweise tritt dabei zu dem individuenspezifischen Effekt $\tilde{\chi}_i$ der zeitspezifische Effekt $\tilde{\lambda}_t$, es bedeutet jedoch keine Schwierigkeit, stattdessen den regionsspezifischen Effekt $\tilde{\mu}_r$ zu integrieren. Ein genauer Blick in Standarddarstellungen zeigt jedoch, daß die entsprechenden Modelle für den balancierten Fall formuliert sind. Baltagi (1995: Kapitel 9) behandelt zwar auch den unbalancierten Fall, die Anwendungen sind jedoch rechentechnisch schwierig zu realisieren. Anwendungen dieser Modellklasse sind bisher kaum bekannt geworden und wenn, ist unklar, ob nicht vereinfachende Annahmen getroffen worden sind. So sind in dem Ökonometrie- Standardsoftwarepaket LIMDEP zwar Two Way Modelle umgesetzt, es ist jedoch unklar, ob der unbalancierte Fall nicht auf den balancierten reduziert ist. Dann wären insbesondere die Varianzschätzungen von mehr oder minder großen Fehlern betroffen.

Im Prinzip ist die Schätzung von kreuzklassifizierten Modellen der Mehrebenenanalyse mit den üblichen Methoden, z. B. des IGLS möglich. Grenzen sind insbesondere durch die rechentechnische Bewältigung der dabei auftretenden großen Matrizen gesetzt.[7]

4.4 Endogene Effekte

Dem in Kapitel 6 dargestellten theoretischen Modell kann entnommen werden, daß einerseits die regionale Arbeitslosigkeit den Lohn beeinflußt, andererseits der Lohn die Arbeitslosigkeit. Dieser Interdependenz der beiden zentralen Variablen wurde bisher nicht Rechnung getragen. Sie wirkt sich erneut so aus, daß eine zentrale Annahme des klassischen linearen Modells verletzt ist, die Erwartungstreue der Schätzungen gewährleistet. Die Endogenität führt nämlich dazu, daß die bisher als exogen behandelte Variable, die Arbeitslosigkeit, mit dem Störterm der Regression korreliert sein wird.

---

7 Rechentechnisch werden derartige Modelle durch einen 'Trick' realisiert: Man definiert einen Satz von Dummyvariablen für eine der beiden Gliederungen. Jede dieser Dummys erhält einen variablen Koeffizienten, deren Varianz auf einer extra definierten höheren Ebene, die nur eine Einheit umfaßt, als identisch restringiert ist. Die andere der beiden Partitionierungen, zweckmäßigerweise die mit der größeren Gruppenzahl, wird wie üblich mit zufälligen Effekten ausgestattet. Das betreffende Modell realisiert eine Schätzung für eine nichthierarchische, d. h. kreuzklassifizierte Struktur. Ein Nachteil ist, daß die Schätzung derartiger Modelle mit einem enormen Bedarf an Hauptspeicher und Rechenzeit verbunden ist. Bis vor kurzer Zeit waren die beim Lohnkurvenproblem typischerweise auftretenden Fallzahlen prohibitiv. Mit dem Aufkommen leistungsfähigerer Rechner hat sich das geändert, so daß eine Schätzung nunmehr möglich ist.

Wenn hohe regionale Löhne zu eher hohen Werten der Arbeitslosigkeit führen, wird in einer Lohngleichung (z. B. Gleichung (1a)) ein Effekt auftreten, der in folgender Weise veranschaulicht werden kann. Angenommen, infolge eines Zufallseinflusses fällt in einer Region r_o der Lohn W_{r0} höher aus als der Erwartungswert, dann wird sich dies beim Residuum $\tilde{\varepsilon}_{r0}$ ebenfalls in einem hohen Wert niederschlagen. Da als weitere Folge die regionale Arbeitslosigkeit U_{r0} ansteigt, korreliert die vorgeblich exogene Variable U_r mit dem Störterm $\tilde{\varepsilon}_r$. Dies führt dazu, daß die Schätzwerte für die Regressionskoeffizienten verzerrt sein werden. Im vorliegenden Fall wirkt der bisher nicht berücksichtigte Effekt dem Lohnkurveneffekt entgegen, die Verzerrung wird also den Absolutwert des Koeffizienten in einer Lohngleichung eher verringern.

In der Ökonometrie treten derartige Probleme häufig auf und es gibt Methoden, darauf zu reagieren. Häufig werden sogenannte Instrumentalvariablenschätzungen angewendet, die eine konsistente Schätzung der betreffenden Regressionsparameter liefern (Greene 1997: 288ff.). Eine exogene Variable wird in einer Basisgleichung instrumentiert, indem sie durch einen Schätzwert aus einer zweiten Gleichung ersetzt wird. In der zweiten Gleichung ist die Variable, die in der Basisgleichung mit dem Störterm korreliert, folglich die abhängige Variable. Als Instrumente, d. h. als unabhängige Variablen müssen solche verwendet werden, die nicht mit dem Fehlerterm der eigentlich interessierenden Gleichung korreliert sind. Dieses Verfahren wird zweistufige Methode der kleinsten Quadrate genannt (Two Stage Least Squares = 2SLS).

Ein Problem von Instrumentalvariablenschätzungen ist meist der Mangel an geeigneten Instrumenten. Sind diese nur wenig mit der zu instrumentierenden Variablen korreliert, werden die Schätzungen sehr unpräzise. Im Falle von Panelvariablen steht jedoch eine günstige Möglichkeit zur Verfügung. Man kann die Werte der exogenen Variablen zum Zeitpunkt t-1 verwenden, um eine oder mehrere Variablen zum Zeitpunkt t zu instrumentieren. Da die Kausalität nicht rückwärts in der Zeit verläuft, kann eine (Rück-) Wirkung der abhängigen auf die so instrumentierten Variablen ausgeschlossen werden. Wenn die Arbeitslosigkeit als endogen betrachtet und das Problem für Aggregatgrößen mit einem Ansatz für fixe Effekte formuliert wird, führt dies auf folgende Gleichung:

$$\ln W_{rt} = \beta_0 + \beta_u \ln \widehat{U}_{rt} + \boldsymbol{\beta}_1 \mathbf{x}_{rt} + \lambda_t + \mu_r^{(1)} + \widetilde{\varepsilon}_{rt} \quad (25)$$

$$\text{mit: } \ln \widehat{U}_{rt} = \ln U_{rt} - \widetilde{\theta}_{rt} \quad (26)$$

$$\text{und: } \ln U_{rt} = \beta_{20} + \boldsymbol{\beta}_2' \mathbf{x}_{rt-1} + \tau_{t-1} + \mu_r^{(2)} + \widetilde{\theta}_{rt} \quad (27)$$

5. Ein Zwischenfazit zur Methode

Die Diskussion der verfügbaren Modelle und Verfahren hat gezeigt, daß Gleichung (22) ein Basismodell darstellt, das zur zweckmäßigen Schätzung der Lohnkurve verwendet werden kann. Varianten sind vorstellbar. Statt drei können auch vier Ebenen verwendet werden, indem zwei hierarchisch ineinander überführbare Regionsgliederungen verwendet werden. Auf diese Weise könnte der Tatsache Rechnung getragen werden, daß das Lohnniveau einer Region nicht nur von den lokalen Arbeitsmarktbedingungen abhängt, sondern auch von den Bedingungen benachbarter Arbeitsmärkte. Man könnte sich zum Beispiel vorstellen, daß Arbeitsamtsbezirke als „kleine" Regionen verwendet werden und Bundesländer als „große". Dann wird der räumlichen Autokorrelation innerhalb von Bundesländern Rechnung getragen.

Andere mögliche Varianten der Grundgleichung (22) implizieren eine Mischung fixer und zufälliger Effekte. So könnte insbesondere der regionale Effekt als fix festgelegt werden, wenn die Zahl der Regionen nicht zu groß wird. Zur Schätzung könnte neben der IGLS Methode auch der neue CIGLS Schätzer verwendet werden, um Verzerrungen auszuschalten.

Mit diesen Modellen und Methoden kann die gestellte Aufgabe gelöst werden, die Lohneffekte von Arbeitslosigkeit aufzufinden. Weitere Teilaspekte regionaler Entlohnung folgen direkt aus dem gewählten Ansatz. Das Lohngefälle zwischen Stadt und Land wird z. B. mit Notwendigkeit in Form von kontrollierenden Variablen auf der Regionsebene integriert werden müssen.

Die diskutierten Mittel der Analyse entsprechen dem neuesten Entwicklungsstand der relevanten Teilbereiche der Ökonometrie, empirischen Regionalökonomie und Statistik. Die praktische Umsetzung der meisten Modelle erfolgte vor nur wenigen Jahren. In einigen Fällen, z. B. bei dem CIGLS-Schätzer, gibt es noch keine Veröffentlichung in einer der relevanten Fachzeitschriften, weil die Neuentwicklung nach Monaten datiert. Der ‚Boom' an neuen Methoden, der verbesserte Techniken bei der empirischen Analyse erlaubt, wurde vor allem durch die Fortentwicklung der Computertechnik befördert. Verfahren, die früher kaum Aussicht auf praktische Realisierung hatten, weil sie einen Supercomputer erforderten oder überhaupt nicht umsetzbar waren, sind heute mit speziell aufgerüsteten PCs verwirklichbar. Dies gab einen Anreiz zur Neuentwicklungen, die für die vorliegende Problemstellung genutzt werden sollen.

Die hier vorgestellte Kombination der Techniken ist neu in dem Sinne, daß sie als solche bisher noch nicht verwirklicht worden ist. Bei der Anwendung der Methoden ist entsprechende Vorsicht geboten, weil Vorbilder und Erfahrungen fehlen. Gleichzeitig sind überraschende Ergebnisse zu erwarten, da mit den beschriebenen Methoden Probleme der Analysen der Vergangenheit vermieden werden können.

KAPITEL VIII Stand der empirischen Forschung

1. Die international vergleichende Perspektive

Blanchflower und Oswald unternahmen intensive empirische Untersuchungen zum Beleg des von ihnen so genannten „empirischen ‚Gesetz(es)' der Ökonomie" (1994a: 1). Nach dem Resümee dieser Analysen für 12 Länder, das ihrem Buch „The Wage Curve" (1994a) zu entnehmen ist, sehen sie die Lohnkurve immer und immer wieder bestätigt. Der Koeffizient der Arbeitslosigkeit in der entsprechenden Schätzgleichung war demnach zumeist $\beta_u \approx -0{,}1$. Das empirische Gesetz schließt somit auch die Größe des Effekts mit ein. Die Untersuchungen waren von vornherein auf eine international vergleichende Perspektive angelegt, um Gemeinsamkeiten und Unterschiede zwischen den Ländern identifizieren zu können. Auf diese Weise ist es möglich, allgemeine Zusammenhänge zu erkennen, die von großer theoretischer Relevanz sind, da „Gesetze" in der Ökonomie entsprechend selten sind (Gerlach 1996).

Blanchflower und Oswalds Ergebnisse waren der Anstoß für weitere Untersuchungen, die von anderen Wissenschaftlern unternommen wurden. Man war bestrebt, den Untersuchungsansatz zu replizieren und die Lohnkurve mit wechselnden Datenbasen für eine Reihe von Ländern zu testen. Seit ungefähr 1995 hat international ein ‚Boom' von Untersuchungen stattgefunden, ständig erscheinen neue Artikel, deren Ergebnisse keineswegs derart einheitlich ausfallen, wie jene der Begründer des Ansatzes. Da der Zusammenhang zwischen Entlohnung und Arbeitslosigkeit von derart großer Bedeutung für die Volkswirtschaftslehre ist, lohnt es sich, Forschungsaktivitäten zu konzentrieren und die Ergebnisse zu diskutieren.

Für die Bundesrepublik Deutschland wurden ebenfalls einige Studien begonnen, u. a. jene, deren Resultate hier vorliegen. Im vorliegenden Kapitel acht sind die Ergebnisse zusammengefaßt, die von Blanchflower und Oswald publiziert wurden. Ein weiterer Schwerpunkt ist die Darstellung aktueller Arbeiten über den deutschen Arbeitsmarkt. Dabei werden allerdings die eigenen empirischen Untersuchungen nur kurz genannt, da über sie in Kapitel 10 berichtet wird.

2. Internationale Lohnkurven

Die im folgenden dargestellten Ausschnitte aus den umfangreichen Ergebnissen vermögen dem Werk von Blanchflower & Oswald bei weitem nicht gerecht zu werden. Sie nähern sich ihrer Fragestellung von vielen Seiten und legen die Ergebnisse einer großen Zahl von Modellspezifikationen vor. Umfangreiche Erfahrungen in der empirischen Analyse und theoriegestützte Argumentationen sind für die Durchführung ihrer Untersuchungen notwendig. In ihren Analysen verwenden Blanchflower und Oswald eine Schätzgleichung von folgender Gestalt (1994a: 100):

$$\ln W = \varnothing\left(\mathrm{X}, U_r, U_i, \lambda_r, \lambda_i, \lambda_t\right)$$

Dabei ist **X** ein Vektor mit Charakteristika einzelner Arbeitskräfte oder Arbeitsplätze, U_r ist die regionale Arbeitslosenquote, U_i eine solche für Branchen, λ_r repräsentiert fixe Effekte (Dummys) für Regionen, λ_i solche für Branchen und λ_t für Jahre. Die Formulierung als generelle Funktion $\varnothing$ soll zeigen, daß nicht nur eine funktionale Spezifikation getestet wird. Neben der Standardformulierung der Arbeitslosigkeit in Logarithmen werden auch Polynome unterschiedlichen Grades und Polynome für Logarithmen verwendet.

Die Inklusion nicht nur der regionalen Arbeitslosenquote, sondern auch jener für Branchen (Wirtschaftszweige) überrascht zunächst, aber Blanchflower und Oswald behandeln beide Arten von Einheiten als weitgehend symmetrisch. Die regionale Arbeitslosenquote wird wie üblich dadurch berechnet, daß die Zahl der Arbeitslosen und der Erwerbspersonen am Wohnort in Beziehung gesetzt wird. Die Arbeitslosenquote des betreffenden Wirtschaftszweiges wird hingegen auf der Grundlage der Branche ermittelt, in der die Arbeitslosen früher gearbeitet haben.

Die Autoren verwenden zwei Datenquellen für die Analysen zum Arbeitsmarkt der USA: Die General Social Surveys (GSS) mit 10 703 Beobachtungen für 1974 - 1988 und die Current Population Surveys mit über 1,7 Mill.

Beobachtungen für 1964 - 1991. In beiden Fällen handelt es sich nicht um echte Panelerhebungen, sondern um aneinander gehängte Querschnitte.

Tabelle 8.1

Lohnkurven mit dem General Social Survey für die USA

Abhängige Variable: Logarithmus des Jahreslohns
Fixe Effekte für Regionen
Quelle: Blanchflower & Oswald (1994a: 108)

	GSS 74-88	GSS 74-79	GSS 80-88
Ln U_{reg}	-0,034	-0,091	-0,130
t-Werte	0,67	0,44	1,37
Ln U_{wirt}	-0,006	-0,053	0,097
t-Werte	0,14	0,61	1,27
Regionaldummys	8	8	8
Wirtschaftszweigdummys	30	30	30
Konstante	7,94	7,58	7,93
R^2	0,51	0,51	0,48
Fallzahl	10 615	3 647	4 755

Tabelle 8.1 zeigt die Ergebnisse von Modellschätzungen mit den General Social Surveys, die auf die Entdeckung einer „Lohnkurve" ausgerichtet waren, aber keine fanden. Weder die Koeffizienten der für Regionen, noch der für Wirtschaftszweige berechneten Arbeitslosenquoten U_{reg} bzw. U_{wirt} sind signifikant. In die Schätzung waren die verfügbaren Variablen auf Individualniveau einbezogen worden (z. B. die Dauer der Schulausbildung).

Die Analysen mit den General Social Surveys dienen Blanchflower und Oswald jedoch nur als Einstieg zu den umfangreicheren Tests mit den Current Population Surveys (CPS). Dabei handelt es sich um Haushaltsstichproben, für die Erhebungen jeden Monat durchgeführt werden und die am ehesten mit den deutschen Mikrozensen verglichen werden können. Blanchflower und Oswald verwendeten Daten aus den jeweiligen Märzerhebungen, die

Informationen über den Arbeitsmarkt enthalten. Die CPS sind viel zuverlässigere Quellen als die General Social Surveys.

Tabelle 8.2

Lohnkurven nach Blanchflower & Oswald mit den Current Population Surveys (63-87) der USA

Abhängige Variable: Logarithmus des Jahreslohns
Fixe Effekte für Regionen

Quelle: Blanchflower & Oswald (1994a: 114, 168, 172, 230)

	Mikrodaten		**Aggregierte Daten**		**Instrumentalvariablenschätz. (nur 79-97)**	
Spalte Nr.	1	2	3	4	5	6
Ln U_{reg}	-0,102	-0,099	-0,481		-0,114	-0,101
t-Werte	26,49	24,83	5,56		7,42	6,77
Ln U_{ind}		-0,109		-0,017		
t-Werte		35,19		1,41		
Anzahl Regionen	21	21	21		51	51
Anzahl Fälle	15334094	15334094	425	905	342	342
R^2	0,58	0,58	0,997	0,989	0,980	0,980

In Tabelle 8.2 werden wiederum regionsspezifische und wirtschaftszweigspezifische Arbeitslosenquoten einbezogen. Die üblichen Kontrollvariablen auf der Personenebene sind ebenfalls enthalten, über die Ergebnisse geben ausführliche Tabellendarstellungen Auskunft, die hier aus Raumgründen fortgelassen werden. Die hier verwendeten Regionaleinheiten sind relativ groß, es gibt nur 21 davon in den USA. Sie erreichen somit die Dimension europäischer Staaten. Die abhängige Variable ist wiederum der Logarithmus des jährlichen Verdienstes.

In den relevanten Spezifikationen für Mikrodaten zeigt sich, daß der Koeffizient der regionalen Arbeitslosenquote den charakteristischen Wert von -0,1 aufweist, der jeweils hochsignifikant ausfällt.

Neben den Schätzungen mit Individualdaten enthält die Tabelle auch einige mit Aggregatdaten. In diesem Fall wurden die Informationen aus den Individualdaten aggregiert, indem Mittelwerte für die einzelnen Variablen jeweils pro Region und Zeitpunkt gebildet wurden. Ziel dieser Vorgehensweise war, das Moultonproblem zu vermeiden. Blanchflower und Oswald beziehen sich auf die relevante Literatur zu diesem Thema (Moulton 1986, 1990; Greenwald 1983; Kloek 1981).

Der Vergleich der Schätzung mit Individual- und mit Aggregatdaten zeigt eine überraschende Abweichung: Der Koeffizient fällt bei regionaler Arbeitslosigkeit nur halb so groß aus, wenn Aggregat-, statt Individualdaten verwendet werden. Im Falle industriespezifischer Arbeitslosigkeit verschwindet die Lohnkurve sogar ganz.

Allerdings sei sogleich angemerkt, daß die Verwendung von Aggregatdaten an dieser Stelle unnötig ist. Die Kritik von Moulton bezog sich auf die Korrelation von Beobachtungen innerhalb von Regionaleinheiten (vgl. Kapitel 7). Diese Korrelation entsteht durch die Wirkung unbeobachteter Variablen, deren Wirkung alle Personen innerhalb einer Regionaleinheit im gleichen Maße (d.h. mit der gleichen Ausprägung der Regionalvariablen) betrifft. Diese Wirkung wird jedoch durch die eingeschlossenen fixen Effekte für die betreffenden Regionen aufgenommen. Bei der von Blanchflower und Oswald bevorzugten Modellspezifikation tritt Moultons Problem nicht auf und die Verwendung von Aggregatdaten ist unnötig.

Ein weiteres Problem ist die Verwendung der Arbeitslosigkeit nach Branchen. Im Sinne der Theorie segmentierter Arbeitsmärkte sind Branchen keine eigenen Teilarbeitsmärkte, da kaum durch Mobilitätsbarrieren voneinander getrennt. Viele Qualifikationen sind branchenübergreifend einsetzbar. Dies ist anders bei regionalen Arbeitsmärkten, da hier die Mobilität kostspielig ist. Aus diesem Grund ist die Verwendung von Arbeitslosenquoten für Industrien nicht im Sinne der Theorie der Lohnkurve interpretierbar. Die zum Teil signifikanten Effekte der industriespezifischen Arbeitslosigkeit sind u. U. darauf zurückzuführen, daß in Branchen mit Beschäftigungsverlusten tendenziell weniger bezahlt wird. Ist diese Vermutung richtig, sind niedrigere

Löhne die Folge nicht hoher Arbeitslosigkeit, sondern auf einen Anpassungsprozeß zurückzuführen.

Einer weiteren Schwierigkeit sind sich Blanchflower & Oswald wohl bewußt. Auf Grund theoretischer Einsichten kann erwartet werden, daß nicht nur die Arbeitslosigkeit den Lohn beeinflußt, sondern auch der Lohn die Arbeitslosigkeit. Um sich in dieser Beziehung gegen Kritik abzusichern, führen sie zusätzlich Instrumentalvariablenschätzungen mit Aggregatdaten durch. Sie instrumentieren die Arbeitslosigkeit auf verschiedene Weise, Tabelle 8.2 zeigt einen Ausschnitt der Ergebnisse. In Spalte 5 dienten Ein- und Zweijährige Lags der Arbeitslosigkeit als Instrumente, in Spalte 6 außerdem die durchschnittliche Regenhäufigkeit und Sonnenscheindauer des betreffenden Staates, die Militärausgaben in der Region und deren Industriezusammensetzung.

Zu den Ergebnissen führen Blanchflower & Oswald aus, daß die Instrumentierung an den Basisergebnissen wenig ändert. Dies ist allerdings nur bedingt richtig, denn der Vergleichsmaßstab wäre nicht die Spalte 1, sondern die Spalte 3 in Tabelle 8.2. Und danach verdoppelt sich die Größe des Koeffizienten im Instrumentalvariablenansatz. Allerdings ist der unterschiedliche Zeit- und Raumbezug der Analysen zu beachten, so daß das Bild nicht vollständig klar wird. In paralleler Weise wie für die USA wird insbesondere der Arbeitsmarkt des Vereinigten Königreichs untersucht (vgl. dazu auch Blanchflower, Oswald 1994b). Darauf soll hier nicht ausführlich eingegangen werden. Statt dessen werden die Ergebnisse für eine Vielzahl von Ländern, zu denen die Autoren Untersuchungen zur Lohnkurve durchführten, im Überblick dargestellt, der insbesondere Tabelle 8.3 entnommen werden kann. Die Ergebnisse für die Bundesrepublik Deutschland werden weiter unten näher kommentiert.

Tabelle 8.3

Lohnkurven nach Blanchflower & Oswald für 12 Länder im Vergleich

Abhängige Variable: Jahreslohn im Falle der USA; Bruttojahreslohn: Kanada und Norwegen; Monatslohn: Großbritannien, Bruttomonatslohn: Südkorea, Österreich, Italien, Deutschland; Nettomonatslohn: Niederlande, Schweiz, Irland; Wocheneinkommen: Australien

Quelle: Blanchflower & Oswald (1994a: 363)

Arbeitslosigkeit definiert für Regionen (Ausnahme: Südkorea: industriespezifische Quoten)

Land	Daten	Koeff. Ln(Arbeitslosenquote)	t-Wert	Fixe Effekte	Fallzahl
1. USA	Current Population Survey 1963-90	-0,10	Bis zu 25	Ja	1730175
2. Großbritannien	General Household Survey 1973-90	-0,08	6,23	Ja	175500
3. Kanada	Survey of Consumer Finances, 1972-87	-0,09	6,1	Ja	82739
4. Südkorea	Occupational Wage Surveys 1971-86	-0,04	25,7	Ja	1359387
5. Österreich	ISSP, 1986 & 89	-0,09	1,59	Einige	1587
6. Italien	ISSP, 1986-9	-0,10	0,63	Ja	1041
7. Niederlande	ISSP, 1988-91	-0,17	2,35	Einige	1867
8. Schweiz	ISSP, 1987	-0,12	3,6	Nein	645
9. Norwegen	ISSP, 1989-91	-0,08	2,19	Einige	2599
10. Irland	ISSP 1988-91	-0,36	1,92	Nein	1363
11. Australien	IDS 1986	-0,19	5,8	Nein	8429
12. Westdeutschl.	ISSP, 1986-91	-0,13	1,75	Ja	4629

Die Tabelle zeigt eine Häufung der geschätzten Elastizitäten beim Wert von -0,1. Aus diesem Grund fühlten sich Blanchflower & Oswald berechtigt, ihr „empirisches Gesetz" quantitativ zu formulieren. Card war in seinem Reviewartikel zu dem Buch über die Lohnkurve so beeindruckt von der Fülle des

Materials, daß er zu der Schlußfolgerung gelangte: „Es gibt eine ‚Lohnkurve'. Die Löhne von Personen, die in Arbeitsmärkten mit höherer Arbeitslosigkeit arbeiten, sind niedriger als die von ähnlichen Arbeitskräften auf Märkten mit niedrigerer Arbeitslosigkeit" (Card 1995: 798).
Dieser Auffassung von Card kann man sich anschließen, da die vorgelegte Evidenz geradezu umfassend ist. Card selbst ergänzt einige Analysen mit Aggregatdaten für verschiedene Länder (vor allem für die USA, daneben für Kanada, Großbritannien und Australien), die allerdings sofort deutlich machen, daß zumindest die Größe der Elastizität keine Konstante ist. Die erhaltenen numerischen Werte sind in der Regel signifikant negativ, aber streuen in einem weiten Bereich. Insbesondere für das Jahreseinkommen in den USA werden zum Teil deutlich größere Absolutwerte für die Koeffizienten erhalten. In Analysen für spezielle Teilgruppen von Arbeitskräften zeigen sich absolut größere Elastizitäten für niedrig qualifizierte und für junge Arbeitskräfte. Letzteres entspricht, aber ersteres widerspricht Blanchflower & Oswalds Ergebnissen für das Vereinigte Königreich. Diese Ergebnisse, die in Tabelle 8.4 zusammengestellt sind, haben interessante theoretische Aspekte, die später noch zu diskutieren sein werden.

Da Card die Arbeitsstunden in Analysen für die USA ebenfalls kontrolliert, wird deutlich, daß ein großer Teil der Anpassung des Jahreseinkommens in Wirklichkeit auf einer Variation der Anzahl der wöchentlichen Arbeitsstunden beruht:[1] Eine Lohnkurve mit dem CPS von fünf Jahren ergab beim Jahreslohn die Elastizität von -0,20, die in eine Elastizität der Stunden von -0,12 und eine der Stundenverdienste von -0,08 zerlegt werden kann (Card 1995: 790). Die Variation der Arbeitszeit ist aber nicht der Effekt, der mit der Lohnkurve gemeint ist. Die Instabilität der Ergebnisse und die Abhängigkeit von der Arbeitszeitreaktion machen deutlich, daß die quantitative Formulierung des Gesetzes zumindest zweifelhaft ist.

Ein Vergleich der Analysen für verschiedene Länder zeigt, daß Blanchflower & Oswald nicht überall die gleiche Spezifikationen zugrunde legen. Dies wä-

---

[1] Black & FitzRoy finden (1998) mit Daten für Großbritannien, daß ein großer Teil der durch die Lohnkurve suggerierten Einkommensvariation auf Veränderungen der Arbeitszeit zurückzuführen ist. Sie wollen darum lieber von „Earnings Curves" als von „Wage Curves" sprechen.

re auch gar nicht durchführbar, da die Datenlage zu uneinheitlich ist. Aber selbst dort, wo es möglich wäre, wird der gleiche Modellansatz nicht immer durchgehalten, z. B. einmal fixe Regionaleffekte verwendet und dann wieder nicht (Tabelle 8.3). Dadurch drängt sich der Eindruck des „Data Mining“ auf: Man verwendet verschiedene Ansätze, mal diesen mal jenen, und präsentiert schließlich als gültig die Ergebnisse von genau jenem, der ‚paßt‘, d. h. für den die Elastizität den ‚kritischen‘ Wert von -0,1 erreicht.

Tabelle 8.4

Lohnkurven nach Blanchflower & Oswald und Card für spezielle Gruppen auf dem Arbeitsmarkt

Abhängige Variable: Logarithmus des Wochenlohns
t-Werte in Klammern

	Qualifikation		Alter		Alle
Spalte Nr.	1	2	3	4	5
Alter	niedrig	hoch	jung	älter	
USA (Card)	-0,131	-0,079	-0,120	-0,106	-0,112
t-Werte	13,1	7,18	15,0	7,07	16,0
UK (Card)	-0,167	-0,008	-0,213	-0,098	-0,123
t-Werte	4,07	0,16	4,17	1,85	5,34
UK (Blanchfl./Oswald)	-0,065	-0,116	-0,133	-0,068	-0,082
t-Werte	3,53	4,93	5,09	3,78	6,23

Quellen: Card (1995: 792), Aggregatdaten der monatl. Current Population Surveys 87 (USA) und der BSAS 83-89 (UK)

Blanchflower & Oswald (1994b: 1030f.), Individualdaten des General Household Survey 73-90

Aus diesem Grund sei zusammenfassend angemerkt, daß zwar die qualitative Seite des Lohnkurvengesetzes als abgesichert erscheint. Die Stabilität der Größe des Koeffizienten ist jedoch nicht hinreichend belegt. Aus theoretischen Gründen ist zu erwarten, daß die Größe des Lohnkurveneffekts von den institutionellen Strukturen der einzelnen Ländern abhängt. Er sollte von der Flexibilität des betreffenden Arbeitsmarktes beeinflußt werden, vom Zentralisierungsgrad der Lohnverhandlungen und von der Militanz der Gewerkschaften, die bereits als Parameter in das von den Vertretern des Lohnkurvenansatzes verwendete theoretische Modell eingeht. Ein Gesetz könnte folglich nur als empirische Regelmäßigkeit begründet werden. Die Instabilität der Ergebnisse von Card zeigt jedoch, daß die Homogenität der Resultate von Blanchflower & Oswald eher auf einen Suchprozeß als auf neutrale Tests zurückzuführen ist.

3. Untersuchungen für den deutschen Arbeitsmarkt von Blanchflower & Oswald

Blanchflower und Oswald haben im Rahmen ihrer Vergleiche für die Arbeitsmärkte verschiedener Nationen auch für bundesdeutsche Regionen eine Analyse mit ISSP-Daten durchgeführt (1994a), die im Rahmen des ALLBUS erhoben werden. Der ALLBUS ist eine Befragung, die regelmäßig vom Zentrum für Umfragen, Methoden und Analysen (ZUMA) durchgeführt wird und der Sozialwissenschaft allgemein zur Verfügung steht.

Zusätzlich zu den Mikrodaten des ALLBUS wurden geschlechtsspezifische Arbeitslosenquoten auf der Ebene von Bundesländern (Angaben von Eurostat) in die Analyse einbezogen. Gemäß einer Regressionsschätzung führt die Arbeitslosigkeit zu erheblichen Unterschieden in der Entlohnung. Die Elastizität beträgt in einer typischen Modellspezifikation -0,26 (vgl. Tabelle 8.5, auch zu den im folgenden genannten Ergebnissen). Ihr Absolutbetrag wird also sogar für erheblich größer geschätzt als in den USA und in Großbritannien! Könnte dieses Ergebnis bestätigt werden, so wäre dies eine außerordentliche Überraschung.

Das erhaltene Resultat ist jedoch nicht stabil: Bei zusätzlicher Differenzierung der Arbeitslosenquoten nach Altersgruppen ergibt sich ein nicht mehr signifikanter Effekt von -0,13. Es muß vermutet werden, daß in der Schätzung der Autoren grundsätzliche Probleme enthalten sind: Nicht nur der große Arbeitslosigkeitseffekt im Basismodell überrascht, die in mit dem Modell festgestellten enormen Unterschiede zwischen den einzelnen Bundesländern erstaunen ebenfalls: so soll z. B. zwischen Baden-Württemberg und Nordrhein-Westfalen eine bereinigte Lohndifferenz von nicht weniger als 17,7 % bestehen (delogarithmiert nach Blanchflower, Oswald 1994a: 425), die aller Erfahrung widerspricht. Wagner (1991: 76; Modell III für 1979 und 1985) findet einen Unterschied von 3,6 % in einer parallelen Rechnung in einem Fixed-Effects Modell mit Daten der BiBB/IAB-Erhebung.[2] Der ALLBUS ist für die hier relevante Fragestellung nicht unmittelbar geeignet, da die Stichprobe nicht auf die Repräsentativität für Regionen ausgerichtet wurde.

Diesem Mangel wurde durch die Verwendung einer anderen Informationsquelle, nämlich des Sozio-ökonomischen Panels (SOEP), abgeholfen, das Datenbasis einer 1996 veröffentlichten Arbeit ist, die auf einem Workshop des IAB zur Lohnkurve vorgestellt wurde. In dieser Arbeit werden Arbeitslosenquoten nach Bundesländern einbezogen, die in einem Modell ohne fixe Effekte eine Lohnkurve erbringen (Elastizität: -0,063; t-Wert: 7,08), die aber bei Einbezug der Regionaldummys nicht mehr signifikant ist (Elastizität: -0,040; t-Wert: 1,20, vgl. Blanchflower, Oswald 1996: 462). Dieses letztere Ergebnis wäre jenes, das mit den Elastizitäten für die Vereinigten Staaten zu vergleichen wäre.

Die Autoren experimentieren weiter und finden mit Modellen mit fixen Regionaleffekten Elastizitäten von -0,136 (t-Wert: 6,65) auf der Grundlage von geschlechtsspezifischen Arbeitslosenquoten und von -0,062 (t-Wert: 7,23) auf der Grundlage von geschlechts- und altersspezifischen Arbeitslosenquoten.[3]

Darüber hinaus ermöglichen die Daten des SOEP den Autoren einen interessanten Test des von ihnen verwendeten Effizienzlohnmodells, das von einem Informationsproblem ausgeht. Die Firmen bezahlen Effizienzlöhne, weil sie

---

2 In einer der in Kapitel 10 vorgestellten Mehrebenenanalysen beträgt der bereinigte Unterschied 0,18 % (Tabelle 10.3, Modell 4).

3 In der Diskussion auf dem IAB-Workshop wurde von D. Blanchflower erklärt, daß sich eine Lohnkurve in der Bundesrepublik nur für Frauen, nicht aber für männliche Arbeitskräfte finden lasse (vgl. Blien 1996b: 458). Die Veröffentlichung gibt darüber keine Auskunft.

schlecht über die Arbeitsleistungen informiert sind. Im SOEP sind nun bei drei Wellen Angaben enthalten, inwieweit die individuellen Arbeitsleistungen genau kontrollierbar sind. Trifft die Hypothese aus dem verwendeten Effizienzlohnmodell zu, müßte eine Lohnkurve insbesondere für jene Gruppen von Arbeitskräften ausgeprägt sein, deren Arbeitsleistung genau kontrollierbar ist. Das Gegenteil ist jedoch der Fall. Für jene Arbeitskräfte, die nicht genau überwacht werden, verschwindet die Lohnkurve (Elastizität: -0,038, t-Wert: 1,25), während sie für jene, deren Arbeitsleistung nicht exakt kontrollierbar ist, nahezu dem „empirischen Gesetz" entspricht (Elastizität: -0,095; t-Wert: 3,65). Die aus dem verwendeten Effizienzlohnmodell abgeleitete Hypothese wird also durch die empirischen Ergebnisse zurückgewiesen.

In den gleichen Analysen werden starke Alterseffekte sichtbar, da eine Lohnkurve nur für die Population im Alter von unter 30 Jahren existiert, während sich für die älteren Arbeitskräfte zum Teil sogar positive Lohneffekte der Arbeitslosigkeit ergeben.

Auch aus den Untersuchungen für den deutschen Arbeitsmarkt wird somit die Tendenz der Begründer des Lohnkurvenansatzes deutlich, sich nicht auf eine Spezifikation der Lohnkurve festzulegen, sondern zu suchen, welcher Ansatz die in ihrem Sinne günstigsten Ergebnisse erbringt. Im bestimmten Grade erscheint dies als legitime Vorgehensweise, um auf Unterschiede in den nationalen Arbeitsmärkten zu reagieren. Allerdings sollte in diesem Fall die Modellspezifikation stärker theoriegeleitet erfolgen und sich an den Besonderheiten der einzelnen Länder orientieren.

Zwei andere Einwände werden von den Autoren (vgl. Blanchflower & Oswald 1996: 462) selbst angeführt: Der eine betrifft das Fehlen einer Instrumentalvariablenschätzung für die Arbeitslosigkeit, der andere den Modellansatz als Pooled Regression, d. h. die Annahme, daß die Beobachtungen der einzelnen Wellen des Panels voneinander unabhängig sind. Der Lohn, den eine Arbeitskraft heute erhält, hängt jedoch von jenem ab, den sie gestern erhielt. Das Modell nimmt darauf jedoch keine Rücksicht, Abhängigkeiten zwischen den Beobachtungen werden nur in einer Dimension, der räumlichen, durch die Inklusion regionaler fixer Effekte berücksichtigt, nicht jedoch in der zeitlichen.

4. Weitere Untersuchungen für den deutschen Arbeitsmarkt

Im folgenden sollen weitere Untersuchungen zusammengefaßt werden, die von verschiedenen Wissenschaftlern für den deutschen Arbeitsmarkt unternommen wurden, während die vom Verfasser selbst (z. T. in Kooperationen) vorgelegte Empirie in Kapitel zehn dargestellt wird. Um den zeitlichen Ablauf der Diskussion richtig wiederzugeben und um einige Ergebnisse darzustellen, die später nicht näher thematisiert werden, wird von dieser Regel allerdings partiell abgewichen. Die meisten der Arbeiten externer Autoren sind in Tabelle 8.4 zusammengestellt.

In gewisser Hinsicht haben die von Jakoby (1990) angefertigten Analysen für die in Kapitel 10 dargestellten eigenen Arbeiten den Charakter eines Vorbilds, da er ebenfalls Daten der Beschäftigtenstatistik zusammen mit Aggregatdaten für Lohnanalysen verwendete. Tatsächlich fand er auf Kreisebene signifikante lineare Effekte der Arbeitslosigkeit (von -0,0137 (1976) und -0,0053 (1982), vgl. Jakoby 1990: 52). Seine Untersuchung erfolgte zeitlich vor der Lohnkurvendiskussion und konnte den Merkmalskatalog der Beschäftigtenstatistik nicht vollständig nutzen. Als Methode wurden einfache Regressionen unter der Unabhängigkeitsannahme gerechnet.

Die nächste Arbeit war eine des Verfassers, als der Zusammenhang zwischen Arbeitslosigkeit und regionalem Lohnniveau Gegenstand einer Mehrebenenanalyse mit Daten der Beschäftigtenstatistik war, ohne daß zu diesem Zeitpunkt die Arbeiten von Blanchflower & Oswald bereits bekannt gewesen wären (vgl. Blien 1993a; siehe als Fortsetzung die Kooperation Blien, Wiedenbeck, Arminger 1994). In diesem Fall wurde für 22 Kreise der Bundesrepublik Deutschland im Jahre 1989 ein signifikanter linearer Arbeitslosigkeitseffekt von -0,017 festgestellt. Verwendet wurde ein Mehrebenenmodell mit zufälligen regionalen Effekten und einem zufälligen Koeffizienten für die Geschlechtsvariable.

In der ökonomischen Forschung der Bundesrepublik wurde die Lohnkurvenhypothese durch Gerlach & Wagner (1995; vgl. Wagner 1994a) bekannt gemacht und Ende 1993 auf einer Tagung des SAMF vorgestellt, bevor Blanchflower & Oswalds Ergebnisse für den deutschen Arbeitsmarkt veröffentlicht wurden. Gerlach & J. Wagner erhielten in ihrer Studie für die westdeutsche Länder mit Daten der BiBB/IAB-Erhebung für 1979 und 1985 eine Elastizität von -0,13 (in einem Modell mit regionalen fixen Effekten). Daten des Sozio-ökonomischen Panels (SOEP) für 1984-1990 ergaben jedoch kleinere Werte.

Vom Verfasser der vorliegenden Arbeit wurden Ergebnisse mit Querschnittsdaten der Beschäftigtenstatistik 1995 vorgelegt (Blien 1995a, 1995b, 1995c, 1995d), in Kapitel 10 wird zu den Ergebnissen und zur Fortsetzung dieser Arbeiten mehr ausgeführt.

Firmendaten für Niedersachsen mit Arbeitslosenquoten für Raumordnungsregionen, mit denen Wagner (1994b; vgl. Wagner 1996a) eine weitere Analyse durchführte, ergaben keine Lohnkurve, z. T. fanden sich sogar schwach positive Korrelationen zwischen Arbeitslosigkeit und Entlohnung.

Untersuchungen von Rendtel und Schwarze (1995 und 1996) wurden wiederum mit Paneldaten des SOEP durchgeführt. Sie verwendeten verschiedene Modellansätze, von denen insbesondere jene mit einem verallgemeinerten Varianzkomponentenmodell interessant sind. Dies ist ein besonders innovativer Ansatz, da er die Abhängigkeit der Beobachtungen sowohl in der Zeit wie innerhalb von Regionen, also in 2 Dimensionen, berücksichtigen kann, allerdings für die Regionen nur einen Interaktionsterm aufnimmt, um eine hierarchische Modellstruktur zu erhalten. Die Ergebnisse zeigen nur schwache Wirkungen der Arbeitslosigkeit auf das regionale Lohnniveau. Sie sind nicht signifikant und deuten zudem einen U-förmigen Verlauf an, der nicht der Lohnkurvenhypothese entspricht. Der Widerspruch zu den Ergebnissen von Blanchflower & Oswald (1996) mit der gleichen Datenbasis findet darin seine Auflösung, daß Rendtel & Schwarze sich auf Männer beschränkten, für die die Begründer des Lohnkurvenansatzes ebenfalls keinen Arbeitslosigkeitseffekt fanden.

Eine Aggregatdatenuntersuchung von Schwarze (1995) erbrachte demgegenüber wiederum eine Bestätigung der Lohnkurve. An dieser Untersuchung ist u. a. bemerkenswert, daß hier ein Indikator für das Preisniveau einbezogen werden konnte. Die dafür verwendeten Baulandpreise hatten jedoch keinen signifikanten Zusammenhang zum regionalen Lohnniveau. In mit umfassenderen Daten durchgeführten Analysen (vgl. Schwarze 1996) war die Lohnkurve wieder nicht mehr signifikant.

Eine weitere Aggregatdatenanalyse von Büttner (1996, vgl. 1999) mit der Beschäftigtenstatistik für die Jahre 1987-93 auf der Ebene von Kreisen zeigte signifikante Effekte der Arbeitslosigkeit, die von geringer numerischer Größe waren (typische Elastizitität von -0,017; t-Wert von 3,79). Büttner verwendete Modelle mit räumlicher Autokorrelation.

Pannenberg & Schwarze (1996, 1998a) kommt der Verdienst zu, die erste Untersuchung zur Lohnkurve in Ostdeutschland mit Daten des SOEP durchgeführt zu haben. Während für die Arbeitslosigkeit als solche keine signifikanten Lohneffekte feststellbar waren, konnte für eine unter Einschluß der Trainingsmaßnahmen berechnete Unterbeschäftigungsquote sehr wohl eine erweiterte Lohnkurve gefunden werden.

Möller (1996) leitete Folgerungen aus seinen empirischen Analysen mit einem dynamischen Arbeitsmarktmodell für die Bundesländer Westdeutschlands ab. Seine Ergebnisse sind mit der Existenz einer Lohnkurve konsistent, sofern diese nicht langfristige Gleichgewichtszustände beschreibt, sondern einen Anpassungsprozeß.

1996 wurde ein Workshop am IAB veranstaltet, der die Lohnkurve in Deutschland zum Gegenstand hatte. Blanchflower & Oswald (1996) konnten für einen Vortrag gewonnen werden, bei dem sie die schon beschriebene Untersuchung mit Daten des SOEP vorlegten. Außerdem wurden die Arbeiten von Bellmann & Blien (1996), Blien (1996a), Büttner (1996), Möller (1996), Pannenberg & Schwarze (1996), Rendtel & Schwarze (1996), Schwarze (1996), Wagner (1996b) und eine allgemeine Beurteilung von Gerlach (1996) diskutiert. Der Ansatz von Blien (1996a) legte als Datenbasis 10 unabhängige Querschnitte zugrunde und ergab eine Lohnkurve mit einer signifikanten Elastizität von -0,058. Der Ansatz wurde später nicht weiter verfolgt, um statt dessen mit echten Paneldaten zu arbeiten.

Untersuchungen zu Ausprägungen von Unterschieden zwischen männlichen und weiblichen Arbeitskräften im Hinblick auf die Lohnkurve (Blien, Mederer 1998a, 1998b, 1998c) und zu methodischen Besonderheiten der Verwendung von Panel- und Mehrebenenmodellen (Wolf 1997) schlossen sich an.

Wolf fand mit einer Datenbasis für Längsschnittanalysen, die der in Kapitel 10 dargestellten weitgehend gleicht, für die Gesamtpopulation in geeigneten Modellspezifikationen nur insignifikante Lohnkurven.

Tabelle 8.5

Empirische Ergebnisse zur Lohnkurve von verschiedenen Autoren

Untersuchung	Regional-einheiten	Daten	Koeff./Elastizität Lohn/Arbeits-losigkeit	Fixe Effekte/ Modell-typ
Jakoby (1990)	Kreise	Beschäftigtenstatistik 1982 (2%-Stichprobe) 319 000 Besch.	linear: -0,0053**	nein
Blanchflower/ Oswald (1994a)	Bundeslän- der	ALLBUS 1986 - 91 (insges.4 564 Beob.)	-0,260** bzw. -0,130 geschl.spezif. Quoten	ja ja
Blanchflower/ Oswald (1996)	Bundeslän- der	SOEP 1984 - 94 (ins.>43 000 Beob.)	-0,062** -0,039** geschl./altersspez. Qu.	ja nein
Gerlach/Wagner (1994); Wagner (1994a)	Bundeslän- der	SOEP 1984 - 90 ~7 400 Beob. (Männer)	-0,060 -0,049**	ja nein
Gerlach/Wagner (1994); Wagner (1994a)	Bundeslän- der	BIBB/IAB 1979/85 ~20 600 Beob.(Männer)	-0,130** -0,025**	ja nein
Wagner (1996b)	Raumord- nungsr. (16 in Nieder- sachsen)	Betriebsdaten 79-90 ~16 600 Beob. (ge- werbl. Arbeitnehmer)	+0,017 -0,012	ja nein
Rentel/Schwarze (1995, 1996)	Raumord- nungs- regionen	SOEP 1985/89/93 insges. >2 800 Beob. nur Männer	Kleine Elastizität <0, für u <~10 % >0, für u >~11 %	Varianz- kompo- nentenm.

***Tabelle 8.5* (Fortsetzung)**

Untersuchung	Regionaleinheiten	Daten	Koeff./Elastizität Lohn/Arbeitslosigkeit	Fixe Effekte/ Modelltyp
Schwarze (1996)	Raumordnungsregionen	Aggregatdaten 1985/89 450 Beob.	-0,002 -0,027	zufällige fixe Effekte
Büttner (1996, vgl.1999)	Kreise	Beschäftigtenstatistik Aggregatdaten 87-93	0,015 -0,017**	nein ja – räuml. Autokorr.
Möller (1996)	Bundesländer	Volkswirtschaftliche Gesamtrechnung	im Zeitablauf wechselnde negative	Dynamisches Anpassungsmodell
Pannenberg/ Schwarze (1996)	Arbeitsamtsbezirke in Ostdeutschl.	SOEP 92-94 2 135 Beobachtungen	-0,04 -0,10 einschl. Trainingsmodell.	ja (zufällige ja Effekte für Personen)
Gerlach/ Klodt (1997)	Kreise Niedersachsen	Hannoveraner Firmenpanel	-0,378** Kleinbetriebe -0,042 größere Betriebe	nein nein
Pannenberg/ Schwarze (1998a)	Arbeitsamtsbezirke in Ostdeutschl.	SOEP 92-94 2 135 Beobachtungen	-0,14** -0,53**einschl. Bildungsmaßnahmen	ja (zufällige ja Effekte für Personen) 2. Modell 2SLS
Büttner/ Fitzenberger (1998)	Kreise, etwas aggregiert	IAB-Beschäftigtenstichprobe (Regionalfile)	lineare Spezifikation, wechselnde, abs. große Elastizitäten	Quantilsregression

Die unabhängige Variable wurde i. d. R. in logarithmierter Form einbezogen. Wo sie linear aufgenommen wurde, ist dies extra bezeichnet (z. B. bei Jakoby), dann sind die Elastizitäten nicht konstant und gesondert zu berechnen. * (**) signifkant auf dem 95 % (99 %) Niveau

Schließlich sollte die Analyse von Büttner & Fitzenberger (1998) erwähnt werden, bei der mit der regionalen Version des Scientifc Use File der IAB-Beschäftigtenstichprobe gearbeitet wird und innovative Methoden der Quantilsregression verwendet werden. Hier ergeben sich signifikante Effekte der regionalen Arbeitslosigkeit. Dies ist ebenso der Fall in zwei Untersuchungen von Baltagi & Blien (1998), sowie von Baltagi, Blien & Wolf (2000) für West- bzw. für Ostdeutschland, bei denen jeweils die Endogenität der Arbeitslosigkeit modelliert wird.

5. Beurteilung des Forschungsstandes

Man sieht, daß schnell eine Vielfalt an Untersuchungen zur Lohnkurvenhypothese durchgeführt wurde, die jedoch widersprüchliche Ergebnisse erbrachte. Einige Autoren fanden eine Lohnkurve, andere nicht. Bei den Analysen wurden durchweg Methoden angewandt, die dem ‚State of the Art' der quantitativen Ökonomie entsprechen. Verschiedene Probleme, die im Zusammenhang des Ansatzes von Blanchflower & Oswald bereits diskutiert wurden, konnten so vermieden werden. In einigen Fällen konnten z. B. Verwendung Methoden der Panelanalyse verwendet werden, um die Zeitabhängigkeit von Beobachtungen zu berücksichtigen. Insgesamt hat die Diskussion ein hohes Niveau erreicht, um Antwort auf die Frage nach den Wirkungen der regionalen Arbeitslosigkeit auf den regionalen Lohn zu erhalten.[4] Zusätzlich konnten weitere theoretisch wichtige Fragen aufgegriffen werden, die für die Arbeitsökonomie von erheblicher Bedeutung sind, wie z. B. die Frage nach dem angemessenen Effizienzlohnmodell.

Allerdings hatte ein Teil der Autoren mit erheblichen Datenproblemen zu kämpfen, da die verwendeten Stichproben zumeist relativ klein und dadurch Regionalanalysen Schranken gesetzt sind. So konnten über die Bedeutung von Lohnreaktionen auf regionale Arbeitslosigkeit in der Bundesrepublik Deutschland trotz der vielfältigen Forschungsanstrengungen keine abschließenden Antworten gegeben werden.

---

[4] Die internationale Diskussion hat ebenfalls viele neue Arbeiten provoziert. Im wesentlichen wurde von diesen bestätigt, daß der Koeffizient der Arbeitslosenquote in einer Lohnfunktion ein negatives Vorzeichen hat, seine numerische Größe jedoch nicht stabil ist (vgl. z. B. Bratsberg, Turunen 1996, Turunen 1997). Für die angelsächsischen Länder kann die Lohnkurve entgültig als etabliert gelten. Auch Bell, Nickell & Quintini (2000), die mit eher makroökonomischen (zeitreihenanalytischen) Methoden arbeiteten, fanden für Großbritannien die charakteristische Elastizität von ungefähr –0,1.

Eine Annäherung an Probleme, die mit den Abhängigkeiten von Beobachtungen verbunden sind, fand nur langsam statt. Die Mehrebenenproblematik wurde zwar im Anschluß an Moulton thematisiert, aber die Suche nach einer adäquaten methodischen Behandlung steht erst am Anfang. Das Problem der Endogenität der Arbeitslosigkeit wurde nicht weiter verfolgt.

Es wurde nicht versucht, alternative theoretische Ansätze zur Lohnkurve zu entwickeln. Die in dem Buch zur „Wage Curve" verwendeten Modelle blieben - trotz der bereits vorgetragenen Probleme - ohne Konkurrenz.

Darum wurde - angestoßen durch die Arbeiten von Gerlach und Wagner - ein umfangreiches eigenes Projekt begonnen, bei dem die Vorzüge der breiten Datenbasis aus der Beschäftigtenstatistik im Verein mit kleinräumiger Regionalinformation genutzt und die Techniken der Mehrebenen- und Panelanalyse zur Lösung der methodischen Probleme verwendet werden. Weitere Kriterien für die Durchführung des Projekts waren, daß die Untersuchungen theoriegeleitet erfolgen sollten und daß die Erkenntnisse der Regionalökonomie berücksichtigt werden sollten. Die Ergebnisse werden in Kapitel 10 dargestellt.

KAPITEL IX Wahl der regionalen Analyseeinheiten und Datengrundlage der empirischen Untersuchungen

1. Ansprüche an die Datenbasis für regionale Analysen

Bevor die Ergebnisse der vom Verfasser der vorliegenden Arbeit durchgeführten Untersuchung dargestellt werden, soll im folgenden die Datenbasis dieser Empirie beschrieben und in diesem Zusammenhang die Regionaleinheiten diskutiert werden, auf die sich die Daten beziehen und die die Grundlage der Analyse darstellen. Hier handelt es sich also um Fragen der Auswahl der adäquaten Regionaleinheiten bzw. um die Definition der Ausdehnung regionaler Arbeitsmärkte.

Die Beschreibung der Daten hat einen besonderen Stellenwert, da Analysen zur Lohnkurve und allgemeiner zu regionalen Arbeitsmärkten sich mit einem besonderen Anspruch an die verwendete Informationsbasis verbinden. Derartige Analysen sind erst möglich geworden, seitdem einerseits Datenbasen zur Verfügung stehen, die regional auswertbare Mikrodaten beinhalten, andererseits auch die entsprechende Aggregatinformation vorhanden ist.

Regionen sind durchaus heterogen, d. h. die Verteilung von Personen und Arbeitsplätzen auf einzelne Regionen ist stark unterschiedlich. Wird diese nicht kontrolliert, können Lohnunterschiede verdeckt werden, die der Arbeitslosigkeit zuzurechnen sind, bzw. umgekehrt, Artefakte produziert werden. Deshalb ist die Verwendung von Mikrodaten zweckmäßig. Selbst wenn diese ex post wieder aggregiert werden, erlauben sie die genaue Kontrolle der Beschäftigtenstruktur in den einzelnen Regionen.

2. Wahl der Regionaleinheiten

Es empfiehlt sich, den Zusammenhang von Entlohnung und Arbeitslosigkeit bei verschiedenen räumlichen Gliederungen zu untersuchen, um Aufschluß über die Existenz und Stabilität von Lohnkurven zu erhalten. Die Variation in der Definition von Regionen ist wichtig, da zunächst unbekannt ist, welche Gebietseinheiten die in der Theorie zugrundegelegten regionalen Arbeitsmärkte am besten widerspiegeln.

Generell stellt die Abgrenzung regionaler Arbeitsmärkte ein Zentralthema der Regionalökonomie dar (vgl. Eckey 1988; Büttner 1998). Kriterien für die Abgrenzung sind im vorliegenden Zusammenhang die relative Homogenität im Hinblick auf die Angebots- und Nachfragebedingungen am Arbeitsmarkt und die relative Abgeschlossenheit im Hinblick auf Pendelverflechtungen. Dies sind Kriterien, die zueinander zumindest in einem Spannungsverhältnis stehen. Das Problem der Wahl angemessener Regionaleinheiten wird noch dadurch verschärft, daß sich die hier verwendeten Beschäftigungsdaten auf den Arbeitsort, Arbeitslosigkeitsangaben jedoch auf den Wohnort beziehen. Derartige Lokalisierungsprobleme können in den Daten repräsentierte Zusammenhänge verwischen.

Die potentiell verwendbaren Regionaleinheiten können nach ihrer Größe und nach der Dimension funktional/homogen systematisiert werden. Funktionale Raumeinheiten bezeichnen Gebiete, die als zusammengehörig charakterisiert werden können. Da sie sich aus kleineren Räumen zusammensetzen, die sehr hoch spezialisiert sein können, sind sie im allgemeinen heterogen. Die Diskussion der Vor- und Nachteile der Verwendung funktionaler Raumeinheiten kann am Beispiel der Arbeitsmarktregionen erfolgen, die funktionale Raumeinheiten darstellen. Sie wurden für Zwecke der Bund/Länder Gemeinschaftsaufgabe „Verbesserung der regionalen Wirtschaftsstruktur" (GA) definiert (vgl. Budde, Eckey, Klemmer 1993), um relativ geschlossene Arbeitsmärkte zu erhalten, die dann als Diagnoseeinheiten für die Förderungswürdigkeit von Regionen dienen.

Dazu wird so vorgegangen, daß zunächst Arbeitsmarktzentren gesucht werden, die einen Überschuß an Arbeitsplätzen im Vergleich zur dort wohnenden Erwerbsbevölkerung aufweisen. In einer Analyse von Pendelverflechtungen werden diese Zentren sodann mit ihrem Umland verknüpft. In einer Erreichbarkeitsanalyse wird darauf geachtet, daß nur solches Umland zugeordnet wird, das innerhalb einer als zumutbar betrachteten Pendelentfernung liegt, das also durch eine Zeitisochrone um das Zentrum umfaßt wird. Als zumutbare Pendelentfernung wird im Rahmen der Gemeinschaftsaufgabe (GA) jene verstanden, die sich innerhalb von 45 Minuten zurücklegen läßt.

Hier wird von der in den neunziger Jahren geltenden Abgrenzung der Arbeitsmarktregionen ausgegangen, die sich etwas von jener unterscheidet, die bei der 1999 erfolgten Neudefinition des GA-Fördergebietes zugrundegelegt wurde (vgl. Koller, Schwengler 1999). Die Mehrzahl der Arbeitsmarktregionen (91 von 167 im Westen der Republik, einschließlich Westberlin) ist deckungsgleich mit einzelnen Kreisen. In diesen Fällen, die insbesondere bei ländlichen Gebieten anzutreffen sind, bestehen nur schwache Pendelverflechtungen mit benachbarten Regionen. Der Rest der Arbeitsmarktregionen besteht aus Aggregaten von Kreisen, maximal 10 werden zu einer Regionaleinheit zusammengefaßt.

Es kann zunächst einmal als offen betrachtet werden, wie sich die Inklusion von Pendelverflechtungen in entsprechend definierte Gebietseinheiten auf die Schätzergebnisse auswirkt, da zwei entgegengesetzte Hypothesen möglich sind:

In der einen Variante zeigt sich ein Effekt der Arbeitslosigkeit auf den Lohn bei Arbeitsmarktregionen in besonderer Deutlichkeit, da diese Konkurrenzprozesse angemessen abbilden. Die Arbeitslosigkeit in einem Teilraum hat insoweit Folgen für das Lohnniveau eines benachbarten Raumes, als beide durch Pendelbeziehungen verknüpft oder verknüpfbar sind. Danach stellen Arbeitsmarktregionen die adäquaten Einheiten dar, um Beziehungen zwischen Arbeitsmarktvariablen zu identifizieren, die ein Raumbezug auszeichnet. Die Diskrepanz zwischen dem Wohnortkonzept bei der Berechnung der Arbeitslosenquote und dem Arbeitsortkonzept bei der Ermittlung des Durchschnittslohns wird am ehesten durch die Verwendung von Arbeitsmarktregionen aufgelöst, da Gebiete verknüpft werden, zwischen denen gependelt wird.

In der entgegengesetzen Hypothese ist die Wirkung der Arbeitslosigkeit auf das Lohnniveau bei Arbeitsmarktregionen schwächer ausgeprägt als z. B. bei Kreisen. Die Pendelverflechtungen zwischen Kreisen, die Grund für ihre Fusion zu einer Arbeitsmarktregion sind, zeigen gerade an, daß ein Gefälle zwischen den Regionen im Hinblick auf die hier interessierenden Variablen Arbeitslosigkeit und Entlohnung besteht. Pendelverflechtungen werden sich vor allem zwischen Regionen herausbilden, die auf verschiedenen Ästen der Lohnkurve liegen. Arbeitskräfte, die in Kreisen mit niedrigem Lohnniveau und hoher Arbeitslosigkeit wohnen, werden sich tendenziell in Kreisen mit hoher Bezahlung und hohem Beschäftigungsniveau Arbeit suchen, sofern sie in erreichbarer Nähe liegen. Nach der letztgenannten Hypothese müßte die Lohnkurve etwas nivelliert werden, wenn man von Arbeitsmarktregionen ausgeht und die Ergebnisse mit jenen für Kreise vergleicht, weil zu erwarten wäre, daß eine Lohnkurve für homogene Gebietseinheiten stärker ausgeprägt ist als für funktionale Regionen. Für diese Hypothese spricht weiterhin, daß Pendeln für Arbeitskräfte kostspielig ist, da lange Fahrten zum Arbeitsplatz teuer sind. Sie kosten zudem knappe Freizeit. Aus diesen Gründen können Lohndifferentiale selbst zwischen Regionen fortbestehen, die durch Pendeln Arbeitskräfte austauschen.

Eine Alternative zur Verwendung von Arbeitsmarktregionen sind Raumordnungsregionen, die eine etwas größere Variante funktionaler Regionen darstellen. Hier sind die Verflechtungen zwischen den Regionen weiter definiert und schließen auch Einkaufsmöglichkeiten und dergleichen mit ein, indem das die Oberzentren der Regionalplanung und ihre Einzugsbereiche umfassende Standortsystem der Bundesrepublik abgebildet wird. Beabsichtigt wird die Definition von Regionen, die möglichst viele ökonomische Funktionen innerhalb der jeweiligen Einheiten umfassen und damit notwendig sehr heterogen sind. Raumordnungsregionen, von denen es im Westen der Republik 75 gibt, werden von Schwarze (1996; Rendtel, Schwarze 1995, 1996) als adäquate Abbildungen regionaler Arbeitsmärkte aufgefaßt, die sich für die Lohnkurvenanalyse besonders gut eignen.

Wie das folgende Kapitel deutlich macht, werden die empirischen Analysen für verschiedene Gebietsgliederungen durchgeführt, um die verschiedenen Hypothesen über die Auswirkungen von Verflechtungen zu testen. Die Umsetzung der theoretischen Vorgaben für die Untersuchungen mit Regionaldaten steht unter der Restriktion, daß eine freie Definition der Gebietseinheiten normalerweise nicht möglich ist, da die verfügbaren Daten sich i. d. R. auf administrative Gebietseinheiten beziehen. Extreme in den empirischen Untersuchungen zur Lohnkurve sind die Verwendung einerseits von Stadt- und Landkreisen, andererseits von Bundesländern. Kreise entsprechen stärker dem Homogenitätskriterium, Bundesländer eher der Abgeschlossenheitsbedingung.

Die Durchschnittswerte der Arbeitslosigkeit unterscheiden sich auf der Ebene der 11 Länder weniger als auf der Ebene der 328 Kreise (West). Tabelle 2.1 zeigt die Extremwerte für Kreise. Tabelle 10.3 enthält in Spalte 1 Arbeitslosenquoten für die 11 Länder. Ein beträchtliches regionales Gefälle wird jeweils deutlich. Neben den Analysen für Kreise und Länder finden sich weitere mit Daten für Regierungsbezirke, Raumordnungsregionen und Arbeitsmarktregionen.[1] Ein Schwerpunkt bei den eigenen empirischen Untersuchungen war zudem die Verwendung von Arbeitsamtsbezirken. Letztere entsprechen relativ gut dem Homogenitätskriterium und haben zudem den Vorzug der leichten Verfügbarkeit von Arbeitslosigkeitsangaben.

3. Daten aus der IAB-Beschäftigtenstichprobe

Eine Besonderheit der empirischen Arbeiten zur Lohnkurve, z. B. gegenüber traditionellen Phillipskurvenanalysen, ist die Verwendung von Mikrodaten. Die Vorzüge dieses Datentyps werden von Blanchflower und Oswald nachdrücklich hervorgehoben. Mikrodaten sind notwendig, um das Programm der empirischen Mikrofundierung regional- und makroökonomischer Zusammenhänge umzusetzen. Mehrebenenanalysen setzen im allgemeinen Mikrodaten voraus. Selbst da, wo die Daten nachträglich aggregiert werden, kann der Informationsgehalt von Mikrodaten zumindest partiell noch genutzt wer-

---

1 Weitere als die genannten Gebietsgliederungen sind möglich: Büttner & Fitzenberger (1998) verwenden synthetische, überlappende Regionaleinheiten, indem sie jedem Kreis zusätzlich jene Nachbarkreise zuordnen, mit denen eine gemeinsame Grenze besteht. In ihrer Datenbasis, dem anonymisierten Regionalfile der IAB-Beschäftigtenstichprobe, waren zudem die Kreise mit einer Einwohnerzahl von unter 100 000 mit Nachbarkreisen zusammengefaßt.

den. Dabei ist natürlich vorausgesetzt, daß die relevanten Variablen, die insbesondere zur Schätzung einer Lohnfunktion benötigt werden, auch wirklich zur Verfügung stehen.

Die Bedeutung des Einbezugs von kontrollierenden Variablen wird klar, wenn man sich verdeutlicht, daß - gemäß der in Kapitel 2 dargestellten Testauswertungen - ohne diese zwischen Arbeitslosigkeit und Lohnhöhe kein signifikanter Zusammenhang besteht. In Wolfsburg wird 1989 zwar um 66 % mehr verdient als in Cham im Bayerischen Wald (vgl. Anhangtabelle A1). Dies kann jedoch nicht einfach der Wirkung unterschiedlicher Arbeitslosenquoten zugeschrieben werden, sondern ist vielmehr auch Folge der unterschiedlichen Verteilung der Firmen und Personen nach Regionen.

Durch den Einbezug von Variablen aus Mikrodaten werden die auf der individuellen Ebene feststellbaren Einflüsse auf das Lohnniveau kontrolliert. Zu ihnen treten dann die regionalen Arbeitslosenquoten, die auf der Ebene von Kreisen bzw. von größeren Regionaleinheiten gemessen wurden.

Zentrale Quelle der eigenen Untersuchungen zur Lohnkurve ist die IAB-Beschäftigtenstichprobe, von der verschiedene Teilstichproben verwendet werden. Die Beschäftigtenstichprobe (vgl. vor allem Bender, Hilzendegen 1995; Bender, Hilzendegen, Rohwer, Rudolph 1996; Bender 1997; siehe auch Rudolph 1986; Alba, Müller, Schimpl-Neimanns 1994) ist in jüngerer Zeit zu einer der zentralen Datengrundlagen der Arbeitsmarktforschung in der Bundesrepublik geworden. In anonymisierter Form sind die Daten für die Zwecke wissenschaftlicher Forschung allgemein zugänglich. Dementsprechend wurden sie für Analysen verschiedener volkswirtschaftlicher und soziologischer Fragestellungen verwendet, die auf wichtige Erkenntnisse zu Mobilität, Berufsstruktur und Lohndynamik geführt haben.[2]

Die IAB-Beschäftigtenstichprobe basiert auf der Beschäftigtenstatistik der Bundesanstalt für Arbeit, die Informationen über alle Personen bietet, die sozialversicherungspflichtig beschäftigt sind. Geringfügig Beschäftigte, Be-

---

[2] Vgl. u. a. das Heft 3/1997 der „Mitteilungen aus der Arbeitsmarkt- und Berufsforschung", in dem die Beiträge einer Tagung mit Ergebnissen, die auf der Grundlage der Stichprobe erzielt worden sind, gesammelt vorliegen (vgl. Steiner 1997).

amte, Selbständige und mithelfende Familienangehörige sind nicht enthalten. Jedes Jahr, in dem ein Beschäftigungsverhältnis für eine Person existiert, ist durch mindestens einen Datensatz (Record) abgebildet, der die Information aus verschiedenen Arten von Meldungen enthält. Die Daten werden von den Krankenkassen aufgenommen und von der Bundesanstalt für Arbeit gesammelt.

Der Beginn einer Beschäftigung ist durch eine Anfangsmeldung dokumentiert, die Beendigung durch eine Endemeldung. Besteht eine Beschäftigung zum Ende eines Jahres weiter, wird für die Statistik eine sogenannte Jahresmeldung generiert. Die Einzelheiten dieses Verfahrens sind durch das zum 1. 1. 1973 wirksam gewordene Meldeverfahren zur Kranken-, Renten und Arbeitslosenversicherung geregelt, das durch die Kürzel DEVO /DÜVO bezeichnet ist (vgl. Bender et al. für die weiteren Details 1996: 4ff.; Cramer, Wermter 1988). Bis einschließlich 1990 waren ca. 400 Millionen Datensätze im Rahmen dieses Meldeverfahrens gesammelt worden.
Die Abgrenzung des erfaßten Personenkreises bringt es mit sich, daß nicht alle Erwerbstätigen in der Beschäftigtenstatistik repräsentiert sind. Der Dekkungsgrad beträgt nach älteren Abschätzungen (für 1980) ca. 79 % aller Erwerbstätigen, ist jedoch nach Branchen stark unterschiedlich. In der Wirtschaftsabteilung „Gebietskörperschaften und Sozialversicherung" beträgt er nur 57 % (Herberger, Becker 1983). Umgekehrt sind damit jedoch die für Arbeitsmarktanalysen zentralen Gruppen von Erwerbstätigen in den Daten enthalten, da Beamte und Selbständige keine abhängig Beschäftigten sind.

In der Beschäftigtenstatistik sind mehrere Merkmale verfügbar, die für Lohnanalysen von besonderer Bedeutung sind:

- Geschlecht und Geburtsjahr
- Familienstand
- Staatsangehörigkeit
- Beginn und Ende einer Beschäftigung in tagesgenauer Angabe
- Ausbildung
- Beruf der ausgeübten Tätigkeit
- Stellung im Beruf (einschließlich der Information über das Vorliegen von Voll- oder Teilzeitbeschäftigung)

- Sozialversicherungspflichtiges Bruttoentgelt
- Betriebsnummer
- Wirtschaftszweig
- Regionale Gliederung

Einer der zentralen Vorzüge der verwendeten Datenbasis ist, daß die Lohnvariable in ganz besonders hoher Genauigkeit abgebildet wird. Die Daten repräsentieren Rentenansprüche, mit denen sich tatsächliche Zahlungen verbinden, über die genau Buch geführt wird. Es kann davon ausgegangen werden, daß die Reliabilität dieser Angaben jene von Bevölkerungsumfragen bei weitem übertrifft, da nicht auf unzuverlässige Erinnerungsleistungen von Befragten vertraut werden muß.

Ein Nachteil der Einkommensangaben ist, daß das Entgelt nur bis zur Beitragsbemessungsgrenze erfaßt wird. Höhere Löhne, die der Sozialversicherungspflicht unterliegen, werden nur mit dem Wert dieser Abschneidegrenze erfaßt. Die Beitragsbemessungsgrenze wird jährlich an die Entwicklung der Löhne und Gehälter angepaßt. Eine Tabelle über die jeweils geltenden Werte für diese Grenze findet sich bei Bender et al. (1996: 14). Im Jahre 1989 betrug der maßgebliche Wert z. B. in der Rentenversicherung der Arbeiter und Angestellten 6100 DM, in der Knappschaftlichen Rentenversicherung, die nur für einen sehr kleinen Teil der Versicherten maßgeblich ist, 7500 DM. Die Existenz der Beitragsbemessungsgrenze bedeutet, daß die Entgelte der Akademiker und anderer gut verdienender Gruppen tendenziell unterschätzt werden.

Die IAB-Beschäftigtenstichprobe wurde als 1% Stichprobe über eine geschichtete Zufallsauswahl aus der sogenannten Historikdatei der Beschäftigtenstatistik (Cramer, Majer 1991) gezogen und in zahlreichen Aufbereitungsschritten präpariert, um Daten für wissenschaftliche Zwecke verfügbar zu machen. Sie steht einerseits dem IAB für die Forschungsarbeit zur Verfügung, andererseits wird sie allgemein in stärker anonymisierter Form in zwei Versionen der Wissenschaft als Scientific Use File über das Kölner Zentralarchiv zur Verfügung gestellt.

Die hier verwendete Version der IAB-Beschäftigtenstichprobe ist nur durch Entfernung der Sozialversicherungsnummer anonymisiert. Sie unterscheidet sich demgemäß geringfügig von den beiden Versionen, die IAB-extern erhältlich sind. Sehr ähnliche Analysen wie in der vorliegenden Arbeit durchgeführt, wären mit dem anonymisierten Regionalfile der Stichprobe möglich (und wurden mit dieser Datenquelle in der Form von Quantilsregressionen von Büttner & Fitzenberger (1998) realisiert).

In der IAB-Beschäftigtenstichprobe stehen Daten für ca. 4 300 000 Beschäftigte für den Zeitraum von 1975-1990 zur Verfügung. Daten mit größerer Aktualität (bis 1995, vgl. Bender, Haas, Klose 1999) wurden im IAB aufbereitet, eine neue Stichprobe stand für die Analysen, über die hier berichtet wird, jedoch noch nicht zur Verfügung. Der zeitliche Abstand, mit dem die Daten zugänglich gemacht werden, ist zunächst auf die Verzögerung zurückzuführen, mit der die Betriebe über die sozialversicherten Beschäftigten melden. Um Verzerrungen zu vermeiden, ist es erforderlich, mindestens zwei Jahre zu warten.

Die eingegangenen Daten müssen in einem aufwendigen Prozeß aufbereitet werden. Diese Arbeiten sind komplex, weil die Daten für administrative Zwecke und nicht für solche der ökonomischen Analyse produziert wurden. Zahlreiche Probleme mit fehlenden Meldungen, aber auch umgekehrt mit Doppelmeldungen und mit Fehlern in den Variablen müssen bereinigt werden. Um die Daten überhaupt auswertbar zu machen, ist jeweils ein mehrjähriges Forschungsprojekt notwendig, das geleitet von ökonomischen und sozialwissenschaftlichen methodischen Kenntnissen vorgeht. Aus diesen Gründen endete das Beobachtungsfenster für die verwendete IAB-Stichprobe im Jahre 1990, obwohl die Daten erst 1995 zur Verfügung standen.

Andererseits ist es nicht möglich, Daten der siebziger Jahre für die angestrebten regionalen Analysen zu nutzen: Solche Daten sind zwar in der Stichprobe enthalten, in dieser Zeit fanden jedoch zahlreiche Änderungen des Gebietszuschnitts in der Gebietsreform auf Kreisebene statt und wurden die Arbeitsamtsbezirke ebenfalls verändert. Aus diesem Grund beginnen die Analysen mit Daten für das Jahr 1981, das auf Grund von Tests als das erste risikolos verwendbare eingestuft wird.

Die Einschränkungen vor allem im Hinblick auf die Aktualität der Daten sind bedauerlich. Sie sind jedoch von zweitrangiger Bedeutung, da sich die Analysen auf prinzipielle Eigenschaften der Arbeitsmärkte richten und nicht auf aktuell stattfindende Entwicklungen.

Im vorliegenden Kontext werden vor allem zwei Teilstichproben verwendet. Die eine umfaßt nur Daten für das Jahr 1989, stellt also eine Annäherung an einen Querschnitt dar. Über eine echte Zufallsauswahl wurde ein Viertel aller Datensätze (55 265 Sätze) dieses Jahres gezogen.

Die zweite Teilstichprobe umfaßt die Jahre von 1981 bis 1990 für Längsschnittanalysen. Diese Teilstichprobe repräsentiert 0,02 % der Population aller Beschäftigten, die in dem betreffenden Zeitraum auf dem Arbeitsmarkt aufgetreten sind. Tabelle 9.1 zeigt die deskriptiven Statistiken. Die Reduzierung des Umfangs der Stichprobe war notwendig, da bei der Schätzung der verwendeten Mehrebenenmodelle zum Teil sehr große Varianz-Kovarianz-Matrizen im Hauptspeicher des jeweiligen Rechners aufgebaut werden müssen. Da die Reduzierung des Datenumfangs wiederum durch eine echte Zufallsauswahl realisiert werden konnte, sind Verzerrungen auszuschließen. Um ein Panelstruktur mit äquidistanten Wellen zu realisieren, wurden nur Datensätze aufgenommen, die den 30. 6. eines Jahres überdecken (für die Aufbereitungsarbeiten vgl. auch Wolf 1997).

In den im vorliegenden Kontext durchgeführten Lohnanalysen ist die abhängige Variable der in DM gemessene Bruttolohn, der auf Kalendertage umgerechnet wurde. Alle Fälle mit einem Wert der Lohnvariablen unter 10 DM pro Tag bzw. mit einem Jahresentgelt von über 100 000 DM werden aus der Auswertung ausgeschlossen, da hier zu einem guten Teil Datenfehler vermutet werden. Ebensowenig werden Fälle mit einer Beschäftigungsdauer von unter 8 Tagen aufgenommen, um die Auswertungen auf reguläre Beschäftigungsverhältnisse zu begrenzen. In den Längsschnittanalysen werden die Einkommensangaben gemäß dem Preisindex für Lebenshaltung deflationiert.[3] Zur Kontrolle der Heterogenität von Regionen werden die meisten in der Beschäftigtenstatistik verfügbaren Variablen in die Analysen einbezogen.

---

[3] Der Preisindex für die Lebenshaltung wurde dem Jahresgutachten 1991/92 des Sachverständigenrates zur Begutachtung der gesamtwirtschaftlichen Entwicklung entnommen (S. 385). Dabei wurde der Indexwert für 1975 auf 1 gesetzt.

Tabelle 9.1

Deskriptive Statistiken für die verwendete Teilstichprobe aus der IAB-Beschäftigtenstichprobe 1981-1990 (40852 Beobachtungen für 6590 Beschäftigte)

Variable	arithmetisches Mittel	Standardabweichung	Minimum	Maximum
Geburtsjahr	48,345270	12,680930	11	74
Geschlecht	0,4069568	0,4912727	0	1
Familienstand	0,5432292	0,4981338	0	1
Ausländer	0,0831293	0,2760810	0	1
Jahr 1981	0,0989425	0,2985885	0	1
Jahr 1982	0,0991139	0,2988185	0	1
Jahr 1983	0,0976207	0,2968047	0	1
Jahr 1984	0,0972780	0,2963395	0	1
Jahr 1985	0,0983795	0,2978308	0	1
Jahr 1986	0,1003868	0,3005187	0	1
Jahr 1987	0,1012925	0,3017193	0	1
Jahr 1988	0,1019289	0,3025585	0	1
Jahr 1989	0,1023206	0,3030731	0	1
Jahr 1990	0,1027367	0,3036184	0	1
Azubi	0,0690786	0,2535909	0	1
Nichtfacharbeiter	0,2163174	0,4117382	0	1
Facharbeiter	0,2208460	0,4148219	0	1
Meister	0,0182366	0,1338074	0	1
Angestellter	0,3706795	0,4829927	0	1
Heimarbeiter	0,0022276	0,0471449	0	1
Teilzeit < 18	0,0183345	0,1341595	0	1
Teilzeit ≥ 18	0,0842798	0,2778104	0	1
ohne Ausbildung	0,2746989	0,4463679	0	1
mit Ausbildung	0,5949280	0,4909120	0	1
Abitur	0,0083717	0,0911142	0	1
Abitur&Berufsausb.	0,0152012	0,1223540	0	1
Fachhochschule	0,0217860	0,1459858	0	1
Universität	0,0259718	0,1590531	0	1
Keine Bild.angabe	0,0590424	0,2357069	0	1
Berufserfahrung	19,736290	12,459260	1	53
Berufserf. qu.	544,75050	548,61660	1	2809
Agrarberufe	0,0131695	0,1140016	0	1
Rohstoffb.	0,0115049	0,1066436	0	1
einf. manuel.Berufe	0,1722559	0,3776074	0	1
qual. manuel.B.	0,1971017	0,3978147	0	1
Techniker	0,0502791	0,2185229	0	1
Ingenieure	0,0187261	0,1355578	0	1
Einf. Dienste	0,1219035	0,3271783	0	1
Qual. Dienste	0,0370606	0,1889127	0	1
Semiprofessionen	0,0430334	0,2029348	0	1
Professionen	0,0115539	0,1068676	0	1
einf. Verwal.Berufe	0,0978410	0,2971032	0	1
qual. Verwal.B.	0,1977871	0,3983356	0	1
Leitungsfunktionen	0,0208803	0,1429852	0	1

Tabelle 9.1 **(Fortsetzung)**
Deskriptive Statistiken für die verwendete Teilstichprobe aus der IAB-Beschäftigtenstichprobe 1981-1990

Variable	arithmetisches Mittel	Standardabweichung	Minimum	Maximum
Primärer Sekt.	0,0092040	0,0954959	0	1
Bergbau	0,0241604	0,1535488	0	1
Chem. Industrie	0,0434006	0,2037596	0	1
Gundstoffindustrie	0,0412465	0,1988621	0	1
Maschinenbau	0,0735337	0,2610138	0	1
Kfz Industrie	0,0338784	0,1809183	0	1
Elektroindustrie	0,1006315	0,3008439	0	1
Holzverarb.	0,0446245	0,2064805	0	1
Textilindustrie	0,0234750	0,1514083	0	1
Nahrungsmittel	0,0369382	0,1886124	0	1
Bau	0,0678792	0,2515415	0	1
Handel&Verkehr	0,1825859	0,3863314	0	1
Banken	0,0410751	0,1984664	0	1
Öffentl. Dienste	0,0910604	0,2876985	0	1
Gehobene Dienste	0,1244003	0,3300417	0	1
Sonstige Dienste	0,0619064	0,2409884	0	1
1-4 Besch. im Betr.	0,0828111	0,2755999	0	1
5-9 Beschäftigte	0,0781112	0,2683498	0	1
10-49 Beschäftigte	0,2146039	0,4105523	0	1
50-99 Beschäftigte	0,1070694	0,3092053	0	1
100-199 Besch.	0,0973514	0,2964393	0	1
200-499 Besch.	0,1369333	0,3437811	0	1
500-999 Besch.	0,0888329	0,2845058	0	1
1000-4999 B.	0,1347302	0,3414394	0	1
über 4999 B.	0,0595564	0,2366661	0	1
Schleswig-Holstein	0,0331930	0,1791424	0	1
Hamburg	0,0363018	0,1870423	0	1
Niedersachsen	0,1017086	0,3022684	0	1
Bremen	0,0159111	0,1251332	0	1
Nordrh.-Westfalen	0,2607951	0,4390737	0	1
Hessen	0,0966905	0,2955395	0	1
Rheinland-Pfalz	0,0504504	0,2188752	0	1
Baden-Württ.	0,1772496	0,3818845	0	1
Bayern	0,1783756	0,3828333	0	1
Saarland	0,0155929	0,1238956	0	1
Berlin	0,0337315	0,1805395	0	1
Millionenstadt	0,1182317	0,3228862	0	1
Regionstyp1	0,2377117	0,4256869	0	1
Regionstyp2	0,1547782	0,3616976	0	1
Regionstyp3	0,0577450	0,2332635	0	1
Regionstyp4	0,0199011	0,1396622	0	1
Regionstyp5	0,0764467	0,2657147	0	1
Regionstyp6	0,1358318	0,3426140	0	1
Regionstyp7	0,0563008	0,2305045	0	1
Regionstyp8	0,0780868	0,2683113	0	1
Regionstyp9	0,0589200	0,2354778	0	1
Ln(Arbeitslosenq.)	2,0198030	0,3897542	0,767	2.906

Dies sind insbesondere: das Geschlecht, der Familienstand (dichotom), die Staatsangehörigkeit (dichotom), die Berufserfahrung, die Stellung im Beruf, die Qualifikation, die Berufsgruppe (systematisiert in Anlehnung an Blossfeld 1985: 68), die Branchengruppe und die Betriebsgröße. Bis auf die Berufserfahrung sind dies kategoriale Variablen, die in der üblichen Weise als Sets dichotomer Indikatorvariablen (= Dummys) recodiert werden. Die Aufgliederung der einzelnen Merkmale nach Kategorien in der für die Analysen verwendeten Form ist zusätzlich aus Tabelle 10.7 zu ersehen.

Die Berufserfahrung wird aus dem allein verfügbaren Geburtsjahr unter Abzug der erwarteten Dauer der Ausbildung, gemäß Bildungsangaben, recodiert. Dazu werden vom jeweiligen Anfangsjahr der Beschäftigung das Geburtsjahr und 15 Jahre abgezogen. Für die Berücksichtigung der Bildung eines Individuums wird die Anzahl der Jahre subtrahiert, die nötig sind, um den jeweiligen Abschluß ausgehend vom Alter von 15 Jahren zu erlangen. Bei Abitur ohne Berufsausbildung werden z.B. fünf Jahre veranschlagt.

Zum Abschluß der Diskussion der IAB-Stichprobe sei ein Problem erwähnt, das sich mit dieser Datenbasis wie mit allen, die aus der Beschäftigtenstatistik generiert werden, verbindet. Die Definition des versicherungspflichtigen Einkommens hat sich im Zeitablauf verändert (vgl. Bender et al. 1996: 14f.). Ab dem Jahre 1984 müssen auch Einmalzahlungen an die Sozialversicherungsträger gemeldet werden, dies führt dazu, daß die Anzahl der Personen, die ein Arbeitsentgelt oberhalb der Beitragsbemessungsgrenze beziehen, von 760 000 (1983) auf 1 064 200 (1984) ansteigt.

Allerdings zeigt sich, daß der Strukturbruch zwar für Analysen des quantitativen Ausmaßes der Einkommensungleichheit relevant ist (Steiner, Wagner 1997), für multivariate Lohnanalysen, die auf einer üblichen Lohnfunktion basieren, jedoch nur kleine Änderungen bringt. Die Schätzwerte z. B. für den Effekt einer Hochschulbildung unterscheiden sich kaum zwischen den Jahren. Dies wird aus Tabelle 9.2 deutlich, die Ausschnitte aus den Ergebnissen eines Modells enthält, das separat mit den Daten für 1981-1983 und für 1984-1990 geschätzt wurde. Die Unterschiede haben zwar zumeist die erwartete Richtung, sind jedoch so klein, daß sie auch durch reale Veränderungen zwischen

Tabelle 9.2

Schätzergebnisse für eine Lohnfunktion für 1991-1993 und für 1994-1990

Modell mit fixen regionalen Effekten für Arbeitsamtsbezirke (entspricht Modell 1 in Tabelle 10.7) mit allen Kontrollvariablen für zwei Zeitperioden im Vergleich
Daten über Beschäftigte, Kreise und Arbeitsamtsbezirke
abhängige Variable: Logarithmus des Tageslohns (deflationiert)
Ein ** zeigt Signifikanz auf dem 1%-Niveau an
62 weitere Variable waren einbezogen

	1981-1983		1984-1990	
	Koeffizient	t-Wert	Koeffizient	t-Wert
Spalte Nr.	1	2	3	4
Konstante	3,4329**	34,56	3,5112**	58,51
Frau	-0,2869**	41,75	-0,2900**	61,90
Berufsausbildung	0,0814**	10,20	0,0937**	16,71
Fachhochschule	0,2470**	10,19	0,2838**	18,95
Universität	0,3051**	12,44	0,3048**	20,39
Berufserfahrung	0,0295**	33,51	0,0303**	47,83
Berufserfahrung quad.	-0,00055**	29,10	-0,00055**	40,24
ln(Arbeitslosenquote)	0,0542	0,92	-0,0393	0,0111
R^2	0,746		0,752	
Anzahl Fälle	12079		28773	

den Jahren erklärbar wären. Ergebnisse mit dem gleichen Modell für den gesamten Beobachtungszeitraum 1981-1990 sind in Tabelle 10.7, Spalten 1 & 2 dargestellt. Der Effekt der Umstellung des Meldeverfahrens wird offensichtlich großenteils von den Jahresdummies und der Konstanten aufgenommen, eine Behinderung von multivariaten Lohnanalysen der hier beabsichtigten Art durch die Umstellung des Meldeverfahrens ist nicht erkennbar.

Als Resümee zu der Diskussion der Beschäftigtendaten kann angeführt werden, daß trotz verschiedener Beschränkungen, z. B. im Hinblick auf den Personenkreis und die Aktualität der Daten, die verwendete Datenquelle von exzellenter Beschaffenheit für die vorliegenden Fragestellungen ist. Die in einer Lohnfunktion relevanten Merkmale sind vorhanden und die Entgeltangaben von unübertroffener Genauigkeit. Die Datenbasis ist groß, sie enthält kleinräumige Regionalidentifikatoren und sie wurde sehr sorgfältig von möglichen Fehlerquellen bereinig

4. Daten aus dem IAB-Betriebspanel

Das IAB-Betriebspanel liegt einzelnen der im folgenden Kapitel dargestellten Lohnkurvenanalysen zugrunde. Die Erhebung von Betriebsdaten entspricht der Bewußtwerdung eines Bias in der empirischen Arbeitsmarktforschung. Diese konzentrierte sich auf Daten für Beschäftigte, d. h. auf Daten über nur eine Marktseite. Damit müssen viele auf der Nachfrageseite des Arbeitsmarktes ablaufende Prozesse im Dunkeln bleiben. Diese Einseitigkeit der empirischen Forschung hat vor allem Hamermesh (1993) unterstrichen. Um hier eine Abhilfe zu schaffen, hat das IAB eine große Panelerhebung begonnen, die erstmalig für eine große Volkswirtschaft Längsschnittinformation auf Mikrodatenebene verfügbar macht.

Grundgesamtheit des IAB-Betriebspanels (vgl. zum folgenden Bellmann 1997; Bellmann et al. 1997 und Bellmann, Blien 2000) sind alle Betriebe Westdeutschlands, ab der vierten Welle 1996 auch Ostdeutschlands, mit mindestens einem sozialversicherungspflichtigen Beschäftigten. Basis der Stichprobenziehung ist die sogenannte Betriebsdatei der Bundesanstalt für Arbeit, die aus der Beschäftigtenstatistik durch Zusammenfassung aller Meldungen eines Stichtages mit identischer Betriebsnummer entsteht. Die Ziehung der Stichprobe erfolgt nach 10 Betriebsgrößenklassen und 16 Wirtschaftszweigen geschichtet. Erhebungseinheit ist nicht das Unternehmen oder die Firma, sondern der Betrieb als örtliche Einheit, in der die Produktion oder Dienstleistung des Unternehmens durchgeführt wird.

Das Fragenprogramm des IAB-Betriebspanels hat engen Bezug zur Arbeitsmarktforschung. Gefragt wird nach Strukturmerkmalen des Betriebs und seiner Beschäftigung. Erhoben werden Globaldaten zur Zusammensetzung der Belegschaft im Hinblick auf Qualifikation, Frauenanteil etc. Wichtige Bestimmungsgrößen und Kennzeichen der betrieblichen Personalpolitik werden ebenso erhoben wie zentrale Merkmale über die Technikausstattung, den

Exportanteil etc. (vgl. Tabelle 10.9 zu den verfügbaren Variablen). Deskriptive Statistiken zu vielen Ergebnissen des IAB-Betriebspanels können den Veröffentlichungen des IAB entnommen werden (z. B. Bellmann et al. 1997). Anspruchsvolle Analysen zu den Determinanten der dynamischen Arbeitsnachfrage führt Kölling durch (1998a, 1998b).

1993 wurde im dritten Quartal die erste Befragungswelle des IAB-Betriebspanels durchgeführt. Die außerordentlich hohe Rücklaufquote von 71 % erbrachte Daten über 4356 Betriebe (2. Welle: 4138, 3.: 4097) und sichert eine hohe Repräsentativität der Ergebnisse. Für die vorliegende Untersuchung werden die ersten drei Wellen 1993-95 des Panels für Westdeutschland einbezogen. Bei diesen Jahren ist eine Zuordnung der Betriebe zu Kreisen möglich, so daß hier Lohnkurven für Kreise geschätzt werden können. Die Verfügbarkeit von Daten zur Nachfrageseite des Arbeitsmarktes ist ein erheblicher Vorteil, der eine Kreuzvalidierung der Ergebnisse für die Beschäftigten ermöglicht, um weiteren Aufschluß über Arbeitslosigkeit und Entlohnung auf regionalen Arbeitsmärkten zu erlangen.

5. Aggregatdaten

Für eine spezielle Analyse über die Lohnkurve in Ostdeutschland wird auf Aggregatdaten aus der Beschäftigtenstatistik der Bundesanstalt für Arbeit zurückgegriffen. Dabei handelt es sich um die Quartalsstatistik des IAB, die schon für die Tabellen in Kapitel 2 und im Anhang verwendet worden war. Diese Quelle enthält die von der IAB-Beschäftigtenstichprobe schon bekannten Variablen. Für Ostdeutschland war noch keine Stichprobe verfügbar, aus diesem Grund mußte auf Aggregatdaten zurückgegriffen werden, die den Vorteil aufweisen, die Grundgesamtheit der sozialversicherungspflichtigen Beschäftigung vollständig zu umfassen.

Nach Auswertungen des Individualmaterials der Quartalsstatistik standen 32 188 684 Sätze zur Verfügung, die für kreisfreie Stadt und Landkreise aggregiert wurden. Für 114 Kreise Ostdeutschlands, einschließlich Westberlins, das als eigener Kreis aufgefaßt wurde, konnten die Daten zum Zeitraum 1993-1998 verwendet werden. Die sechs Jahre bildeten somit ein Regionenpanel. Die Definition der Variablen war ganz ähnlich wie bei den Analysen der Beschäftigtenstichprobe, allerdings wurde der Wirtschaftszweig mit 33 Kategorien detaillierter erfaßt.

Weitere aggregierte Information über die Regionen dient einerseits zur Gewinnung der hier interessierenden unabhängigen Variablen über die Arbeitslosigkeit, zum anderen zur weiteren Kontrolle der Heterogenität von Regionen. Eine Typisierung von Regionen, die mit vielen Aspekten der Aktivität regionaler Ökonomien und Arbeitsmärkte verbunden ist, geht auf eine verbreitete Klassifikation gemäß Siedlungsdichte und Zentralität zurück, die von der Bundesforschungsanstalt für Landeskunde und Raumplanung BfLR (heute BBR) entworfen wurde.

Tabelle 9.3
Typisierung von Regionen

Millionenstadt:	nicht gemäß BfLR/BBR Gliederung	
Regionstyp 1	Kernstädte	in Regionen mit großen Verdichtungsräumen
Regionstyp 2	Hochverdichtete Kreise	
Regionstyp 3	Verdichtete Kreise	
Regionstyp 4	Ländliche Kreise	
Regionstyp 5	Kernstädte	in Regionen mit Verdichtungsansätzen
Regionstyp 6	Verdichtete Kreise	
Regionstyp 7	Ländliche Kreise	
Regionstyp 8	Verdichtete Kreise	in ländlich geprägten Regionen
Regionstyp 0	Ländliche Kreise	

Zur Typisierung der betreffenden Regionen wird eine verbreitete und in Tabelle 9.3 dargestellte Systematik (vgl. Görmar, Irmen 1991) der Bundesforschungsanstalt für Landeskunde und Raumordnung (BfLR) verwendet, die um eine weitere Ausprägung („Millionenstadt") erweitert wird. Die Systematik beruht auf einer Kreuzung zweier Typisierungen, einer nach Siedlungsdichte und einer nach Zentralität. Die Regionstypisierung erfolgt auf der

Ebene von Kreisen, da die Einkommensunterschiede zwischen Gebieten mit verschiedenem Urbanisierungsgrad relativ kleinräumig ausgeprägt sind.

Die Regionstypisierung ist für Lohnanalysen wichtig, da das regionale Preisniveau und andere hier wichtige Regionalvariablen leider nicht zur Verfügung stehen, aber mit dem Gebietstyp korreliert sind. Auf diese Weise wird das Problem ausgeglichen, daß eine direkte Kontrolle des regionalen Preisniveaus nicht möglich ist. Experimente (vgl. Blien, Mederer 1998c), die für ein einzelnes Jahr, für 1989, durchgeführt werden konnten, zeigten, daß der Regionstyp und das regionale Preisniveau, für das eine gute Proxy in den Baulandpreisen[4] vorhanden war, stark miteinander korrelieren. Werden die Baulandpreise in logarithmierter Form einbezogen, sind zumindest in einer Lohnkurvenschätzung bei der Population der Männer die Gebietstypen nicht mehr signifikant.

Die zentrale unabhängige Variable ist die Arbeitslosenquote, die auf der Ebene der Länder problemlos aus der amtlichen Arbeitslosenstatistik verfügbar ist. Für andere Regionaleinheiten, die wichtig sind, müssen die Daten zum Teil umgeschätzt werden. Von großem Vorteil, insbesondere beim vorliegenden Datenmaterial, wäre es, Arbeitslosenquoten auf der Ebene von Kreisen einzubeziehen. Dies ist leider nur ab 1989 problemlos möglich, da ab diesem Jahr der Nenner der Arbeitslosenquote auf Grund von Volkszählungsdaten zur Verfügung steht. Die für einige Jahre vorher vorhandenen Arbeitslosenquoten sind sehr ungenau. Lohnkurven mit Kreisdaten sind also nur für einen sehr eingeschränkten Zeitraum möglich.

Während für die 328 westdeutschen Kreise bis 1986 Jahre keine Daten bezüglich der Arbeitslosigkeit zur Verfügung stehen, sind die Arbeitslosenquoten für die 142 Arbeitsamtsbezirke in Westdeutschland in der amtlichen Statistik vorhanden. Aus diesen Gründen wird auf Arbeitsamtsbezirke zurückgegriffen, um die Lohnkurve der achtziger Jahre mit kleinräumigen Einheiten zu schätzen. Allerdings enthalten die Daten einen Strukturbruch, der durch eine Umstellung der Bezugsgröße bei der Berechnung der Arbeitslo-

[4] Der Logarithmus der Baulandpreise und das regionale Preisniveau war gemäß Angaben des Statistischen Bundesamtes für 23 Städte verfügbar. Hier betrug die Korrelation 0,89.

senquote entsteht. Deutlich zu erkennen ist eine starke Zunahme der Erwerbspersonen im Jahr 1989, und damit verbunden ein Absinken der Arbeitslosenquote, das nicht mit tatsächlichen Veränderungen in Einklang gebracht werden kann. Grund für diesen Strukturbruch ist die Umstellung bei der Berechnung der Bezugsgröße durch die Verfügbarkeit der Daten der Volkszählung. Da die Veränderung der Berechnung der Quote Konsequenzen für die empirischen Analysen haben kann, müssen Korrekturen bezüglich der vorliegenden Arbeitslosenquoten vorgenommen werden, die im folgenden dargestellt werden (vgl. Wolf 1997: 60ff.).

Nach Berechnung der Bezugsgrößen von 1989 und 1980 gemäß interner IAB-Daten, werden die zwischen diesen Eckjahren liegenden Bezugsgrößen als Linearkombinationen geschätzt. Impliziter Ausgangpunkt ist das Jahr 1970, der Zeitpunkt der Volkszählung, deren Angaben für die Berechnung der alten Bezugsgröße in Form einer Fortschreibung verwendet worden war. Die Bezugsgröße eines Arbeitsamtsbezirks für 1985 wird ermittelt als 2/17 der ungewichteten Bezugsgröße des Jahres 1981 addiert mit 15/17 der ungewichteten Bezugsgröße von 1989. Der Bezug auf die 17 im Nenner ergibt sich als zeitlicher Abstand der beiden Volkszählungen. Ein Lag von zwei Jahren reproduziert die Zeitverzögerung mit der die Bezugsgröße in der Arbeitslosenstatistik angepaßt wird. Die Differenz der Erwerbspersonenanzahl im Jahre 1981 und 1989 wird somit gewichtet auf die dazwischenliegenden Jahre aufgeteilt.

Für Lohnkurvenanalysen zum Arbeitsmarkt Ostdeutschlands konnten kreisspezifische Arbeitslosenquoten für den Zeitraum von 1993 bis 1998 verwendet werden. Diese mußten in einem aufwendigen Prozeß gewonnen worden, da seitens der amtlichen Statistik keine konsistente Zeitreihe zur Verfügung stand. Ständige Gebietsreformen im Gebiet der neuen Bundesländer erschweren regionale Arbeitsmarktanalysen außerordentlich, da die amtlichen Daten zum ganz überwiegenden Teil nur zum jeweils aktuellen Gebietsstand erhältlich sind.

Konsistente Zeitreihen für die Arbeitslosenquote wurden im Rahmen von aufwendigen Vorarbeiten zu einem größeren Projekt über die Regionalentwicklung Ostdeutschlands gewonnen (vgl. Blien, Vollkommer, Wolf 1999,

Blien, Maierhofer, Vollkommer, Wolf et al. 2000). Dazu wurden die amtlichen Quoten auf den Gebietsstand von 1999 umgerechnet und - wo dies nicht möglich war - umgeschätzt.

KAPITEL X Ergebnisse der empirischen Untersuchungen

1. Eigene empirische Untersuchungen

Im Vordergrund der im folgenden dargestellten eigenen empirischen Untersuchungen steht die Analyse der Auswirkungen der regionalen Arbeitslosigkeit auf das Lohnniveau, d. h. der Test der Lohnkurvenhypothese für die Ökonomie Deutschlands. Gleichwohl sind die Untersuchungen durch die Orientierung auf das regionalökonomische theoretische Modell von Kapitel 6 allgemeiner ausgerichtet. Sie folgen den Kriterien, die sich aus den methodischen Erörterungen in Kapitel 7 ergeben.[1]

Die Untersuchungen profitieren im besonderen Maße von den im Institut für Arbeitsmarkt- und Berufsforschung zur Verfügung stehenden Daten, über die im vorherigen Kapitel das notwendige ausgeführt wurde. Die Analysen beginnen mit relativ einfachen Datenstrukturen aus der IAB-Beschäftigtenstichprobe. Zunächst werden Ergebnisse vorgestellt, die auf Auswertungen von Daten für ein einzelnes Jahr, nämlich für 1989, beruhen. Die Beschränkung auf einen Querschnitt wird dadurch partiell kompensiert, daß für dieses Jahr besonders reichhaltige und feingegliederte Regionalinformationen zur Verfügung stehen. Da zudem die verwendeten Mehrebenenmodelle Schlüsse erlauben, die sonst nur mit Längsschnittdaten möglich sind, können die erhaltenen Ergebnisse als Grundlage und Referenz für die weiteren Studien dienen, bei denen mit Datenstrukturen erhöhter Komplexität gearbeitet wird.

Im nächsten Schritt wird zur Betrachtung eines längeren Zeitraums übergegangen, indem Paneldaten aus der Beschäftigtenstichprobe für 1981 bis 1990

---

1 Der überwiegende Teil der Ergebnisse wird hier zum ersten Mal vorgelegt. Darüber hinaus erfolgt ein Überblick zu Resultaten, die vom Autor bereits in Fachzeitschriften publiziert wurden. In letzterer Kategorie befinden sich auch einige Arbeiten, die in Kooperation mit anderen Wissenschaftlern produziert wurden, aber zur Abrundung des Themas wichtig sind. Der Status der Ergebnisse wird jeweils durch die Angabe der Quelle genau gekennzeichnet.

einbezogen werden. In einer ganzen Serie von Analysen werden verschiedene Typen von Mehrebenenmodellen eingesetzt, die jeweils spezifische Ergebnisse erbringen. Den Abschluß dieser Untersuchungsreihe bilden schließlich Instrumentalvariablenschätzungen, die einen aus theoretischen Gründen wichtigen Aspekt beisteuern, indem sie die Endogenität der Arbeitslosigkeit berücksichtigen.

Zur Ergänzung aus der Perspektive der Nachfrageseite des Arbeitsmarktes werden Mehrebenenanalysen mit dem IAB-Betriebspanel durchgeführt. Die Ergebnisse unterscheiden sich in charakteristischer Weise von jenen, die mit Daten für Beschäftigte erhalten werden. Dies macht zumindest im Hinblick auf die untersuchte Fragestellungen deutlich, daß die Konzentration der empirischen Arbeitsmarktforschung auf Daten für Arbeitskräfte problematisch ist, da sie zu einer ungerechtfertigten Verengung der Perspektive führen kann.

Die empirischen Arbeiten werden durch die Bezugnahme auf erweiterte Fragestellungen abgerundet. Die Unterscheidung verschiedener Gruppen von Arbeitskräften ist von Bedeutung, da dabei wichtige Aufschlüsse über den Lohnbildungsprozeß gewonnen werden können.

2. Regionale Mehrebenenanalysen für ein Jahr

2.1 Modellspezifikation

Als Einstieg in Analysen zur Entlohnung auf regionalen Arbeitsmärkten und zur Lohnkurve werden Querschnittsdaten aus der Beschäftigtenstatistik verwendet, die mit Mehrebenenmodellen mit zufälligen Effekten und Koeffizienten untersucht werden (vgl. Blien 1995a, 1995b, 1995c, 1995d zu vorläufigen Ergebnissen). Mit einer Querschnittsbetrachtung wird begonnen, weil die Beobachtungen in diesem Fall nur in einer Dimension korreliert sind, nämlich in jener des Raumes, während Abhängigkeiten in der Zeit, die zusätzliche Komplikationen hervorrufen, entfallen. Aus diesem Grund ist der Querschnitt als Referenz für später gewählte, schwieriger zu beherrschende Lösungen für Längsschnittdaten notwendig.

Zwar erschwert das Fehlen der Zeitdimension die Identifikation von Kausalitäten, für das betreffende Jahr stehen jedoch Arbeitslosenquoten auf Kreisebene zur Verfügung und ist damit die Kontrolle der Randbedingungen des Handelns individueller Wirtschaftssubjekte für eine große Zahl regionaler Arbeitsmärkte möglich. Damit nähert man sich den Bedingungen eines kontrollierten Experiments an, in dem der Experimentator die unabhängigen Variablen selbst variiert. Eine solche Variation ist hier ebenfalls feststellbar, allerdings ist sie nicht durch zufällige Zuweisung auf die Untersuchungseinheiten, d. h. Regionen bedingt. Da jedoch die große Zahl einbezogener exogener Variablen die weitgehende Kontrolle der Heterogenität der Regionen erlaubt, nähert man sich der Idealsituation des Experiments in bestimmtem Grade.

Im vorliegenden Fall kann die im vorherigen Kapitel 9 beschriebene 0,25 % Teilstichprobe der IAB-Beschäftigtenstichprobe für das Jahr 1989 verwendet werden. Durch das Vorliegen der Regionalangaben für Landkreise und kreisfreie Städte, von denen es im Westen der Republik 328 (einschließlich Westberlin) gibt, ist eine wichtige Voraussetzung dafür gegeben, einen Querschnitt für Aussagen über regionale Arbeitsmärkte zu verwenden, denn diese besteht darin, daß die Anzahl der Regionaleinheiten hinreichend groß ist, um den Verlust der Variation in der Zeitdimension auszugleichen. Der Effekt der Anzahl der Regionen und ihrer Größe wird im Verlauf der Untersuchungen variiert.

Zur Analyse werden die in Kapitel 7 beschriebenen Mehrebenenmodelle für zufällige Effekte und Koeffizienten eingesetzt. Die elementaren Einheiten dieser Untersuchung sind die individuellen Beschäftigten i, die jeweils in bestimmten Regionen, den Kreisen r arbeiten. Die Kreise werden wiederum den Bundesländern f zugeordnet, um auf diese Weise die räumliche Autokorrelation innerhalb von Ländern mit zu berücksichtigen. Die folgende Schätzgleichung (1) für den Logarithmus des Lohns $\ln W$ entspricht der Gleichung (12) aus Kapitel 7.

$$\ln W_{irf} = \beta_0 + \boldsymbol{\beta}'_1 \mathbf{x}_{irf} + \boldsymbol{\beta}'_2 \mathbf{x}_{rf} + \boldsymbol{\beta}'_3 \mathbf{x}_f + \tilde{\pi}_f + \tilde{\mu}_{rf} + \tilde{\varepsilon}_{irf} \qquad (1)$$

Für jede Ebene tritt ein zufälliger Effekt auf und ist ein Satz von Variablen zugeordnet. Die Variablen auf der Ebene der Beschäftigten sind durch den

Vektor $\mathbf{x}_{irf}$ gekennzeichnet und repräsentieren deren Merkmale, soweit sie für das Niveau der Entlohnung maßgeblich und in der Datenbasis verfügbar sind. Der Vektor $\mathbf{x}_{rf}$ umfaßt die Variablen, die auf der Ebene von Kreisen variieren. Dies sind u. a. die Indikatorvariablen (Dummys) für den Regionstyp und die Arbeitslosenquote, soweit sie für Kreise definiert ist. In einem alternativen Fall variiert die Arbeitslosenquote auf der dritten Ebene, die der Bundesländer, wie in Gleichung (2). β_u ist die gesuchte Elastizität des Lohns im Hinblick auf die Arbeitslosigkeit.

$$\ln W_{irf} = \beta_0 + \boldsymbol{\beta}'_1 \mathbf{x}_{irf} + \boldsymbol{\beta}'_2 \mathbf{x}_{rf} + \beta_u \ln U_f + \tilde{\pi}_f + \tilde{\mu}_{rf} + \tilde{\varepsilon}_{irf} \qquad (2)$$

Tabelle 10.1 zeigt die Ergebnisse der Modellschätzungen für dieses Modell. Die Koeffizienten der Variablen sind in Spalte 1 (Pooled Regression unter der Unabhängigkeitsannahme, geschätzt mit der Methode der kleinsten Quadrate) und Spalte 3 (Mehrebenenanalyse) aufgelistet. Die Regression in den Spalten 1 und 2 entspricht dem klassischen linearen Modell. Ihre Ergebnisse dienen als Referenz für das Mehrebenenmodell in Spalte 3-5.

2.2 Allgemeine Charakterisierung der Ergebnisse

Die Spalten 2 und 4 enthalten die zugehörigen Standardfehler. Die Signifikanz eines Koeffizienten kann einer Tabelle für t-Werte entnommen werden oder ist näherungsweise nach der üblichen Faustregel abzuschätzen: Ein Koeffizient ist auf dem 95%-Niveau signifikant von Null verschieden, wenn der Standardfehler höchstens halb so groß ist wie der Absolutwert des Koeffizienten. Die t-Werte berechnen sich einfach als Quotient aus dem Koeffizienten und dem Standardfehler. Da für Mehrebenenmodelle in der Literatur gezeigt wird (vgl. z. B. Snijders, Bosker 1998: 67), daß die Verteilung der Werte für den Quotienten selbst dann nicht exakt der t-Verteilung entspricht, wenn die Normalverteilungsannahme gilt, werden im vorliegenden Kapitel für diesen Modelltyp direkt die Standardfehler angegeben und nicht die t-Werte.

Tabelle 10.1

Schätzergebnisse für die Lohnkurve mit dem Logarithmus der Arbeitslosenquote nach Bundesländern für das Jahr 1989

abhängige Variable: Logarithmus des Tageslohns
Pooled Regression (mit Unabhängigkeitsannahme) und Mehrebenenmodell (Ausführliche Darstellung von Modell 4 in Tabelle 10.2a)
Daten über Beschäftigte, Kreise und Länder (jeweils 1989),
N = 55 265 (0,25% der sozialversicherungspflichtigen Beschäftigungsverhältnisse Westdeutschlands). Gruppen von Indikatorvariablen sind jeweils mit einer Überschrift versehen und die betreffende Basiskategorie in Klammern angegeben,
* signifikant auf dem 5%, ** auf dem 1% Niveau,
Quelle: Eigene Berechnungen mit Daten der IAB-Beschäftigtenstichprobe und der Arbeitslosenstatistik

	Pooled Regression		Dreiebenenmodell		
	Koeffizient	Standardfehler	Koeffizient	Standardfehler	Effekt in %
Spalte Nr.	1	2	3	4	5
Konstante	3,9899		4,0098		
Frau	-0,2246**	0,0046	-0,2245**	0,0047	-20,11
Berufserfahrung	0,0261**	0,0004	0,0261**	0,0004	2,65
Berufserfahrung quadr.	-0,0004**	0,0000	-0,0005**	0,0000	-0,05
Stellung im Beruf (einfacher Arbeiter)					
Azubi	-0,9466**	0,0069	0,9481**	0,0070	-61,25
Facharbeiter	0,1054**	0,0051	0,1049**	0,0051	11,06
Meister	0,2865**	0,0117	0,2853**	0,0117	33,01
Heimarbeiter	-0,6243**	0,0362	-0,6230**	0,0362	-46,37
Weibl. höhere Angest.	0,3124**	0,0175	0,3094**	0,0175	36,26
Weibl. sonst. Angest.	0,1284**	0,0069	0,1266**	0,0069	13,50
Männl. Angest.	0,2076**	0,0068	0,2053**	0,0068	22,78
Teilzeit < 18 Std.	-1,0360**	0,0110	-1,0379**	0,0110	-64,58
Teilzeit ≥ 18 Std.	-0,3489**	0,0068	-0,3492**	0,0068	-29,48
Wirtschaftszweig (primärer Sektor)					
Bergbau	0,1298**	0,0137	0,1344**	0,0138	14,38
Chemische Industrie	0,1136**	0,0116	0,1119**	0,0117	11,84
Grundstoffindustrie	0,1097**	0,0116	0,1104**	0,0117	11,67
Maschinenbau	0,0775**	0,0112	0,0771**	0,0112	8,01
Kraftfahrzeugbau	0,1740**	0,0132	0,1694**	0,0134	18,46
Elektro	0,0394**	0,0104	0,0406**	0,0105	4,14
Holzverarbeitung	0,0777**	0,0119	0,0781**	0,0120	8,12
Textil	-0,0615**	0,0132	-0,0597**	0,0133	-5,79
Nahrungsmittel	-0,0466**	0,0120	-0,0440**	0,0120	-4,31
Bau	0,0719**	0,0108	0,0723**	0,0109	7,49
Handel & Transport	0,0071	0,0100	0,0068	0,0101	0,68
Banken & Versich.	0,1634**	0,0123	0,1606**	0,0123	17,42
Öffentlicher Dienst	-0,0237*	0,0106	-0,0225*	0,0107	-2,23
Gehobene Dienste	0,0167	0,0105	0,0172	0,0105	1,74
Sonstige Dienste	-0,1472**	0,0108	-0,1487**	0,0108	-13,82

Tabelle 10.1 **(Fortsetzung)**

	Pooled Regression		Dreiebenenmodell		
	Koeffizient	Standard-fehler	Koeffizient	Standard-fehler	Effekt in %
Spalte Nr.	1	2	3	4	5
Qualifikation (ohne Ausbildung)					
Mit berufl. Ausbildung	0,1029**	0,0039	0,1031**	0,0039	10,86
Abitur	0,0855**	0,0116	0,0825**	0,0117	8,60
Abi & Berufsausbildung	0,1992**	0,0103	0,1972**	0,0103	21,80
Fachhochschule	0,2340**	0,0120	0,2341**	0,0120	26,37
Universität	0,2751**	0,0112	0,2735**	0,0112	31,46
Berufsgruppe (agrarische Berufe)					
Einfache manuelle B.	0,0387**	0,0085	0,0378**	0,0085	3,85
Qualifizierte manuelle B.	0,0273**	0,0082	0,0272**	0,0083	2,75
Techniker	0,1423**	0,0097	0,1419**	0,0097	15,25
Ingenieure	0,2007**	0,0138	0,2005**	0,0139	22,20
Einfache Dienste	0,0087	0,0085	0,0082	0,0085	0,82
Qualifizierte Dienste	0,0668**	0,0100	0,0670**	0,0100	6,93
Semiprofessionen	0,1919**	0,0106	0,1924**	0,0106	21,21
Professionen	0,2604**	0,0169	0,2619**	0,0169	29,94
Einfache Verwalt. B.	0,0148	0,0092	0,0141	0,0092	1,42
Qualifizierte Verwalt. B.	0,1052**	0,0087	0,1045**	0,0088	11,01
Leitungsfunktionen	0,2610**	0,0124	0,2593**	0,0124	29,60
Betriebsgröße (1-4 Beschäftigte)					
5-9 Beschäftigte	0,1267**	0,0063	0,1272**	0,0064	13,57
10-49 Beschäftigte	0,2263**	0,0052	0,2263**	0,0053	25,39
50-99 Beschäftigte	0,2864**	0,0061	0,2859**	0,0062	33,09
100-199 Beschäftigte	0,3025**	0,0062	0,3015**	0,0062	35,19
200-499 Beschäftigte	0,3320**	0,0059	0,3310**	0,0059	39,24
500-999 Beschäftigte	0,3559**	0,0066	0,3552**	0,0066	42,65
1000- 4999 Beschäftigte	0,3661**	0,0062	0,3646**	0,0062	44,80
über 4999 Beschäftigte	0,4042**	0,0084	0,4001**	0,0086	49,20
Kreistypen (Regionstyp 0)					
Millionenstadt	0,0747**	0,0069	0,0741**	0,0147	7,69
Regionstyp 1	0,0595**	0,0062	0,0452**	0,0091	4,63
Regionstyp 2	0,0659**	0,0064	0,0508**	0,0091	5,21
Regionstyp 3	0,0444**	0,0078	0,0379**	0,0103	3,86
Regionstyp 4	0,0128	0,0111	0,0061	0,0135	0,61
Regionstyp 5	0,0241**	0,0074	0,0192	0,0100	1,94
Regionstyp 6	0,0272**	0,0065	0,0178*	0,0086	1,80
Regionstyp 7	0,0053	0,0079	-0,0008	0,0098	-0,08
Regionstyp 8	0,0200**	0,0073	0,0154	0,0090	1,55
Auf Landesebene gemessene Variable					
ln (Arbeitslosenquote)	-0,0402**	0,0043	**-0,0464****	**0,0139**	**-4,53**
Devianz	31439,68		31289,76		
Residualvarianzen σ^2_ε	0,103417		0,102793		
σ^2_μ			0,000511		
σ^2_π			0,000129		

Devianz im leeren Dreiebenenmodell: 101188,87

Selbst wenn die genannte Einschränkung berücksichtigt wird, zeigt sich, daß der bei weitem größte Teil der Koeffizienten signifikant ist, da die Standardfehler zumeist deutlich kleiner als ihre kritischen Werte sind und Abweichungen von der t-Verteilung nicht derart stark ausfallen. Auf die Elimination von nicht signifikanten Variablen im Schätzmodell wurde verzichtet, da es sich dabei jeweils um Elemente größerer Sätze von Dummyvariablen handelt, die zusammen zu interpretieren sind. Die Aufnahme der entsprechenden Gruppen von Dummyvariablen in die Schätzung wurde jeweils mit dem Likelihood-Ratio Test geprüft.

In Spalte 5 wurde die Wirkung der Variablen gemäß Mehrebenenanalyse in delogarithmierter Form (= [exp(Koeffizient) – 1] * 100) in Prozent angegeben. In diesem Fall kann die Wirkung einer Indikatorvariablen direkt abgelesen werden. Ein Wert von -20,11 bei der Variablen „Frau" bedeutet demnach, daß - bereinigt um die Effekte der anderen Variablen - eine Frau um diesen Prozentsatz weniger verdient als ein Mann. Bei den intervallskalierten Variablen (nur „Berufserfahrung", „Berufserfahrung quadriert" und „Logarithmus der Arbeitslosenquote") gibt dieser Prozentwert die Wirkung der Variablen bei Veränderung um eine Einheit an.

Bevor die Ergebnisse im Hinblick auf die Lohnkurve interpretiert werden, sei kurz auf die Werte der kontrollierenden Variablen eingegangen. Im großen und ganzen entsprechen die Resultate den Erwartungen und decken sich ungefähr mit jenen anderer Untersuchungen (für die Wirtschaftszweigeffekte vgl. z. B. Wagner 1991; Möller, Bellmann 1993). Abweichungen sind durch andere Modellspezifikationen und Variablendefinitionen zu erklären. Unerwartet sind lediglich die großen Effekte der Indikatorvariablen für die Betriebsgröße (vgl. zu etwas kleineren Effekten wiederum Wagner 1991 sowie Gerlach, Hübler 1995). Die Unterschiede zwischen den Gebietstypen, die in Tabelle 9.3 definiert wurden, sind wesentlich kleiner.

Es sei angemerkt, daß die verschiedenen kontrollierenden Variablen nicht unmittelbar in einem kausalen Sinne interpretiert werden dürfen. Hier wird nicht angenommen, daß die einbezogenen Merkmale in einem strikten Sinne ein Index z. B. für die Produktivität von Arbeitskräften sind.

Vergleicht man die Koeffizienten der Regression unter der Unabhängigkeitsannahme mit jenen der Mehrebenenanalyse, finden sich nennenswerte Unterschiede allein bei den Regionalvariablen. Bei diesen fallen die Abweichungen in den Standardfehlern besonders ins Auge. Der Standardfehler der Arbeitslosenquote ist im Mehrebenenmodell dreimal so groß wie in der Regression mit Unabhängigkeitsannahme. Der Koeffizient ist gleichwohl auch in der Mehrebenenanalyse signifikant.

An dem geradezu extremen Unterschied bei der Größe der Standardfehler wird der Vorzug der Mehrebenenanalyse deutlich, die die Korrelation der Beobachtungen innerhalb von Regionen im Modellansatz berücksichtigt. Mit ihr läuft man nicht Gefahr, einen Zusammenhang als überzufällig anzusehen, der in Wirklichkeit insignifikant ist.

Etwas vereinfachend kann man sich das Problem an den Fallzahlen verdeutlichen: Die Berechnung der Signifikanztests basiert im Modell mit der Unabhängigkeitsannahme auf einer falschen Bezugsgröße. Sie erfolgt nicht auf der Grundlage der 11 Länder, sondern ist bezogen auf die 55 265 individuellen Beschäftigten. Da die Beobachtungen innerhalb der Regionaleinheiten korreliert sind, enthalten sie weniger Information als bei Geltung der Unabhängigkeitsannahme. Dies wird mit dem Mehrebenenmodell korrigiert.

Zur Berechnung der drei nach Ebenen unterschiedenen Maße für die Varianzaufklärung wird von einem leeren Modell ausgegangen. Danach ist der Anteil der Varianz der abhängigen Variablen Ln*W*, der auf der Kreisebene lokalisiert ist, an der Gesamtvarianz $\sigma_\mu^2/\sigma_v^2 = 2{,}072$ %. Jener auf der Landesebene beträgt $\sigma_\pi^2/\sigma_v^2 = 0{,}546$ %. Die Höhe der individuellen Löhne ist also überwiegend durch Faktoren bestimmt, die unterhalb der regionalen Ebene ansetzen, also z. B. auf der (hier nicht betrachteten) Firmen- und der Individualebene. Dies ist insoweit nicht verwunderlich, als auf der Individualebene viel mehr 'Platz' für Variation ist als auf der Regionsebene.

Daraus darf nicht der Schluß gezogen werden, daß die regionale Ebene nicht relevant sei. Zum Teil wirken auf dieser Ebene lokalisierte Effekte durch die Individualvariablen hindurch, z. B. indem sie die Verteilung der Arbeitsplätze beeinflussen, die sich bekanntlich zwischen den Regionen stark unterscheidet. Insofern ist die Aufspaltung der Varianz nach den verschiedenen Ebenen modellspezifisch und beinhaltet eine Untergrenze für die Stärke der auf der Ebene der Regionen feststellbaren Einflüsse.

Unabhängig von dieser Überlegung ist die klare Dominanz der Variation auf der Beschäftigtenebene ein zentraler Hinweis für die Bedeutung der Verwendung von Individualdaten zur Analyse makro- und regionalökonomischer Phänomene. Wenn die Hauptstreuung der Daten von der Individualebene stammt, aber nur Makrodaten verwendet werden, können ungleichmäßige Verteilungen der Individuen zwischen den Regionen leicht Makrozusammenhänge verdecken und zu verzerrten Schätzungen führen.

Die verschiedenen R^2 (Tabelle 10.2, in Spalte 4 ist das gleiche Modell enthalten wie in den Spalten 3-5 von Tabelle 10.1) fallen jeweils hoch aus. In einem formalen Sinne ist das Modell somit sehr gut an die Daten angepaßt. Diese formale Anpassung vermag jedoch allenfalls Hinweise für die Gültigkeit eines Modells zu geben, da der 'Wert' der Variablen jeweils inhaltlich zu begründen ist. In der Mehrebenenanalyse entsteht als zusätzliches Problem, daß mehrere R^2 zu beachten sind, die zwischen den Ebenen nicht verglichen werden können. Die R^2 haben bei der hier verwendeten Modellstruktur nicht die in der „einfachen" Regressionsanalyse zugeschriebene Bedeutung, da ein Vergleich nur mit Modellen in eingeschränkter Weise möglich ist, die sich auf die gleiche Datenbasis beziehen. Zudem ist der Koeffizient nicht mehr in der gleichen Weise zwischen 0 und 1 normiert, wie bei einer Regression für gepoolte Werte, die R^2 für Modelle mit zufälligen Koeffizienten können sogar negative Werte annehmen.

Für Mehrebenenmodelle wird als Kriterium zur Modellformulierung der Likelihood-Ratio Test empfohlen (vgl. Kapitel 7). Variablen sollten nur aufgenommen werden, wenn das entsprechend reichere relativ zu dem sparsameren Modell den Test besteht. Die Angabe der dazu gehörigen Werte für die Devianz (= die -2Loglikelihood) ist für sich genommen nicht aussagefähig, da der Test immer relative Werte erbringt. In Tabelle 10.1 sind demgemäß die maßgeblichen Werte für ein leeres Dreiebenenmodell (ohne jede Variable) als Referenz, für die Pooled Regression und für das Dreiebenenmodell mit allen Variablen angegeben. Danach ist die Parametervariation jeweils signifikant. Da die Werte für die Devianz i. d. R. zwischen den Modellen, die nur eine bestimmte Schnittmenge an Variablen gemeinsam haben, unvergleichbar sind, wird im folgenden oft auf ihre Angabe verzichtet.

Der Test wird jedoch stets durchgeführt und in den Tabellen nur Modelle gezeigt, bei denen die Inklusion zusätzlicher Variablen (bzw. Gruppen von Dummyvariablen) als signifikant beurteilt wird. Dies ist jedoch kein Problem, da die aus theoretischen Gründen für wichtig befundenen Variablen den Test jeweils passieren. Im Falle der Einführung einer neuen Ebene mit entsprechenden zufälligen Effekten wird der gleiche Test angewendet.

Im vorliegenden Fall sind alle variierenden Parameter bei den einzelnen Modellen (vgl. Tabelle 10.2) signifikant. Insbesondere verbleiben in allen Modellen signifikante Entlohnungsunterschiede zwischen den einzelnen Regionen. Dies kann als Wirkung von unbeobachteten Regionaleinflüssen bzw. als regionale Arbeitsmarktsegmentation (vgl. Maier, Weiss 1991) aufgefaßt werden. In einem voll kompetitiven Markt müßten solche regionalen Unterschiede tendenziell verschwinden, es sei denn, sie lassen sich - gemäß der Theorie der kompensierenden Lohndifferentiale - als bezogen auf die „Lebensqualität" einer Region begreifen. Ist dies nicht der Fall, tragen die regionalen Lohndifferentiale als eigene Dimension zu Verteilungsunterschieden, bzw. zur sozialen Ungleichheit bei (vgl. Bertram 1992b).

2.3 Ergebnisse zu den Lohneffekten der Arbeitslosigkeit

Einen Überblick zu verschiedenen Arten der Spezifikation des Lohnkurvenzusammenhangs gibt Tabelle 10.2. Hier findet sich das Modell aus Tabelle 10.1 unter der Spalte 4 wieder. Bei den Modellen 1-9 wurde jeweils lediglich die Spezifikation der Arbeitslosigkeit verändert. Die kontrollierenden Variablen waren die gleichen wie in Tabelle 10.1 aufgeführt. In den Modellen 10-13 wurden die kontrollierenden Variablen ganz oder teilweise ausgeschlossen. Alle Modelle sind dreistufig.

Die Betrachtung beginnt mit Modell 13. Es enthält keinerlei kontrollierende Variablen, nur die Arbeitslosenquote in logarithmierter Form, gemessen auf der Landesebene. Es zeigt sich ein schwacher negativer Effekt, der jedoch nicht signifikant ist.

Tabelle 10.2

Schätzergebnisse für die Lohnkurve - Verschiedene Spezifkationen im Vergleich

Bei Verwendung von Dreiebenenmodellen mit zufälligen Effekten
Daten über Beschäftigte, Kreise und Länder (jeweils 1989), N = 55 265
abhängige Variable: Logarithmus des Tageslohns, Standardfehler in Klammern

Quelle: Eigene Berechnungen mit Daten der IAB-Beschäftigtenstichprobe und der Arbeitslosenstatistik

Modell Nr.	1	2	3	4	5
Arbeitslosenquote Kreis	-0,0173** (0,0037)				
(Arbeitslosenquote Kreis)^2	0,00065** (0,0002)				
Ln (Arbeitslosenquote Kreis)			-0,0487** (0,0076)		-0,0479** (0,0089)
Arbeitslosenquote Land		-0,0172 (0,0106)			
(Arbeitslosenquote Land)^2		0,00068 (0,0006)			
Ln (Arbeitslosenquote Land)				-0,0464** (0,0139)	-0,0028 (0,0158)
R^2 (Beschäftigte)	0,716	0,716	0,716	0,717	0,716
R^2 (Kreise)	0,951	0,934	0,950	0,934	0,950
R^2 (Länder)	0,935	0,935	0,938	0,937	0,938

Modell Nr.	6[1)]	7	8	9	10
Arbeitslosenquote Kreis		-0,0057** (0,0010)			
(Arbeitslosenquote Kreis)^2					
Ln (Arbeitslosenquote Kreis)	-0,0484** (0,0076)				
Arbeitslosenquote Land			-0,0056** (0,0019)		
(Arbeitslosenquote Land)^2					
Ln (Arbeitslosenquote Land)					-0,0272 (0,0195)
R^2 (Beschäftigte)	0,718	0,716	0,716	0,716	0,716
R^2 (Kreise)	0,944	0,946	0,934	0,934	0,946
R^2 (Länder)	0,906	0,928	0,927	0,801	0,928

1) Modell Nr.6: Mit auf der Ebene von Kreisen zufällig variierendem Koeffizienten der Geschlechtsvariablen

* heißt: signifikant auf dem 5%, ** auf dem 1% Niveau

***Tabelle 10.2* (Fortsetzung)**

Modell Nr.	11	12	13
Arbeitslosenquote Kreis			
(Arbeitslosenquote Kreis)^2			
Ln (Arbeitslosenquote Kreis)			
Arbeitslosenquote Land			
(Arbeitslosenquote Land)^2			
Ln (Arbeitslosenquote Land)	-0,0171	-0,0779**	-0,0202
	(0,0261)	(0,0179)	(0,0485)
R^2 (Beschäftigte)	0,716	0,716	0,0
R^2 (Kreise)	0,934	0,934	0,0
R^2 (Länder)	0,927	0,801	0,052

In jedem dieser Modelle wurden alle 51 Kontrollvariablen auf der Individualebene und alle 9 Variablen zum Regionstyp einbezogen (zu den Variablen vgl. Tabelle 10.1). Ausnahmen von dieser Regel sind:

Modell Nr. 10: Ohne Regionstyp

Modell Nr. 11: Ohne Regionstyp und ohne Betriebsgröße

Modell Nr. 12: Nur die Arbeitslosenquote und der Regionstyp einbezogen

Modell Nr. 13: Nur die Arbeitslosenquote als erklärende Variable

Bezieht man alle verfügbaren Variablen ein, so zeigt sich für den Logarithmus der Arbeitslosenquote ein Wert von -0,0464 (Quote gemessen für Länder, Modell 4, das sich auch in Tabelle 10.1 findet), bzw. -0,0487 (Arbeitslose nach Kreisen, Modell 3). Da beide Variablen in Logarithmen angegeben sind, lassen sich die Koeffizienten der Arbeitslosigkeit unmittelbar als Elastizitäten interpretieren. Damit ist der für die Lohnkurve ermittelte Effekt deutlich kleiner als jener, der in internationalen Untersuchungen gefunden wurde. In absoluten Größen ist er ungefähr halb so groß.

Der relativ niedrige Wert für die Elastizität des Lohns im Hinblick auf die Arbeitslosigkeit ist ein Hinweise darauf, daß in der Bundesrepublik Deutschland (West) die Löhne auf regionaler Ebene nicht so flexibel sind wie anderswo. Andererseits läßt sich nicht bestreiten, daß ein Zusammenhang von Arbeitslosigkeit und Entlohnung feststellbar ist. Der Koeffizient hat das erwartete negative Vorzeichen. Höhere Arbeitslosigkeit verbindet sich mit niedrigerer Entlohnung. Die gefundenen Werte sind im Einklang mit der Lohnkurvenhypothese in ihrer 'schwachen' Form, d. h. ohne Berücksichtigung des numerischen Werts des Koeffizienten. Die Richtung des Effekts kann als bestätigt gelten.

Die genaue funktionale Form des Zusammenhangs wurde durch alternative Spezifikationen der Arbeitslosigkeit geprüft. Zunächst erweist sich als überraschend, daß die Größe des auf Länderebene ermittelten Effekts nahezu mit jener für die Kreisebene übereinstimmt. Der maßgebliche Zusammenhang scheint sich in den größeren Regionaleinheiten jedoch lediglich zu spiegeln: dies zeigen die höheren Maße für die Varianzaufklärung im Fall der Arbeitslosigkeit auf Kreisebene. Außerdem wurde die Wirkung beider Quoten direkt miteinander verglichen: Im Modell 5 wurden sowohl die Quoten der Landes- wie jene der Kreisebene in die Analyse einbezogen. Es zeigt sich, daß die Kreisquote eindeutig dominiert, während die Landesquote nicht signifikant wird.[2]

Rechnet man mit einem linearen, nicht mit einem logarithmischen Effekt, ergibt sich eine fast ebenso gute Modellanpassung, wie sich mit den Modellen 7 und 8 zeigt. Interessanterweise stimmen erneut die Koeffizienten für Länder- und für Kreisquoten nahezu überein. Nach diesen Ergebnissen kann nicht ausgeschlossen werden, daß der Zusammenhang linear ist.

Bezieht man zu dem linearen Effekt zusätzlich das Quadrat der Arbeitslosenquote ein, ergibt sich für die Länderquote ein insignifikanter Koeffizient

---

2 Dieses Ergebnis steht in direktem Gegensatz zu einem Befund von Büttner & Fitzenberger (1998), die mit der nahezu gleichen Datenbasis, aber mit abweichenden Methoden (Quantilsregressionen), keine signifikanten Lohneffekte auf Kreisebene fanden, während diese auf der Ebene größerer Regionen feststellbar waren. In Übereinstimmung mit Analysen von Büttner (1998) führen sie diese Diskrepanz darauf zurück, daß Kreise keine regionalen Arbeitsmärkte darstellen. Hier wird jedoch (vgl. Kapitel 9) argumentiert, daß die Abgeschlossenheit von Arbeitsmärkten u. U. kein zweckmäßiges Kriterium darstellt, um Regionaleinheiten zur Identifikation der Lohnkurve auszuwählen, da Pendlerverflechtungen gerade zwischen den entgegengesetzten 'Ästen' der Lohnkurve entstehen. Das Resultat von Büttner & Fitzenberger könnte dann damit erklärt werden, daß die Autoren keine offiziellen Arbeitslosenquoten verwenden, sondern die lokale Arbeitslosigkeit mit den Leistungsempfängern schätzen, die in der IAB-Stichprobe zusätzlich enthalten sind. Die Schätzung der Arbeitslosigkeit wird dann notwendig um so unpräziser, je kleiner die betreffenden Regionaleinheiten sind. Dies könnte dazu führen, daß die Lohnkurve bei Kreisen nicht mehr signifikant ist.

(Modell 2). Dies ist ein schönes Beispiel für den Wert der Mehrebenenanalyse, da in der parallel durchgeführten Regression mit Unabhängigkeitsannahme der Koeffizient hochsignifikant ausfällt. Hier würde also die Regression mit der üblichen Annahme zu einem Fehlschluß führen.

Das durch Gleichung (3) beschriebene Modell 6 weist einen variierenden Koeffizienten für die Indikatorvariable x^g auf, die das Geschlecht bezeichnet (vgl. Gleichung 13c in Kapitel 7):

$$\ln W_{irf} = \beta_0 + \boldsymbol{\beta}'_1 \mathbf{x}_{irf} + \boldsymbol{\beta}'_2 \mathbf{x}_{rf} + \beta_u \ln U_{rf} + \tilde{\pi}_f + \tilde{\mu}_{rf} + \tilde{\varepsilon}_{irf} + \tilde{\eta}_{rf} x^g_{irf} \qquad (3)$$

Die zugehörige Varianz des Koeffizienten zeigt, daß der Entlohnungsabstand zwischen Männern und Frauen erheblichen regionalen Variationen unterworfen ist. Ein Blick auf die Erwartungswerte für einzelne Kreise ergibt, daß Frauen insbesondere in größeren Städten vergleichsweise besser entlohnt werden. Für die Spezifikation der Lohnkurve ist dieser Unterschied jedoch ohne Belang, da sich im Hinblick auf den hier maßgeblichen Koeffizienten nur minimale Unterschiede zu dem entsprechenden Modell mit fixem Geschlechtseffekt feststellen lassen.

Auch für andere Variablen wurden variierende Koeffizienten getestet, z. B. für die Dummyvariablen, die das Bildungsniveau indizieren. In keinem Fall konnte jedoch eine signifikante Parametervariation gefunden werden. Daraus kann geschlossen werden, daß sich Bildungsunterschiede in allen Regionen der Bundesrepublik Deutschland (West) nahezu im gleichen Maße auf die Lohnhöhe auswirken. Der Abschluß einer betrieblichen Ausbildung z. B. im Norden der Republik wird im Rahmen der statistischen Genauigkeit genauso honoriert wie im Süden. Allerdings ist der Varianzanteil, der auf die regionale Ebene entfällt, generell relativ klein. Dies könnte ein Grund dafür sein, daß über Modelle mit zufälligen Koeffizienten keine mit einzelnen Variablen verknüpfte Variation zu finden ist. Gleichwohl ist der durch die Klasse der Modelle mit zufälligen Koeffizienten ermöglichte Test von Bedeutung, da auf diese Weise das Ergebnis erbracht wird, daß insbesondere für die Bildungsvariablen keine regionale Differenzierung im Hinblick auf das mit ihnen verknüpfte Lohndifferential erfolgt.

Um ein anschauliches Verständnis der Verknüpfung der beiden wichtigsten Variablen zu erlangen, wurde der mit zwei Modellen für die Arbeitslosigkeit auf Landesebene gewonnene Effekt benutzt, um jenen Lohn zu berechnen, der mit der jeweiligen Quote verbunden ist. Technisch gesehen handelt es sich um einen bedingten Erwartungswert für den Lohn. Er ergibt sich unter Konstanthaltung aller anderen Variablen bei Variation der Arbeitslosenquote.

In Tabelle 10.3 enthält Spalte 5 jene Werte, die auf der Grundlage von Modell 4 berechnet wurden. Für jedes Bundesland wird ermittelt, um wieviel der Durchschnittslohn niedriger ist, wenn die Arbeitslosigkeit höher ausfällt als in Baden-Württemberg. Da dieses Land die niedrigste Quote aufweist, wird es als Bezugsbasis verwendet. In entsprechender Weise wird in Spalte 6 auf der Grundlage des in Modell 8 ermittelten Koeffizienten verfahren. Die berechneten Werte entsprechen nicht den Durchschnittszahlen für die Löhne. Diese sind aus den Spalten 2 und 3 zu ersehen.

Die Spalten 5 und 6 machen erhebliche Lohnunterschiede zwischen den Bundesländern deutlich, die mit der Arbeitslosigkeit verknüpft sind. Der prognostizierte Entgeltabstand zwischen Bremen und Baden-Württemberg beträgt 5,3 % im logarithmischen Modell und 5,5 % im linearen Modell. Die anderen Bundesländer weisen kleinere Werte auf.

Die in den Spalten 5 und 6 von Tabelle 10.3 berechneten Werte kann man zur Darstellung der Lohnkurve verwenden. Weil in Abbildung 10.1 von dem Bundesland mit der geringsten Arbeitslosigkeit, d. h. von Baden-Württemberg ausgegangen wird, kann die Darstellung als relative Lohnkurve bezeichnet werden.

Geht man zur Betrachtung von Kreisen über, sind die Erwartungswerte für die Lohnunterschiede noch größer, da hier stärkere Unterschiede im Hinblick auf die Arbeitslosenquote auftreten als bei Ländern. In der linearen Fassung der Lohnkurve beträgt der erwartete Lohnunterschied z. B. zwischen Essen und Böblingen ungefähr 7 %. Dieser Unterschied ist von der gleichen Größenordnung wie jener zwischen einer Millionenstadt und ländlich geprägten Kreisen (Tabelle 10.1). Die sich ergebende relative Lohnkurve ist in Abbildung 10.2 dargestellt. Hier wurde nicht der kleinste vorkommende Wert für die Arbeitslosigkeit von 2,7 % für Eßlingen als Basis genommen, sondern der dreifach vorkommende Wert von 3,1 %.

Tabelle 10.3

Arbeitsmarktmerkmale der Länder 1989

Quelle: Eigene Berechnungen mit Daten der IAB-Beschäftigtenstichprobe, der Beschäftigtenstatistik und der Arbeitslosenstatistik auf der Basis von Modellen aus Tabelle 10.2

	Arbeits-losen-quote	Durch-schnitts-lohn	Durch-schnitts-lohn	Resi-duum	Mit Arbeitslosigk. ‚prognostizierter' Lohneffekt in %	
					Modell 4	**Modell 8**
Spalte Nr.	1	2	3	4	5	6
Schleswig-Holstein	9,6	91,94	94,25	100,25	-3,45	-2,82
Hamburg	11,7	107,48	102,42	100,65	-4,34	-3,95
Niedersachsen	10,0	94,86	94,08	100,32	-3,64	-3,03
Bremen	14,6	103,32	100,41	100,15	-5,31	-5,50
Nordrhein-Westfalen	10,0	102,26	104,52	101,16	-3,64	-3,03
Hessen	6,1	103,04	104,73	100,71	-1,40	-0,89
Rheinland-Pfalz	6,9	96,22	98,16	99,22	-1,96	-1,34
Baden-Württemberg	4,5	101,88	103,53	100,98	0,0	0,0
Bayern	5,7	97,07	96,56	98,58	-1,09	-0,67
Saarland	11,0	101,04	101,08	98,67	-4,06	-3,57
Berlin (West)	9,8	101,54	100,97	99,35	-3,55	-2,92

Spalte 2: Angaben nach Quartalsmaterial der Beschäftigtenstatistik (Ausschluß aller Fälle mit Tagesentgelt < 12 DM), auf Bundesdurchschnitt prozentuiert

Spalte 3: Erwartungswerte für Bundesländer in einem Dreiebenenmodell ohne erklärende Variablen (delogarithmiert), auf Mittelwert prozentuiert

Spalte 4: Bedingte Erwartungswerte (Residuen auf Landesebene) geschätzt mit Dreiebenenmodell Nr. 4, mit allen erklärenden Variablen (delogarithmiert), auf Mittelwert prozentuiert

Spalte 5: nach Modell 4 (vgl. Tabelle 10.2): {exp[-0,0464 * Ln(Arbeitslosenquote Land)] - exp[-0,0464 * Ln(Arbeitslosenquote Baden-Württemberg)]}/ exp[-0,0464 * Ln(Arbeitslosenquote Baden-W.)]

Spalte 6: nach Modell 8 {(vgl. Tabelle 10.2): {exp[-0,0056 * (Arbeitslosenquote Land)] - exp[-0,0056 * (Arbeitslosenquote Baden-Württemberg)]}/ exp[-0,0056 * (Arbeitslosenquote Baden-W.)]

Zur Frage nach der Güte der hier vorgelegten Abschätzungen wurde schon darauf hingewiesen, daß die verschiedenen Maße für die Varianzaufklärung R^2 sehr hohe Werte aufweisen. Dies verdeutlicht eine gute Modellanpassung, die noch etwas veranschaulicht werden kann. In Tabelle 10.3, Spalte 4 sind (in % des Mittelwerts) die Erwartungswerte für die einzelnen Länder bei Einbeziehung aller verfügbaren Variablen gemäß Modell 4 eingetragen. Zieht man 100 ab, sind diese Erwartungswerte identisch mit den Residuen der Schätzung auf der Länderebene. Man sieht, daß diese Erwartungswerte sich sehr eng um 100 konzentrieren. Nahezu die gesamte Variation der Entgelte auf der Landesebene kann somit auf die einbezogenen Variablen zurückgeführt werden.

Abbildung 10.1

Relative Lohnkurve
für Länder gemäß Mehrebenenmodell Nr. 4 und Nr. 8 in Tabelle 10.2

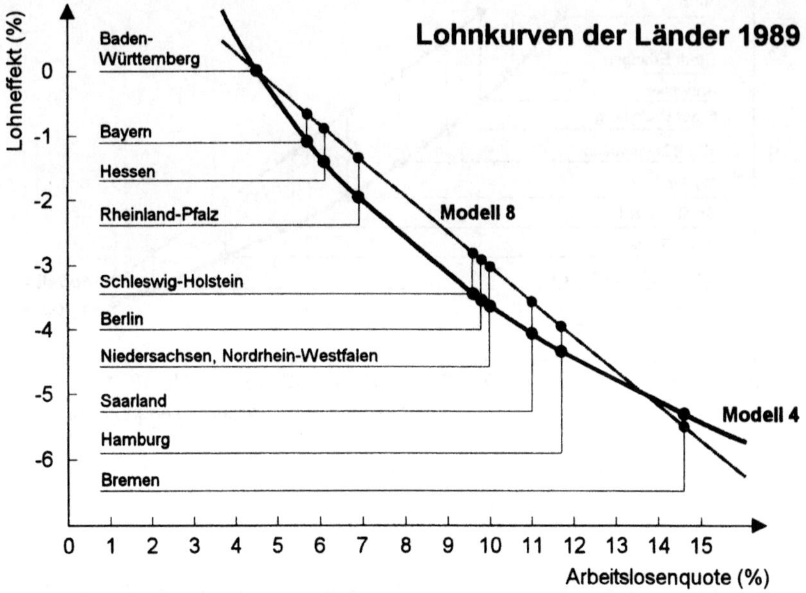

Für Kreise ergeben sich parallele Ergebnisse. In einem leeren Modell beträgt z. B. der Schätzwert für den Lohnabstand zwischen den nebeneinander liegenden Kreisen von Wolfsburg und Gifhorn 51 %. Alle bei der Berechnung der Ergebnisse in Tabelle 10.1 einbezogenen Variablen reduzieren diesen Abstand auf geringe 5 %. Das Beispiel zeigt, wie gut das verwendete Modell an die Daten angepaßt ist.

Abbildung 10.2

Relative Lohnkurve
für Kreise gemäß Modell Nr. 7 und Nr. 3 in Tabelle 10.2

Einige Landkreise und kreisfreie Städte sind beispielhaft eingetragen

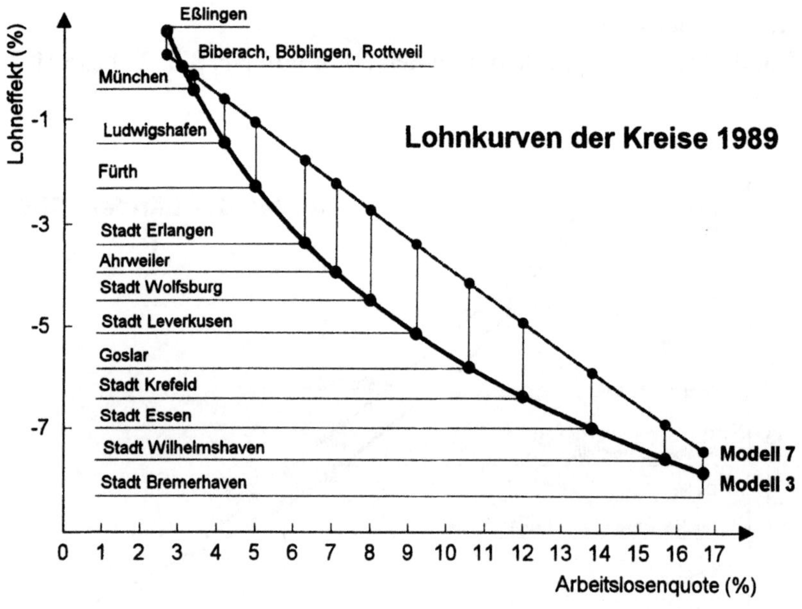

Um zu sehen, ob die gewonnenen Ergebnisse sensitiv im Hinblick auf Modellspezifikation und die gewählte Regionaleinheit sind, werden weitere Modellschätzungen durchgeführt. In Tabelle 10.4a werden erneut Lohnkurven auf der Ebene von Kreisen getestet. Hier wurden zwei der Gebietstypen nicht durch Dummys repräsentiert, da die Lohnunterschiede zwischen den ländlichen Gebieten sich bisher als nicht signifikant und sehr klein erwiesen haben, egal ob diese in der Nähe eines Zentrums liegen oder weit entfernt.

Tabelle 10.4a

Schätzergebnisse für die Lohnkurve gemessen auf der Ebene von Kreisen

abhängige Variable: Logarithmus des Tageslohns
Pooled Regression (mit Unabhängigkeitsannahme) und Mehrebenenmodelle mit allen Kontrollvariablen im Vergleich (48 Variablen nicht dargestellt)
Daten über Beschäftigte und Kreise (jeweils 1989), N = 55 265
Arbeitslosigkeit logarithmiert in den Modellen der Spalten 1-4, linear in den Spalten 5/6 - Die nicht signifikanten Regionstypen 4 und 7 wurden hier nicht als Dummys aufgenommen
Zufälliger Koeffizient für das Geschlecht (Varianzen siehe Tabelle 10.4b)

Quelle: Eigene Berechnungen mit Daten der IAB-Beschäftigtenstichprobe und der Arbeitslosenstatistik

	Pooled Regression		Zweiebenenmodelle			
	Koeffizient	Standardfehler	Koeffizient	Standardfehler	Koeffizient	Standardfehler
Spalte Nr.	1	2	3	4	5	6
Konstante	4,0003		4,0041		3,9600	
Frau	-0,2250**	0,0047	-0,2342**	0,0054	-0,2341**	0,0054
Berufserfahrung	0,0261**	0,0004	0,0261**	0,0004	0,0261**	0,0004
Berufserfahrung quad.	-0,00048**	0,00001	-0,00048**	0,00001	-0,00048**	0,00001
Arbeitslosenquote	**-0,0451****	**0,0039**	**-0,0430****	**0,0055**	**-0,00528****	**0,00076**
Millionenstadt	0,0770**	0,0058	0,0584**	0,0116	0,0584**	0,0121
Regionstyp 1	0,0674**	0,0050	0,0572**	0,0069	0,0572**	0,0071
Regionstyp 2	0,0550**	0,0051	0,0529**	0,0066	0,0543**	0,0067
Regionstyp 3	0,0332**	0,0067	0,0357**	0,0086	0,0355**	0,0087
Regionstyp 5	0,0358**	0,0066	0,0304**	0,0086	0,0304**	0,0088
Regionstyp 6	0,0221**	0,0052	0,0227**	0,0064	0,0230**	0,0065
Regionstyp 8	0,0209**	0,0062	0,0184*	0,0075	0,0193*	0,0076

Die getesteten Mehrebenenmodelle sind nur zweistufig, enthalten aber einen zufälligen Koeffizienten für das Geschlecht. Die Schätzung ergab Effekte von -0.043 für den Logarithmus der Quote und -0.0053 für die lineare Version. Die Abweichungen gegenüber den bisherigen Modellspezifikationen sind sehr klein. Bei den auf Individualebene gemessenen Variablen, von denen hier drei dargestellt sind, ergeben sich nur minimale Differenzen. Bei den Regionalvariablen sind sie etwas größer, an der Struktur der Ergebnisse ändert sich jedoch nichts.

Dementsprechend kann nicht ausgeschlossen werden, daß die Modellierung in drei Ebenen den Lohnkurvenzusammenhang besser herauszuarbeiten vermag als es mit einem Zweiebenenmodell möglich ist. Die Interdependenzen (z. B. in Form von Pendlerverflechtungen) der auf Kreisebene abgebildeten kleinräumigen Arbeitsmärkte werden auf diese Weise berücksichtigt. Deshalb tritt der gesuchte Effekt klarer hervor. Jedenfalls ist ein Dreiebenenmodell einem Modell mit nur zwei Ebenen vorzuziehen, da die entsprechende Parametervariation signifikant ist.

Das in den Spalten 3 & 4 dargestellte Modell mit dem Logarithmus der Arbeitslosenquote soll benutzt werden, um die mit Mehrebenenmodellen durchgeführte Varianzzerlegung noch etwas zu verdeutlichen. Dies wird in Tabelle 10.4b demonstriert, wo für die Varianzen eine Gegenüberstellung mit den Ergebnissen für ein leeres Modell erfolgt. Ein leeres Modell (oder Nullmodell) ist eines ohne jede erklärende Variable, das lediglich die Zerlegung der Varianzen zwischen den Ebenen ermöglicht, die zur Berechnung der R^2 als Basis notwendig sind. In den Spalten 3 & 4 sind sodann die Ergebnisse für das in Tabelle 10.4a schon vorgestellte Mehrebenenmodell enthalten. Sigma bezeichnet die Quadratwurzel der Varianz, „Intercept“ (Achsenabschnitt) steht für die Regressionskonstante. Da diese hier zwischen den Kreisen variiert und eben nicht konstant ist, wurde der englische Begriff verwendet. Da der Koeffizient für das Geschlecht in dem Modell mit allen Variablen für zufällig erklärt wurde, treten zwei weitere Varianzen auf. Die Tabelle enthält jenen für den Koeffizienten und die Kovarianz zwischen diesem und dem Intercept.

Auf der Grundlage dieser Werte für die Varianzen werden die R^2 berechnet, die sich für die verschiedenen Ebenen ergeben. Da es sich um ein Modell für zufällige Koeffizienten handelt, ist das R^2 für die höheren Ebenen nicht konstant, sondern relativ zu den Ausprägungen der Variablen mit zufälligen Koeffizienten definiert (Longford 1995). Nur eine Variable hat einen variierenden Koeffizienten und sie ist noch dazu dichotom. Aus diesem Grund sind zwei 'geschlechtsspezifische' R^2 angegeben.

Tabelle 10.4b

Varianzzerlegung in einem leeren Modell und einem Mehrebenenmodell für die Lohnkurve

Zweiebenenmodell aus Spalte 3&4 in Tabelle 10.4a
Nichtzentrierte Parametrisierung

	leeres Modell		Zweiebenenmodell	
	Varianz	Sigma	Varianz	Sigma
Spalte Nr.	1	2	3	4
Ebene der Beschäftigten	0,3624	0,6020	0,1024	
Regionalebene				
Intercept	0,0096	0,0981	0,00034	0,0134
Geschlecht			0,00159	0,0398
Kovar. Interc./Geschlecht			-0,00008	
$R^2_{Beschäftigte}$			0,717	
$R^2_{Kreise/Männer}$			0,965	
$R^2_{Kreise/Frauen}$			0,816	

Das Modell ist auf der Regionalebene besser für männliche als für weibliche Beschäftigte angepaßt, da der Wert für das R^2 im Modell für die Männer viel höher ist. Dies hat eine wichtige inhaltliche Interpretation. Für die Mobilitätsmuster von weiblichen Arbeitskräften ist bekannt, daß sie oft nicht am eigenen Lohn orientiert sind, sondern an jenem ihres Partners (vgl. Blien, Mavromaras, Rudolph 1998). Aus diesem Grund gleichen sich bei weiblichen Arbeitskräften Lohnunterschiede nicht im gleichen Maße aus wie bei männlichen Beschäftigten. Lohndisparitäten treten auf, die nicht durch die einbezogenen Variablen erklärbar sind. Man sieht also, daß die Verwendung eines zufälligen Koeffizienten für das Geschlecht eine ökonomische Bedeutung hat.

Um weitere Erkenntnisse über die Lohnkurve zu gewinnen, werden dreistufige Modelle für andere Regionaleinheiten getestet. Die drei Ebenen des Modells in Tabelle 10.5 werden durch Beschäftigte, Kreise und Regierungsbezirke konstituiert. Für den Logarithmus der Arbeitslosenquote, die auf der Ebene von Regierungsbezirken gemessen wurde, ergibt sich ein Effekt von -0,039. Auch dieser Schätzwert für den Zusammenhang zwischen Arbeitslosigkeit und Entlohnung liegt in der Nähe des Basismodells, der Koeffizient ist geringfügig kleiner.
Da der Standardfehler jeweils deutlich größer ist als der Unterschied zwischen den Koeffizienten, könnten die Abweichungen zwischen den Ergebnissen für verschiedene Gebietstypen als rein zufällig erklärt werden. Es kann jedoch nicht ausgeschlossen werden, daß Länder der räumlichen Struktur von Entlohnungsunterschieden besser als Regierungsbezirke entsprechen. Auf der Ebene von Ländern schlägt sich der Einfluß von Unterschieden in der Wirtschaftspolitik ebenso nieder wie die Regionalisierung der Tarifpolitik. Im föderativen System der Bundesrepublik sind mit Landesgrenzen tiefere Einschnitte verbunden als mit Grenzen von Regierungsbezirken. Aus diesem Grund könnten Länder die geeignetere Ebene sein, um regionale Entlohnungsunterschiede und Wirkungen der Arbeitslosigkeit festzustellen.

Als weitere wichtige Gebietseinheit sind Arbeitsmarktregionen anzusehen, da diese Gebiete umfassen, die durch Pendlerverflechtungen verbunden sind und somit eine Annäherung an relativ abgeschlossene Arbeitsmärkte darstellen. In Kapitel 9 wurde ausgeführt, daß im Hinblick auf Arbeitsmarktregionen - wie überhaupt für funktionale Raumeinheiten - zwei entgegengesetzte Hypothesen möglich sind. Nach der ersten Hypothese zeigt sich ein Effekt der Arbeitslosigkeit auf den Lohn bei Arbeitsmarktregionen in besonderer Deutlichkeit, da diese Konkurrenzprozesse auf dem Arbeitsmarkt räumlich in angemessener Weise abbilden. In der entgegengesetzten Hypothese ist die Wirkung der Arbeitslosigkeit auf das Lohnniveau schwächer ausgeprägt als z. B. für Kreise, wenn Arbeitsmarktregionen zugrunde gelegt werden, da Pendelverflechtungen sich zwischen Kreisen in erster Linie dann herausbilden, wenn sie auf verschiedenen Ästen der Lohnkurve liegen.

Tabelle 10.5

Schätzergebnisse für die Lohnkurve
gemessen auf der Ebene von Regierungsbezirken

abhängige Variable: Logarithmus des Tageslohns
Pooled Regression (mit Unabhängigkeitsannahme) und Mehrebenenmodell mit allen Kontrollvariablen im Vergleich (53 weitere Variablen nicht dargestellt)
Daten über Beschäftigte und Kreise (jeweils 1989), N = 55 265,
Die nicht signifikanten Regionstypen 4 und 7 wurden nicht als Dummys aufgenommen

Quelle: Eigene Berechnungen mit Daten der IAB-Beschäftigtenstichprobe und der Arbeitslosenstatistik

	Pooled Regression		Dreiebenenmodell	
	Koeffizient	St. Fehler	Koeffizient	St. Fehler
Spalte Nr.	1	2	3	4
Konstante	3,9966		3,9964	
Frau	-0,2248**	0,0047	-0,2246**	0,0047
Berufserfahrung	0,0261**	0,0004	0,0261**	0,0004
Berufserfahrung quad.	-0,00048**	0,00001	-0,00048**	0,00001
ln(Arbeitslosenquote)	-0,0409**	0,0040	**-0,0393****	**0,0111**
Millionenstadt	0,0686**	0,0056	0,0609**	0,0128
Regionstyp 1	0,0545**	0,0048	0,0427**	0,0074
Regionstyp 2	0,0592**	0,0051	0,0461**	0,0072
Regionstyp 3	0,0371**	0,0067	0,0346**	0,0087
Regionstyp 5	0,0205**	0,0063	0,0160*	0,0081
Regionstyp 6	0,0224**	0,0052	0,0184**	0,0067
Regionstyp 8	0,0148*	0,0062	0,0128	0,0074
Varianz Beschäftigte	0,10338		0,10280	
Varianz Kreise			0,00033	
Varianz Regierungsbezirke			0,00028	

Die Mehrebenenschätzung wird erneut als Dreiebenenmodell für Beschäftigte, Kreise und Arbeitsmarktregionen realisiert, obwohl zwei der Ebenen weitgehend deckungsgleich sind, da die Mehrzahl der Arbeitsmarktregionen aus nur einem Kreis besteht. Die Konzeption derartiger Modelle ist so ausgelegt, daß in der Überschneidung kein Hindernis besteht.

Die Ergebnisse sind aus Tabelle 10.6 zu ersehen. Dabei zeigt sich, daß der Koeffizient der Arbeitslosigkeit nur bei der linearen Spezifikation der Lohnkurve hochsignifikant ausfällt, während die logarithmische Inklusion im Mehrebenenmodell nicht signifikant ist. Die dazugehörige OLS-Schätzung unter der üblichen Unabhängigkeitsannahme ergibt einen sehr kleinen Wert für den Koeffizienten, der jedoch als signifikant beurteilt wird. Im vorliegenden Fall, bei Verwendung von Arbeitsmarktregionen als Regionaleinheiten, zeigt sich also eine Diskrepanz zwischen der Basisregression und dem Mehrebenenmodell. Die Ergebnisse fallen sowohl im Hinblick auf den Koeffizienten wie auch im Hinblick auf den Signifikanztest unterschiedlich aus.

Tabelle 10.6

Schätzergebnisse für die Lohnkurve gemessen auf der Ebene von Arbeitsmarktregionen

abhängige Variable: Logarithmus des Tageslohns
Pooled Regression (mit Unabhängigkeitsannahme) und Mehrebenenmodelle mit allen Kontrollvariablen im Vergleich (51 Variablen nicht dargestellt), N = 55 265
Daten über Beschäftigte, Kreise und Arbeitsmarktregionen (jeweils 1989)
Arbeitslosigkeit logarithmiert in den Modellen der Spalten 1-4, linear in den Spalten 5/6

Quelle: Eigene Berechnungen mit Daten der IAB-Beschäftigtenstichprobe und der Arbeitslosenstatistik

	Pooled Regression		Dreiebenenmodelle			
	Koeffizient	St. Fehler	Koeffizient	St. Fehler	Koeffizient	St. Fehler
Spalte Nr.	1	2	3	4	5	6
Arbeitslosenquote	**-0,0039****	**0,0014**	**-0,000752**	**0,0014**	**-0,0050****	**0,0010**
Millionenstadt	0,0635**	0,0068	0,0549**	0,0124	0,0689**	0,0122
Regionstyp 1	0,0532**	0,0062	0,0522**	0,0093	0,0664**	0,0092
Regionstyp 2	0,0627**	0,0064	0,0507**	0,0094	0,0641**	0,0093
Regionstyp 3	0,0377**	0,0077	0,0298**	0,0107	0,0420**	0,0104
Regionstyp 4	0,0051	0,0111	0,0148	0,0140	0,0214	0,0136
Regionstyp 5	0,0205**	0,0075	0,0219**	0,0102	0,0296**	0,0099
Regionstyp 6	0,0270**	0,0065	0,0248**	0,0090	0,0301**	0,0086
Regionstyp 7	0,0078	0,0080	0,0034	0,0103	0,0070	0,0098
Regionstyp 8	0,0235**	0,0073	0,0223*	0,0100	0,0247**	0,0094

Das anderen Ergebnissen widersprechende Resultat des Modells mit dem Logarithmus der Arbeitslosenquote kann entweder als zufällig verstanden werden. Oder aber es gilt die diskutierte Hypothese, nach der der Effekt der Arbeitslosigkeit wegen der Heterogenität der Arbeitsmarktregionen geschwächt wird. Jedenfalls gibt es keine Indizien dafür, daß die Alternativhypothese richtig wäre und der Zusammenhang für die hier betrachteten funktionalen Raumeinheiten besonders stark hervortreten würde. Nachdem bei der linearen Inklusion des Zusammenhangs wiederum die für andere Raumeinheiten festgestellten Effekte sichtbar sind, wird der kleine Wert des Koeffizienten in der logarithmischen Version entsprechend relativiert.

Die Resultate der Mehrebenenanalysen mit Daten für das Jahr 1989 können demnach hier so zusammengefaßt werden, daß Belege für einen Effekt der Arbeitslosigkeit auf das regionale Lohnniveau gefunden wurden, die in der Tendenz der Lohnkurvenhypothese entsprechen. Allerdings fällt die Größe des Effekts kleiner aus, als Blanchflower & Oswald in ihren international vergleichenden Untersuchungen festgestellt haben. Die bisher vorliegenden Indizien sprechen also für die Existenz einer relativ flachen Lohnkurve in der Bundesrepublik Deutschland (West).

3. Regionale Lohnanalysen mit Mehrebenenmodellen für Paneldaten

In den im folgenden dargestellten Analysen werden Längsschnittdaten aus der IAB-Beschäftigtenstichprobe verwendet, da diese eine bessere Annäherung an Kausalerklärungen ermöglichen als Querschnitte. Die Betrachtung einer längeren Zeitspanne erlaubt eine größere Sicherheit bei der empirisch gestützten Schlußfolgerung für die theoretisch entwickelten Fragestellungen, insbesondere nach den Lohneffekten von regionaler Arbeitslosigkeit. Zur Analyse von Längsschnittdaten müssen passende statistisch-ökonometrische Techniken eingesetzt werden, die von erhöhter Komplexität sind.

Die bisher im Vordergrund stehenden Querschnittsdaten erzwingen den Einsatz von Modellen mit zufälligen Effekten, von denen bisher verschiedene Varianten getestet wurden. Modelle für fixe regionale Effekte können nicht verwendet werden, wenn nur ein Zeitpunkt zur Verfügung steht, da sich in diesem Fall eine perfekt multikollineare Struktur ergeben würde, wenn die auf der Ebene von Regionen gemessene Arbeitslosigkeit und regionale fixe Effekte zusammen einbezogen würden. Im Fall von Längsschnittdaten hat man hingegen die Wahl einer Parametrisierung entweder über fixe oder zufällige Effekte. Fixe Effekte entsprechen dem Einschluß von Dummyvariablen. Da Beobachtungen für eine längere Zeitspanne zur Verfügung stehen, können Hoch- und Niedriglohnregionen mit größerer Sicherheit erkannt werden. Störungen, die mit der Verteilung dieser regionalen Besonderheiten verbunden sind und die Identifikation regionaler Zusammenhänge beeinträchtigen können, werden auf diese Weise kontrollierbar.

Als Datenbasis wird die in Kapitel 9 beschriebene Teilstichprobe der Beschäftigtenstatistik verwendet, die wiederum durch Zufallsauswahl aus der IAB-Beschäftigtenstichprobe gewonnen wurde. Diese Datenbasis, die die Jahre 1981-1990 abdeckt, hat eine echte Panelstruktur, d. h. es sind nur Beschäftigungsverhältnisse abgebildet, die jeweils den 30. 6. im fraglichen Zeitraum abdecken. Die Inklusion und Definition von Variablen entspricht mit geringfügigen Änderungen jener in den bisher dargestellten Analysen.

Da für den größten Teil der achtziger Jahre keine reliablen Angaben zu Arbeitslosenquoten auf der Kreisebene zur Verfügung stehen, werden statt dessen solche auf der Ebene von Arbeitsamtsbezirken verwendet. Diese sind hier somit die zentrale regionale Einheit. Die Typisierung von Regionen erfolgt jedoch erneut gemäß der Kreisklassifizierung der BfLR (heute BBR), weil sich diese in den bisher dargestellten Analysen sehr gut bewährt hat.

Bei Verwendung von Mikrodaten entsteht kein Problem aus den abweichenden Gebietsgliederungen, da für jeden individuellen Beschäftigten simultan eine Zuordnung gemäß beiden verwendeten Gliederungen vorgenommen werden kann. Die Inklusion von fixen oder zufälligen Effekten wird hingegen nur für eine der beiden Typisierungen sinnvoll sein, da ansonsten eine Inflationierung von Effekten entstünde, die Multikollinearitäten oder entsprechende Probleme zur Folge hätte. Die beiden Regionsgliederungen sind so eng miteinander verwandt, daß die eine unbeobachtete Heterogenitäten großenteils abdeckt, die durch die jeweils andere beschrieben werden. Ein grundlegendes Modell hat folgende Gestalt:

$$\ln W_{irft} = \beta_0 + \boldsymbol{\beta}'_1 \mathbf{x}_{irft} + \boldsymbol{\beta}'_2 \mathbf{x}_{rf} + \beta_u \ln U_{ft} + \tau_t + \pi_f + \tilde{\chi}_i + \tilde{\varepsilon}_{irft} \qquad (4)$$

Dieses Modell, in dessen Formulierung der Subskript f die Arbeitsamtsbezirke (f = 1...142) indexiert, berücksichtigt die Abhängigkeit von Beobachtungen einerseits in der Zeit, andererseits innerhalb von Regionen. Das Modell ist kreuzklassifiziert im Hinblick auf die Effekte für die Zeit τ_t, für die individuellen Beschäftigten $\tilde{\chi}_i$ und für die Regionen π_f, da die Beschäftigten im Zeitablauf die Region wechseln und somit keine streng hierarchische Struktur entsteht. Die Dummyvariablen für die Zeit und jene für die Region sind nicht als zufällige, sondern als fixe Effekte spezifiziert. Dies hat den in Kapitel 7 diskutierten Vorteil, daß keine Verteilungsannahmen nötig sind und daß Probleme durch Korrelationen mit anderen exogenen Variablen nicht unmittelbar zu verzerrten Schätzungen führen. Für die Ebene der individuellen Beschäftigten muß angenommen werden, daß die hierfür spezifischen Residuen mit den exogenen Variablen unkorreliert sind.

Tabelle 10.7 vergleicht die Ergebnisse zweier Modelle, von denen das eine (mit der Nr. 2, in den Spalten 3 und 4) ein Dreiebenenmodell ist, das der Gleichung (4) entspricht. Das andere Modell (mit der Nr. 1, in den Spalten 1 und 2) berücksichtigt zwei Ebenen, indem nur fixe Effekte für die Arbeitsamtsbezirke eingeschlossen sind, deren Koeffizienten hier nicht dargestellt werden. Dieses Modell, das nicht für die Korrelation der Beobachtungen einer Person kontrolliert, entspricht am ehesten den Lohnkurvenanalysen von Blanchflower & Oswald.

Das Modell mit der Nr. 1 wurde mit OLS geschätzt, das mit der Nr. 2 ist eine GLS-Schätzung, von der erwartet werden kann, daß sie sehr dicht an den Maximum-Likelihood Ergebnissen liegt. Die GLS-Schätzung erfolgt nach der meist verbreiteten Methode von Wallace & Hussain (1969), andere Methoden, die sich im Hinblick auf die Varianzschätzungen unterscheiden, sind möglich (vgl. Baltagi 1995) und werden später ebenfalls verwendet (vgl. den Abschnitt über endogene Effekte im vorliegenden Kapitel). Die Spalten 2 und 4 von Tabelle 10.1 enthalten die t- bzw. z-Werte, da für den hier verwendeten Modelltyp Abweichungen von diesen Verteilungen nicht derart wichtig sind, wie bei den bisher geschätzten Modellen.

Der Effekt des Logarithmus der Arbeitslosenquote ist im Modell Nr. 2 nahe Null, im Modell Nr. 1 immer noch sehr klein und in beiden Fällen nicht signifikant. Die Analyse für die achtziger Jahre mit Arbeitsamtsbezirken als regionaler Ebene vermag keine Lohnkurve zu finden. Die Löhne scheinen eher inflexibel auf die regionalen Arbeitsmarktbedingungen zu reagieren.

Betrachtet man die Koeffizienten der anderen Variablen genauer, zeigen sich beim Modell 1 für die Ebene der Beschäftigten im wesentlichen jene Strukturen, die man schon aus der Querschnittsanalyse kennt. Die bei weitem meisten Koeffizienten sind signifikant. Die Variablen für den Regionstyp erhalten relativ kleine Koeffizienten, die zum Teil nicht signifikant sind. Man kann davon ausgehen, daß hier tendenziell Multikollinearitäten mit den fixen Effekten für Arbeitsamtsbezirke eine Rolle spielen. Der Einfluß der Regionstypen wird tendenziell eher unterschätzt.

Das gleiche Problem stellt sich beim Modell Nr. 2 noch ausgeprägter. Hier wird zusätzlich die Heterogenität der Population durch die Inklusion von zufälligen Effekten für die einzelnen Beschäftigten kontrolliert. Die niedrigen Werte für die Regionsdummys werden generell nicht mehr als signifikant beurteilt. Auch die Koeffizienten von Variablen für individuelle Beschäftigte fallen häufig niedriger aus. Die geringeren Effekte wachsender Betriebsgrößen z. B. können dann so interpretiert werden, daß hierbei auch die Zusammensetzung der Belegschaften eine Rolle spielt. Größere Betriebe rekrutieren eher Personen, die auch anderswo ein höheres Einkommen erzielen. Nimmt man die nicht signifikanten Kreistypen aus der Schätzung heraus, ergeben sich nur marginale Veränderungen der Koeffizienten (z. B. für die Arbeitslosigkeit: 0,0010) und Signifikanzen (zugehöriger z-Wert: 0,10).

Tabelle 10.7

Lohnfunktion unter Einschluß des Logarithmus der Arbeitslosenquote (Arbeitsamtsbezirke) für die Jahre 1981-1990

	1. Modell mit fixen Regionaleffekten		2. Modell mit fixen und zufälligen Effekten	
	Koeffizient	t-Wert	Koeffizient	z-Wert
Spalte Nr.	1	2	3	4
Konstante	3,4466**	86,58	3,5725**	68,50
Frau	-0,2886**	74,52	-0,2987**	38,44
Berufserfahrung	0,0300**	58,30	0,0347**	53,68
Berufserfahrung quadr.	-0,00055**	49,49	-0,00061**	45,93
Staatsangehörigkeit	-0,0200**	3,51	-0,0351**	3,23
Familienstand	0,0188**	5,51	0,0054	1,69
Stellung im Beruf (einfacher Arbeiter)				
Azubi	-0,9129**	114,27	-0,9087**	121,27
Facharbeiter	0,0819**	14,73	0,0480**	7,94
Meister	0,2193**	17,99	0,0684**	4,52
Angestellter	0,1619**	24,60	0,0435**	6,06
Heimarbeiter	-0,6869**	21,49	-0,5725**	12,92
Teilzeit < 18 Std.	-0,9230**	76,07	-0,8391**	63,46
Teilzeit ≥ 18 Std.	-0,3505**	48,10	-0,3014**	36,46
Wirtschaftszweig (primärer Sektor)				
Bergbau	0,2098**	9,83	0,1393**	5,07
Chemische Industrie	0,1702**	8,50	0,1241**	5,32
Grundstoffindustrie	0,1507**	7,49	0,1334**	5,61
Maschinenbau	0,1325**	6,83	0,1002**	4,47
Kraftfahrzeugbau	0,2083**	9,93	0,2289**	8,95
Elektro	0,1126**	5,86	0,0778**	3,53
Holzverarbeitung	0,1315**	6,63	0,1065**	4,54
Textil	0,0120	0,94	0,0085	0,73
Nahrungsmittel	0,0261	1,31	0,0091	1,69
Bau	0,1351**	6,95	0,1272**	5,68
Handel & Transport	0,0746**	4,01	0,0769**	3,63
Banken & Versicherungen	0,2127**	10,62	0,1536**	6,17
Öffentlicher Dienst	0,0642**	3,38	0,0249	1,14
Gehobene Dienste	0,1017	5,3615	0,0800**	3,71
Sonstige Dienste	-0,0497*	2,56	-0,0570*	2,58
Berufsgruppe (agrarische Berufe)				
Grundstoffberufe	-0,0118	0,59	0,0340	1,27
Einfache manuelle Berufe.	0,0028	0,21	-0,0153	0,96
Qualifizierte manuelle Berufe	-0,0303*	2,29	-0,0679**	4,24
Techniker	0,0849**	5,90	0,0554**	3,09
Ingenieure	0,1007**	5,54	0,0700**	3,10
Einfache Dienste	-0,0371**	2,81	-0,0663**	4,15
Qualifizierte Dienste	0,0198	1,34	-0,0327	1,76
Semiprofessionen	0,1631**	11,10	0,1033**	5,40
Professionen	0,1997**	9,52	0,0567*	2,03
Einfache Verwalt. B.	-0,0210	1,56	-0,0299	1,86
Qualifizierte Verwalt. B.	0,0547**	4,18	0,0150	0,94
Leitungsfunktionen	0,1952**	11,90	0,0882**	4,34

***Tabelle 10.7* (Fortsetzung)**

	1. Modell mit fixen Regionaleffekten		2. Modell mit fixen und zufälligen Effekten	
	Koeffizient	t-Wert	Koeffizient	z-Wert
Spalte Nr.	1	2	3	4
Qualifikation (keine Ausbildungsangabe)				
Keine Ausbildung	-0,0136	1,96	-0,0196*	2,50
Mit berufl. Ausbildung	0,0897**	19,45	0,0999**	18,18
Abitur	0,0838**	5,11	0,1076**	6,49
Abitur & Berufsausbildung	0,1896**	14,68	0,2602**	18,41
Fachhochschule	0,2720**	21,73	0,3314**	19,53
Universität	0,3034**	23,83	0,3969**	23,13
Betriebsgröße (1-4 Beschäftigte)				
5-9 Beschäftigte	0,1234**	16,99	0,0714**	11,65
10-49 Beschäftigte	0,2202**	36,29	0,1320**	22,37
50-99 Beschäftigte	0,2910**	41,92	0,1841**	26,95
100-199 Beschäftigte	0,3144**	44,39	0,2159**	30,38
200-499 Beschäftigte	0,3276**	48,95	0,2349**	33,25
500-999 Beschäftigte	0,3364**	45,69	0,2420**	31,22
1000- 4999 Beschäftigte	0,3495**	49,90	0,2568**	32,23
über 4999 Beschäftigte	0,3857**	41,73	0,2850**	24,44
Kreistypen (Regionstyp 0)				
Millionenstadt	0,0311	1,27	0,0464	1,37
Regionstyp 1	0,0506**	2,68	0,0482	1,68
Regionstyp 2	0,0579**	3,12	0,0328	1,16
Regionstyp 3	0,0375*	2,15	0,0250	0,92
Regionstyp 4	0,0152	0,78	-0,0480	1,63
Regionstyp 5	0,0574**	3,54	-0,0131	0,54
Regionstyp 6	0,0669**	4,51	-0,0137	0,59
Regionstyp 7	0,0062	0,41	-0,0421	1,81
Regionstyp 8	0,0024	0,21	-0,0138	0,78
Jahresdummys (1981)				
1982	-0,0291**	3,54	-0,0219**	4,37
1983	-0,0483**	4,59	-0,0412**	6,27
1984	-0,0444**	4,26	-0,0358**	5,48
1985	-0,0324**	3,06	-0,0192**	2,88
1986	-0,0174	1,72	-0,0035	0,55
1987	0,0105	1,05	0,0306**	4,79
1988	0,0344**	3,55	0,0601**	9,61
1989	0,0544**	6,40	0,0854**	15,26
1990	0,0758**	10,00	0,1105**	21,52
Auf der Ebene von Arbeitsamtsbezirken gemessene Variable				
ln (Arbeitslosenquote)	**0,0131**	**0,41**	**0,0009**	**0,09**
R^2 (Insgesamt)	0,748		0,724	
R^2 (Beschäftigte)			0,658	
R^2 (Beobachtungen)			0,751	

Quelle: Eigene Berechnungen mit Daten der IAB-Beschäftigtenstichprobe und der Arbeitslosenstatistik

Erläuterung zu Tabelle 10.7

abhängige Variable: Logarithmus des Tageslohns
Modell mit fixen Effekten für Arbeitsamtsbezirke und
Modell mit zufälligen Effekten für Beschäftigte/ fixen Effekte für Arbeitsamtsbezirke
Daten über Beschäftigte (40852 Beobachtungen für 6590 Beschäftigte) 328 Kreise und 142 Arbeitsamtsbezirke in Westdeutschland
Gruppen von Indikatorvariablen sind jeweils mit einer Überschrift versehen und die betreffende Basiskategorie in Klammern angegeben.
*** signifikant auf dem 95%, ** auf dem 99% Niveau.**
Die Gliederung der Variablen, die den Gebietstyp anzeigen, ist aus Tabelle 10.1 zu ersehen.

In beiden Modellen zeigen die fixen Effekte für die Zeit den erwarteten Verlauf der Entgeltzuwächse, die als real interpretiert werden können, da sie um den Preisindex für die Lebenshaltung bereinigt wurden. Der Verlauf der Konjunktur mit realen Einkommenseinbußen zu Beginn der achtziger Jahre und späterer Überkompensation, wird sichtbar. Im Mehrebenenmodell Nr. 2 ergeben sich noch etwas stärkere Zuwächse als im Modell Nr. 1.

Bevor der beschriebene Modelltyp verlassen wird, lohnt es sich, weitere Modellspezifikationen zu testen, um herauszufinden, ob das Ergebnis im Hinblick auf die Arbeitslosigkeit wirklich stabil ist. Die Tabelle 10.8 stellt Ergebnisse zu verschiedenen Modellansätzen für den Einfluß der regionalen Arbeitslosigkeit auf das Lohnniveau zusammen, die sich im Hinblick auf die einbezogene Population, die jeweilige Modellspezifikation, die regionale Bezugseinheit und die Schätzmethode unterscheiden. Die Modellspezifikation folgt im allgemeinen den bisher schon dargelegten Prinzipien, d. h. es dominieren verschiedene Kombinationen von fixen und zufälligen Effekten auf der Ebene der Beschäftigten und der Region, die mit OLS oder GLS geschätzt werden können.

Tabelle 10.8

Verschiedene Spezifikationen in Mehrebenenmodellen für den Einfluß der regionalen Arbeitslosigkeit nach Arbeitsamtsbezirken und Bundesländern für 1981-1990 auf das Lohnniveau

Abhängige Variable: Logarithmus des Tageslohns

Quelle: Eigene Berechnungen mit Daten der IAB-Beschäftigtenstichprobe und der Arbeitslosenstatistik

Population	Modell-spezifikation	Mo-dell Nr.	Regional-einheit	**Koeffizient Ln(Ar-beitslo-senquote)**	t- oder z-Wert	Anzahl Beob-achtun-gen	Me-tho-de
Alle Beschäftigte	RE für AABez	1	AABez	**-0,0133**	1,32	40852	GLS
Männl. Beschäft.	RE für AABez	2	AABez	**-0,0284***	2,48	24023	GLS
Weibl. Beschäftigte	RE für AABez	3	AABez	**-0,0419***	2,24	12637	GLS
Unter 31Jahre	RE für AABez	4	AABez	**-0,0976****	6,62	13841	GLS
Über 30 Jahre	RE für AABez	5	AABez	**0,0041**	0,34	22819	GLS
Ohne Ausbildung	RE für AABez	6	AABez	**-0,0641****	3,65	10075	GLS
Mit Ausbildung	RE für AABez	7	AABez	**0,0128**	1,21	24507	GLS
Alle	-	8	AABez	**-0,0309****	7,16	40852	OLS
Alle	-	9	Länder	**-0,0234****	4,51	40852	OLS
Alle	FE für Länder	10	Länder	**-0,0019**	0,09	40852	OLS
Alle	FE für AABez	11	AABez	**0,0131**	0,41	40852	OLS
Weibl. Beschäftigte	FE für AABez	12	AABez	**-0,0178**	0,55	12637	OLS
Männl. Beschäft.	FE für AABez	13	AABez	**-0,0089**	0,55	24023	OLS
unter 31 Jahre	FE für AABez	14	AABez	**-0,0775****	2,80	13841	OLS
Ohne Ausbildung	FE für AABez	15	AABez	**-0,0568**	1,71	10075	OLS
Alle	FE für AABez/ RE f. Besch.	16	AABez	**0,0009**	0,09	40852	GLS
Weibliche Beschäf-tigte	FE für AABez/ RE f. Besch.	17	AABez	**-0,0379**	1,79	12637	GLS
Männliche Be-schäftigte	FE für AABez/ RE f. Besch.	18	AABez	**-0,0002**	0,02	24023	GLS
unter 31 Jahre	FE für AABez/ RE f. Besch.	19	AABez	**-0,0259**	1,10	40852	GLS
Ohne Ausbildung	FE für AABez/ RE f. Besch.	20	AABez	**-0,0456**	2,21 *	10075	GLS
Alle[1)]	FE für Besch.	21	AABez	**-0,1169****	8,88	40852	LSDV
Alle[1)]	FE für AABez/ FE für Besch.	22	AABez	**-0,0476****	3,04	40852	LSDV
Alle[2)]	RE für AABez/ RE f. Besch.	23	AABez	**-0,0243**	1,81	40852	CIGLS
Alle[2)]	RE für AABez	24	AABez	**-0,0103**	0,86	40852	CIGLS
Alle[2)]	RE für AA-	25	AABez	**-0,0215***	1,79	40852	IGLS
unter 31 Jahre[2)]	RE für AABez/ RE f. Besch.	26	AABez	**-0,0808****	3,65	13841	CIGLS

Erläuterung zu Tabelle 10.8

RE: Einschluß zufälliger Effekte, FE: Einschluß fixer Effekte, AABez.: Arbeitsamtsbezirke, OLS: Kleinstquadratschätzung, GLS: verallgemeinerte Kleinstquadratschätzung, IGLS: iterative verallgemeinerte Kleinstquadratschätzung, CIGLS: bedingte iterative verallgemeinerte Kleinstquadratschätzung, LSDV: OLS-Schätzung mit Abweichungen vom arithmetischen Mittel
Bei den Analysen für Teilgruppen wurden alle Teilzeitbeschäftigte ausgeschlossen
Exogene Variable wie in Tabelle 10.7, mit folgenden Ausnahmen:
1) Nur mit den Dummys für das Jahr und den Gebietstyp
2) Geringfügig abweichende Zusammenfassung der Berufe und Wirtschaftszweige
* signifikant auf dem 95%, ** auf dem 99% Niveau

Modellen mit festen Effekten für Personen kommt nur eine Randbedeutung zu. Tests zeigen Multikollinearitäten zu vielen Variablen, die aus theoretischen Gründen für wichtig gehalten werden, so daß keine sinnvolle Spezifikation möglich ist (vgl. auch Wolf 1997). Werden Modelle mit dem vollen Variablenset geschätzt, wie es in Tabelle 10.7 spezifiziert ist, ergeben sich z. B. negative Effekte von Ausbildung und Berufserfahrung. Dies kann darauf zurückgeführt werden, daß die zeitliche Variation der einbezogenen Variablen zu gering ist und aus diesem Grund hohe Korrelationen mit den fixen Effekten für Personen auftreten. Aus diesem Grund ist der Hausman-Test für das Modell mit zufälligen Personeneffekten nicht sinnvoll, da dieser das Modell mit fixen Effekten als Basis verwendet.

Lediglich zur Demonstration sind in der Tabelle zwei Modelle für fixe Individualeffekte eingeschlossen, bei denen nur die Dummys für den Gebietstyp und die Arbeitslosenquote als exogene Variablen enthalten sind. Der Weg der Reduktion der Variablenanzahl erscheint jedoch nicht als günstig, weil er durch die Eigenlogik der Methode provoziert wäre und nicht durch inhaltliche Erwägungen.

Statt direkt Modelle mit fixen Effekten für Personen zu verwenden, wurde die innovative Verfahrensweise von Rice, Jones & Goldstein (1997) getestet, Mehrebenenmodelle mit zufälligen Effekten zu schätzen, die durch die Inklusion zusätzlicher Variablen für die Residuen höherer Ebenen bestimmte Eigenschaften der Modelle mit fixen Effekten reproduzieren und unverzerrte

Ergebnisse versprechen. Modell 23, 24 und 26 werden mit diesem Verfahren geschätzt.

Im Hinblick auf die Resultate für die Arbeitslosenquote ergibt sich ein mit den schon in Tabelle 10.7 dargestellten Auswertungen übereinstimmendes Bild, wonach für die gesamte Population, d. h. für alle Beschäftigte, nur relativ schwache Lohneffekte der Arbeitslosigkeit feststellbar sind. Für die Gesamtheit aller Beschäftigten scheint keine Lohnkurve zu existieren, wenn man die Grundform von Blanchflower und Oswalds Vorgehensweise zum Maßstab nimmt. Das Muster insignifikanter Koeffizienten wird im wesentlichen vor allem bei Modellen durchbrochen, die keine regionalen fixen Effekte aufweisen. Eine Erklärung dafür könnte sein, daß die regionalen Muster von Arbeitslosigkeit und Entlohnung der Bundesrepublik Deutschland sich so langsam verändern, daß die fixen regionalen Effekte die Korrelation der beiden hier interessierenden Variablen aufnehmen. In diesem Sinne könnte der hier gewählte Beobachtungszeitraum zu kurz sein, um nennenswerte Einflüsse der Arbeitslosigkeit feststellen zu können.

Weitere Ausnahmen mit signifikanten Effekten für die Arbeitslosigkeit sind Modelle mit fixen Effekten für Personen, die jedoch wichtige Variablen nicht enthalten. Für die verbleibenden Variablen werden Koeffizienten geschätzt, die die Fehlspezifikation anzeigen. Z. B. erhalten die Zeitdummys stark überhöhte Werte (Modell 21 für das Jahr 1990: 0,368). Für die R^2 ergeben sich Werte um 1 %.

Bisher wurde argumentiert, daß heterogen zusammengesetzte Regionen die Auffindung der Lohnkurve erschweren und daß die regionalen Einheiten demgemäß eher klein sein sollten. Blanchflower & Oswald legten in ihren Arbeiten jedoch im allgemeinen vergleichsweise große Regionen zugrunde. Aus diesem Grund werden testweise Arbeitslosenquoten für Länder berücksichtigt. Dabei zeigt sich eine sehr flache Lohnkurve in einem Modell ohne regionale Effekte. Werden diese einbezogen, ist der Arbeitslosigkeitseffekt wiederum nicht mehr signifikant (Modelle 9 & 10).

Das Verschwinden der Lohnkurve in den Auswertungen für einen Längsschnitt der Beschäftigten, verglichen mit ihrem Auftreten in den Analysen für einen Querschnitt (siehe oben, Abschnitt 2), kann auf zweierlei Weise verstanden werden. In der einen Variante ist das Ergebnis insbesondere dadurch bedingt, daß Kreise die zum Nachweis der Lohnkurve geeignetere Raumeinheiten darstellen und die Lohnkurve für größere Regionen instabil ist. Diese Vermutung kann nicht nachgeprüft werden, da kreisbezogene Quoten nur für das Ende der achtziger Jahre zur Verfügung stehen. In der anderen Variante des Arguments erweist sich die Verwendung von Longitudinaldaten in geeigneten statistischen Modellen als die überlegene Technik, der somit eher vertraut werden sollte.

Betrachtet man die Ergebnisse für spezifische Gruppen von Beschäftigten, ergeben sich klare Hinweise für die Existenz einer Lohnkurve insbesondere bei den Beschäftigten unter 30 Jahren und bei den nicht formal qualifizierten Beschäftigten. Die Koeffizienten nähern sich sogar dem Wert von -0,1 der dem „empirischen Gesetz“ von Blanchflower & Oswald entspricht. Für die Gruppe der Beschäftigten im Alter von unter 31 Jahren werden Koeffizienten von -0,098 (zufällige Effekte für Regionen), -0,078 (fixe Effekte für Regionen), und -0,081 (zufällige Effekte für Personen und Regionen) erbracht. Lediglich im - möglicherweise überparametrisierten - Modell mit fixen Effekten für Regionen und zufälligen für Personen wird ein insignifikanter Koeffizient von -0,026 geschätzt. Für die Gruppe der nicht formal qualifizierten Beschäftigten ergeben sich ähnliche Ergebnisse mit einem etwas kleineren Effekt.

Da keine gruppenspezifischen Arbeitslosenquoten für die gesamte Periode der achtziger Jahre zur Verfügung stehen, ist zu erwarten, daß die erhaltenen Lohnreaktionen eher eine Unterschätzung darstellen. Das Arbeitslosigkeitsrisiko von Jugendlichen oder nicht formal qualifizierten Erwerbspersonen ist zwar stark mit dem allgemeinen Risiko für alle Arbeitskräfte korreliert. Es kann jedoch erwartet werden, daß der Koeffizient gruppenspezifischer Arbeitslosigkeit höher ausfallen würde, wie z. B. die Analyse von Blanchflower & Oswald (1996) mit Daten des deutschen Sozio-ökonomischen Panels (SOEP) zeigt.

Die erhaltenen unterschiedlichen Effekte der Arbeitslosigkeit für die einzelnen Teilpopulationen können verstanden werden, indem auf die Stellung spezifischer Gruppen von Arbeitskräften relativ zu den Strukturbrüchen des

Arbeitsmarktes rekurriert wird (vgl. dazu Doeringer, Piore 1971; Sengenberger 1987; zum Überblick über die Vielzahl der Ansätze siehe Blien 1986). Insbesondere die Unterscheidung zwischen dem primären Arbeitsmarkt, der sich aus der Gesamtheit aller betriebsinternen Arbeitsmärkte zusammensetzt, und dem sekundären Arbeitsmarkt, auf dem keine Betriebsbindung der Arbeitskräfte besteht, ist hier relevant.

Abbildung 10.3

Relative Lohnkurve
gemäß Modell Nr. 14 in Tabelle 10.8 für Beschäftigte unter 31 Jahren

Einige Arbeitsamtsbezirke sind mit Werten für 1989 beispielhaft eingetragen

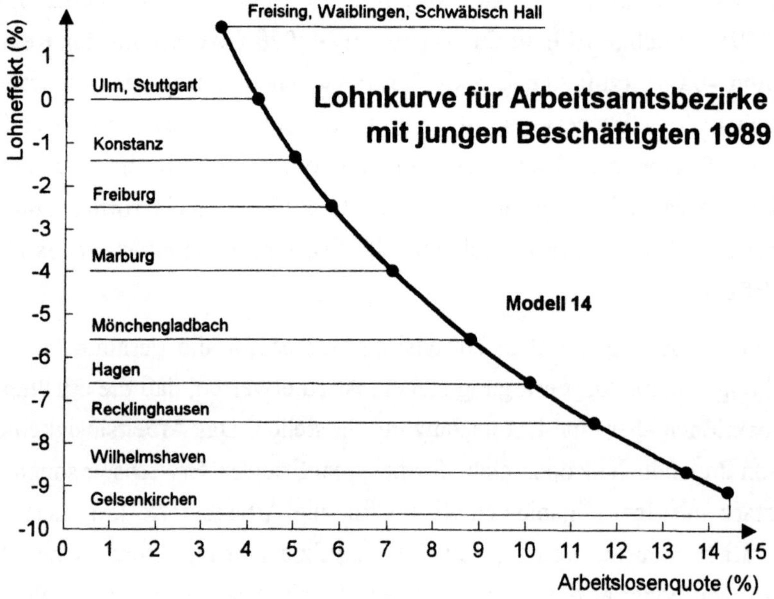

Junge Arbeitskräfte und Beschäftigte ohne formale Qualifikation haben jeweils gemeinsam, daß sie den Zugang zu betriebsinternen Arbeitsmärkten nicht oder noch nicht gefunden haben. Junge Arbeitskräfte sind jedenfalls

noch nicht lange genug beschäftigt, um im besonderen Maße betriebsspezifische Qualifikationen aufzubauen, die ihren Lohn von jenem des betriebsexternen Marktes in nennenswertem Maße abkoppeln würden. Ebensowenig genießen sie einen besonderen Kündigungsschutz durch Akkumulation von Senioritätsrechten nach dem deutschen Arbeitsrecht.

Nicht formal qualifizierte Personen üben vor allem relativ einfache Tätigkeiten aus. Sie sind darum relativ leicht ersetzbar und gelangen nicht auf den betriebsinternen Arbeitsmarkt. Beide Gruppen, die nicht formal qualifizierten und die jungen Beschäftigten, sind aus diesen Gründen den Effekten des externen Arbeitsmarktes, d. h. den dort herrschenden Bedingungen von Angebot, Nachfrage und Arbeitslosigkeit am stärksten ausgesetzt. Der betriebsinterne Arbeitsmarkt schützt vor den Auswirkungen der regionalen Arbeitslosigkeit auf das Lohnniveau.

Die Befunde für spezifische Gruppen von Arbeitskräften haben weitreichende theoretische Konsequenzen. Ist ein Effizienzlohnprozeß Grund der Abhängigkeit des Lohnniveaus von der Arbeitslosigkeit, so gilt dieser offensichtlich nicht für die im primären Arbeitsmarktsegment, d. h. für die auf den betriebsinternen Märkten agierenden Beschäftigten.

Damit bestätigen sich verschiedene, in der Literatur zur Arbeitsmarktökonomie oft vorgetragene Erwartungen nicht: Eine dieser z. B. von Bulow & Summers (1986) prominent vertretenen Positionen ist, daß Effizienzentlohnung auf dem primären Segment des Arbeitsmarktes relevant ist, nicht jedoch auf dem sekundären Segment. Grund der Vermutung ist der Bezug der Effizienzentlohnung auf ein Informationsproblem der Firmen. Bulow & Summers nehmen an, daß einfache Jobs auf dem sekundären Segment leichter zu überwachen sind. Ganz in Übereinstimmung mit dieser Argumentationslinie ist die Erwartung von Blanchflower & Oswald (1996: 464f.), daß der Lohneffekt der Arbeitslosigkeit dort stark sein sollte, wo der Grad der Überwachung niedrig ist.

Hier ergibt sich jedoch ein umgekehrtes Ergebnis, das gut mit dem empirischen Befund von Blanchflower & Oswald übereinstimmt, das ihren in der Theorie formulierten Erwartungen ebenfalls widerspricht. Der Arbeitslosigkeitseffekt fällt für Arbeitskräfte mit schwer zu überwachenden Tätigkeiten nicht etwa besonders groß aus, für diese Gruppe ist er vielmehr nicht feststellbar. Er ist relativ hoch für Arbeitskräfte, die überwiegend einfachen, relativ leicht überwachbaren Tätigkeiten nachgehen. Dies ist nur erklärbar, wenn Effizienzentlohnung nicht als bezogen auf ein Informations-, sondern bezogen auf ein Durchsetzungsproblem der Firma verstanden wird. Arbeitskräfte des sekundären Arbeitsmarktsektors werden zu hoher Leistung durch Arbeitslosigkeit oder durch überdurchschnittliche Bezahlung motiviert. Für Arbeitskräfte des primären Arbeitsmarktsektors stehen andere Entlohnungssysteme zur Verfügung, d. h. Beförderungssysteme, Mechanismen der Senioritätsentlohnung etc. können angewandt werden.

Der Befund für die jungen Arbeitskräfte hat schließlich noch den Aspekt, daß die nachrückende Generation die hauptsächliche Last der Anpassung auf dem Arbeitsmarkt trifft, eben weil die jüngeren Arbeitskräfte noch nicht in interne Arbeitsmärkte integriert sind. Die Konsequenzen für den weiteren Lebensweg müßten noch nach längerer Zeit spürbar sein.

In beiden Fällen, sowohl bei den nicht formal qualifizierten Personen wie bei den jungen Beschäftigten, kann von häufigerem Betriebswechsel ausgegangen werden, weil beide Gruppen häufiger auf den sekundären Arbeitsmarkt beschränkt sind. In diesem Fall ergeben sich für die Betriebe günstigere Möglichkeiten zur Lohnanpassung. Beim Betriebswechsel unter den Bedingungen hoher Arbeitslosigkeit werden niedrigere Lohnsätze als sonst üblich geboten. Für stabil beschäftigte Personen ist die Gefahr der Lohnkürzung geringer, da Tarifverträge, Arbeitsrecht und die Aussicht auf Demotivierung (Bewley 1998) die Betriebe restringieren. Hier werden Reaktionen auf die aktuelle Arbeitsmarktlage eher durch niedrigere Raten bei Lohnsteigerungen realisiert.

Vergleicht man im Hinblick auf die methodische Seite der Analysen die Modelle für zufällige (Modelle 1-7) mit jenen für fixe Regionaleffekte (Modelle 10-15), so findet man absolut größere Werte für die Wirkung der Arbeitslosigkeit bei den Random Effects Modellen. Bei den Fixed Effects Modellen wirkt sich anscheinend das schon benannte Problem der Korrelation zwischen den Regionaldummys und der Arbeitslosenquote aus. Eine häufig anzutreffende Folge partieller Multikollinearität ist, daß die Schätzung der Koeffizienten miteinander korrelierender Variablen instabil wird und keine Signifikanz mehr aufzufinden ist. In diesem Sinne wären die betreffenden Modelle durch den Einbezug der fixen Effekte überparametrisiert.

Die Modelle für zufällige Effekte andererseits sind von dem Problem betroffen, daß Korrelationen zwischen exogenen Variablen und den Fehlertermen per Annahme ausgeschlossen werden müssen, obwohl diese Voraussetzung häufig nicht gegeben ist. In dieser Situation erscheint die Anwendung eines Schätzers angemessen, für den die genannte Bedingung nicht erforderlich ist. Dies ist der Conditioned Iterative Generalized Least Squares Estimator (CIGLS - Bedingter iterativer verallgemeinerter Kleinstquadratschätzer), in dessen Rahmen ein Modell mit zufälligen Effekten geschätzt wird, das jedoch wichtige Eigenschaften eines Modells mit fixen Effekten reproduziert. Dies, und die unverzerrte Schätzung, wird realisiert, indem für jede betroffene 'höhere' Ebene eine zusätzliche Variable aufgenommen wird, die in jedem Iterationsschritt die Residuen für jede Einheit der betreffenden Ebene repräsentiert (vgl. Kapitel 7).

Die untersten Zeilen der Tabelle 10.8 geben die Ergebnisse für diesen Typ von Schätzer an. Zwei der Modelle (Nr. 23, 26) sind kreuzklassifiziert, d. h. sie enthalten zufällige Effekte für Personen und Regionen. Ein weiteres Modell (Nr. 25) verwendet den Iterative Generalized Least Squares Estimator (IGLS), der eine Maximum-Likelihood Schätzung für ein Modell mit regionalen zufälligen Effekten realisiert. Die Ergebnisse entsprechen den oben dargestellten Resultaten mit Mehrebenenmodellen für Querschnittsdaten. Die Schätzung insbesondere der kreuzklassifizierten Modelle ist extrem rechen- und speicherplatzintensiv.

Auch wenn die Konvergenzeigenschaften des CIGLS-Schätzers nicht als restlos geklärt betrachtet werden können (vgl. wiederum Kapitel 7), runden die Ergebnisse das Bild hinreichend ab. Erneut ergibt sich keine signifikante Lohnkurve für die Gesamtheit der Beschäftigten. Anders liegen die Verhältnisse bei den unter 31-jährigen, für die ein kreuzklassifiziertes Modell, das mit dem CIGLS-Schätzer gerechnet wurde, wiederum einen relativ starken Effekt der regionalen Arbeitslosigkeit erbringt. Die Elastizität des Lohns im Hinblick auf die Arbeitslosigkeit beträgt -0,08.

Interessant ist, daß die Einführung einer weiteren Ebene für Bundesländer in Modell 25 nicht signifikant ist. Die räumliche Autokorrelation zwischen relativ kleinen Gebietseinheiten, die in der Regionalökonomie sonst häufig beobachtet wird (vgl. z. B. das Modell von Büttner 1995, 1996; vgl. dazu allg. Anselin 1988, 1992), spielt zumindest innerhalb von Bundesländern keine Rolle. Dies ist sicherlich auf die Kontrolle einer Vielzahl von exogenen Variablen, die sonst meist nicht zur Verfügung stehen, zurückzuführen.

4. Regionale Lohnanalysen für die Nachfrageseite des Arbeitsmarktes

Die empirische Arbeitsmarktforschung hat eine starke Neigung zu Analysen, die sich mit Arbeitskräften befassen. Die Gründe dafür können in der leichteren Beschaffbarkeit von Daten und in der Etablierung einer Tradition gesucht werden. Für viele Zwecke erscheint es jedoch sinnvoll, an der Nachfrageseite des Arbeitsmarktes anzusetzen und Informationen über Betriebe für die Analysen zu verwenden. Dies ist bei der Untersuchung von regionalen Entlohnungsstrukturen ebenfalls von Interesse. Betriebe verfolgen eine eigenständige Entlohnungspolitik, die sich keineswegs in der Reaktion auf Besonderheiten der Arbeitskräfte, ihr Bildungsniveau, ihre Erfahrung etc., erschöpft. Betriebsdaten sind das natürliche Komplement für Beschäftigtendaten bei der Untersuchung von Arbeitsmarktprozessen.

Darüber hinaus gibt es einen tieferen Grund für die Wendung zur Nachfrageseite des Arbeitsmarktes, da das in der vorliegenden Arbeit zugrundegelegte theoretische Modell vom Gewinnkalkül der Firma ausgeht und daraus Folgerungen für das regionale Lohnniveau entwickelt. Aus diesem Grund werden zusätzlich zu den Analysen mit Mikrodaten für Beschäftigte weitere Untersuchungen für Betriebe durchgeführt, die in Kooperation mit Bellmann entstanden sind (vgl. Bellmann, Blien 2000).

Als Datenbasis stehen die ersten drei Wellen des IAB-Betriebspanels (1993-95) zur Verfügung, die mit der dazu passenden Regionalinformation angereichert werden können. Geschätzt wird folgendes Modell für Betriebe j:

$$\ln \overline{W}_{jrt} = \beta_0 + \boldsymbol{\beta}'_1 \mathbf{x}_{jrt} + \boldsymbol{\beta}'_2 \mathbf{x}_r + \beta_u \ln U_{rt} + \tau_t + \widetilde{\mu}_r + \widetilde{v}_{jr} + \widetilde{\varepsilon}_{jrt} \qquad (5)$$

Als Regionaleinheiten kann wieder auf Kreise zurückgegriffen werden, da hierfür in den neunziger Jahren Arbeitslosenquoten erhältlich sind. Die abhängige Variable ist der Logarithmus des betrieblichen Durchschnittslohns $\ln \overline{w}_{jrt}$. Das Modell hat den Vorzug, hierarchisch aufgebaut und darum relativ leicht schätzbar zu sein. Da Betriebe ihren Ort nur selten wechseln, kann davon ausgegangen werden, daß Beobachtungen sich eindeutig einem Betrieb zuordnen lassen und diese wiederum eindeutig zu einer Region. In entsprechender Weise können zufällige Effekte für die drei genannten Ebenen definiert werden. Läßt man die regionalen Effekte $\tilde{\mu}_r$ weg, erhält man eines der üblichen Panelmodelle mit zufälligen Effekten. Wie bei den Modellen für Beschäftigtendaten wurden auch Spezifikationen mit fixen individuellen Effekten getestet. Diese sind erneut nicht verwendbar, da wiederum ein Problem mit der Multikollinearität von fixen Effekten und den aus theoretischen Gründen einbezogene Variablen auftritt. Getestet wurde außerdem eine Variante des Modells mit vier Ebenen, deren oberste (Bundesländer) wies jedoch keine signifikante Residualvarianz auf, wie dem Likelihood Ratio Test entnommen werden kann.

Die Analysen mit Betriebsdaten in Tabelle 10.9a zeigen das überraschende Resultat, daß der Koeffizient der Arbeitslosigkeit deutlich größer ausfällt als mit Beschäftigtendaten, obwohl die Kontrolle der Heterogenität der Beschäftigten mit den Daten der IAB-Betriebspanels nicht im gleichen Maße möglich ist. Dieser Unterschied könnte darauf zurückgeführt werden, daß die Daten für Betriebe Besonderheiten der firmenspezifischen Entlohnungspolitik besonders deutlich abbilden. Da das theoretische Modell auf diese spezifischen Entscheidungsprozesse bezogen ist, die auf der Firmenebene stattfinden, zeigt sich der Effekt der Arbeitslosigkeit mit Betriebsdaten in besonderer Klarheit. In Tabelle 10.9a fallen die hohen Werte der Dummys für die Gebietstypen auf. Tabelle 10.9b setzt die Ergebnisdarstellung für die Pooled Regression und das Mehrebenenmodell weiter fort und zeigt die Einflüsse verschiedener Variablen auf das betriebliche Lohnniveau. Abbildung 10.4 zeigt die Gestalt der relativen Lohnkurve aus dem Mehrebenenmodell mit wiederum einigen beispielhaft eingetragenen Stadt- oder Landkreisen.

Tabelle 10.9a

Lohneffekte der Arbeitslosigkeit in einer Pooled Regression, einem Panelmodell mit zufälligen Effekten und einem Mehrebenenmodell

Abhängige Variable: Betrieblicher Durchschnittslohn
Quelle: (Bellmann, Blien 2000), eigene Berechnungen mit Daten des IAB-Betriebspanels und der Arbeitslosenstatistik
* signifikant auf dem 95% , ** auf dem 99% Niveau

Variable	Pooled Regression		Panel Model mit zufälligen Effekten		Dreiebenenmodell mit zufälligen Effekten	
	Koeffizient	Standardfehler	Koeffizient	Standardfehler	Koeffizient	Standardfehler
Konstante	7,3292		7,3292		7,3277	
Ln(Arbeitslosenquote)	**-0,1015****	**0,0170**	**-0,1021****	**0,0216**	**-0,1015****	**0,0240**
Millionenstadt	0,1728**	0.0240	0,1972**	0,0317	0,2012**	0,0409
Regionstyp 1	0,1192**	0,0190	0,1389**	0,0251	0,1347**	0,0275
Regionstyp 2	0,1115**	0,0186	0,1200**	0,0247	0,1201**	0,0267
Regionstyp 3	0,0719**	0,0227	0,0959**	0,0300	0,0991**	0,0324
Regionstyp 4	-0,0804**	0,0330	-0,0887*	0,0431	-0,0870	0,0450
Regionstyp 5	0,0410	0,0234	0,0494	0,0307	0,0523	0,0331
Regionstyp 6	0,0359	0,0187	0,0346	0,0249	0,0337	0,0265
Regionstyp 7	0,0788**	0,0231	0,0813**	0,0306	0,0801**	0,0322
Regionstyp 8	0,0459*	0,0208	0,0605*	0,0275	0,0611*	0,0292
R^2	0,519					
Devianz	10 378		8 525		8 520	
Beobachtungen	9 817		9 817		9 817	
Betriebe	4 730		4730		4 730	
Kreise	326		326		326	

Tabelle 10.9b

Effekte weiterer Variablen in Pooled Regression und Mehrebenenmodell

Fortsetzung der Ergebnisdarstellung von Tabelle 10.9a

Quelle: Bellmann, Blien (2000), eigene Berechnungen mit Daten des IAB-Betriebspanels und der Arbeitslosenstatistik

Variable	Pooled Regression		Dreiebenenmodel	
	Koeffizient	Standard-fehler	Koeffizient	Standard-fehler
1994	0,0069	0,0106	0,0115	0,0080
1995	0,0523**	0,0107	0,0516**	0,0083
Frauenanteil an den Beschäftigen	-0,1659**	0,0211	-0,2151**	0,0242
Teilzeitanteil	-0,8352**	0,0262	-0,6771**	0,0266
Anteil qualifizierter Beschäftigter	0,5163**	0,0171	0,3882**	0,0177
Modernität der technischen Ausstattung (1 = sehr neu, 5 = sehr alt)	-0,0245**	0,0055	-0,0207**	0,0059
Betriebsrat	0,1361**	0,0130	0,1461**	0,0162
Exportanteil	0,0012**	0,0003	0,0011**	0,0003
Umsatzentwicklung	0,0074	0,0056	0,0019	0,0048
Vakanzrate	0,0311	0,0685	0,1256**	0,0626
Überstunden pro Beschäftigten	0,0014**	0,0002	0,0010**	0,0002
Rate betriebl. Kündigungen	0,2095**	0,0591	0,1815**	0,0526
ln (Betriebsgröße)	0,0627**	0,0031	0,0645**	0,0039
Branchen (Referenzkategorie Landwirtschaft)				
Bergbau	0,3985**	0,0456	0,4603**	0,0608
Grundstoffindustrien	0,4729**	0,0361	0,5132**	0,0476
Investitionsgüter	0,4064**	0,0351	0,4588**	0,0461
Konsumgüter	0,4168**	0,0357	0,4555**	0,0469
Bauindustrie	0,4112**	0,0369	0,4592**	0,0483
Handel	0,4723**	0,0348	0,5003**	0,0457
Transport, Kommunikation	0,4637**	0,0391	0,4990**	0,0511
Banken	0,5158**	0,0401	0,5846**	0,0530
Versicherungen	0,4340**	0,0479	0,5215**	0,0631
Gaststätten	0,2136**	0,0374	0,2266**	0,0488
Erziehung, Unterhaltung	0,5120**	0,0406	0,5375**	0,0529
Medizinische Dienste	0,3531**	0,0379	0,3799**	0,0494
Unternehmensorientierte Dienstleistungen	0,4816**	0,0373	0,5428**	0,0487
Private Haushalte	0,3405**	0,0479	0,3454**	0,0626
Andere Dienstleistungen	0,4481**	0,0371	0,4816**	0,0486

Nach der Veröffentlichung erster Ergebnisse zur Lohnkurve auf der Grundlage von Betriebsdaten (Bellmann, Blien 1996) fand eine Debatte statt, ob die gefundenen Arbeitslosigkeitseffekte auf spezielle Teilpopulationen aller Betriebe beschränkt sind. Gerlach und Klodt (1997) replizierten den Ansatz mit Daten des Niedersächsischen Betriebspanels und erhielten Ergebnisse, die sehr ähnlich jenen ausfielen, die in Tabelle 10.9a dokumentiert sind. Eine detaillierte Aufgliederung für verschiedene Teilpopulationen ergab jedoch, daß eine Lohnkurve nur für die Gruppe der Kleinbetriebe mit weniger als 20 Beschäftigten nachweisbar war. Größere Betriebe zeigten keine signifikante Reaktion des Lohns auf die Arbeitslosigkeit. Eine erneute Prüfung (Bellmann, Blien 1997) auf der Grundlage von Daten des IAB-Betriebspanels ergab mit der Betriebsgröße geringfügig variierende

Abbildung 10.4

Relative Lohnkurve

gemäß Mehrebenenmodell in Tabelle 10.9a mit Daten des IAB-Betriebspanels
Einige Landkreise & kreisfreie Städte sind mit Werten für 1995 beispielhaft eingetragen

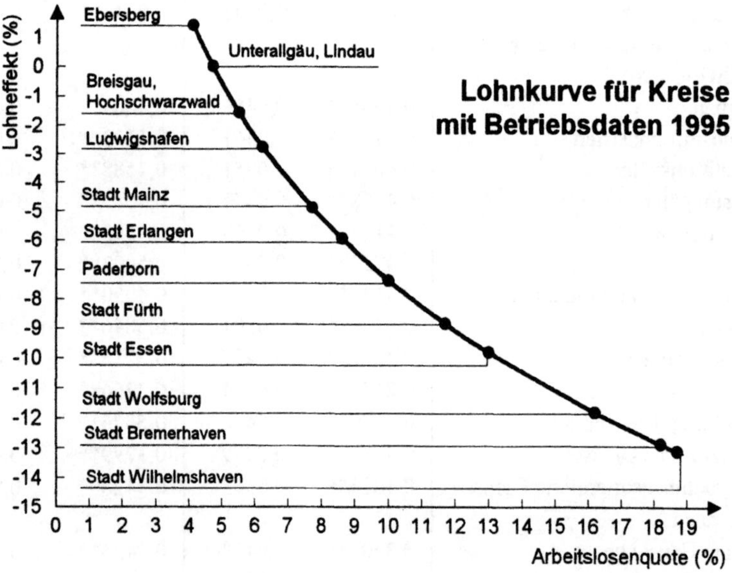

Unterschiede in der Lohnreaktion, die Lohnkurve war jedoch für alle Größenklassen hochsignifikant. Die Elastizität des Lohns im Hinblick auf die Arbeitslosigkeit war für Betriebe mit weniger als 20 Beschäftigten -0,103, für Betriebe von 20 bis 500 Beschäftigten: -0,119 und für noch größere Betriebe: -0,126.

5. Endogenität der regionalen Arbeitslosigkeit

Das theoretische Modell, das zur Analyse des Zusammenhangs von Arbeitslosigkeit und Entlohnung verwendet wird, behandelt beide Variablen als endogen, da sie sich jeweils wechselseitig determinieren. Der Effizienzlohnprozeß, der hinter der Lohnkurvenbeziehung steht, führt dazu, daß Arbeitslosigkeit tendenziell lohnsenkend wirkt. Daraus folgt eine negative Korrelation zwischen dem regionalen Lohnniveau und der regionalen Unterbeschäftigung (Gleichung 13 aus Kapitel 6). Andererseits wirkt der Lohn in der umgekehrten Richtung auf die Arbeitslosigkeit, da neue Arbeitsplätze bevorzugt dort entstehen, wo die Kosten niedrig sind. In diesem Fall ist das Vorzeichen der Korrelationsbeziehung positiv (Gleichung 11 aus Kapitel 6).

Ist der theoretisch entwickelte Gedanke richtig, wird sich in empirischen Analysen jede der beiden Korrelationsbeziehungen nur dann unverzerrt zeigen, wenn für die jeweils andere kontrolliert wird. Die in den vorstehenden Abschnitten für die Lohneffekte der Arbeitslosigkeit mit Quer- und Längsschnittdaten erhaltenen Schätzungen sind möglicherweise von diesem Problem betroffen. Nur wenn der Effekt des Lohns auf die Arbeitslosigkeit vernachlässigbar klein ist, sind keine Unterschiede gegenüber einer Analyse zu erwarten, die die Endogenität beider Variablen berücksichtigt.

Tabelle 10.10 enthält verschiedene, z. T. autoregressive Regressionsmodelle, die nur schwache Einflüsse des regionalen Lohnniveaus auf die regionale Arbeitslosigkeit belegen. Zum Teil hat der regionale Lohneffekt sogar das 'falsche' Vorzeichen. Allerdings gilt auch hier, daß die umgekehrte Wirkungsrichtung, die in diesem Fall durch die Lohnkurve repräsentiert wird, die Schätzungen des Effekts möglicherweise zu niedrig ausfallen läßt. Beleg für die Endogenität der Arbeitslosigkeit sind die hohen R^2 auch der Modelle, die nicht autoregressiv sind, z. B. von Modell (1).

Tabelle 10.10

Regressionsschätzungen der regionalen Arbeitslosigkeit 1981-1990

Abhängige Variable: Logarithmus der Arbeitslosigkeit
Alle Variablen sind als Durchschnittswerte für 142 Arbeitsamtsbezirke berechnet. Nicht dargestellt sind exogene Variablen, die denen in Tab. 10.7 entsprechen: Geschlecht, Berufserfahrung (linear & quadriert.), Staatsangehörigkeit, Familienstand, Stellung im Beruf (7 Dummys), Qualifikation (6), Wirtschaftszweig (15), Berufsgruppe (12), Betriebsgröße (8), Kreistypen (9), Jahre (8 bzw. 7). Davon abweichend enthalten die Modelle 13 und 14 außer den dargestellten Variablen nur Zeitdummys. T-Werte in Klammern, * signifikant auf dem 95%, ** auf dem 99% Niveau.
Quelle: Eigene Berechnungen mit Daten der IAB-Beschäftigtenstichprobe und der Arbeitslosenstatistik

Modell Nr.	1	2	3	4	5
Ln(Arbeitslosigkeit (t-1))	-	-	-	-	-
Ln(Arbeitslosigkeit (t-2))	-	-	-	-	-
Ln(Durchschnittslohn (t))	-	-	-	-	-
Ln(Durchschnittslohn (t-1))	-0,1231	-0,0570*	-0,0915	-0,0362	-
	(1,79)	(2,01)	(1,00)	(1,17)	
Ln(Durchschnittslohn (t-2))			-0,0537	-0,0259	-0,0407
			(0.64)	(0.88)	(1,53)
Fixe Effekte für AABez	nein	ja	Nein	ja	ja
R^2	0,55	0,95	0,56	0,96	0,96
Anzahl der Fälle	1278	1278	1136	1136	1136

***Tabelle 10.10* (Fortsetzung)**

Modell Nr.	6	7	8	9	10
Ln(Arbeitslosigkeit (t-1))	-	-	0,9944**	0,7911**	0,7911**
			(151,80)	(41,32)	(41,29)
Ln(Arbeitslosigkeit (t-2))	-	-	-	-	-
Ln(Durchschnittslohn (t))	0,0209	-0,0350	-	-	-0,0018
	(0,42)	(0,67)			(0,06)
Ln(Durchschnittslohn (t-1))	-	-0,0534	0,0101	-0,0195	-0,0193
		(1,85)	(0,66)	(1,10)	(1,07)
Ln(Durchschnittslohn (t-2))	-	-	-	-	-
Fixe Effekte für AABez	ja	ja	nein	ja	ja
R^2	0,95	0,95	0,98	0,98	0,98
Anzahl der Fälle	1420	1278	1278	1278	1278

***Tabelle 10.10* (Fortsetzung)**

Modell Nr.	11	12	13	14
Ln(Arbeitslosigkeit (t-1))	0,7684**	1,0280**	1,0075**	0,7871**
	(39,43)	(37,02)	(212,33)	(37,02)
Ln(Arbeitslosigkeit (t-2))	-	-0,3425**	-	-
		(12,31)		
Ln(Durchschnittslohn (t))	-	-	-	-
Ln(Durchschnittslohn (t-1))	-	-0,0033	0,0330	-0,0165
		(1,07)	(3,18)**	(1,05)
Ln(Durchschnittslohn (t-2))	-0,0022	-	-	-
	(0,14)			
Fixe Effekte für AABez	ja	ja	nein	ja
R^2	0,99	0,99	0,97	0,98
Anzahl der Fälle	1136	1136	1278	1278

Blanchflower & Oswald sehen die Gefahr, daß der Koeffizient der Arbeitslosigkeit in einer Lohnkurvenschätzung durch eine in die Gegenrichtung wirksame Kausalität in der Absolutgröße nach unten verzerrt ist. Wie in Kapitel 8 dargelegt, führen die Autoren empirische Tests mit instrumentierter Arbeitslosigkeit durch, die eine steilere Lohnkurve erbringen. Der Effekt wird von den Autoren zwar heruntergespielt. Tabelle 8.2 zeigt jedoch, dass der Koeffizient absolut gesehen doppelt so groß ist wie in der nicht instrumentierten Version.

Blanchflower & Oswald schlagen bei der Instrumentalvariablenschätzung eine traditionelle Strategie ein, die eine derartige Modellierung erschwert. Sie verwenden als Instrumente lediglich eine Teilmenge von Variablen, die noch dazu nur beschränkt geeignet sind, die Bestimmungsgründe der Arbeitslosigkeit zu analysieren. Die Klimaindikatoren, die als Instrumente eingesetzt werden, mögen als Determinanten der Arbeitslosigkeit nicht das letzte Wort darstellen.

Zur Realisierung eines Instrumentalvariablenansatzes können statt dessen die überlegenen Möglichkeiten von Paneldaten eingesetzt werden. Hier ist es nämlich möglich, einfach die zeitverzögerten Werte aller exogenen Variablen zu verwenden, um die Arbeitslosigkeit zu instrumentieren, wie in Kapitel 7

(Abschnitt 4.4) bereits ausgeführt wurde. Damit erübrigt sich die Suche nach geeigneten exogenen Instrumenten und es ist nicht notwendig, derart exotische Variablen wie die Regenhäufigkeit und die durchschnittliche Dauer des Sonnenscheins in einer Region zu verwenden (so Blanchflower, Oswald 1994a: 230).

Allerdings muß im Rahmen der Instrumentalvariablenschätzungen der Wechsel zwischen Beschäftigten- und Regionsebene berücksichtigt werden. Die Arbeitslosigkeit ist auf der Ebene von Regionen definiert, die unabhängigen Variablen des Lohnkurvenansatzes hingegen auf der Ebene von Personen. Um eine der üblichen zweistufigen Schätzungen (Two Stage Least Squares - 2SLS) durchführen zu können, erscheint es sinnvoll, nur mit aggregierten Daten zu arbeiten, um zu vermeiden, daß sich „Moultons Problem“ beim Wechsel der Ebenen erneut zeigt. Es kann nicht davon ausgegangen werden, daß der individuelle Lohn die regionale Arbeitslosenquote beeinflußt, mit Individualdaten ist der Ansatz für endogene Arbeitslosigkeit sinnlos. Ein Referenzmodell mit fixen Effekten, aber noch ohne Endogenität ist dann:

$$\ln W_{rt} = \beta_0 + \boldsymbol{\beta}_1 \mathbf{x}_{rt} + \ln U_{rt} + \tau_t + \mu_r + \tilde{\varepsilon}_{jrt} \qquad (6)$$

Um eine unmittelbare Vergleichbarkeit mit den bisher dargestellten Analysen zu erhalten, wird die verwendete Teilstichprobe der IAB-Beschäftigtenstichprobe weiter zugrunde gelegt. Tabelle 10.11 zeigt die Ergebnisse der statistischen Analysen nach Baltagi & Blien (1998) und nach eigenen Berechnungen. Zur Platzersparnis werden hier nur die Ergebnisse für den Koeffizienten der Arbeitslosigkeit dargestellt. Durch die Aggregation der Daten über Beschäftigte kommt die Mehrebeneneigenschaft der Analyse nur mehr implizit zur Geltung. Zum Vergleich werden verschiedene Subgruppen von Beschäftigten gebildet und die für sie erhaltenen Resultate den Lohneffekten gegenübergestellt, die für die Gesamtpopulation ermittelt werden. Beim Alter wird der Schnitt zwischen 30 und 31 Jahren gelegt, bei der Qualifikation nur die formal nicht qualifizierten Beschäftigten als niedrig qualifiziert eingestuft.

Tabelle 10.11

Verschiedene Spezifikationen in Panelmodellen für den Einfluß der regionalen Arbeitslosigkeit für 1981-1990 auf das Lohnniveau in Westdeutschland (Arbeitslosigkeit z. T. endogen)

Abhängige Variable: Logarithmus des durchschnittlichen Tageslohns einer Region
Alle Variablen sind als Durchschnittswerte für 142 Arbeitsamtsbezirke berechnet.
Nicht dargestellt sind exogene Variablen, die denen in Tabelle 10.7 entsprechen: Geschlecht, Berufserfahrung (linear & quad.), Staatsang., Familienst., Stellung im Beruf (7 Dummys), Qualifikation (6), Wirtschaftszweig (15), Berufsgruppe (12), Betriebsgröße (8), Jahre (8 bzw. 7).

Quelle: Baltagi, Blien (1998) mit Daten der IAB-Beschäftigtenstichprobe (& der Arbeitslosenstatistik), eigene Berechnungen

* auf dem 95%, ** auf 99% Niveau signifikant

	Alter		**Geschlecht**		**Qualifikationen**		**Alle**
	Jung	**Alt**	**Männl.**	**Weibl.**	**Hoch**	**Niedrig**	
Spalte Nr.	**1**	**2**	**3**	**4**	**5**	**6**	**7**
Fixe Effekte	-0.083**	0.041**	-0.004	-0.011	0.049**	-0.083**	0.011
	(2.5)	(2.4)	(0.2)	(0.3)	(2.5)	(2.4)	(0.7)
Zufällige Effekte							
1. Wallace &	-0.089**	0.023*	-0.016	-0.027	0.011	-0.052**	-0.008
Hussain	(5.9)	(1.9)	(1.4)	(1.4)	(1.0)	(2.7)	(0.8)
2. Amemiya	-0.089**	0.030*	-0.014	-0.021	0.024	-0.062**	-0.003
	(5.4)	(2.3)	(1.0)	(1.0)	(1.7)	(2.8)	(0.3)
3. Swamy &	-0.089**	0.027*	-0.015	-0.025	0.016	-0.054**	-0.007
Arora	(5.5)	(2.2)	(1.2)	(1.3)	(1.3)	(2.8)	(0.6)
4. Maximum	-0.089**	0.029*	-0.015	-0.022	0.020	-0.060**	-0.005
Likelihood	(5.6)	(2.3)	(1.2)	(1.1)	(1.5)	(2.8)	(0.4)
Fixe Effekte /	-0.151	-0.097	-0.074	-0.380**	-0.015	-0.181	-0.109
SLS (1)	(1.1)	(1.4)	(1.0)	(2.6)	(0.2)	(1.1)	(1.6)
Erste Differen-	-0.115**	-0.076**	-0.080**	-0.066*	-0.071**	-0.099**	-0.075**
zen/ SLS (2)	(3.6)	(4.9)	(4.6)	(2.3)	(3.9)	(2.9)	(4.9)
Erste Diffren-	-0.115**	-0.070**	-0.073**	-0.059*	-0.061**	-0.108**	-0.069**
zen/SLS Kea-	(3.8)	(5.1)	(4.1)	(2.4)	(3.4)	(4.2)	(5.0)
ne-Runkle) (3)							
Hausman	$\chi^2_{62}=$	$\chi^2_{62}=$	$\chi^2_{61}=$	$\chi^2_{61}=$	$\chi^2_{60}=$	$\chi^2_{57}=$	$\chi^2_{62}=$
Test (4)	65.6	179.7	178.0	87.8	149.9	87.1	209.3

Zur Charakterisierung der Modelle:

(1) Hier wird Arbeitslosigkeit als endogen behandelt. Zusätzliche Instrumente sind die verzögerten Werte der erklärenden Variablen.

(2) Hierbei wird die Lohngleichung in ersten Differenzen dargestellt. Zusätzliche Instrumente sind die verzögerten Werte der erklärenden Variablen.

(3) Wie (2), nur wird der Schätzer von Keane & Runkle verwendet

(4) Hausman Test, der die Differenz zwischen den Ergebnissen für die Ersten Differenzen/ 2SLS und für die Fixen Effekte/ 2SLS vergleicht.

Außerdem werden verschiedene Modelltypen verglichen. Begonnen wird mit Modellen mit regionalen fixen Effekten, daran schließen sich verschiedene Modellschätzungen mit zufälligen regionalen Effekten an. Diese unterscheiden sich gemäß der Technik, mit der jeweils die Varianzen ermittelt werden. Die von Wallace & Hussain (1969) vorgeschlagene Methode, bei der die Varianzen einer OLS-Schätzung entnommen werden, dient hier als Referenz.

In Tabelle 10.11 schließen sich verschiedene Modelle an, die Arbeitslosigkeit als endogen behandeln. Das erste enthält wiederum eine Schätzung mit fixen Effekten, als zusätzliche Instrumente für die Arbeitslosigkeit werden hier - wie in den folgenden Modellen – die um eine Periode verzögerten Werte der exogenen Variablen mit aufgenommen. Dies entspricht Gleichung (25) im Kapitel 7. Als Schätzmethode wird Two Stage Least Squares verwendet.

Da die Verwendung von fixen Effekten insbesondere beim Vorliegen von serieller Korrelation u. U. nicht günstig ist, weil diese im Instrumentalvariablenansatz zu verzerrten Ergebnissen führen können (vgl. Baltagi 1995: 125ff.), werden zusätzlich Modelle geschätzt, die in ersten Differenzen formuliert sind. Das erste dieser Modelle ist wiederum eine normale Two Stage Least Squares Schätzung. Die Ergebnisse der vorletzten Zeile schließlich basieren auf der Verwendung der Schätztechnik von Keane & Runkle (1992), die besonders robust gegenüber Verletzungen der Annahme serieller Korrelation ist und außerdem einen Effizienzgewinn verspricht.

In der letzten Zeile schließlich ist eine spezielle Abwandlung eines Hausman-Tests dargestellt, die wiederum auf Keane & Runkle zurückgeht. Dabei wird nicht, wie üblich, ein Modell mit zufälligen gegen ein Modell mit fixen Effekten getestet, sondern ein Modell mit Instrumentalvariablen und fixen Effekten gegen eines, das in ersten Differenzen formuliert ist. Ein signifikanter Wert der χ^2-verteilten Prüfgröße bedeutet, daß die Schätzung mit fixen Effekten und den verwendeten Instrumenten nicht konsistent ist. Die Anzahl der Freiheitsgrade wird in der Tabelle jeweils angegeben.

Betrachtet man die Ergebnisse für die Schätzungen mit fixen Effekten und als exogen angenommener Arbeitslosigkeit in der ersten Zeile von Tabelle 10.11, so ergibt sich erneut das inzwischen schon bekannte Bild: Der Effekt der Arbeitslosigkeit hat nur für die Teilpopulationen der nicht formal qualifizierten und der jungen Beschäftigten das erwartete Vorzeichen, während er für die Gesamtpopulation und für separat aufgenommene männliche und weibliche Beschäftigte sehr klein und nicht signifikant ist. Für die Teilgruppen der alten und der qualifizierten Beschäftigten ergibt sich sogar ein signifikant positiver Effekt der Arbeitslosigkeit auf den Lohn.

Die Modelle mit zufälligen Effekten reproduzieren dieses Bild im wesentlichen, nur die positiven Arbeitslosigkeitseffekte sind nicht mehr signifikant. Unter methodischem Gesichtspunkt fällt auf, daß die verschiedenen Schätzer sehr ähnliche Ergebnisse erbringen, selbst die Maximum-Likelihood Schätzung liegt sehr dicht an den mit Feasible GLS geschätzten Modellen.

Die Berücksichtigung der Endogenität der Arbeitslosigkeit ändert diese Struktur der Ergebnisse gründlich. Mit fixen Effekten ergeben sich sehr große Elastizitäten, die alle negative Vorzeichen haben, jedoch sämtlichst nicht signifikant sind. Die einzige Ausnahme ist ein unplausibel großer Effekt für die weiblichen Beschäftigten. Ein Problem der Verwendung von Modellen mit fixen Effekten ist jedoch, daß diese mit hohen Anforderungen an die gewählten Instrumente verbunden sind. Wenn diese nicht als vollständig exogen betrachtet werden können, sind die Schätzungen der Koeffizienten verzerrt. In diesem Fall ist es besser, statt Modelle mit fixen Effekten zu verwenden, zu solchen überzugehen, die in ersten Differenzen formuliert sind (Baltagi 1995). Der Grund für das Problem ist, daß ein Modell mit fixen Effekten einem Modell äquivalent ist, bei dem alle Variablen als Abweichungen in der Zeit vom Mittelwert jeder Regionaleinheit dargestellt sind (vgl. Gleichung 15b in Kapitel 7). In diesem Fall wird der Durchschnittswert von der Endogenitätseigenschaft betroffen. Im Falle von ersten Differenzen hingegen sind auch prädeterminierte Instrumente zulässig.

Geht man von fixen Effekten zu ersten Differenzen über, erhält man etwas geringere Elastizitäten, die nunmehr aber ausschließlich als signifikant beurteilt werden. Die beiden Schätzer für die Modelle, die in ersten Differenzen formuliert sind, der konventionelle und jener nach Keane & Runkle, liefern kaum unterschiedliche Werte. Die sich ergebende Lohnkurve für alle Beschäftigten ist in Abbildung 10.5 dargestellt.

Für junge und für nicht formal qualifizierte Beschäftigte werden erneut (in absoluter Betrachtung) größere Effekte ermittelt. Aber auch für die gesamte Population ergeben sich nun signifikante Elastizitäten in respektabler Größe. Der Wert von –0,07 nähert sich jenem, den Blanchflower & Oswald gerne zu einem Gesetz erheben würden. Es ist jedoch klar, daß die Methoden bei der Ermittlung unterschiedlich sind und somit kein direkter Vergleich mehr möglich ist. Würde man die hier angewendete Modellstruktur in den USA oder Großbritannien einsetzen, würden sich möglicherweise deutlich größere Effekte ergeben.

Abbildung 10.5

Relative Lohnkurve in Westdeutschland
gemäß Modell mit endogener Arbeitslosigkeit, Schätzung nach Keane/ Runkle, Tabelle 10.11, alle Beschäftigte & Beschäftigte unter 31 Jahren

Einige Arbeitsamtsbezirke sind mit Werten für 1989 beispielhaft eingetragen

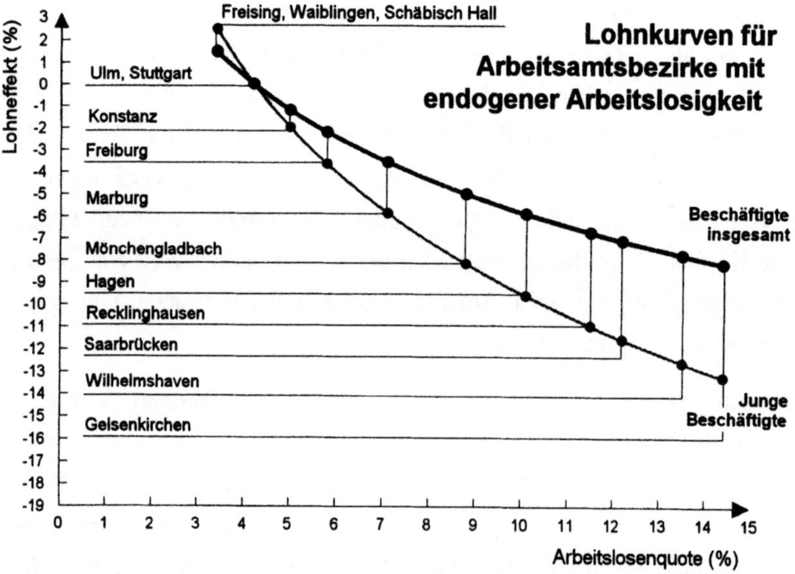

Der letzten Zeile der Tabelle 10.11 kann entnommen werden, daß der verwendete Test vom Hausman-Typ jeweils zugunsten der Modelle spricht, die in ersten Differenzen formuliert sind, während fixe Effekte abgelehnt werden. Damit sind die in ersten Differenzen formulierten Modelle mit endogener Arbeitslosigkeit jene, die hier präferiert werden. Allerdings hat dies seinen Preis, die Vergleichbarkeit der erhaltenen Ergebnisse zu anderen Lohnkurvenanalysen sinkt erneut.

In ersten Differenzen formulierte Modelle führen zu identischen Ergebnissen wie solche für fixe Effekte, wenn ein Panel aus lediglich zwei Wellen besteht. Bei mehreren Wellen treten Unterschiede auf, die so zu interpretieren sind, daß die Ergebnisse bei Modellen für Differenzen nicht im Sinne langfristiger Gleichgewichte zu interpretieren sind, sondern als Anpassungsprozesse (vgl. Baltagi 1995, Kapitel 8). Dies ist allerdings ganz im Sinne des zugrundegelegten theoretischen Modells, wo davon ausgegangen wird, daß die Lohnkurve einen Anpassungsprozeß vermittelt.

6. Analysen für Ostdeutschland

Bisher wurden nur Analysen für Westdeutschland vorgestellt, eine Anwendung der verwendeten empirischen Ansätze zur Lohnkurve für den kontrastierenden Fall Ostdeutschlands erscheint jedoch ebenfalls von besonderem Interesse, um die Allgemeinheit des Lohnkurvenzusammenhangs zu testen und die Arbetismarktentwicklung der neuen Länder zu verstehen. Verglichen mit dem Westen ist die Produktivität der östlichen Länder (1998 unter 60 % des Westniveaus gemäß Analysen von Bellmann, Brussig mit dem IAB-Betriebspanel), noch niedriger als das Lohnniveau (1998: 75 % des Westniveaus gemäß Beschäftigtenstatistik, vgl. Blien, Hirschenauer 1999). Der Transformationsprozeß wirkt nach und vor allem ist das Niveau der Arbeitslosigkeit viel höher.

Zentraler Punkt eines Ost- Westvergleichs ist weiterhin, daß die institutionellen Gegebenheiten jeweils erheblich unterschiedlich gestaltet sind, es gelten spezifische Regeln in der Arbeitsmarktpolitik. Das Budget der Bundesanstalt für Arbeit für Zwecke der aktiven Arbeitsmarktpolitik ist in Ostdeutschland fast genau so hoch wie im Westen. Im Jahre 1998 betrug der sogenannte Eingliederungstitel, aus dem Arbeitsbeschaffungs- und Bildungsmaßnahmen bezahlt werden, jeweils ca. 13 Mrd. DM (vgl. Blien 1998), obwohl der Bevölkerungsanteil der neuen Länder weniger als ein Viertel Gesamtdeutschlands ist. Im Osten ist der Arbeitsmarkt also in viel höherem Maße staatlich reguliert und von Interventionen geprägt als im Westen, entsprechend weniger wahrscheinlich ist, daß sich eine Lohnkurve zeigt.

Tabelle 10.12

Lohnkurven in Ostdeutschland:
Verschiedene Spezifikationen in Panelmodellen für den Einfluß der regionalen Arbeitslosigkeit für 1993-1998 auf das Lohnniveau Arbeitslosigkeit z. T. endogen

Abhängige Variable: Logarithmus des regionsdurchschnittlichen Tageslohns
Alle Variablen sind als Durchschnittswerte für 114 kreisfreie Städte und Landkreise berechnet.
Nicht dargestellt sind exogene Variablen, die denen in Tabelle 10.7 entsprechen: Geschlecht, Berufserfahrung (linear & quad.), Staatsang., Familienst., Stellung im Beruf (7 Dummys), Qualifikation (6), Wirtschaftszweig (32), Berufsgruppe (13), Betriebsgröße (6), Jahre.
* auf dem 95%, ** auf 99% Niveau signifikant

Quelle: Baltagi, Blien Wolf (2000) mit Daten der Beschäftigtenstatistik (Quartalsstatistik) (& der Arbeitslosenstatistik), eigene Berechnungen

	Geschlecht		Alle
	Männer	Frauen	
Pooled Regression	-0.023**	-0.030**	-0.028**
	(2.8)	(3.8)	(3.9)
Fixe Effekte	-0.003	0.005	0.0002
	(0.2)	(0.4)	(0.02)
Zufällige Effekte[c]	-0.003	-0.018	-0.013
	(0.3)	(1.8)	(1.3)
Fixe Effekte-2SLS (1)	0.094**	0.019	0.067*
	(2.8)	(0.7)	(2.2)
Erste Differenzen-2SLS (2)	-0.081*	-0.105**	-0.142**
	(2.3)	(3.2)	(4.6)
Erste Differenzen-2SLS-KR (3)	-0.061	-0.109**	-0.152**
	(1.9)	(3.8)	(5.3)
Hausman's Test (4)	$\chi^2_{71} = 243.1$	$\chi^2_{71} = 271.6$	$\chi^2_{72} = 272.4$

Zu den Anmerkungen (1) – (4) vgl. die Tabelle 10.11

Um hier einen empirischen Test zu leisten, wurde von Baltagi, Blien & Wolf (2000) eine Untersuchung begonnen, die wesentlich in einer Replikation der Studie von Baltagi, Blien (1998) für ein anderes Gebiet bestand. Erneut wurden Daten der Beschäftigtenstatistik verwendet, allerdings nicht solche aus einer Stichprobe, sondern aus der Quartalsdatei des IAB, die die Grundgesamtheit wiedergibt. Die Daten weisen somit keinerlei Stichprobenfehler auf.

Tabelle 10.12 zeigt die Ergebnisse von Lohnkurvenanalysen für Ostdeutschland. Wird wiederum das für Westdeutschland präferierte Modell betrachtet, das in ersten Differenzen formuliert wurde, bei dem die Arbeitslosigkeit endogen ist und das nach der Methode von Keane & Runkle geschätzt wurde, so fällt der Effekt der regionalen Arbeitslosigkeit noch stärker aus als im Westen. Er beträgt immerhin -0,15, d.h. ist deutlich höher als Blanchflower & Oswalds Lohnkurveneffekt für andere Länder. Diese starke und hochsignifikante Wirkung ist eine deutliche Überraschung und eine implizite Kritik an Auffassungen, in denen der ostdeutsche Arbeitsmarkt als völlig inflexibel betrachtet wird.

Allerdings ist das Ergebnis nicht ganz so eindeutig wie im Westen. Eine genaue Betrachtung von Tabelle 10.12 zeigt, daß die Lohnkurve in Ostdeutschland mit Vorsicht interpretiert werden sollte. Zunächst ist der Effekt sowohl für die Teilgruppen der Männer wie auch der für Frauen schwächer als für die Arbeitskräfte insgesamt. Dies kann allerdings durch eine für Männer und Frauen stark unterschiedliche Verteilung der Arbeitslosigkeit in Ostdeutschland (Blien, Hirschenauer 1999) zumindest partiell erklärt werden. Es standen nur die Arbeitslosenquoten für alle Arbeitskräfte und keine für Männer und Frauen getrennt ermittelte Quoten zur Verfügung.

Ein weiteres Problem ist das Auftreten eines signifikant positiven Effekts der Arbeitslosigkeit im Modell mit fixen regionalen Effekten. Allerdings wird dieses Modell durch einen entsprechend konstruierten Hausman Test abgelehnt, wie die letzte Zeile in Tabelle 10.12 zeigt. Die mangelnde Übereinstimmung zwischen den Modellen könnte auch die Tatsache wiederspiegeln, daß der Arbeitsmarkt in Ostdeutschland noch von den Transformationsfolgen geprägt ist und in ihm verschiedene Prozesse ablaufen, die den Lohnkurvenzusammenhang partiell stören.

Trotz solcher Einschränkungen ist festzuhalten, daß das präferierte Modell Ergebnisse erbringt, die für die Existenz einer Lohnkurve in Ostdeutschland sprechen. Die numerische Größe des Koeffizienten erscheint als etwas weniger gesichert als für Westdeutschland.

Abbildung 10.6

Relative Lohnkurve in Ostdeutschland gemäß Modell mit endogener Arbeitslosigkeit, Schätzung nach Keane/ Runkle, Tabelle 10.11

Einige Arbeitsamtsbezirke sind mit Werten für 1998 beispielhaft eingetragen

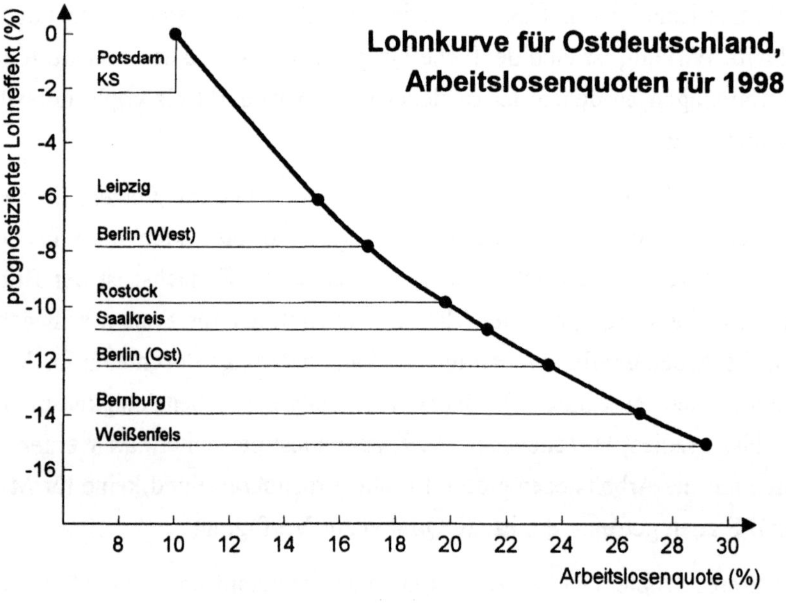

7. Zu den erhaltenen Ergebnissen

Eine ausführliche inhaltliche Ergebnisdiskussion, insbesondere mit Bezug zu dem verwendeten theoretischen Modell, wird im nächsten Kapitel geführt. Hier soll die Empirie in ihren verschiedenen Facetten vorläufig eingeordnet und versucht werden, die unterschiedlichen Ergebnisse zu systematisieren. Dies ist notwendig, da die verwendeten Modellklassen und Datenbasen unterschiedliche Koeffizienten des Arbeitslosigkeitseffekts in der Lohngleichung liefern.

Wird zunächst Westdeutschland betrachtet, zeigen die auf der Basis eines Querschnitts durchgeführten Analysen für die Population aller Beschäftigten einen moderat starken Effekt, die Elastizität beträgt im allgemeinen ungefähr –0,05, d. h. der Lohn ist auf regionaler Ebene weniger reagibel als von Blanchflower & Oswald für andere Länder festgestellt. Selbst dieser moderat große Effekt verschwindet, wenn zur Betrachtung von Längsschnitten mit der IAB-Beschäftigtenstichprobe übergegangen wird.

Ein ganz anderes Bild ergibt sich, wenn statt Beschäftigtendaten solche für Betriebe zugrunde gelegt werden. Hier zeigt sich sofort eine Lohnkurve, die sogar der Elastizität von –0,1 entspricht. In ähnlicher Weise verändert sich das Bild, wenn die Endogenität der Arbeitslosigkeit in einer mit Beschäftigtendaten geschätzten Gleichung berücksichtigt wird. Hier ergibt sich eine Elastizität von ungefähr –0,07.

Damit stellt sich die Frage, welchem Wert für den Koeffizienten der Arbeitslosigkeit vertraut werden kann. Generell erscheint der Ansatz mit der Endogenität der Arbeitslosigkeit als der überlegene, weil er theoretischen Erwägungen am besten gerecht wird. Der einzige Nachteil der betreffenden Modelle ist, daß sie mit Daten geschätzt werden, die aggregiert sind, also den Gehalt der vorhandenen Information nicht voll ausschöpfen. Allerdings können derart viele Variablen aus der IAB-Stichprobe einbezogen werden, daß die Gefahr eines ökologischen Fehlschlusses (vgl. Kapitel 7) als sehr gering eingestuft werden kann.

Aus diesen Gründen wird das Modell mit Endogenität der Arbeitslosigkeit als das aussagefähigste betrachtet. Die mit anderen Modelltypen durchgeführten Analysen liefern wichtige ergänzende Informationen. Insbesondere kann den mit Betriebsdaten geschätzten Mehrebenenmodellen eine wichtige Kreuzvalidierung der Lohnkurve in der Bundesrepublik Deutschland (West) entnommen werden.

Darüber hinaus zeigen die mit Längsschnittdaten unternommenen Mehrebenenanalysen für spezielle Gruppen von Beschäftigten, daß der Lohnkurvenzusammenhang insbesondere für die nicht formal qualifizierten Personen und für die jungen Beschäftigten sehr robust ausfällt und deutlich stärker ist als für die Gesamtpopulation. Die hohen Absolutwerte der Elastizitäten sind um so bemerkenswerter, als die zugrundegelegten Arbeitslosenquoten jene für die Gesamtpopulation sind, da keine gruppenspezifischen Regionalwerte für die achtziger Jahre zur Verfügung stehen. Es kann davon ausgegangen werden, daß die Korrelation zwischen den gruppenspezifischen und der allgemeinen Arbeitslosigkeit zwar hoch ist, aber nicht den Wert 1 erreicht.

Blanchflower & Oswald mußten bei ihren Analysen zur deutschen Lohnkurve auf gruppenspezifische Arbeitslosenquoten zurückgreifen, um nennenswerte Effekte der Arbeitslosigkeit zu finden. Im vorliegenden Zusammenhang zeigen sich mit der Globalquote für Spezialgruppen starke Effekte, die jedoch bei der Interpretation eine Schwierigkeit aufweisen. Die Interpretation der Koeffizienten als Elastizitäten setzt voraus, daß der Wert der globalen Arbeitslosigkeit der maßgebliche ist.

Dies ist insbesondere bei den nicht formal qualifizierten Beschäftigten ein Problem, da deren gruppenspezifische Arbeitslosenquote durchgehend über der globalen Quote liegt (vgl. Reinberg 1997). Demnach wäre möglich, daß der Arbeitslosigkeitseffekt für nicht formal qualifizierte Personen nur deshalb als derart groß erscheint, weil die Berechnungsbasis für die Elastizität, das Niveau der Arbeitslosigkeit, unterschätzt wird.

Allerdings könnte es sein, daß sich die Wirtschaftssubjekte in ihren Aktionen nicht an der gruppenspezifischen, sondern an der allgemeinen Arbeitslosigkeit orientieren. Versuche, die Mederer (1996) mit geschlechtsspezifischen Quoten in Lohnkurven durchgeführt hat, zeigen jedenfalls kaum Unterschiede zur Verwendung der allgemeinen Arbeitslosigkeit, während der Befund von Blanchflower & Oswalds (1996) Analyse auf die Relevanz der gruppenspezifischen Quoten verweist. Im Fall der nicht formal qualifizierten Beschäftigten ist somit nicht vollständig klar, ob die gefundenen Elastizitäten eine Unter- oder Überschätzung darstellen oder ob sich die beiden beschriebenen Einflüsse auf die Höhe des Koeffizienten jeweils ungefähr kompensieren.

Schließlich sei mit einer Bemerkung zur Flexibilität des deutschen Lohnsystems geschlossen. Oft wird die Auffassung vertreten, daß dieses durch die rigorose Tarifbindung den Betrieben kaum Spielraum lasse. Hier hat sich jedoch gezeigt, daß erstens bei der Reaktion auf Arbeitslosigkeitsunterschiede die Betriebe durchaus erhebliche Unterschiede in der Bezahlung erkennen lassen. Zweitens differieren die Löhne erheblich zwischen den Gebietstypen. Bei Blien & Mederer (1998a) wird gezeigt, daß diese Differenzierung zum Teil auf Unterschiede des regionalen Preisniveaus zurückgeführt werden kann. Es wäre wünschenswert, regionale Preisindizes in den Analysen zur Lohnkurve generell zu berücksichtigen, diese stehen jedoch nicht flächendeckend zur Verfügung. Jedenfalls zeigen beide Quellen der Lohnvariation auf regionalen Arbeitsmärkten, daß die Betriebe durchaus Flexibilitätsspielräume bei der Lohnsetzung haben.

KAPITEL XI Analytische und wirtschaftspolitische Folgerungen

1. Analytische Folgerungen

1.1 Arbeitslosigkeit und Entlohnung auf regionalen Arbeitsmärkten im theoretischen Modell

Im folgenden soll erörtert werden, welche Folgerungen aus den theoretischen und empirischen Analysen entwickelt werden können. Begonnen wird mit einer Bezugnahme auf den Ausgangspunkt der Arbeit. Im Rahmen von modelltheoretischen Vorstellungen, die an Krugman angelehnt sind, wurden Argumente dafür gesammelt, daß sich Regionen auf bestimmte Branchen spezialisieren. Bei niedrigen Transportkosten und steigenden Skalenerträgen lohnt es sich für Firmen, ein größeres Gebiet nur von einem einzigen Standort aus zu beliefern, wo die Produktion lokalisiert ist. Zudem können sie in diesem Fall u. U Agglomerationsvorteile realisieren.

Die Spezialisierung kann für die betreffenden Regionen positive oder negative Konsequenzen haben. Dominiert in einer Region eine ‚junge' Branche, die im Produktzyklus noch ganz am Anfang steht, ergeben sich positive Impulse für die Entwicklung dieses Raumes. Die dazu dargelegte Überlegung geht davon aus, daß zu Beginn des Produktzyklus die Nachfrage nach dem betreffenden Produkt elastisch reagiert und damit Preissenkungen zu Umsatzsteigerungen führen. Da bei der Markteinführung eines Produkts noch nicht ausgeschöpfte Möglichkeiten, die Produktivität zu verbessern, realisiert werden können, wird der einsetzende Preisverfall zu Umsatzsteigerungen führen. Wie unter bestimmten Annahmen gezeigt werden kann, steigt die Beschäftigung trotz der Produktivitätsfortschritte. Damit entstehen weitere Impulse, die in der Region vorhandenen Ressourcen auf die expandierende Branche zu konzentrieren. Der Grad der Spezialisierung steigt dann weiter an.

Schreitet die betreffende Branche im Produktzyklus weiter fort, wird die Nachfrage nach dem dominierenden Produkt allmählich unelastischer, weil der Bedarf nach ihm allmählich gesättigt ist. Wird im Rahmen dieser Entwicklung tatsächlich die Schwelle erreicht, wo Preissenkungen mit Umsatzeinbußen verbunden sind, verwandelt sich die Erfolgsgeschichte der betreffenden Region u. U. in einen krisenhaften Prozeß. Anstrengungen, erhöhte Produktivitäten zu realisieren, um die frühere günstige Position wiederzugewinnen, beschleunigen Umsatz- und Beschäftigungseinbußen. Die Erfolgsrezepte der Vergangenheit führen in der Gegenwart zur Verschärfung der Krise.

Derartige Mechanismen erklären, wieso Regionen Auf- und Abstiegsprozesse durchlaufen, ohne daß die beteiligten Akteure ihr Verhalten ändern würden. Als Folge treten große Unterschiede in den regionalen Arbeitslosenquoten auf, wie dies z. B. für die Teilräume der Bundesrepublik Deutschland (West) feststellbar ist. Diese Differenzierung der Arbeitsmarktlagen ist in der hier dargelegten Theorie nicht durch übermäßige Lohnforderungen in bestimmten Gebieten zu erklären, die eine Produktion dort nicht mehr lohnend machen würden, sondern durch die Interaktion von Produktmarkt- und Produktivitätsdynamiken.

Allerdings wird davon ausgegangen, daß Lohnveränderungen die Ausschläge auf den Arbeitsmarkt zu einem bestimmten Grad abdämpfen. Die niedrigeren Lohnkosten verbessern die Konkurrenzposition der betreffenden Firmen und verringern die Tiefe des Einbruchs auf dem Arbeitsmarkt.

Anders als in verschiedenen westlichen Ländern (Großbritannien, USA) sind regionale Lohnunterschiede in der Bundesrepublik Deutschland – abgesehen vom West/Ost-Differential – nur zum geringen Grade mit Gewerkschaften kontrahiert, da Tarifverhandlungen zentralisiert geführt werden. Die Lohnveränderungen folgen in der hier dargelegten Sichtweise im wesentlichen dem Effizienzlohnkalkül der Firmen. Mit dem Ansteigen der regionalen Arbeitslosigkeit werden sie geneigt sein, niedrigere Löhne bzw. verringerte Lohnsteigerungen zu gewähren, da diese unter den veränderten Umständen als ausreichend betrachtet werden, sich eine qualifizierte und leistungsbereite Belegschaft zu sichern. Die regional differenzierte Lohnsetzung führt zur Entstehung einer regionalen Lohnkurve, einer inversen Beziehung zwischen Arbeitslosigkeit und Entlohnung.

1.2 Die Lohneffekte von regionaler Arbeitslosigkeit

Die Lohnkurve ist in der vorliegenden Arbeit intensiv untersucht worden, indem der hervorragende Datenzugang des IAB mit den Möglichkeiten der modernen ökonometrischen Analyse genutzt wurde. Die erhaltenen Befunde stehen im Einklang mit der dargelegten Theorie, sie sprechen für eine relativ flache Lohnkurve in den westlichen Ländern der Bundesrepublik Deutschland. Auch in Ostdeutschland zeigt sich eine Lohnkurve.

Die hier zur Lohnkurve durchgeführten Untersuchungen greifen Blanchflower und Oswalds „empirisches Gesetz" auf, demzufolge die Elastizität des Lohns im Hinblick auf die regionale Arbeitslosigkeit -0,1 beträgt, also eine Verdoppelung der Arbeitslosenquote den regionalen Lohn um ungefähr 10 % reduziert. Die quantitative Formulierung des „Gesetzes" zu den Lohneffekten regionaler Arbeitslosigkeit erlaubt eine Untergliederung der Problemstellung in zwei Teilfragen. Gefragt wird erstens, ob die Löhne grundsätzlich auf die regionale Arbeitslosigkeit reagieren. Wenn dies der Fall ist, so interessiert zweitens die Größe des Effekts. Zu beiden Teilfragen könnte als Alternativhypothese formuliert werden, daß der Zusammenhang zwischen Arbeitslosigkeit und Entlohnung nicht invers ist, sondern daß eine positive Korrelation auftritt.

In den mit Daten der Bundesrepublik Deutschland (West) durchgeführten Untersuchungen in der vorliegenden Arbeit finden sich keine Belege für die genannte Alternativhypothese. Andererseits kann das empirische Gesetz von Blanchflower & Oswald nur mit Modifikation bestätigt werden, da die Ergebnisse zwar mit der Richtung des behaupteten Effekts übereinstimmen, seine Größe jedoch - zumindest im Westen Deutschlands - niedriger ausfällt.

Legt man das methodische Design der internationalen Analysen zugrunde, d. h. verwendet man einen Ansatz für eine Abfolge von Querschnitten, die ein Panel mit Mikrodaten für Beschäftigte bilden, und kontrolliert man für regionale fixe Effekte, ergibt sich keine signifikante Lohnkurve. Variiert man den methodischen Ansatz, zeigt sich doch eine Lohnkurve, die aber nicht mehr unmittelbar mit der Variante von Blanchflower & Oswald verglichen werden kann. Die stärksten Effekte der regionalen Arbeitslosigkeit, die in der Größe sogar dem „empirischen Gesetz" entsprechen, ergeben sich nicht mit Daten für Beschäftigte, sondern mit solchen für Betriebe. In den Lohnanalysen mit Einzeldaten des IAB-Betriebspanels hat der Koeffizient der Arbeitslosigkeit genau den Wert von -0,1. Die sich hier zeigende Lohnkurve ist nicht auf spezielle Gruppen von Betrieben begrenzt, sie findet sich für alle Betriebsgrößen. Daß der Effekt der Arbeitslosigkeit besonders deutlich mit Betriebsdaten nachweisbar ist, bedeutet insofern keine Überraschung, als der zugrundegelegte theoretische Ansatz auf Effizienzentlohnung aufbaut, die sich aus dem Gewinnkalkül der Firmen begründet. Diese könnten sogar die für die Analyse adäquaten Einheiten sein.

Etwas kleinere Effekte der Arbeitslosigkeit, die gleichwohl jenen von Blanchflower & Oswald nahekommen, zeigen sich in speziellen Panelschätzungen, die die Endogenität der Arbeitslosigkeit berücksichtigen. Die Endogenität, d. h. vor allem die Rückwirkung des Lohnniveaus auf die Arbeitslosigkeit, entspricht gängigen theoretischen Ansätzen der Ökonomie und ergibt sich in einer speziellen Variante auch aus dem zugrundegelegten theoretischen Modell. Die Elastizität des Lohnes im Hinblick auf die Arbeitslosigkeit beträgt für alle Beschäftigten ungefähr –0,07, d. h. eine Verdoppelung der regionalen Arbeitslosigkeit würde den Lohn um ungefähr 7 % reduzieren.

Somit finden sich große Unterschiede zwischen einem Instrumentalvariablenansatz, der die Endogenität der Arbeitslosigkeit berücksichtigt, und einem üblichen Schätzansatz, in dem diese zentrale Variable als exogen gilt. Die hier festgestellten Unterschiede können verstanden werden, wenn die Wirkungen von der Arbeitslosigkeit auf den Lohn und umgekehrt vom Lohn auf die Arbeitslosigkeit sich gegenseitig ungefähr kompensieren. In diesem Fall kann der Effekt in beiden Richtungen relativ stark sein, ohne daß er sonderlich bemerkt würde. Damit kann begründet werden, daß die Lohnkurve in der Bundesrepublik bisher unbekannt geblieben ist und sie sich selbst in den empirischen Analysen kaum zeigte, die im Anschluß an die Pionierarbeit von Gerlach & J. Wagner (1995) durchgeführt worden sind und hier in Kapitel 8 dargestellt werden. Es bedarf sehr detaillierter Daten und ökonometrischer Methoden, die die Endogenität berücksichtigen, um zum Lohnkurvenproblem Aufschluß zu erlangen.

Das theoretische Modell der vorliegenden Arbeit, das Ideen der Tradition von Layard, Nickell & Jackman et al. mit jenen von Appelbaum & Schettkat integriert, wird durch die erhaltenen Ergebnisse bestätigt. Blanchflower & Oswald waren davon ausgegangen, daß das Niveau der Arbeitslosigkeit exogen ist und sich in Relation zu externen Schocks einspielt, die die regionalen Ökonomien betreffen. Das hier verwendete Modell behandelt Kausalprozesse, die sich sowohl auf die Arbeitslosigkeit wie auf das Lohnniveau auswirken und jeweils in Beziehung zueinander stehen. Genau diese Modellvorstellung, in der die Lohnkurve zudem nur einen Anpassungsprozeß und kein langfristiges Gleichgewicht angibt, bewährt sich hier.

In weiteren empirischen Analysen ohne Bezug auf diese Endogenität, die mit Mehrebenenmodellen durchgeführt werden, treten die Lohneffekte der Arbeitslosigkeit relativ schwächer zutage. Analysen mit Individualdaten für ein Jahr (1989) können den Vorteil besonders detaillierter Regionalgliederungen nutzen und zeigen Lohneffekte der Arbeitslosigkeit, die nur etwa halb so stark ausfallen, wie in der Standardversion der Lohnkurve. Analysen mit Längsschnittdaten für die achtziger Jahre, die die vollen Möglichkeiten von Paneldaten nutzen, ergeben noch kleinere Effekte.

Mit Daten für Ostdeutschland zeigt sich erneut eine relativ ausgeprägte Lohnkurve, wenn die Endogenität der Arbeitslosigkeit berücksichtigt wird.

Als Fazit für die Untersuchungen zur Lohnkurve kann demnach formuliert werden, daß die erwarteten Einwirkungen der Arbeitslosigkeit auf das Lohnniveau zwar feststellbar sind, die numerische Größe des Effekts jedoch kleiner ausfällt als in anderen Ländern.

1.3. Die Bedeutung der Ergebnisse für spezielle Gruppen auf dem Arbeitsmarkt

In den Analysen mit Längsschnittdaten zeigt sich ein Ergebnis, das dann bei jenen, die die Endogenität der Arbeitslosigkeit kontrollieren, noch stärker hervortritt. Einige Subgruppen von Arbeitskräften haben eine deutlich stärker ausgeprägte Lohnkurve als die Gesamtheit aller Beschäftigten. Dies gilt besonders für die Gruppe der jungen Arbeitskräfte (bis einschließlich 30 Jahre) und für die Gruppe der nicht formal qualifizierten Beschäftigten. Erneut ergeben sich Werte für die Elastizität des Lohns im Hinblick auf die Arbeitslosigkeit, die jenen von -0,1 nahezu entsprechen.

Die junge Generation von Arbeitskräften, die noch nicht ins Erwerbsleben fest integriert ist und die häufig noch keinen Zugang zu internen Arbeitsmärkten hat, trägt die hauptsächliche Last der Anpassung auch des Lohns unter den Bedingungen regionaler Arbeitslosigkeit. Dies ist ein Ergebnis, das gut mit theoretischen Überlegungen zur Struktur von Arbeitsmärkten übereinstimmt, die bereits in den achtziger Jahren formuliert wurden (vgl. Blien 1986, zehntes Kapitel und Blien 1987). Danach gibt es verschiedene Möglichkeiten, wie Firmen das Problem lösen, Leistungsanreize unter den Bedingungen offener Arbeitsverträge zu setzen. Eine dieser Möglichkeiten verbindet sich mit betriebsinternen Arbeitsmärkten. Arbeitskräfte, die Zugang zu diesen gefunden haben, werden im allgemeinen eher durch Senoritätsmuster bei der Entlohnung motiviert, ihnen bieten sich zusätzliche Gelegenheiten, in der Betriebshierarchie aufzusteigen und sich damit auch im Hinblick auf die Entlohnung zu verbessern.

Im Kontrast dazu gilt der beschriebene Effizienzlohnmechanismus für Arbeitskräfte, deren Mobilität auf den sekundären Arbeitsmarkt ohne Betriebsbindung beschränkt ist. Hier fungieren Arbeitslosigkeitsrisiken und hohe Lohnniveaus als substitutive Lösungen für das Problem der Firma, die jeweiligen Arbeitskräfte zu besonderer Leistung anzuregen. Viele jüngere Arbeitskräfte haben den Filter vom sekundären zum betriebsinternen Arbeitsmarkt noch nicht passiert.

Im Fall der nicht formal qualifizierten Arbeitskräfte stellt sich die Situation u. U. parallel dar. Auch sie haben im geringerem Umfang zu internen Arbeitsmärkten Zugang, da sie durch ihr niedriges Qualifikationsniveau für den Betrieb leichter ersetzbar sind und sich damit für die Firmen eine Betriebsbindung durch überdurchschnittliche Bezahlung erübrigt.

Die hier gefundene indirekte Bestätigung, daß der Effizienzlohnmechanismus in erster Linie für Beschäftigte mit niedrigeren Qualifikationsanforderungen gilt, hat erhebliche theoretische Konsequenzen. Dadurch wird ein Beleg für eine Folgerung im theoretischen Teil gefunden, wo dargelegt worden war, daß Effizienzentlohnung nicht auf ein Informationsproblem der Firma bezogen ist, sondern auf ein Durchsetzungsproblem. Da der Arbeitsvertrag offen im Hinblick auf die Leistungsintensität formuliert ist, fehlen der Firma Sanktionsmöglichkeiten bei Minderleistung, wenn die betreffende Arbeitskraft sofort anderswo einen entsprechenden Arbeitsplatz finden könnte. In einer Vollbeschäftigungssituation bleiben nur positive Leistungsanreize, die kostspielig sind. Leistungslöhne haben Nachteile (vgl. Blien 1986, Kapitel 9) und sind darum oft nicht einsetzbar. Beförderungen sind für die Gesamtheit der Beschäftigten nicht möglich, also werden viele Firmen versuchen, ihr Lohnniveau generell anzuheben. An diesem Zusammenhang ändert sich für die Firmen nichts, wenn sie gut über die individuellen Arbeitsleistungen informiert sind.

Tritt hingegen Arbeitslosigkeit auf, werden insbesondere die Arbeitskräfte im sekundären Segment des Arbeitsmarktes unter Druck gesetzt, da gerade hier die Beschäftigungsverhältnisse eher instabil sind. Personen mit Minderleistungen müssen im höheren Grad um ihren Arbeitsplatz fürchten. Erneut zeigt sich, daß Arbeitslosigkeit und relativ hohe Entlohnung Substitute im Hinblick auf diese Wirkung als Leistungsanreize sind. Diese Erkenntnisse sind theoretisch bedeutsam, da die Leistungsintensität sich im allgemeinen der direkten Beobachtung entzieht und deshalb Tests des Effizienzlohnzusammenhangs auf indirekte Belege angewiesen sind, wie sie hier vorgelegt werden.

1.4 Zusammenfassende Verknüpfung von theoretischem Modell und empirischen Befunden

In den vorstehenden Abschnitten wurden bereits einige wesentliche Folgerungen benannt, die aus den empirischen Ergebnissen im Hinblick auf die Theorie gezogen werden. Diese Folgerungen seien hier noch einmal resümiert:

- Der theoretisch aus einem Effizienzlohnansatz abgeleitete Lohnkurvenzusammenhang konnte empirisch bestätigt werden. Die Lohnkurve ist zwar relativ flach, aber mit geeigneten Methoden feststellbar.
- Mit den gewonnenen Erkenntnissen kann die Struktur des Effizienzlohnmodells noch etwas genauer gekennzeichnet werden. Es ist nicht auf ein Informations- sondern auf ein Durchsetzungsproblem der Firma bezogen.
- Effizienzlöhne im engeren Sinne werden vor allem auf einem Teilsegment des Arbeitsmarktes gezahlt, das häufig als sekundärer Arbeitsmarkt bezeichnet wird, weil es jene Arbeitskräfte vereint, die keinen Zugang zum betriebsinternen Markt gefunden haben.
- Die relativ schwache Lohnreaktion auf den regionalen Arbeitsmärkten der Bundesrepublik (West) kann auf die hier dominierende institutionelle Struktur zentralisierter Tarifverhandlungen und Flächentarifverträge zurückgeführt werden.
- Indirekte Belege ergeben sich für das Auftreten einer Kausalität, die - umgekehrt zur Lohnkurve orientiert - vom Lohn zur Arbeitslosigkeit weist. Danach würden Unterschiede der regionalen Arbeitslosigkeitsniveaus durch die Lohnreaktion gedämpft werden. Zwar kann der Zusammenhang mit dem in der Arbeit verfolgten empirischen Ansatz nur unvollkommen getestet werden. Da sich jedoch große Differenzen zwischen den Ergebnissen zur Lohnkurve ergeben, die mit und solchen, die ohne die Endogenität der Arbeitslosigkeit erhalten werden, liegt ein starkes Indiz für die Bedeutung der Arbeitslosigkeitsreaktion vor.
- Die Lohnkurve ist nicht der Ort langfristiger Gleichgewichtszustände, sondern repräsentiert einen Anpassungsprozeß.

1.5 Die Bedeutung der regionalen Analyse und des Mehrebenenansatzes

Die vorliegende Arbeit zielt darauf ab, im Rahmen einer regionalökonomischen Analyse zu zentralen und ‚klassischen' Themen der Volkswirtschaftslehre beizutragen. In den theoretischen Kapiteln wird argumentiert, daß die Entstehung von Arbeitslosigkeit und ihre Konsequenzen für das Lohnniveau ohne die regionale Komponente nicht adäquat verstanden werden können. Diese Auffassung bewährt sich in den empirischen Teilen, wo aufbauend auf der Theorie vor allem der Zusammenhang von Arbeitslosigkeit und Entlohnung untersucht wird.

Generell ist zur Erklärung wesentlicher Prozesse in einer Ökonomie die Regionaldimension von besonderer Bedeutung. Die Akteure, die hier jeweils auftreten, die individuellen Arbeitskräfte und die Unternehmen, sind nicht beliebig mobil. Ein Wechsel des Standorts ist zumeist kostspielig und widerspricht im Falle der Arbeitskräfte häufig den individuellen Präferenzen. Damit kommt der räumlichen Dimension für viele ökonomische Prozesse auf den Güter- und Arbeitsmärkten eine erhebliche Bedeutung zu. Regionen erhalten Charakteristika, die sie von anderen unterscheiden. Selbst kleinräumige Gliederungen sind wichtig im Hinblick auf die Verteilung produktiver Aktivitäten und die Lokalisation der Arbeitskräfte und Konsumenten.

Die empirischen Kapitel 2 und 10 bestätigen die Bedeutung der Regionalanalyse schon dadurch, daß sich die einheitliche Charakterisierung des Gebietes der bundesdeutschen Wirtschaft im Hinblick auf zentrale Dimensionen als Fiktion erweist. Zur gleichen Zeit finden sich Gebiete, in denen nahezu Vollbeschäftigung herrscht, und solche, die von einer Arbeitsmarktkrise betroffen sind. Eigenständige Entwicklungen laufen ab, da einzelne Regionen stark verlieren und andere im gleichen Zeitraum stark gewinnen. Auch im Hinblick auf andere zentrale Variablen, wie z. B. dem regionalen Lohnniveau findet sich eine ähnliche Differenzierung. Die Spannweite zwischen minimalen und maximalen Werten wird um so größer, je kleinere Regionaleinheiten betrachtet werden. Sie erreicht für Kreise im Westen der Bundesrepublik Deutschland Werte zwischen 66 % (1989) und 58 % (1997), wie im Detail den Tabellen 2.4 und A1 (im Anhang) entnommen werden kann.

Die sich daraus ergebende Differenzierung der Lebensverhältnisse ist schon für sich allein genommen wichtig. Darüber hinaus verdeutlichen die großen Unterschiede bei zentralen ökonomischen Variablen, daß die jeweils wirkenden Kausalfaktoren völlig unterschiedlich gestaltet sein müssen, um derartige regionale Unterschiede zu produzieren.

Doch damit ist die Bedeutung der regionalen Analyse noch nicht erschöpft. Auch das globale Niveau der genannten zentralen ökonomischen Variablen wird von regionalen Entwicklungen beeinflußt. Der Grad der Differenzierung des Lohns hat zweifellos Konsequenzen für die Gesamthöhe der Arbeitslosigkeit.

Auf der regionalen Ebene findet eine Vermittlung statt, die z. B. für Effizienzlohnprozesse entscheidend ist. Firmen setzen ihr Lohnniveau relativ zu jenem, das tariflich und gesamtwirtschaftlich maßgeblich ist. Darüber hinaus berücksichtigen sie jeweils die regionalen Werte, da diese in die Kalkulation der Arbeitskräfte eingehen. Die Arbeitslosigkeit in der näheren Region ist für die Beurteilung der Wiederbeschäftigungschancen einer Arbeitskraft ohne Arbeitsstelle von großer Bedeutung, da zunächst die Arbeitsplatzalternativen in dieser Region in Betracht gezogen werden.

Damit erweist sich ein Mehrebenenansatz einerseits im Hinblick auf die theoretische Argumentation, andererseits bezüglich der statistisch-ökonometrischen Modellierung als vorteilhaft. Mindestens drei Ebenen sind relevant, da ökonomische Erklärungen stets auf die Interessen einzelner Wirtschaftssubjekte rekurrieren, die regionale Ebene im beschriebenen Sinne eine intermediäre Stellung einnimmt und schließlich Folgerungen für die Ebene der Makroökonomie von besonderem Interesse sind.

Die Verwendung von Einzeldaten erlaubt eine empirische Mikrofundierung, die mit jener in der ökonomischen Theorie korrespondiert. Umgekehrt kann individuelles Handeln nur durch Bezugnahme auf gesamtwirtschaftliche Rahmenbedingungen aufgeklärt werden, so daß eine Makrofundierung notwendig wird.

Die gewählten Ansätze der ökonometrischen Mehrebenenanalyse brauchen nicht mehr von isolierten Einheiten auszugehen, die die Wirtschaftssubjekte repräsentieren. Statt dessen wird angenommen, daß diese in Interaktionen stehen, die u. a. durch den Markt vermittelt sind, aber auch arbeitskulturelle Einflüsse, Sozialisation und ähnliches umgreifen. Die Relevanz der Interaktionen zwischen den Wirtschaftssubjekten ist ihrerseits ein Ergebnis der Analysen.

2. Wirtschaftspolitische Folgerungen

2.1 Das Zielsystem der Wirtschaftspolitik

Die Ergebnisse der theoretischen Analysen und empirischen Untersuchungen in den vorstehenden Kapiteln können zur Beurteilung wirtschaftspolitischer Strategien verwendet werden, ohne daß hier allerdings Empfehlungen erarbeitet werden sollen. Im folgenden wird von gegebenen Zielen der Politik ausgegangen, d. h. diese werden nicht weiter hinterfragt.

Im folgenden wird die Zielbestimmung der Wirtschaftspolitik gemäß §1 Stabilitätsgesetz der Bundesrepublik Deutschland zugrundegelegt, wonach wirtschaftspolitische Maßnahmen so zu treffen sind, „daß sie im Rahmen einer marktwirtschaftlichen Ordnung gleichzeitig zur Stabilität des Preisniveaus, zu einem hohen Beschäftigungsstand und außenwirtschaftlichen Gleichgewicht bei stetigem und angemessenem Wirtschaftswachstum beitragen“ (vgl. die Diskussion in: Ahrns, Feser 1991: 90ff. sowie Cassel, Thieme 1995: 315ff.).

Allerdings stehen die verschiedenen makroökonomischen Ziele in einem Spannungsverhältnis, wie in der Literatur ausführlich diskutiert wird und wie nicht zuletzt die Diskussion des Ansatzes von Layard et al. (in Kapitel 4) deutlich gemacht hat. Preisstabilität ist nur bei einer bestimmten Mindestrate an Arbeitslosigkeit erreichbar, da diese die konkurrierenden Ansprüche verschiedener Gruppen von Wirtschaftssubjekten kompatibel macht. Dabei ist allerdings fraglich, ob eine stabile NAIRU existiert, da die Erfahrung der letzten Jahrzehnte gezeigt hat, dass Schätzungen für deren Höhe mit jedem Konjunkturzyklus variieren. Wirtschaftswachstum schließlich ist in einer Ökonomie marktwirtschaftlichen Typs (Thieme 1995) unbedingte Voraussetzung der anderen Ziele. Durch die autonomen Entscheidungen der Wirtschaftssubjekte unter Konkurrenzbedingungen wird ein bestimmter Produktivitätsfortschritt erzielt, der über entsprechende Wachstumsraten kompensiert werden muß, soll die Ökonomie nicht in Stagnation, Deflation und Arbeitslosigkeit stecken bleiben.

2.2 Folgerungen für die Stabilisierungspolitik

Eine oft gestellte Forderung zur Bekämpfung der inzwischen schon viele Jahre eine bedeutende Höhe erreichende Arbeitslosigkeit besteht in der Flexibilisierung der Arbeitsmärkte. Ein spezieller Aspekt ist die regionale Flexibilisierung, die zum Beispiel von Siebert (1994: 130ff., 1997) nachdrücklich gefordert wird. Das Argument wird in der folgenden Weise vorgetragen: Die Unterschiede in der regionalen Arbeitslosigkeit (gemessen auf der Ebene von Ländern) wurden im Zeitablauf (während der Periode 1975-90) größer, aber die Lohnunterschiede blieben gleich. Würde sich der regionale Lohn anpassen, ergäben sich geringere Differenzen für die regionale Arbeitslosigkeit und mutmaßlich global, d. h. national, ein niedrigeres Niveau.

Nach der vorgetragenen Analyse ist zunächst festzuhalten, daß Sieberts Forderung zumindest in bestimmtem Grade bereits Realität ist, dies jedoch bisher nicht registriert wurde. Die vorgelegten empirischen Untersuchungen haben gezeigt, daß die Löhne tatsächlich im Hinblick auf die Arbeitslosigkeit flexibel sind. In der einfachen Tabellenanalyse von Siebert (vgl. das Kapitel 2 der vorliegenden Arbeit) wird dies nicht sichtbar, da die Löhne durch viele Faktoren beeinflußt werden, die den Effekt überlagern. Die geforderte Lohndifferenzierung ist also schon zu verzeichnen, scheint aber nicht den von Siebert erwarteten Effekt zu haben. Dann könnte man höchstens anführen, daß die Anpassung der Löhne an das Niveau der Arbeitslosigkeit zu gering ausfällt, z. B. gemessen an dem Beispiel anderer Länder wie der USA.

Allerdings stellt sich die Frage, warum gerade die Löhne angepaßt werden sollten. Als Quelle des Auf und Ab in der Entwicklung von Regionen, des Wechsels von Phasen hoher und niedriger Arbeitslosigkeit, wurden Ereignisse und Entwicklungen identifiziert, die nicht auf dem Arbeitsmarkt, sondern auf den Gütermärkten lokalisiert sind. Der Ansatzpunkt auf dem Arbeitsmarkt ist nur indirekter Natur, da die Arbeitskräfte nicht Subjekt, sondern Objekt der regionalen Entwicklungsdynamik sind. Unter den gegebenen Voraussetzungen entsteht eine regionale Differenzierung des Arbeitslosigkeitsrisikos, bei dem durch weitere, selektive Lohneinbußen u. U. ein bestimmter Ausgleich hergestellt werden könnte.

Allerdings ist nicht ganz klar, wie eine solche Differenzierung zustande kommen kann. Selbst wenn die Tarifparteien veranlaßt werden könnten, stärker regional differenzierte Löhne zu vereinbaren, könnte es sein, daß diese Lohnunterschiede durch die Bezahlung von Effizienzlöhnen wieder nivelliert würden. Dies wäre vor allem ein Problem der Firmen, in deren Kalkül zur Umsetzung von Sieberts Forderung eingegriffen werden müßte.

Das Lohndifferential zwischen Ost- und Westdeutschland ist nicht Gegenstand von Analysen der vorliegenden Arbeit, gleichwohl kann es zur Verdeutlichung der Problematik dienen. Der numerische Wert für dieses Differential betrug, unbereinigt um interagierende Variablen, nach Beschäftigtenstatistik im Jahre 1997 immer noch 25%[1]. Gemäß IAB-Betriebspanel betrug die Produktivitätslücke Ost zu West im Jahre 1996 im Verarbeitenden Gewerbe 43%. Sie war noch größer unter den Betrieben, die gemäß Selbsteinschätzung jeweils das höchste Niveau der Produktionstechnik erreicht hatten (Bellmann, Brussig 1999). Zu dieser Lücke, deren Ursachen bisher nicht vollständig aufgeklärt werden konnten, könnte der Effizienzlohnzusammenhang beitragen. Da im Osten weniger bezahlt wird als im Westen, wandern besonders leistungsbereite und -fähige Arbeitskräfte ab. Das relativ niedrige Lohnniveau führt außerdem zu einer Mißstimmung unter den Arbeitskräften, die sich aus dem Bewußtsein speist, schlechter bezahlt zu werden und darum als zweitklassig zu gelten. Diese Mißstimmung könnte sich negativ auf die Produktivität auswirken, obwohl die registrierten Arbeitslosenquoten hoch sind.

Die allgemeine Folgerung aus diesen Überlegungen ist, daß die Firmeninhaber die Entlohnungspolitik in ihren betriebsinternen Wirkungen beurteilen werden. Unter bestimmten Umständen werden sie lieber das Niveau der Beschäftigung niedrig halten oder es weiter reduzieren als das Lohnniveau abzusenken. Ein zentraler Punkt der normativen Beurteilung, die bei dem in Kapitel 6 beschriebenen Effizienzlohnmodell eine Rolle spielt, ist eine

---

1 Der durchschnittliche Tageslohn betrug 1997 zum Stichtag 30. 6. in den westlichen Bundesländern 141,30 DM, in den östlichen Bundesländern 105,88 DM, wenn nur sozialversicherungspflichtige Beschäftigte mit einem Tagesentgelt von über 12 DM berücksichtigt werden (Quelle: eigene Auswertung der Beschäftigtenstatistik, vgl. die Tabellen A1 und A2).

Asymmetrie hinsichtlich Arbeitslosigkeit und Bezahlung. Für das Niveau der Bezahlung wird trivialerweise eine Firma direkt verantwortlich gemacht, für das Niveau der Arbeitslosigkeit nicht. Wichtig ist zudem, daß die Lohnkurve nichtlinear ist. Eine Steigerung der Unterbeschäftigung im Bereich sehr hoher Arbeitslosenquoten reduziert den Lohn nicht im gleichen Grade wie eine entsprechende Veränderung bei niedrigen Quoten.

Aus all diesen Gründen kann von Vorschlägen zur Flexibilisierung regionaler Löhne die Realisierung des Ziels einer deutlichen Reduzierung der Arbeitslosigkeit kaum erwartet werden.

2.3 Folgerungen für die regionale Strukturpolitik

2.3.1 Das Zielsystem der Regionalpolitik

Aus dem beschriebenen theoretischen Modell lassen sich wichtige Konsequenzen für die regionale Strukturpolitik ableiten. In Übertragung des oben genannten Zielsystems der Wirtschaftspolitik können als Ziele der regionalen Strukturpolitik ein Wachstumsziel, das seine Realisierung in der Wachstumsförderung einzelner Regionen findet, und ein Stabilitätsziel genannt werden, wobei letzteres die Dämpfung konjunktureller Ausschläge im regionalen Bereich impliziert. Ein drittes Ziel (vgl. Eckey 1995), das Ausgleichsziel, betrifft die relative Stellung der Regionen untereinander. Verlangt wird, die im Vergleich zu anderen zurückbleibenden Regionen besonders zu fördern.

Es ist umstritten, inwieweit die Subziele der regionalen Strukturpolitik in einem Spannungsverhältnis stehen. Die Förderung besonders wachstumsstarker Gebiete kann positive Effekte auf den Gesamtraum ausüben und damit die Entwicklung auch der relativ schlechter gestellten Regionen begünstigen. Aus diesem Grund kann die Verfolgung des Ausgleichsziels die Entwicklung der Regionen behindern, denen eigentlich geholfen werden soll. Die Diskussion über die Ausrichtung der Regionalpolitik auf den flächenmäßigen Ausgleich versus einer Konzentration auf Wachstumsknoten ist im Zusammenhang der Förderung der neuen Länder erneut aufgenommen worden (Zarth 1997). Da sich das Ausgleichsziel mit dem Ziel hoher

Beschäftigung verbinden kann, entsteht auch im Bereich der regionalen Strukturpolitik ein Spannungsverhältnis zwischen der Wachstums- und der Beschäftigungsförderung.

2.3.2 Folgerungen aus dem regionalökonomischen Modell

Im Vordergrund der theoretischen Betrachtungen steht ein Mechanismus, der zum Auf- und Abstieg von Regionen führt und dessen Zentrum ein Produktzyklus darstellt, der durch volkswirtschaftliche Termini beschrieben wird. Danach würde es sich für die regionale Strukturpolitik lohnen, die Produktion insbesondere ‚neuer' Güter zu unterstützen und zu hoffen, daß die betreffende Region hier Kompetenzen erwirbt. Die Politik der Förderung des Strukturwandels (Ahrns, Feser 1991: 151ff.) erscheint als Ansatz, um die regionale Entwicklung zu fördern und sogar das globale Arbeitslosigkeitsproblem zu bekämpfen. Schaffen die betreffenden Regionen den Durchbruch, durchlaufen sie eine positive Entwicklung und erhöhen ihr Beschäftigungsniveau.

Allerdings steht eine Wirtschaftsförderung in diesem Bereich vor einigen offenen Fragen, die in der Regel a priori, d. h. bei der Entscheidung über die Förderung unbeantwortbar sind. Ob ein neues Produkt sich am Markt durchsetzen wird, ist zumeist nicht von vornherein abschätzbar. Die Verbindung der Marktdurchsetzung mit einem bestimmten Standort ist ebenfalls nicht sicher. Krugmans Analysen zur neuen ökonomischen Geographie zeigen, daß im Bereich regionaler Spezialisierung multiple Gleichgewichte möglich sind. Von zwei Regionen mit identischen Voraussetzungen, die beide an den Start gehen, wird sich u. U. nur eine als Produktionsstandort durchsetzen und es ist unbekannt welche.

Aus der regionalökonomischen Analyse kann die Folgerung gezogen werden, daß Erhaltungssubventionen für ‚alte' Industrien keine Lösung regionaler Strukturprobleme darstellen. Die Subventionierung dieser Bereiche hat allenfalls den defensiven Charakter der Arbeitsplatzstabilisierung, führt jedoch nicht zur Krisenbekämpfung (vgl. dazu Ahrns, Feser 1991: 149). Haben staatliche Transfers die Form von Kapitalbeihilfen, werden Rationalisierungsprozesse verstärkt, die bei unelastischer Nachfrage zu schrumpfender

Beschäftigung führen werden. Bei Preissenkungen als Folge von Produktivitätsfortschritten steigt der Absatz nicht soweit, daß die Beschäftigung auch nur gehalten werden könnte.

Aus Sicht z. B. von Kommunalpolitikern erscheint es oft als zweckmäßig, die Industrien zu fördern, die die Stärke der betreffenden Region ausmachen. Tatsächlich erweist sich dies in vielen Fällen als sehr erfolgreich, da von der Prosperität der dominierenden Branche die ganze Region profitieren kann. In der Gewöhnung an diesen Erfolg werden konkurrierende Branchen sogar fern gehalten, z. B. dadurch, daß nicht hinreichend Gewerbeflächen ausgewiesen werden, die zur Ansiedlung neuer Betriebe benötigt würden. Über Jahre oder Jahrzehnte hinweg erscheint dies als die richtige Strategie, da gerade die Spezialisierung der Region u. U. den entscheidenden Vorteil in der Konkurrenz mit anderen Standorten bietet.

Im Produktzyklus wird irgendwann jedoch ein Umschlagspunkt erreicht, hinter dem die regionale Industrie zunehmend auf gesättigte Märkte stößt. Nun ist alles, was vorher im Sinne der regionalpolitischen Ziele ‚richtig' war, definitiv ‚falsch'. Die Konzentration direkter oder indirekter Wirtschaftsförderung auf die dominierende Industrie beschleunigt den weiteren Abstieg der Region, die nunmehr von einer ‚altindustriellen' Struktur geprägt ist.[2]

Technologieorientierte Regionalpolitik, die Rationalisierungsprozesse verstärkt, kann demnach völlig gegensätzliche Wirkungen auf die Entwicklung von Regionen haben. Auf der Grundlage des hier vorgestellten Modells

---

2 Der Fall Schweinfurt (Blien 1993b, vgl. auch Kapitel 3) folgt weitgehend diesem Muster. Die beiden größten Kugellagerhersteller des Landes und ein sehr ähnlicher Hersteller des Kfz-Zulieferbereichs sind mit Großbetrieben in der Stadt vertreten. Die städtische Wirtschaftspolitik unterstützte die Großindustrie und war damit über Jahrzehnte hinweg erfolgreich, nämlich solange das Produkt tatsächlich ein hohes technisches Niveau repräsentierte. In der jüngeren Vergangenheit ist dies nicht mehr der Fall, heute kann Kugellagerproduktion ohne Probleme in Schwellenländern stattfinden, während die Nachfrage ebenfalls weitgehend ausgeschöpft ist. 1992 geriet die Wälzlagerherstellung in eine Krise mit massivem Beschäftigungsabbau, die die ganze Region wegen ihrer Monostruktur schwer beeinträchtigte. Wirtschaftspolitische Maßnahmen, die versuchen wollten, strukturerhaltend zu wirken, müßten aus den benannten Gründen scheitern.

kann gefolgert werden, daß der Strukturwandel unausweichlich ist. Es kommt darauf an, inwieweit er durch die Wirtschafts- und Strukturpolitik unterstützt wird und inwieweit Härten durch sozialpolitische Maßnahmen abgefedert werden.

Vor dem Hintergrund des Modells kann noch einmal das Spannungsverhältnis zwischen Wachstums- und Ausgleichsziel aufgegriffen werden. Da die Regionalentwicklung in bestimmtem Maße von Spezialisierung profitiert, ist der Versuch, hier einen Ausgleich herzustellen, insoweit kontraproduktiv. Andererseits führen die beschriebenen Tendenzen zu einer Zusammenballung der Ressourcen, die u. U. den anderen Regionen keine Chance mehr läßt. Da über Marktprozesse der Ausgleich, wenn er überhaupt kommen sollte, nur langsam erfolgen wird, ist eine bestimmte Förderung der benachteiligten Regionen angebracht, um diesen neue Chancen zu eröffnen.

2.3.3 Folgerungen aus den Analysen zur Lohnkurve

Für die Bundesrepublik Deutschland sind große Unterschiede zwischen den Regionen im Hinblick auf Entlohnung und Arbeitslosigkeit kennzeichnend. Die vorgestellten Modelle, die in den empirischen Untersuchungen verwendet werden, vermögen regionale Lohnunterschiede zum großen Teil aufzuklären; dies wird durch die hohen R^2 belegt, die sich insbesondere für die regionale Ebene ergeben. Diese Unterschiede sind zum großen Teil durch die Struktur der Arbeitsplätze und die Verteilung der Beschäftigten auf die Regionen erklärt.

Genuine Eigenschaften der betreffenden Regionen tragen jedoch ebenfalls zu den regionalen Disparitäten bei. Hier ist in erster Linie die Arbeitslosigkeit von Bedeutung. Zwei der wichtigsten Dimensionen regionaler Disparitäten sind miteinander verknüpft, weil Regionen, die von hoher Arbeitslosigkeit negativ betroffen sind, zusätzlich relativ niedrige Durchschnittslöhne aufweisen. Geht man von der individuellen Perspektive der Arbeitskräfte aus, reduzieren sich ihre Erwerbschancen einerseits, weil die Aussichten, einen Arbeitsplatz zu erlangen, wenn man am Beginn des Erwerbslebens steht oder wenn man entlassen wurde, deutlich schlechter sind als anderswo.

Andererseits ist das Lohnniveau, das im Durchschnitt in Regionen mit hoher Arbeitslosigkeit erreicht werden kann, ebenfalls relativ niedrig.

Die regionalen Instanzen des Staates und der Sozialversicherung sind in entsprechender Weise von diesem Problem betroffen. In Regionen mit hoher Arbeitslosigkeit ergeben sich einerseits Einnahmeausfälle, weil das vorhandene Arbeitskräftepotential nicht beschäftigt wird. Andererseits fallen Steuern und Sozialversicherungsbeträge relativ niedrig aus, weil das Lohnniveau, auf das sie berechnet sind, generell niedriger ist als in prosperierenden Regionen mit hohem Beschäftigungsgrad.

Der Zusammenhang zwischen Arbeitslosigkeit und Entlohnung macht den Ausgleich regionaler Disparitäten besonders dringlich, da das Auftreten von hohen Unterbeschäftigungsquoten sogleich weitere Probleme in der Dimension der Entlohnung nach sich zieht. Allerdings trägt in begrenztem Maße der Lohneffekt der Arbeitslosigkeit zur Überwindung der Disparitäten bei, weil sich das Absinken des Lohns für die regionale Investitionstätigkeit günstig auswirkt. Gemäß dem im Kapitel 6 dargelegten theoretischen Modell steigt die Nachfrage nach den in der Region produzierten Gütern, wenn die Lohnkosten niedrig sind und damit auch die Beschäftigung. Die Entstehung neuer Arbeitsplätze ist an zusätzliche Investitionen gebunden, deren Realisierung Zeit benötigt.

Die regionale Strukturpolitik wird in der Bundesrepublik Deutschland in wesentlichen Teilen durch die Bund/Länder Gemeinschaftsaufgabe „Verbesserung der regionalen Wirtschaftsstruktur" gesteuert. Die Abgrenzung des Fördergebietes der Gemeinschaftsaufgabe erfolgt so, daß ein Punktwert aus vier vorab standardisierten Teilindikatoren gebildet wird, deren wichtigste mit einem Gewicht von jeweils 40 % die regionale Arbeitslosenquote und das durchschnittliche regionale Lohnniveau sind (vgl. Blien, Koller, Schiebel 1991; Hirschenauer 1994; Tetsch, Benterbusch, Letixerant 1996, Koller, Schwengler 1999). Auf der Basis der Indikatoren wird eine Rangfolge der Regionen gebildet und es werden jene, die sich am ungünstigsten darstellen, in das Fördergebiet aufgenommen. Im Rahmen der Gemeinschaftsaufgabe werden Kapitalsubventionen gewährt, von denen erwartet wird, daß sie zur positiven Entwicklung der Regionen beitragen. Evaluationen der Förderung haben eine günstige Wirkung auf die Arbeitsplatzentwicklung bestätigt (Franz, Schalk 1995; Scharr 1998).

Da die Lohnkurve bisher nicht bekannt war, ist sie keine Grundlage für die Entscheidungen der Gemeinschaftsaufgabe. Dennoch ist der gewählte Modus zur Abgrenzung der Fördergebiete von einer Art, die von einer höheren Gewichtung der Extremwerte ausgeht. Die einzelnen Teilindikatoren werden nämlich nicht additiv, sondern multiplikativ verknüpft. Insoweit ist die in der Gemeinschaftsaufgabe angelegte Auswahl dem ablaufenden ökonomischen Prozeß angemessen.

2.4 Folgerungen für die Arbeitsmarktpolitik

Die Zielbestimmung der Arbeitsmarktpolitik erfolgte im bis Ende 1997 geltenden Arbeitsförderungsgesetz (AFG) im § 1: „Die Maßnahmen sind ...darauf auszurichten, daß ein hoher Beschäftigungsstand erzielt und aufrechterhalten, die Beschäftigungsstruktur ständig verbessert und damit das Wachstum der Wirtschaft gefördert wird."

Im Sozialgesetzbuch (SGB) III, das nunmehr das AFG ersetzt, wird in §1 allgemein formuliert: „Durch die Leistungen der Arbeitsförderung soll vor allem der Ausgleich am Arbeitsmarkt unterstützt werden..." (Abschnitt (1)). „Die Leistungen der Arbeitsförderung sind so einzusetzen, daß sie der beschäftigungspolitischen Zielsetzung der Sozial-, Wirtschafts- und Finanzpolitik der Bundesregierung entsprechen sowie der besonderen Verantwortung der Arbeitgeber für Beschäftigungsmöglichkeiten und der Arbeitnehmer für ihre eigenen beruflichen Möglichkeiten Rechnung tragen und die Erhaltung und Schaffung von wettbewerbsfähigen Arbeitsplätzen nicht gefährden" (Abschnitt (2)).

Die neue Formulierung betont insbesondere die Eigenverantwortung der Marktteilnehmer für den Stand der Beschäftigung in der Marktwirtschaft der Bundesrepublik. Durch die arbeitsmarktpolitischen Maßnahmen sollen „Zeiten der Arbeitslosigkeit sowie des Bezugs von Arbeitslosengeld, Teilarbeitslosengeld und Arbeitslosenhilfe vermieden oder verkürzt werden" (SGB III; §1 (1)).

Die Arbeitsmarktpolitik konzentriert ihre Ausgaben in den benachteiligten Regionen der Republik und betreibt durch die Erhöhung der regionalen Güternachfrage gleichzeitig Regionalförderung, sie trägt insbesondere zum Ausgleichsziel der Regionalpolitik bei. Nach einer Systematik von Spehl (1995) könnte diese Art der Politik als „arbeitsorientierte Regionalpolitik" bezeichnet werden. Die verwendeten Mittel (im Jahre 1998 ca. 25 Milliarden DM) übersteigen jene der genuinen Strukturpolitik um ein Mehrfaches.

Mit dem Inkrafttreten des Arbeitsförderungsreformgesetzes wurde im IAB ein Verfahren entwickelt, das eine problemadäquate Verteilung der Mittel für die aktive Arbeitsmarktpolitik auf die Regionen der Republik gewährleisten soll (vgl. Blien 1998). Der Schlüssel zur Zuteilung von Budgetmitteln für den neuen „Eingliederungstitel", aus dem ABM und Weiterbildung bezahlt werden, basiert wesentlich auf einem Arbeitsmarktgesamtindikator, in den als Teilindikatoren die standardisierten Werte der Langzeitarbeitslosenquote, der Unterbeschäftigungsquote, der Veränderungsrate der sozialversicherungspflichtigen Beschäftigung und der Quote des Abgangs aus Arbeit in nicht geförderte Beschäftigung eingehen.

Die Unterbeschäftigungsquote wird hauptsächlich durch die Arbeitslosenquote bestimmt, der Gesamtindikator korreliert sehr stark mit der regionalen Arbeitslosigkeit. Die Mittelsteuerung für die Arbeitsmarktpolitik wird folglich durch dieses Arbeitsmarktproblem dominiert. Vermögen die Maßnahmen der Arbeitsmarktpolitik tatsächlich zu seiner Bekämpfung beizutragen, so hat der Ansatz weitere Konsequenzen für die Reduzierung des Ausmaßes regionaler Disparitäten. Da die Senkung des Arbeitslosigkeitsniveaus Regionen vom ungünstigen, ein Stück weit den günstigen Ast der Lohnkurve hinaufbewegt, verbessert sich zumindest längerfristig auch das Lohnniveau.

Diese Überlegung geht von der Annahme positiver Wirkungen der Arbeitsmarktpolitik auf das Beschäftigungsniveau aus. Zu dieser Hypothese wurden Mitte der neunziger Jahre intensive Untersuchungen unternommen und häufig dabei das Modell von Layard et al. als theoretischer Rahmen verwendet. Calmfors & Skedinger (1995; Calmfors 1995; Buttler, Emmerich 1995) unterscheiden auf dieser Basis eine Reihe von Effekten, die die Lage einerseits der Preissetzungs- andererseits der Lohnsetzungskurve verändern.

Zu nennen sind u. a. Produktivitäts- und Matchingeffekte, die an dieser Stelle jedoch nicht ausführlicher diskutiert werden können.

Die rein technische Effizienz der Bildungs- und Arbeitsbeschaffungsmaßnahmen (vgl. die Beiträge in Pfeiffer, Pohlmeier 1998) ist insbesondere in jüngerer Zeit intensiven Prüfungen unterzogen worden. Kritische Beiträge kommen u. a. aus dem Zentrum für Europäische Wirtschaftsforschung (ZEW) in Mannheim, wo Kraus, Puhani und Steiner (1997 und 1998) mit Daten des IAB-Arbeitsmarktmonitors für Ostdeutschland gemischte Effekte von Bildungsmaßnahmen und negative Effekte von ABM auf die Wiederbeschäftigungschancen der Personen feststellen, die die Maßnahmen durchlaufen. Eichler, Lechner (1998) mit Daten des Arbeitsmarktmonitors für Sachsen-Anhalt und Bender, Klose (1998) mit Daten der IAB-Beschäftigtenstichprobe für Westdeutschland kommen zu positiven Effekten von Bildungsmaßnahmen.

Im IAB werden z. Z. umfangreiche Studien zur Evaluation von Arbeitsmarktpolitik vorbereitet. Sollten die positiven Effekte in diesen und weiteren Arbeiten bestätigt werden, würde dies einer Erwartung entsprechen, die sich aus den Überlegungen zum makroökonomischen Modell speist, das in Kapitel 4 dargelegt wurde. Dort ergibt sich eine langfristig wirksame Tendenz zu einer Erhöhung der Arbeitslosenquoten, da die NAIRU auf Grund von Ausgliederungsprozessen am Arbeitsmarkt mit jedem Konjunkturzyklus steigt. Arbeitskräfte mit als ungünstig betrachteten Merkmalen, z. B. im Hinblick auf ihre Qualifikation, werden von den Firmen bevorzugt entlassen und im Aufschwung später oder überhaupt nicht wieder eingestellt. Argumente und Belege für die Nutzung von Phasen mit relativ hoher Arbeitslosigkeit für derartige Auswahlprozesse wurden in Kapitel 4 bereits dargestellt.

Die Arbeitsmarktpolitik hat insoweit die für die Senkung des allgemeinen Arbeitslosigkeitsniveaus wichtige Funktion, der Hysterese, d. h. hier der Verhärtung der Unterbeschäftigung entgegenzuwirken, indem Qualifikationsverfall und Langzeitarbeitslosigkeit möglichst vermieden werden.[3] Diese

3 Büttner & Prey (1998) untersuchen in einer empirischen Studie für westdeutsche Raumordnungsregionen den Einfluß der aktiven Arbeitsmarktpolitik auf die Matching-Effizienz von Arbeitsmärkten und finden positive Resultate von

Aufgabe wird demgemäß in den IAB-Vorschlägen zur Reduzierung der Arbeitslosigkeit betont (Kleinhenz 1998: 16ff.; Karr, Rudolph 1998). Die Konzentration der arbeitsmarktpolitischen Maßnahmen auf regionale Brennpunkte ist zweckmäßig. Ebenfalls günstig ist, daß bei der Entwicklung eines Gesamtindikators für die Problemlage die regionale Quote der Langzeitarbeitslosigkeit eingeht, da diese gerade die Größe der speziellen Zielgruppe der Politik beschreibt.

Die Maßnahmen der Arbeitsmarktpolitik können gleichzeitig so angelegt werden, daß sie den Strukturwandel befördern, der sich als Zwang ergibt, wenn das beschriebene Modell eine adäquate Repräsentation der Realität darstellt. In einer Zeit mit alterndem Erwerbspersonenpotential (Thon 1995) kann die Anpassung der Qualifikationen nicht mehr von nachwachsenden Kohorten erwartet werden, sie muß durch Requalifizierung der bereits erwachsenen Bevölkerung geleistet werden (Blien, Meyer 2000).

Arbeitsbeschaffungsmaßnahmen, aber keine Effekte von Umschulungs- und Fortbildungsmaßnahmen.

Anhang

Basisdaten zur Situation regionaler Arbeitsmärkte in der Bundesrepublik Deutschland

Tabelle A1

Westdeutschland

Kreis	Beschäftigte			Tageslohn			Arbeitslosenquoten	
	1980	1989	1997	1980	1989	1997	1989	1997
Flensburg, St.	38836	38982	37547	69,04	90,84	130,30	15,8	16,4
Kiel, St.	109595	107611	102161	74,13	96,08	141,70	13,4	14,8
Lübeck, St.	84893	79392	80390	70,66	89,33	132,23	13,2	15,2
Neumünster, St.	31070	32065	31786	70,35	89,19	128,74	12,3	14,2
Kr. Dithmarschen	33234	33285	35371	68,65	88,53	127,78	12,3	12,4
Kr. H. Lauenburg	31943	33188	38497	68,31	86,96	127,46	7,3	9,9
Kr. Nordfriesland	41391	43668	46960	65,95	81,76	116,71	11,7	10,9
Kr. Ostholstein	45594	47185	52379	64,62	81,38	117,13	10,4	11,0
Kr. Pinneberg	69683	70332	74724	73,27	91,15	134,95	7,6	9,6
Kr. Plön	19985	19997	23376	65,53	82,19	119,64	8,9	9,7
Kr. Rendsburg-E.	56829	59308	63769	68,14	87,53	126,16	9,8	10,8
Kr. Schleswig-F.	36321	38469	42472	65,20	81,85	118,07	10,4	10,4
Kr. Segeberg	53798	63892	74758	72,74	93,17	137,98	7,0	8,9
Kr. Steinburg	33153	32965	34051	68,98	88,92	129,98	9,5	10,7
Kr. Stormarn	46918	54012	62772	73,88	95,32	138,94	6,1	7,9
Hamburg, St.	767367	731090	732322	81,60	104,56	156,15	11,5	13,1
Braunschweig, St.	108091	104182	107796	73,62	95,59	138,04	12,4	14,8
Salzgitter, St.	51016	50699	46728	81,05	112,05	153,61	12,6	17,4
Wolfsburg, St.	80219	85436	73363	89,21	126,57	171,49	8,2	17,5
Kr. Gifhorn	24006	25411	30670	65,50	85,47	120,51	9,1	15,6
Kr. Göttingen	80327	83523	88346	69,76	91,97	130,19	11,5	15,0
Kr. Goslar	49444	45817	48270	66,86	86,67	123,77	10,8	14,5
Kr. Helmstedt	21336	20143	21015	66,80	88,76	122,07	9,4	16,1
Kr. Northeim	43525	40878	42806	66,79	88,76	125,23	10,6	13,8
Kr. Osterode a. H.	29684	29417	28288	68,53	92,98	127,90	10,9	15,1
Kr. Peine	29993	25684	28290	73,18	92,81	131,39	9,5	12,1
Kr. Wolfenbüttel	21814	21735	22069	67,41	87,29	121,86	8,8	12,9
Hannover St.	303708	290326	279345	78,71	103,24	152,22	13,4	15,8
Kr. Diepholz	42899	44445	50474	66,06	83,28	123,11	8,1	9,4
Kr. Hameln-P.	53579	49570	50438	70,71	89,47	132,10	11,3	14,4
Kr. Hannover	113621	122438	147891	70,13	90,02	131,26	8,8	10,2
Kr. Hildesheim	83332	85751	84871	69,32	91,22	131,58	9,6	12,2

Kreis	Beschäftigte			Tageslohn			Arbeitslosen-quote	
	1980	1989	1997	1980	1989	1997	1989	1997
Kr. Holzminden	25444	22338	23075	68,98	91,81	131,84	10,9	13,7
Kr. Nienburg	29252	30305	32081	66,08	85,08	124,43	8,5	11,1
Kr. Schaumburg	37902	37757	40289	66,65	88,39	127,56	8,4	11,3
Kr. Celle	49696	47226	48361	68,82	88,81	128,17	10,1	12,8
Kr. Cuxhaven	38947	37348	39691	66,50	83,38	118,61	9,9	11,8
Kr. Harburg	30303	34101	42352	68,51	86,07	126,09	7,7	8,8
Kr. Lüchow-D.	10705	10863	12858	62,65	82,80	116,97	15,9	18,9
Kr. Lüneburg	36512	38214	44466	68,41	86,66	125,51	9,5	11,3
Kr. Osterholz	16234	18075	19843	65,03	81,94	119,16	9,0	10,4
Kr. Rotenburg	32684	34845	41552	62,96	81,20	121,60	7,7	9,3
Kr. Soltau-F.	36256	35701	39419	67,02	86,44	122,62	9,0	10,4
Kr. Stade	41295	43453	48229	69,08	87,63	132,39	8,9	9,8
Kr. Ülzen	25145	23976	26074	64,42	82,40	119,20	11,1	12,7
Kr. Verden	27260	32606	37841	70,08	88,23	131,91	8,1	9,4
Delmenhorst, St.	20499	18875	18840	66,14	83,47	122,21	10,5	15,2
Emden, St.	27299	27558	25845	81,02	111,48	150,99	15,2	17,8
Oldenburg, St.	57366	57072	62778	69,88	88,25	129,82	13,5	14,3
Osnabrück, St.	77561	74652	78059	71,47	92,25	135,60	13,3	13,4
Wilhelmshaven, St.	33082	31977	26280	71,73	89,13	131,89	15,8	19,9
Kr. Ammerland	23970	25374	30139	66,66	82,54	121,36	11,0	11,6
Kr. Aurich	35558	35353	40691	63,68	79,25	114,74	14,4	15,0
Kr. Cloppenburg	28051	30548	38917	64,18	79,59	117,32	11,9	13,1
Kr. Emsland	65157	70646	86152	68,43	85,90	127,33	10,9	12,8
Kr. Friesland	25350	23862	24009	68,51	88,03	122,56	11,6	14,6
Kr. Bentheim	32504	32811	34131	68,20	87,70	124,76	10,1	11,7
Kr. Leer	30233	30559	33534	63,79	80,61	116,96	14,8	15,9
Kr. Oldenburg	18187	20293	24872	66,03	82,20	120,66	10,5	10,3
Kr. Osnabrück	68366	79063	90747	69,36	88,79	128,09	7,5	9,6
Kr. Vechta	26223	31339	40631	66,87	84,18	122,06	7,3	9,1
Kr. Wesermarsch	26809	27010	24830	72,15	96,46	136,62	10,7	13,7
Kr. Wittmund	10546	11521	12814	62,48	77,81	111,14	15,6	15,1
Bremen, St.	251471	241407	237371	76,66	101,43	148,23	14,3	15,8
Bremerhaven, St.	53292	49963	45244	72,52	96,05	130,65	17,0	20,9
Düsseldorf, St.	341635	343846	333553	84,22	109,42	159,97	11,8	13,8
Duisburg, St.	222167	185969	157511	80,09	105,61	146,24	14,0	17,6
Essen, St.	233341	217880	217237	79,92	102,43	151,56	14,3	14,1
Krefeld, St.	98754	96417	87811	77,67	103,53	150,15	12,6	15,8
Mönchengl., St.	88844	88850	83503	72,22	95,66	138,60	11,3	14,0
Mülheim, St.	65280	62286	59144	79,77	104,09	150,76	9,9	11,2
Oberhausen, St.	71050	63188	59315	78,70	99,72	138,72	13,0	15,3
Remscheid, St.	52032	52728	48410	77,72	101,20	146,26	7,3	10,2
Solingen, St.	58317	55082	49793	73,22	94,31	134,72	8,8	10,6
Wuppertal, St.	148490	143721	129764	75,02	97,82	145,05	9,4	12,4

Kreis.	Beschäftigte			Tageslohn			Arbeitslosen-quoten	
	1980	1989	1997	1980	1989	1997	1989	1997
Kr. Kleve	60912	65874	72752	67,57	87,80	129,33	8,9	10,9
Kr. Mettmann	142110	156169	165183	77,53	101,78	151,80	7,6	9,3
Kr. Neuss	114939	118331	123564	80,07	104,96	152,40	7,7	9,6
Kr. Viersen	66760	74039	80576	70,69	92,92	136,66	7,7	10,6
Kr. Wesel	104039	110004	113940	74,46	97,59	138,69	10,5	11,9
Aachen, St.	93760	99006	104805	74,25	95,69	142,28	12,0	15,4
Bonn, St.	120044	125423	143212	77,08	98,49	147,00	8,7	8,4
Köln, St.	425071	424114	432112	83,03	108,50	157,41	13,1	14,4
Leverkusen, St.	77825	76240	67227	87,46	122,15	173,29	9,4	12,6
Kr. Aachen	70040	67150	69684	73,32	96,10	137,73	10,3	13,1
Kr. Düren	69499	74245	70090	75,03	99,98	141,73	8,5	10,7
Erftkreis	94165	102873	110002	82,27	108,30	150,10	7,5	9,0
Kr. Euskirchen	37599	39943	44186	69,84	91,31	131,70	8,4	8,4
Kr. Heinsberg	47368	51067	48792	68,78	92,92	129,86	8,6	13,1
Oberbergischer Kr.	72202	81064	82929	74,13	96,38	141,87	8,1	10,8
Rheinisch-B. Kr.	56759	61825	62668	74,90	95,20	135,89	7,5	9,6
Rhein-Sieg-Kr.	95653	106489	118574	75,22	95,01	136,76	7,3	8,4
Bottrop, St.	26436	27794	31306	71,23	94,84	137,37	13,6	14,5
Gelsenkirchen, St.	104860	92729	82036	75,07	99,45	144,21	15,6	18,0
Münster, St.	101630	109246	118065	74,70	94,20	142,74	10,5	9,8
Kr. Borken	86533	94454	106481	68,95	90,77	133,99	9,2	9,5
Kr. Coesfeld	36107	40719	49307	67,36	86,30	127,82	8,5	8,4
Kr. Recklinghausen	166107	163814	160441	73,98	100,27	138,85	12,1	14,5
Kr. Steinfurt	99141	103268	114230	69,57	90,16	129,81	8,7	9,1
Kr. Warendorf	67886	70614	80363	73,54	95,12	139,85	7,9	9,3
Bielefeld, St.	132798	132470	127342	74,16	96,65	140,58	10,1	13,7
Kr. Gütersloh	100700	108821	126681	74,61	96,82	142,45	6,8	9,0
Kr. Herford	82339	81381	88174	69,69	91,66	135,22	7,4	10,7
Kr. Höxter	36264	36962	41032	67,43	87,05	126,66	8,6	10,2
Kr. Lippe	93399	99238	106807	69,68	91,26	134,49	8,9	10,5
Kr. Minden-L.	94827	100264	109441	68,84	90,71	133,93	7,8	10,8
Kr. Paderborn	67196	78568	88812	71,51	92,65	135,92	9,8	11,7
Bochum, St.	140635	134503	132192	78,83	103,66	147,38	13,3	14,1
Dortmund, St.	226723	205008	196727	78,74	101,86	145,71	14,7	17,2
Hagen, St.	82428	77789	70976	75,08	97,51	138,78	11,3	14,0
Hamm, St.	52998	52302	51809	72,39	93,83	134,50	11,8	14,5
Herne, St.	53961	49793	41441	83,13	110,39	144,89	14,7	17,5
Ennepe-R.-Kr.	114285	108471	99045	76,62	99,32	142,90	9,9	12,3
Hochsauerland Kr.	80517	84060	90171	71,12	91,68	133,20	7,1	9,3
Märkischer Kr.	151320	158239	153950	74,60	97,92	141,60	8,5	11,2
Kr. Olpe	35534	40348	44196	70,07	93,25	137,61	6,9	9,0

Kreis	Beschäftigte			Tageslohn			Arbeitslosen-quoten	
	1980	1989	1997	1980	1989	1997	1989	1997
Kr. Siegen-W.	104959	104078	100650	75,90	99,81	143,49	7,0	11,1
Kr. Soest	79069	81655	91061	71,50	91,73	135,74	8,8	10,0
Kr. Unna	101456	103128	101958	73,67	95,38	134,64	12,2	13,6
Darmstadt., St.	87102	91862	83736	77,80	106,02	156,38	6,1	10,7
Frankfurt a. M., St.	459538	471168	452363	85,36	113,40	171,99	6,9	11,4
Offenbach, St.	52689	51279	45529	77,24	103,30	156,27	8,1	13,1
Wiesbaden, St.	112543	117541	115698	78,16	101,39	153,82	6,3	10,3
Kr. Bergstrasse	52156	57783	60818	68,28	91,33	134,58	5,8	9,3
Kr. Darmst.-D.	49541	54930	59385	68,36	92,42	138,64	4,4	8,5
Kr. Gross-Gerau	87700	82460	90411	86,12	115,38	166,20	4,2	7,4
Hochtaunuskreis	55336	64616	68200	75,09	101,85	156,93	4,3	6,9
M.-Kinzig-Kr.	106618	112205	109361	71,78	95,17	139,56	5,4	10,2
M.-Taunus-Kr.	52489	60820	73723	79,95	105,08	163,99	3,7	7,0
Odenwaldkreis	24335	26176	25275	65,38	90,25	129,30	4,3	8,1
Kr. Offenbach	90124	98767	101939	75,75	101,64	153,74	4,3	8,7
Rheingau-T.-Kr.	36419	36990	40380	71,51	93,89	139,68	4,8	7,0
Wetteraukreis	58203	64428	68580	69,42	91,82	136,13	4,9	9,2
Kr. Giessen	77370	80409	82939	69,24	91,96	131,99	8,2	11,7
Lahn-D.-Kr.	78801	80486	79666	71,48	94,57	136,42	6,9	11,4
Kr. Limburg-W.	37495	40317	43182	66,62	88,34	129,94	5,9	9,2
Kr. Marburg-B.	64981	69816	73709	67,62	91,01	129,01	6,8	10,4
Vogelsbergkreis	27619	28034	29894	62,04	84,72	122,21	6,4	11,0
Kassel, St.	99729	95254	92444	73,98	97,66	141,39	14,0	18,9
Kr. Fulda	55405	60642	70151	65,21	88,45	127,09	6,1	10,6
Kr. Hersfeld-R.	37174	38476	40182	68,83	92,58	127,95	7,6	12,9
Kr. Kassel	48548	54903	58947	75,21	102,24	137,41	7,1	11,5
Schwalm-E.-Kr.	40043	41436	45006	65,70	87,51	124,86	7,4	12,1
Kr. Waldeck-Fr.	45841	48570	53676	66,11	87,92	124,33	8,0	11,3
Werra-M.-Kr.	31730	30321	31687	64,44	86,12	120,20	9,4	14,8
Koblenz, St.	58621	60521	61283	72,36	94,34	138,00	8,6	9,9
Kr. Ahrweiler	25855	26096	28567	66,46	86,53	122,72	7,5	8,2
Kr. Altenkirchen	29781	31931	33373	69,05	92,04	129,22	6,3	9,9
Kr. Bad Kreuznach	44847	43724	43063	66,51	89,03	128,39	9,0	11,5
Kr. Birkenfeld	26523	27142	25342	63,49	85,71	121,10	8,0	13,2
Kr. Cochem-Z.	14554	14427	16219	63,14	83,52	118,13	7,2	8,1
Kr. Mayen-K.	45099	45679	50693	70,19	91,90	130,94	7,3	9,4
Kr. Neuwied	44539	45608	52737	70,13	92,31	133,02	7,3	9,2
Rhein-H.-Kr.	23251	25606	27637	67,60	90,44	126,13	6,7	11,0
Rhein-L.-Kr.	26803	27115	27759	66,05	84,58	123,77	6,5	8,5
Westerwaldkreis	45392	47960	54750	70,42	91,69	128,45	6,0	8,5
Trier, St.	47497	47242	47297	67,92	88,73	131,14	12,6	13,0
Kr. Bernkastel-W.	27494	29161	31596	63,43	84,82	122,29	8,5	9,4
Kr. Bitburg-P.	21402	21459	23062	65,55	83,69	124,22	7,9	9,7

Kreis	Beschäftigte			Tageslohn			Arbeitslosen-quoten	
	1980	1989	1997	1980	1989	1997	1989	1997
Kr. Daun	13023	13384	15225	66,02	86,83	122,79	8,4	8,5
Kr. Trier-S.	19759	19547	22468	64,07	85,07	119,31	7,5	8,1
Frankenthal, St.	18626	16980	15531	75,03	99,54	144,38	8,0	11,2
Kaiserslautern, St.	51968	53159	49272	72,79	99,75	141,01	10,0	17,6
Landau, St.	16377	15871	16629	63,86	86,18	122,82	7,1	10,3
Ludwigshafen, St.	99037	102461	96268	85,67	116,82	170,72	8,9	11,3
Mainz, St.	89722	96467	95135	77,82	102,00	149,93	6,3	9,3
Neustadt a.d.W, St.	17289	16305	15670	66,63	86,54	125,41	6,3	10,4
Pirmasens, St.	27416	26338	20001	64,90	89,44	125,38	12,4	19,3
Speyer, St.	20599	20708	21981	70,91	92,80	130,54	8,4	10,5
Worms, St.	25829	27105	25621	71,99	94,78	133,58	8,4	12,9
Zweibrücken, St.	13724	12517	13197	70,53	92,32	122,99	9,6	14,3
Kr. Alzey-W.	14174	15790	19175	60,74	81,12	119,94	5,9	9,1
Kr. Bad Dürkheim	23610	25596	26488	65,24	87,92	123,67	5,1	8,5
Donnersberg Kr.	15060	16487	16698	67,81	90,90	128,14	7,1	12,2
Kr. Germersheim	28646	32885	33530	76,74	104,66	150,64	5,2	10,4
Kr. Kaiserslautern	19706	20286	17894	65,83	87,98	118,96	7,1	12,0
Kr. Kusel	11933	11120	12662	62,30	82,22	117,79	8,7	13,1
Kr. S. Weinstrasse	19553	19850	23923	62,57	84,59	121,41	5,7	8,9
Kr. Ludwigshafen	16030	18584	21094	67,89	89,29	127,88	4,4	7,3
Kr. M.-Bingen	35374	33965	38813	72,22	95,73	137,83	4,4	7,2
Kr. Südwestpfalz	23910	19200	16921	56,19	78,60	110,75	9,0	12,1
Stuttgart, St.	363050	371277	338430	83,51	111,44	166,88	4,8	10,1
Kr. Böblingen	126589	150448	142288	83,02	114,56	164,94	3,1	8,8
Kr. Esslingen	166474	183247	175206	78,08	105,32	153,18	2,7	7,2
Kr. Göppingen	82197	84659	80158	73,18	98,29	142,76	4,6	8,1
Kr. Ludwigsburg	140062	152011	158381	75,89	102,05	149,53	3,8	7,0
R.-Murr-Kr.	109272	125333	125118	73,62	100,37	145,68	3,5	7,7
Heilbronn, St.	59721	62389	61392	73,29	97,26	143,74	6,7	11,2
Kr. Heilbronn	65263	76943	87015	71,96	98,95	141,49	4,5	8,3
Hohenlohekreis	28479	33083	38856	66,87	92,67	138,54	3,4	7,6
Kr. Schwäb. Hall	46828	52487	59164	65,98	89,85	134,99	3,7	8,1
M.-Tauber-Kr.	37634	41838	43658	65,06	89,57	130,69	4,4	8,6
Kr. Heidenheim	45760	48733	48044	72,28	99,45	143,43	4,4	9,8
Ostalbkreis	94744	98983	98079	71,96	98,62	140,24	4,8	9,2
Baden-Baden, St.	23681	25531	26202	71,71	96,54	141,82	4,5	7,9
Karlsruhe, St.	142852	145535	142954	75,71	100,95	149,14	7,0	10,7
Kr. Karlsruhe	100427	106809	112401	71,45	95,44	140,63	4,1	7,7
Kr. Rastatt	64279	70919	72874	74,24	99,94	146,60	5,0	8,5
Heidelberg, St.	65565	70078	71880	73,77	96,92	145,68	8,0	9,7
Kr. Mannheim,	178965	172176	162594	82,69	107,44	155,21	9,6	14,0
Neckar-O.-Kr.	36910	39298	40363	65,92	88,90	129,30	5,0	8,8
Rhein-N.-Kr.	116937	122847	130302	70,99	96,01	143,68	4,9	8,4

Kreis	Beschäftigte			Tageslohn			Arbeitslosen-quoten	
	1980	1989	1997	1980	1989	1997	1989	1997
Pforzheim, St.	60387	60972	52818	69,98	95,03	137,18	6,3	12,3
Kr. Calw	37451	40050	40360	66,63	90,28	129,22	3,7	7,0
Enzkreis	42565	47474	48695	70,69	94,92	139,34	3,3	7,3
Kr. Freudenstadt	32124	35675	38876	66,92	91,10	134,64	3,7	6,8
Freiburg, St.	82471	84798	91437	72,42	95,23	137,77	9,0	12,0
Kr. Breisgau-H.	46322	55447	59504	64,69	87,17	127,41	4,2	7,3
Kr. Emmendingen	32930	36829	39389	63,47	86,66	129,59	4,8	7,7
Ortenaukreis	123311	134205	140701	67,50	92,17	133,07	4,2	8,3
Kr. Rottweil	45495	47407	45524	69,02	94,46	136,23	3,1	7,7
Schwarzwald-B.Kr.	80011	78715	73652	70,64	95,13	136,30	5,0	8,8
Kr. Tuttlingen	41002	45072	45853	68,21	94,09	137,23	4,5	8,6
Kr. Konstanz	76389	78156	80010	70,76	94,02	136,55	5,3	9,5
Kr. Lörrach	63213	66667	65065	69,41	94,61	139,27	4,0	9,4
Kr. Waldshut	43379	46087	44768	67,47	91,38	131,70	3,8	9,9
Kr. Reutlingen	89337	95217	91651	71,58	97,52	141,68	4,3	8,6
Kr. Tübingen	50718	54220	57679	68,40	92,89	133,57	5,2	8,4
Zollernalbkreis	72150	70297	63853	65,59	90,31	131,71	3,8	9,3
Kr. Ulm	75713	73658	72860	77,37	102,82	147,75	6,3	9,5
Alb-Donau-Kr.	33912	39161	44075	66,02	91,56	135,27	3,8	6,7
Kr. Biberach	46943	51632	56249	70,16	95,55	139,30	3,1	6,6
Bodenseekreis	56909	64779	64756	75,66	103,90	145,09	4,0	7,8
Kr. Ravensburg	73131	82195	88235	68,47	91,78	136,14	4,1	6,9
Kr. Sigmaringen	36430	38386	39789	67,44	91,88	134,58	4,1	9,3
Ingolstadt, St.	52183	60983	62821	78,27	108,49	154,92	9,7	11,3
München, St.	660404	673559	637155	81,12	111,44	165,25	5,8	8,0
Rosenheim, St.	25815	27644	28141	66,68	88,96	132,80	7,1	9,1
Kr. Altötting	30769	36317	37276	71,74	98,33	147,93	4,6	8,6
Berchtesg. Land	28278	29653	29965	62,58	83,34	119,64	5,9	7,9
Kr. Bad Tölz-W.	25209	28558	29941	67,04	92,22	134,26	5,0	7,1
Kr. Dachau	20722	22081	24953	65,93	92,06	137,54	3,7	7,0
Kr. Ebersberg	17657	21893	24021	66,82	92,49	139,96	3,7	4,9
Kr. Eichstätt	16751	18144	22925	65,34	85,44	123,09	5,8	6,5
Kr. Erding	18171	20672	23458	65,44	89,81	129,61	4,0	4,8
Kr. Freising	32053	39446	54984	69,76	96,36	146,12	3,5	5,1
Kr. Fürstenfeldb.	25971	33355	36881	69,16	94,62	139,81	4,2	6,5
Kr. Garmisch-P.	25139	25430	25809	63,32	83,41	120,11	5,2	6,5
Kr. Landsberg	15927	20873	23972	64,68	89,63	128,59	4,5	6,8
Kr. Miesbach	21571	23720	25455	64,14	85,92	128,31	5,0	6,2
Kr. Mühldorf	24077	26832	28870	63,26	85,37	126,52	7,7	7,7
Kr. München	83681	113000	135514	83,46	112,26	171,89	3,4	6,0
Kr. Neuburg-Schr.	20180	21077	23814	66,03	90,11	131,16	5,6	7,4
Kr. Pfaffenh.a.d.Ilm	17582	21465	24601	68,64	92,74	133,34	5,8	8,4
Kr. Rosenheim	42663	49926	57154	64,42	86,17	126,32	4,9	6,6

Kreis	Beschäftigte			Tageslohn			Arbeitslosen-quoten	
	1980	1989	1997	1980	1989	1997	1989	1997
Kr. Starnberg	24753	30223	32459	72,30	100,91	145,76	3,4	5,5
Kr. Traunstein	42876	48419	51183	63,89	87,82	129,12	5,9	7,4
Kr. Weilheim-Sch.	28863	33294	35229	67,24	91,22	133,79	4,4	6,2
Landshut, St.	29188	30620	28619	67,04	89,97	132,03	6,0	8,8
Passau, St.	27473	29838	29803	68,98	93,51	131,60	8,5	11,2
Straubing, St.	18578	20162	21036	61,48	84,46	122,08	8,6	11,4
Kr. Deggendorf	29115	33245	37923	61,67	84,28	122,49	9,5	9,1
Kr. Freyung-G.	19447	20379	21978	56,13	76,85	110,50	11,1	11,0
Kr. Kelheim	22589	27155	29902	65,62	87,97	127,68	5,6	7,9
Kr. Landshut	20319	25381	31902	60,50	84,07	129,64	5,1	6,5
Kr. Passau	38259	44504	46721	58,69	79,44	114,83	8,3	11,3
Kr. Regen	20753	21476	22605	58,92	79,33	109,47	10,8	9,5
Kr. Rottal-Inn	24901	27637	31120	57,38	77,56	115,03	6,6	8,2
Kr. Straubing-B.	13240	14009	17683	60,23	79,23	116,22	8,8	7,6
Kr. Dingolfing-L.	28300	36655	38606	73,43	104,46	150,19	5,0	7,1
Amberg, St.	21984	23908	23295	65,35	88,86	129,55	10,8	13,6
Regensburg, St.	69683	75451	82125	67,85	93,06	140,09	10,5	12,2
Weiden i.d. OPf.,	19661	20906	23891	62,69	82,38	121,19	9,3	11,0
Kr. Amberg-S.	18511	21001	22733	64,80	86,64	120,26	8,6	9,5
Kr. Cham	29139	33703	37956	56,32	76,30	110,74	11,0	10,0
Kr. Neumarkt i.d.	24873	31218	35505	63,92	87,12	127,19	5,5	8,1
Kr. Neustadt a.d.	22389	24224	23272	60,85	85,19	121,94	7,7	8,8
Kr. Regensburg	20332	24237	29056	61,69	82,13	124,23	7,9	7,9
Kr. Schwandorf	35019	36333	40113	64,18	84,40	121,44	9,0	9,2
Kr. Tirschenreuth	23561	23084	22655	60,15	82,91	118,51	7,1	9,4
Bamberg, St.	43381	45801	44327	66,48	90,96	131,24	7,4	11,4
Bayreuth, St.	34446	36605	39085	66,18	89,55	129,57	8,5	12,1
Coburg, St.	24407	25678	27139	65,33	90,16	131,32	5,7	11,9
Hof, St.	23830	23466	24943	62,42	86,80	122,40	9,2	14,4
Kr. Bamberg	17876	20841	25137	61,15	84,58	121,17	5,7	8,4
Kr. Bayreuth	21532	23019	23759	59,76	83,68	118,34	7,2	9,5
Kr. Coburg	30292	28997	31179	62,78	86,45	120,63	4,7	9,5
Kr. Forchheim	20564	21043	21619	61,63	84,69	125,50	6,3	9,6
Kr. Hof	38411	36152	36563	59,38	83,31	118,25	7,2	10,3
Kr. Kronach	25194	27187	28189	58,47	81,77	116,58	4,4	9,9
Kr. Kulmbach	25639	25253	26234	63,27	86,02	125,43	6,4	9,9
Kr. Lichtenfels	25085	26004	28067	62,57	86,42	121,18	3,9	8,5
Kr. Wunsiedel i. F.	35492	34741	30670	61,15	85,50	119,03	7,1	12,3
Ansbach, St.	18139	20674	20493	63,61	87,06	124,70	5,6	9,5
Erlangen, St.	60622	68399	68931	75,59	113,51	166,49	6,4	10,2
Fürth, St.	45100	43898	40238	69,46	94,08	139,26	9,1	13,6
Nürnberg, St.	27140	270112	257074	73,73	99,66	146,62	7,8	13,5
Schwabach, St.	12955	13104	12836	64,52	84,89	125,52	6,0	8,2

Kreis	Beschäftigte			Tageslohn			Arbeitslosenquote	
	1980	1989	1997	1980	1989	1997	1989	1997
Kr. Ansbach	39001	43195	48555	58,74	81,11	117,06	4,7	7,8
Kr. Erlangen-H.	22195	24456	29793	64,85	88,51	133,06	5,8	7,6
Kr. Fürth	15551	17403	19929	63,01	85,85	121,32	5,3	8,6
Kr. Nürnberger L.	39586	43091	43844	65,41	88,99	129,46	4,4	7,4
Kr. Neustadt a.d.A.	21697	20977	23658	59,17	80,57	117,22	5,4	7,4
Kr. Roth	19387	22810	28075	61,93	84,24	122,73	5,1	7,3
Kr. Weissenburg	24933	27227	27630	61,28	85,48	123,82	5,6	8,2
Aschaffenburg, St.	36185	37750	38979	69,79	94,28	138,67	6,7	10,7
Schweinfurt, St.	47714	49185	43629	74,19	100,80	144,96	10,2	17,3
Würzburg, St.	71689	75565	76561	69,22	92,96	134,89	8,0	10,3
Kr. Aschaffenburg	38058	39619	43523	66,72	92,32	137,12	4,2	7,7
Kr. Bad Kissingen	28558	29690	32204	61,77	83,35	118,92	6,6	10,4
Kr. Rhön-Gr.	22154	23949	27273	63,41	85,88	122,27	7,6	11,5
Kr. Hassberge	18508	21061	22727	62,93	85,96	122,24	6,7	9,7
Kr. Kitzingen	20871	23895	24934	62,30	84,74	122,91	6,2	7,8
Kr. Miltenberg	34650	36323	36280	65,07	90,34	127,52	4,6	9,0
Kr. Main-Sp.	30647	35989	38724	65,09	89,36	129,23	4,9	6,5
Kr. Schweinfurt	12207	14324	18578	60,58	80,31	117,77	6,2	9,3
Kr. Würzburg	19442	20700	26159	62,08	83,21	123,18	4,9	6,6
Augsburg, St.	129560	130670	121534	70,84	96,79	142,35	7,0	12,2
Kaufbeuren, St.	16443	17629	15104	61,63	84,51	122,09	5,9	11,0
Kempten, St.	28048	30023	29795	67,66	90,30	133,28	6,1	9,9
Memmingen, St.	21699	21410	22256	65,97	87,80	130,79	5,3	10,6
Kr. Aichach-Fr.	20929	23795	27197	64,35	87,28	125,71	4,2	7,8
Kr. Augsburg	37860	44177	49784	69,45	93,74	130,49	4,2	8,1
Kr. Dillingen	19969	22668	26154	64,36	87,54	126,69	4,4	6,7
Kr. Günzburg	32985	34822	38390	66,25	88,79	128,98	4,9	7,3
Kr. Neu-Ulm	44363	47927	48714	71,85	98,13	141,52	3,9	8,5
Kr. Lindau	20985	23020	24182	65,47	88,29	130,71	4,0	6,2
Kr. Ostallgäu	29902	33431	35219	63,23	87,21	125,98	4,4	6,5
Kr. Unterallgäu	28662	33042	36063	63,20	85,62	127,52	4,4	7,4
Kr. Donau-Ries	35487	39918	42718	65,03	88,76	129,15	4,3	6,5
Kr. Oberallgäu	34780	39293	39230	62,48	84,02	120,65	4,6	7,6
St. Saarbrücken	159001	150156	144132	75,15	100,61	140,09	13,8	16,3
Kr. Merzig-W.	27845	25089	26443	71,01	89,62	125,89	10,6	12,7
Kr. Neunkirchen	38251	33364	34120	71,55	93,42	127,30	11,9	12,9
Kr. Saarlouis	59613	58549	60440	74,72	100,27	135,77	11,8	13,5
Saarpfalz-Kr.	51813	52237	53832	75,71	100,36	141,30	8,6	11,0
Kr. Sankt Wendel	18143	18683	20317	66,95	88,72	124,58	9,5	9,2
Berlin-West, St.	729342	758565	775184	74,07	98,78	139,68	9,8	17,3
Bundesgebiet West	20953860	21619155	22096080	73,72	97,28	141,30	7,9	11,0
Variationskoeff.				0,087	0,088	0,091	0,39	0,35

Tabelle A2

Ostdeutschland (nur 1997)

Kreis (Arbeitsort)	Beschäftigte	Tageslohn	Arbeits-. losenquote
11200 Berlin-Ost, Stadt	383741	126,15	16,4
12 BRANDENBURG	854843	107,48	19,1
12051 Brandenburg an der Havel, Stadt	28689	109,78	20,9
12052 Cottbus, Stadt	56781	111,19	18,1
12053 Frankfurt (Oder), Stadt	36008	112,35	18,8
12054 Potsdam, Stadt	70693	123,20	11,1
12060 Kreis Barnim	47913	105,87	20,3
12061 Kreis Dahme-Spreewald	50911	107,66	14,7
12062 Kreis Elbe-Elster	39797	97,06	23,0
12063 Kreis Havelland	38563	102,24	19,8
12064 Kreis Märkisch-Oderland	54777	104,00	18,4
12065 Kreis Oberhavel	50788	111,65	18,7
12066 Kreis Oberspreewald-Lausitz	48479	107,14	24,5
12067 Kreis Oder-Spree	56001	103,50	18,4
12068 Kreis Ostprignitz-Ruppin	36863	101,11	21,2
12069 Kreis Potsdam-Mittelmark	63708	109,04	13,4
12070 Kreis Prignitz	29324	97,91	23,1
12071 Kreis Spree-Neisse	51525	107,57	21,4
12072 Kreis Teltow-Fläming	47631	106,19	16,4
12073 Kreis Uckermark	46392	102,79	24,8
13 MECKLENBURG-VORPOMMERN	615547	103,91	20,5
13001 Greifswald, Hansestadt	24349	109,54	19,8
13002 Neubrandenburg, Stadt	39412	108,98	17,5
13003 Rostock, Hansestadt	89907	115,58	19,2
13004 Schwerin, Landeshauptstadt	57247	117,76	16,5
13005 Stralsund, Hansestadt	26317	108,01	20,7
13006 Wismar, Hansestadt	17822	109,26	22,0
13051 Kreis Bad Doberan	33695	97,95	20,5
13052 Kreis Demmin	27360	94,08	25,8
13053 Kreis Güstrow	35643	98,62	21,9
13054 Kreis Ludwigslust	39450	99,61	16,2
13055 Kreis Mecklenburg-Strelitz	25134	99,35	23,2
13056 Kreis Müritz	22427	95,98	23,2
13057 Kreis Nordvorpommern	32344	96,09	23,4
13058 Kreis Nordwestmecklenburg	29209	99,74	17,9
13059 Kreis Ostvorpommern	34047	97,10	22,6
13060 Kreis Parchim	30481	97,57	19,6
13061 Kreis Rügen	23854	91,56	19,6

Kreis (Arbeitsort)	Beschäftigte	Tageslohn	Arbeitslosen-quote
13062 Kreis Ücker-Randow	26849	95,30	24,4
14 SACHSEN	1589191	104,29	18,6
14161 Chemnitz, Stadt	116940	113,15	18,9
14166 Plauen, Stadt	28706	106,82	18,4
14167 Zwickau, Stadt	45670	105,45	20,3
14171 Kreis Annaberg	29504	88,40	18,8
14173 Kreis Chemnitzer Land	51295	94,22	19,4
14177 Kreis Freiberg	47467	97,50	19,0
14178 Vogtlandkreis	63509	92,06	18,6
14181 Mittlerer Erzgebirgskreis	29255	85,59	20,3
14182 Kreis Mittweida	42018	95,83	20,8
14188 Kreis Stollberg	24828	91,32	19,2
14191 Kreis Aue-Schwarzenberg	43780	94,20	20,8
14193 Kreis Zwickauer Land	41116	94,83	20,2
14262 Dresden, Stadt	216543	116,89	15,1
14263 Görlitz, Stadt	24728	106,56	21,4
14264 Hoyerswerda, Stadt	18786	109,74	23,2
14272 Kreis Bautzen	54029	99,54	19,6
14280 Kreis Meissen	56017	104,33	16,9
14284 Niederschles. Oberlausitzkreis	32998	99,93	20,3
14285 Kreis Riesa-Grossenhain	40645	100,26	21,5
14286 Kreis Löbau-Zittau	46846	92,15	22,2
14287 Kreis Sächsische Schweiz	50363	100,88	17,6
14290 Weisseritzkreis	35893	97,12	15,5
14292 Kreis Kamenz	50161	99,79	17,9
14365 Leipzig, Stadt	189562	115,57	18,2
14374 Kreis Delitzsch	32294	103,19	16,7
14375 Kreis Döbeln	24523	96,57	18,8
14379 Kreis Leipziger Land	82733	108,15	23,3
14383 Muldentalkreis	37675	100,36	17,7
14389 Kreis Torgau-Oschatz	31307	97,20	18,6
15 SACHSEN-ANHALT	902479	103,96	20,9
15101 Dessau, Stadt	33623	106,13	21,8
15151 Kreis Anhalt-Zerbst	23264	97,37	22,4
15153 Kreis Bernburg	22719	99,81	20,0
15154 Kreis Bitterfeld	36711	104,05	25,2
15159 Kreis Köthen	19693	100,10	25,1
15171 Kreis Wittenberg	42545	99,08	24,9
15202 Halle (Saale), Stadt	116030	114,87	21,4
15256 Burgenlandkreis	45061	100,48	19,0
15260 Kreis Mansfelder Land	31244	96,49	24,3
15261 Kreis Merseburg-Querfurt	53321	104,82	24,6

Kreis (Arbeitsort)	Beschäftigte	Tageslohn	Arbeitslosen-quote
15265 Saalkreis	22053	98,73	21,3
15266 Kreis Sangerhausen	21408	93,84	18,8
15268 Kreis Weissenfels	20935	100,69	24,3
15303 Magdeburg, Landeshauptstadt	119439	113,50	22,9
15352 Kreis Aschersleben-Stassfurt	31832	97,88	20,3
15355 Bördekreis	21734	97,94	25,1
15357 Kreis Halberstadt	24512	102,64	20,5
15358 Kreis Jerichower Land	30329	100,23	22,6
15362 Ohrekreis	34374	103,11	20,8
15363 Kreis Stendal	44074	100,31	17,0
15364 Kreis Quedlinburg	25429	96,11	23,8
15367 Kreis Schönebeck	21762	100,06	24,7
15369 Kreis Wernigerode	30413	102,67	24,1
15370 Altmarkkreis Salzwedel	29974	95,19	20,1
16 THÜRINGEN	837696	101,64	19,5
16051 Erfurt, Stadt	108884	114,57	19,3
16052 Gera, Stadt	44570	105,78	18,0
16053 Jena, Stadt	43726	112,63	21,0
16054 Suhl, Stadt	20784	106,94	17,7
16055 Weimar, Stadt	26996	114,66	18,9
16056 Eisenach, Stadt	23204	110,76	17,2
16061 Kreis Eichsfeld	33321	93,49	18,2
16062 Kreis Nordhausen	34084	101,83	21,3
16063 Wartburgkreis	39410	97,43	17,1
16064 Unstrut-Hainich-Kreis	37159	93,00	20,1
16065 Kyffhäuserkreis	26926	93,48	25,0
16066 Kreis Schmalkalden-Meiningen	47931	95,12	18,1
16067 Kreis Gotha	49190	99,07	18,8
16068 Kreis Sömmerda	21427	96,05	22,1
16069 Kreis Hildburghausen	20426	95,01	16,0
16070 Ilm-Kreis	36170	99,63	21,2
16071 Kreis Weimarer Land	26175	97,95	18,9
16072 Kreis Sonneberg	19991	95,54	13,8
16073 Kreis Saalfeld-Rudolstadt	42342	98,48	20,1
16074 Saale-Holzland-Kreis	28994	98,17	17,9
16075 Saale-Orla-Kreis	33757	96,18	18,4
16076 Kreis Greiz	39571	96,19	20,5
16077 Kreis Altenburger Land	32658	96,43	23,2
Bundesgebiet Ost	5183497	105,88	19,5
Variationskoeffizient nur Kreise (ungewichtet)		0,0725	0,1422

Quellen für die Tabellen A1 und A2:

Beschäftigte und kalendertäglicher Lohn nach Quartalsmaterial der Beschäftigtenstatistik jeweils zum 30. 6. Bei der Berechnung des Lohns wurden nur Entgelte von mindestens 12 DM berücksichtigt.

Arbeitslosenquoten nach Arbeitslosenstatistik (Jahresdurchschnitte aus Quartalswerten 1997, aus Monatswerten 1989)

Auswertung der Datenbanken des IAB, zu den in den Amtlichen Nachricht der Bundesanstalt für Arbeit vorliegenden Veröffentlichungen ergeben sich durch Einschluß von Korrekturen geringfügige Abweichungen.

Anmerkung: Das Quartalsmaterial der Beschäftigtenstatistik (vgl. allgemein zu dieser Datenquelle Kapitel 2) zeichnet sich durch besondere Aktualität aus, es steht ungefähr 9 Monate nach dem Stichzeitpunkt zur Verfügung. Folge ist jedoch, daß das Material noch nicht vollständig ist. Um eine näherungsweise Repräsentation der Realität zu erhalten, wird das sogenannte Abschneideverfahren angewandt (vgl. Cramer, Wermter 1988; Cramer, Majer 1991). Bei den Entgeltangaben taucht zudem das Problem auf, daß bei den neu begonnenen Beschäftigungsverhältnisse noch keine Angaben vorliegen. Aus diesen Gründen sind die in den Tabellen enthaltenen Daten zum Entgelt von geringerer Genauigkeit als in der IAB-Beschäftigtenstichprobe. Dies wurde jedoch in Kauf genommen, um aktuellere Angaben zu erhalten. Eine weitere Alternative wäre die Verwendung des sogenannten Jahreszeitraummaterials der Beschäftigtenstatistik gewesen (Koller 1987; Wermter 1987), das mit zwei- bis dreijähriger Verzögerung zur Verfügung steht, darum auf ein Abschneideverfahren verzichten kann und deshalb ebenfalls genauer ist als das Quartalsmaterial. Auch hier gab jedoch die Aktualität zugunsten der Quartalsdaten den Ausschlag. Um vergleichbar zu bleiben, wurde diese Datenbasis auch für die zurückliegenden Jahre verwendet.

Literaturverzeichnis

Ahrns, Hans-Jürgen; Feser, Hans-Dieter (1987): "Wirtschaftspolitik" (5. Auflage), München, Wien: Oldenbourg

Aitkin, M.; Longford, N. (1986): "Statistical Modelling Issues in School Effectiveness Studies", in: Journal of the Royal Statistical Society, Series A, 149/1: 1-43

Akerlof, George A. (1982): "Labor Contracts as Partial Gift Exchange", in: Quarterly Journal of Economics 97/4: 543-569

Akerlof, George A.; Miyazaki, Hajime (1980): "The Implicit Contract Theory of Unemployment meets the Wage Bill Argument", in: Review of Economic Studies Vol. 47, 321-338

Alba, Richard; Müller, Walter; Schimpl-Neimanns, Bernhard (1994): "Secondary Analysis of Official Microdata", in: Borg & Mohler (1994): 57-78

Anselin, Luc (1988): "Spatial Econometrics: Methods and Models", Dordrecht etc.: Kluwer Academic

Anselin, Luc (1992) (Hrsg.): "Space and applied econometrics" (Special Issue of Regional Science & Urban Economics 22/3), Amsterdam etc.: North-Holland

Antonelli, Gilberto; Liso, Nicola de (1997): "Economics of structual and technological change", London & New York: Routledge

Appelbaum, Eileen; Schettkat, Ronald (1993): "Employment Developments in Industrialized Economies: Explaining Common and Diverging Trends" (Discussion Paper FS I 93- 313, Wissenschaftszentrum Berlin für Sozialforschung)

Appelbaum, Eileen; Schettkat, Ronald (1994): "The End of Full Employment? On Economic Development in Industrialized Countries", in: INTERECONOMICS, May/June: 122-130

Appelbaum, Eileen; Schettkat, Ronald (1995): "Employment and productivity in industrialized countries", International Labor Review, 134: 605-623

Appelbaum, Eileen; Schettkat, Ronald (1996): "Product Demand, Productivity and Labor Demand in a Structural Model", unpublished discussion paper, Washington/ Utrecht

Appelbaum, Eileen; Schettkat, Ronald (1999): "Are Prices Unimportant?", in: Journal of Post-Keynesian Economics 21/3: 387-398

Arestis, Philip; Biefang-Frisancho Mariscal, Iris (1996): "Capital shortages and asymmetries in the UK unemployment", paper of the University of East London

Arminger, Gerhard; Clogg, Clifford C.; Sobel, Michael E. (1995) (Hrsg.): "Handbook of Statistical Modeling for the Social and Behavioral Sciences", New York, London: Plenum Press

Autorengemeinschaft (1998): "IAB-Agenda '98. Wissenschaftliche Befunde und Empfehlungen zur Arbeitsmarkt- und Beschäftigungspolitik", IAB-Werkstattbericht 10

Azariadis, Costas (1975): "Implicit Contracts and Underemployment Equilibria", in: Journal of Political Economy 83/6: 1183-1202

Balderjahn, Ingo; Mathar, Rudolf; Schader, Martin (1998) (Hrsg.): "Classification, Data Analysis, and Data Highways" (Proceedings of the 21st Annual Conference of the Gesellschaft für Klassifikation), Berlin etc.: Springer

Baily, M. N. (1974): "Wages and Employment Under Uncertain Demand", in: Review of Economic Studies 41: 37-50

Baltagi, Badi H. (1995): "Econometric Analysis of Panel Data", Chichester etc.: Wiley

Baltagi, Badi H. (1998): "Econometrics", Berlin etc.: Springer

Baltagi, Badi H.; Blien, Uwe (1998): "The German Wage Curve: Evidence from the IAB Employment Sample", Economics Letters 61: 135-142

Baltagi, Badi H.; Blien, Uwe, Wolf, Katja (2000): "The East German Wage Curve: 1993-1998", Economics Letters (forthcoming)

Barro, Robert J.; Sala-i-Martin, Xavier (1995): "Economic Growth", New York etc.: McGraw Hill

Barth, Alfons; Klauder, Wolfgang (1994): "Arbeitsmarkttendenzen bis zum Jahr 2000. Ergebnisse auf der Basis eines makroökonomischen Modells", in: Beihefte der Konjunkturpolitik 42: 55-83

Barth, Alfons; Zika, Gerd (1996): "Volkswirtschaftliche Effekte einer Arbeitszeitverkürzung. Eine Simulationsstudie für Westdeutschland mit dem makroökonometrischen Modell SYSIFO", in: Mitteilungen aus der Arbeitsmarkt- und Berufsforschung 29/2: 179-202

Bean, Charles R. (1994): "European Unemployment: A Survey", in: Journal of Economic Literature 22/2: 573-619

Becker, Gary S. (1976): "The Economic Approach to Human Behavior", Chicago: University of Chicago

Becker, Gary S. (1998): "Accounting for Tastes" (second edition), Cambridge (Mass.), London: Harvard University

Beißinger, Thomas (1996): "Inflation und Arbeitslosigkeit in der Bundesrepublik Deutschland. Eine Analyse von Modellen mit unvollkommenem Wettbewerb", Marburg: Metropolis

Beißinger, Thomas; Möller, Joachim (1998): "Wage Flexibility and Employment Performance: A Microdata Analysis of Different Age-Education Groups for Germany", Regensburger Diskussionsbeiträge zur Wirtschaftswissenschaft 307

Bell, Brian; Nickell, Stephen; Quintini, Glenda (2000): "Wage equations, wage curves and all that", Paper prepared for presentation at the EALE/SOLE Conference, Milano

Bellmann, Lutz (1995): "Was bringt die Spreizung der Löhne für den Arbeitsmarkt?", in: Mitteilungen aus der Arbeitsmarkt- und Berufsforschung 28/3: 391-399

Bellmann, Lutz (1997): "Das Betriebspanel des IAB", in: Hujer, Rendtel, Wagner (1997): 169-182

Bellmann, Lutz; Blien, Uwe (1996): "Die Lohnkurve in den neunziger Jahren. Der Zusammenhang zwischen regionalen Durchschnittslöhnen und regionaler Arbeitslosigkeit in einer Mehrebenenanalyse mit dem IAB-Betriebspanel", in: Mitteilungen aus der Arbeitsmarkt- und Berufsforschung 29/3: 467-470

Bellmann, Lutz; Blien, Uwe (1997): "Lohnhöhe, Arbeitslosigkeit und Betriebsgröße. Eine Längsschnittanalyse mit dem IAB-Betriebspanel 1993-1995", in: Kühl, Lahner, Wagner (1997): 255-274

Bellmann, Lutz; Blien, Uwe (1998): "Wage Curve Analyses with Establishment Data", in: Industrial and Labour Relations Review (forthcoming)

Bellmann, Lutz; Brussig, Martin (1999): "Analyse betrieblicher Produktivitätsunterschiede mit Daten des IAB-Betriebspanels", in: Wiedemann et al. (1999): 63-72

Bellmann, Lutz; Düll, Herbert; Kühl, Jürgen; Lahner, Manfred; Lehmann, Udo. (1996): "Flexibilität von Betrieben in Deutschland. Ergebnisse des IAB-Betriebspanels 1993-1995" (Beiträge zur Arbeitsmarkt- und Berufsforschung 200), Nürnberg: Bundesanstalt für Arbeit

Bellmann, Lutz; Kohaut, Susanne (1995): "Betriebliche Determinanten der Lohnhöhe und der übertariflichen Bezahlung: Eine empirische Analyse auf der Basis des IAB-Betriebspanels", in: Mitteilungen aus der Arbeitsmarkt- und Berufsforschung 28/1: 62-75

Bender, Dieter et al. (1995) (Hrsg.): "Vahlens Kompendium der Wirtschaftstheorie und Wirtschaftspolitik (6. Auflage, zwei Bände)", München: Vahlen

Bender, Stefan (1997): "Die IAB-Beschäftigtenstichprobe 1975-1990: Analysemöglichkeiten der anonymisierten Stichprobe", in: Hujer, Rendtel, Wagner (1997): 103-126

Bender, Stefan; Hilzendegen, Jürgen (1995): "Die IAB-Beschäftigtenstichprobe als scientific use file", in: Mitteilungen aus der Arbeitsmarkt- und Berufsforschung 28/1: 76-95

Bender, Stefan; Hilzendegen, Jürgen; Rohwer,Götz; Rudolph, Helmut (1996): "Die IAB-Beschäftigtenstichprobe 1975-1990. Eine praktische Einführung", Beiträge zur Arbeitsmarkt- und Berufsforschung 197, Nürnberg: Bundesanstalt für Arbeit

Bender, Stefan; Klose, Christoph (1998): "Beschäftigungseffekte von Trainingsmaßnahmen", internes Papier des IAB

Bertram, Hans (1992a) (Hrsg.): "Die Familie in den neuen Bundesländern. Stabilität und Wandel in der gesellschaftlichen Umbruchsituation. DJI-Familiensurvey 2", Opladen: Leske und Budrich

Bertram, Hans (1992b): "Soziale, regionale und geschlechtsspezifische Ungleichheiten", in: Bertram (1992a): 263-287

Bewley, Truman F. (1998): "Why not cut pay?", in: European Economic Review Vol. 42: 459-490

Binmore, Ken (1994): "Playing Fair", Cambridge (Mass.), London: MIT Press

Binmore, Ken (1991): "Modeling rational players II", in: Economics and Philosophy Vol. 4: 9-55

Binmore, Ken; Rubinstein, Ariel; Wolinsky, Asher (1986): "The Nash bargaining solution in economic modelling", in: Rand Journal of Economics 17/2: 176-188

Bispinck, Reinhard; WSI-Tarifarchiv (1995): "Tarifliche Lohnstrukturanalyse", Düsseldorf

Black, Angela J.; FitzRoy, Felix (1998): "The Stability of Wage Curves", paper presented at the EALE Conference in Blankenberge

Blanchard, Olivier (1997): "Macroeconomics", Upper Saddle River (N. J.): Prentice Hall

Blanchard, Olivier Jean; Katz, Lawrence F. (1992): "Regional Evolutions", in: Brookings Papers on Economic Activity 1: 1-75

Blanchard, Olivier Jean; Katz, Lawrence F. (1997): "What We Know and Do Not Know About the Natural Rate of Unemployment", in The Journal of Economic Perspectives 11/1: 51-72

Blanchard, Olivier Jean; Kiyotaki, Nobuhiro (1987): "Monopolistic Competition and the Effects of Aggregate Demand", in: American Economic Review Vol. 77: 647-666

Blanchflower, David G.; Burgess, Simon M. (1996): "Job creation and job destruction in Great Britain in the 1980s", in: Industrial and Labor Relations Review 50/1: 17-38

Blanchflower, David G.; Oswald, Andrew J. (1990): "The Wage Curve", in: Scandinavian Journal of Economics 92/2: 215-235

Blanchflower, David G.; Oswald, Andrew J. (1991): "The Determination of White-Collar Pay", in: Oxford Economic Papers: 42: 356-378

Blanchflower, David G.; Oswald, Andrew J. (1993): "Testing for a U-Shaped Wage Curve. A Response", in: Scandinavian Journal of Economics 95/2: 245-248

Blanchflower, David G.; Oswald, Andrew J. (1994a): "The Wage Curve", Cambridge (Mass.), London: MIT Press

Blanchflower, David G.; Oswald, Andrew J. (1994b): "Estimating a wage curve for Britain 1973-90", in: The Economic Journal 104/426: 1025-1043

Blanchflower, David G.; Oswald, Andrew J. (1995a): "An Introduction to the Wage Curve", in: The Journal of Economic Perspectives 9/2: 153-167

Blanchflower, David G.; Oswald, Andrew J. (1995b): "International Wage Curves", in: Freeman, Katz (1995)- 145-176

Blanchflower, David G.; Oswald, Andrew J. (1996): "Effizienzentlohnung und die deutsche Lohnkurve", in: Mitteilungen aus der Arbeitsmarkt- und Berufsforschung 29/3: 460-466

Blanchflower, David G.; Oswald, Andrew J. (1998): "What makes an entrepreneur?", in: The Journal of Labor Economics 16/1: 26-60

Blanchflower, David G.; Oswald, Andrew J.; Garrett, Mario D. (1990): "Insider Power in Wage Determination", in: Economica 57: 143-170

Blanchflower, David G.; Oswald, Andrew J.; Sanfey, Peter (1996): "Wages, profits, and rent-sharing", in: The Quarterly Journal of Economics: 227-251

Blien, Uwe (1986): "Unternehmensverhalten und Arbeitsmarktstruktur. Eine Systematik und Kritik wichtiger Beiträge zur Arbeitsmarkttheorie" (Beiträge zur Arbeitsmarkt- und Berufsforschung, Band 103), Nürnberg: Bundesanstalt für Arbeit

Blien, Uwe (1987): "Betriebliche Strategien der Leistungssicherung und Arbeitsmarkt", SAMF Arbeitspapier 1987/4

Blien, Uwe (1993a): "Regional Wages in Western Germany - A Multilevel Approach", paper presented at the EALE-Conference in Maastricht

Blien, Uwe (1993b): "Arbeitsmarktprobleme als Folge industrieller Monostrukturen. Das Beispiel der Region Schweinfurt", in: Raumforschung und Raumordnung 6: 347-356

Blien, Uwe (1994): "Konvergenz oder dauerhafter Entwicklungsrückstand? Einige theoretische Überlegungen zur empirischen Regionalentwicklung in den neuen Bundesländern", in: Informationen zur Raumentwicklung 20: 273-287

Blien, Uwe (1995a): "Die Lohnkurve von 1989. Eine Mehrebenenanalyse zum Zusammenhang von regionalen Durchschnittslöhnen und der regionalen Arbeitslosenquote", in: Mitteilungen aus der Arbeitsmarkt- und Berufsforschung 28/2: 155-170

Blien, Uwe (1995b): "Regionale Lohnstrukturen unter dem Einfluß von Arbeitslosigkeit. Eine Untersuchung für Arbeitsmarktregionen", in: Gesellschaft für Regionalforschung: Seminarberichte, Nr. 36: 5-22

Blien, Uwe (1995c): "The Impact of Unemployment on Wage Formation. Estimating Wage Curves for Western Germany with Multilevel Linear Models", in: Gerlach, Schettkat (1995): 117-143

Blien, Uwe (1995d): "Lohneffekte von Arbeitslosigkeit", in: Flemmig (1995): 505-524

Blien, Uwe (1996a): "Die Lohnkurve in den achtziger Jahren. Eine Mehrebenenanalyse mit der IAB-Beschäftigtenstichprobe", in: Mitteilungen aus der Arbeitsmarkt- und Berufsforschung 29/3: 471-474

Blien, Uwe (1996b): "Die 'Lohnkurve' in der Bundesrepublik Deutschland. Eine Einführung in die Diskussion empirischer Untersuchungen", in: Mitteilungen aus der Arbeitsmarkt- und Berufsforschung 29/3: 455-459

Blien, Uwe (1996c): "Multilevel Analysis. Applications with Specialised Software", in: Faulbaum, Bandilla (1996): 155-163

Blien, Uwe (1997): "Regionale Lohnflexibilität als Voraussetzung von Wirtschafts- und Tarifpolitik", in: Senatsverwaltung für Arbeit, Berufliche Bildung und Frauen (1997): 256-259

Blien, Uwe (1998): "Die regionale Mittelverteilung für den Eingliederungstitel: Politikberatung des IAB für Zwecke der Steuerung von Maßnahmen der aktiven Arbeitsförderung", in: Mitteilungen aus der Arbeitsmarkt- und Berufsforschung, 31/4: 674-689

Blien, Uwe; Graef, Friedrich (1998): "Entropy Optimizing Methods for the Estimation of Tables", in: Balderjahn et al. (1998): 3-15

Blien, Uwe; Herrmann, Hayo; Koller, Martin (1994) (Hrsg.): "Regionalentwicklung und regionale Arbeitsmarktpolitik. Konzepte zur Lösung regionaler Arbeitsmarktprobleme?" (Beiträge zur Arbeitsmarkt- und Berufsforschung, Band 184), Nürnberg: Bundesanstalt für Arbeit

Blien, Uwe; Hirschenauer, Franziska (1994): "Die Entwicklung regionaler Disparitäten in Ostdeutschland", in: Mitteilungen aus der Arbeitsmarkt- und Berufsforschung 27/4: 323-337

Blien, Uwe; Hirschenauer, Franziska (1999): "Regionale Disparitäten auf ostdeutschen Arbeitsmärkten", in: Wiedemann et al. (1999): 139-162

Blien, Uwe; Koller, Martin (1995): "Arbeitslosigkeit", in: Handwörterbuch der Raumordnung (1995): 35-40

Blien, Uwe; Koller, Martin; Schiebel, Winfried (1991): "Indikatoren zur Neuabgrenzung der Förderregionen", in: Mitteilungen aus der Arbeitsmarkt- und Berufsforschung 24/1: 1-24

Blien, Uwe; Lindner, Hans-Günter (1993): "Neuronale Netze - Werkzeuge für empirische Analysen ökonomischer Fragestellungen", in: Jahrbücher für Nationalökonomie und Statistik 212/5-6: 497-521

Blien, Uwe; Lindner, Hans-Günter (1994): "Applications of Artificial Neural Networks", in: Faulbaum (1994): 463-470

Blien, Uwe; Löwenbein, Oded (1991): "Betriebliche Seniorität und Arbeitslosigkeit. Ergebnisse auf der Basis des Sozio-ökonomischen Panels und der Beschäftigtenstichprobe des IAB", in: Helberger, Bellmann. Blaschke (1991): 160-181

Blien, Uwe; Maierhofer, Erich; Vollkommer, Dieter; Wolf, Katja; Alexander Eickelpasch, Kurt Geppert (2000): "Einflussfaktoren der erfolgreichen Entwicklung ostdeutscher Regionen", Projekteröffnungsbericht für die Kreditanstalt für Wiederaufbau, IAB/DIW Nürnberg, Berlin

Blien, Uwe; Mavromaras, Kostas; Rudolph, Helmut (1998): "Regional Aspects of Gender Pay Differences", paper presented at the Conference of the Applied Economics Association, Perpignan

Blien, Uwe; Mederer, Anita (1998a): "Die Regionaldimension geschlechtsspezifischer Entlohnung", in: Jahrbuch für Regionalwissenschaft 18/1: 37-54

Blien, Uwe; Mederer, Anita (1998b): "Regional Determinants of Gender Specific Wages", in: Haslinger, Stönner-Venkatarama (1998): 273-296

Blien, Uwe; Mederer, Anita (1998c): "The Regional Dimension of Gender Specific Wages", paper presented at the Applied Econometrics Association Conference in Perpignan

Blien, Uwe; Meyer, Wolfgang (2000): "Bevölkerungsdynamik und Arbeitsmarkt", in: Mueller, Nauck, Diekmann (2000): 1025-1065

Blien, Uwe; Vollkommer, Dieter; Wolf, Katja (1999): "Einflußfaktoren für die erfolgreiche Entwicklung ausgewählter ostdeutscher Regionen", Projektbeschreibung für die Kreditanstalt für Wiederaufbau, IAB Nürnberg

Blien, Uwe; Rudolph, Helmut (1989): "Einkommenseffekte bei Betriebswechsel und Betriebsverbleib im Vergleich. Empirische Ergebnisse aus der Beschäftigtenstichprobe des IAB für die Gruppe der Arbeiter", in: Mitteilungen aus der Arbeitsmarkt- und Berufsforschung, 22/4: 553-567

Blien, Uwe; Tessaring, Manfred (2000): "Übergänge zwischen Bildungswesen und Arbeitsmarkt in Deutschland. Die Anwendung des ENTROP-Verfahrens in der Bildungsgesamtrechnung (BGR)", in: Weizsäcker, Robert von (Hrsg.): "Bildung und Beschäftigung" (Beiträge zur Tagung des Bildungsökonomischen Ausschusses des Vereins für Socialpolitik 1999 - im Erscheinen), Berlin: Duncker & Humblot

Blien, Uwe; Wiedenbeck, Michael; Arminger, Gerhard (1994): "Reconciling Macro and Micro Perspectives by Multilevel Models: An Application to Regional Wage Differences", in: Borg, Mohler (1994): 266-282

Bliss, C. J. (1975): "Capital theory and the distribution of income", Amsterdam etc.: North-Holland

Blossfeld, Hans-Peter (1985): "Bildungsexpansion und Berufschancen. Empirische Analysen zur Lage der Berufsanfänger in der Bundesrepublik", Frankfurt a. M., New York: Campus

Borg, Ingwer; Mohler, Peter Ph. (1994) (Hrsg.): "Trends and Perspectives in Empirical Social Research", Berlin, New York: De Gruyter

Borts, George H.; Stein, Jerome L. (1964): "Economic Growth in a Free Market", New York, London: Columbia University

Bowles, Samuel (1985): "The Production Process in a Competitive Economy: Walrasian, Neo-Hobbesian, and Marxian Models", in: American Economic Review Vol. 75/1: 12-36

Brakman, Steven; Garretsen, Harry (1994): "Can Eastern Germany Catch-Up? A brief Look at Neo-Classical and Modern Growth and Trade Theories", in: Blien, Herrmann, Koller (1994): 64-73

Bröcker, Johannes (1992): "Neoricardianische und neoklassische Preistheorie", Papier des Kieler Institut für Regionalforschung

Bröcker, Johannes (1994): "Die Lehren der neuen Wachstumstheorie für die Raumentwicklung und die Regionalpolitik", in: Blien, Herrmann, Koller (1994): 29-50

Budde, R.; Eckey, H.-F.; Klemmer, P. (1993): "Vorschlag für die Abgrenzung von Arbeitsmarktregionen in den neuen Bundesländern", unveröffentlichtes Gutachten, Essen

Bulow, Jeremy, I.; Summers, Lawrence, K. (1986): "A Theory of Dual Labor Markets with Application to Industrial Policy, Discrimination, and Keynesian Unemployment", in: Journal of Labor Economics 4/3: 376-414

Burda, Michael C.; Schmidt, Christoph (1997): "Getting behind the East-West Wage Differential: Theory and Evidence", in: Pohl, Schneider (1997): 170-201

Buttler, Friedrich (1973): "Entwicklungspole und räumliches Wirtschaftswachstum", Tübingen: Mohr

Buttler, Friedrich; Emmerich, Knut (1995): "Kosten und Nutzen aktiver Arbeitsmarktpolitik im ostdeutschen Transformationsprozeß", in: Gutmann (1995): 61-94

Buttler, Friedrich; Hirschenauer, Franziska (1995): "Wachstumspole", in: Handwörterbuch der Raumordnung: 1058-1063

Buttler, Friedrich; Kühl, Jürgen; Rahmann, Bernd (1985) (Hrsg.): "Staat und Beschäftigung" (Beiträge zur Arbeitsmarkt- und Berufsforschung, Band 88), Nürnberg

Buttler, Günter (1990): "Arbeitsmarktreserven bei schrumpfender Bevölkerung", in: Felderer (1990): 441-454

Buttler, Günter (1996): "Ein einfaches Verfahren zur Identifikation von Ausreißern bei multivariaten Daten" (unveröffentlichtes Diskussionspapier der Universität Erlangen-Nürnberg)

Büttner, Thiess (1995): "Local Wages and Sectoral Wage Bargaining in Germany", Diskussionspapier Nr. 30 der Universität Konstanz

Büttner, Thiess (1996): "Die Lohnkurve in den westdeutschen Kreisen. Eine Analyse auf der Basis regionaler Durchschnittslöhne", in: Mitteilungen aus der Arbeitsmarkt- und Berufsforschung 29/3: 475-478

Büttner, Thiess (1998): "Agglomeration, growth, and adjustment: a theoretical and empirical study of regional labour markets in Germany", Physica: Heidelberg

Büttner, Thiess (1999): "The effect of unemployment, aggregate wages, and spatial contiguity on local wages: An investigation with German district level data", in: Papers in Regional Science 78/1: 47-67

Büttner, Thiess; Fitzenberger, Bernd (1998): "Central Wage Bargaining and Regional Wage Rigidity: Evidence from the Entire Wage Distribution", paper presented at the European Meeting of the Econometric Society, Berlin

Büttner, Thiess; Prey, Hedwig (1998): "Does Active Labor-Market Policy Affect Structural Unemployment? An Empirical Investigation for West German Regions, 1986 to 1993", in: Zeitschrift für Wirtschafts- und Sozialwissenschaften 118/3: 389-413

Calmfors, Lars (1995): "What Can We Expect from Active Labour Market Policy?", in: Beihefte der Konjunkturpolitik 42: 11-30

Calmfors, Lars (1997): "Unemployment, labour-market reform and EMU", paper of the Institute for International Economic Studies Stockholm University

Calmfors, Lars; Skedinger, Per (1995): "Does Active Labour Market Policy Increase Employment? Theoretical Consideration and Some Evidence from Sweden", in: Oxford Review of Economic Policy 11/1: 91-109

Camagni, Roberto (1991) (Hrsg.): "Innovation networks: Spatial perspectives", London, New York: Belhaven Press

Camagni, Roberto (1994): "Space-time in the concept of 'Milieu Innovateur'", in: Blien, Herrmann, Koller (1994): 74-89

Card, David (1995): "The Wage Curve: A Review", in: Journal of Economic Literature 33/2: 785-799

Carlin, Wendy; Soskice, David (1990): "Macroeconomics and the Wage Bargain. A Modern Approach to Employment, Inflation and the Exchange Rate", Oxford: Oxford University Press

Cassel, Dieter; Thieme, H. Jörg (1995): "Stabilitätspolitik", in: Bender et al. (1995), 2. Band: 301-370

Cooper, R.; John, A. (1988): "Coordinating Coordination Failures in Keynesian Models", in: The Quarterly Journal of Economics 103: 441-463

Cramer, Ulrich; Majer, Wolfgang (1991): "Ist die Beschäftigtenstatistik revisionsbedürftig?", in: Mitteilungen aus der Arbeitsmarkt- und Berufsforschung 24/1: 81-90

Cramer, Ulrich; Wermter, Winfried (1988): "Wie hoch war der Beschäftigtenanstieg seit 1983? Ein Diskussionsbeitrag aus der Sicht der Bundesanstalt für Arbeit.", in: Mitteilungen aus der Arbeitsmarkt- und Berufsforschung 21/4: 468-482

Däubler, Wolfgang (1992): "Das Arbeitsrecht 2", 9. Auflage, Reinbek: Rowohlt

Decressin, Jörg W. (1994): "Internal Migration in West Germany and Implications for East-West Salary Convergence", in: Weltwirtschaftliches Archiv 130/2: 231-257

Delbrück, Christopher; Raffelhüschen, Bernd (1993): "Die Theorie der Migration", in: Jahrbücher für Nationalökonomie und Statistik 212/3-4: 341-356

Dickens, William, T.; Lang, Kevin (1988): "The Reemergence of Segmented Labor Market Theory", in: American Economic Review 78/2: 129ff.

Mueller, Ulrich; Nauck, Bernhard; Diekmann, Andreas (2000) (Hrsg.): "Handbuch der Demographie", Band 1 & 2, Springer: Berlin etc.

Dietz, Frido; Gommlich, Heinz; Karr, Werner (1992): "Ostdeutsche Arbeitnehmer in Westdeutschland", in: Mitteilungen aus der Arbeitsmarkt- und Berufsforschung 25/4: 499-518

Dixit, Avinash; Siglitz, Joseph E. (1977): "Monopolistic competition and optimum product diversity", in: American Economic Review 67/3: 297-308

Dixon, Huw (1998): "Controversy: The macroeconomics of unemployment in the OECD", in: The Economic Journal 108/448: 779-781

Doeringer, Peter B.; Piore, Michael J. (1971): "Internal Labor Markets and Manpower Analysis", Lexington, Mass.

EUROSTAT (1997) (Hrsg.): "Regionen 1996. Statistisches Jahrbuch", Luxemburg

Eckey, H.-F. (1988): "Abgrenzung regionaler Arbeitsmärkte", in: Raumforschung und Raumordnung 1-2: 24-33

Eckey, Hans-Friedrich (1995): "Regionale Strukturpolitik", in: Handwörterbuch der Raumordnung, Hannover (1995)

Eichler, Martin; Lechner, Michael (1998): "An Evaluation of Public Employment Programmes in the East German State of Sachsen-Anhalt", unpublished paper of the University of Mannheim

Esser, Hartmut (1988): "Sozialökologische Stadtforschung und Mehr-Ebenen-Analyse", in: Friedrichs (1988): 35-55

Farkas, George; England, Paula (1994) (Hrsg.): "Industries, Firms, and Jobs. Sociological and Economic Approaches" (expanded edition), Berlin, New York: de Gruyter

Faulbaum, Frank (1994) (Hrsg.): "SoftStat '93. Advances in Statistical Software 4", Stuttgart etc.: Gustav Fischer

Faulbaum, Frank; Bandilla, Wolfgang (1996) (Hrsg.): "SoftStat'95. Advances in Statistical Software 5", Stuttgart: Lucius & Lucius

Fehr, Ernst; Gächter, Simon (1996): "Soziale Kräfte und Lohnbildung: Einsichten aus der experimentellen Arbeitsmarktforschung", in: Ökonomie und Gesellschaft - Jahrbuch 13: 11-51

Fehr, Ernst; Gächter, Simon; Kirchsteiger, Georg (1996): "Reciprocal Fairness and Noncompensating Wage Differentials", in: Journal of Institutional and Theoretical Economics 152/4: 608-640

Fehr, Ernst; Gächter, Simon; Kirchsteiger, Georg (1997): "Reciprocity as a Contract Enforcement Device. Experimental Evidence", in: Econometrica 65/4: 833-860

Fehr, Ernst; Kirchler, Erich; Weichbold, Andreas (1998): "When social norms overpower competition: Gift exchange in experimental labor markets", in: Journal of Labor Economics 16/2: 324-351

Fehr, Ernst; Kirchsteiger, Georg; Riedl, Arno (1996): "Involuntary unemployment and non-compensation wage differentials in an experimental labour market", in: The Economic Journal 106/434: 106-121

Fehr, Ernst; Kirchsteiger, Georg; Riedl, arno (1998): "Gift exchange and reciprocity in competitive experimental markets", in: European Economic Review 42: 1-34

Felderer, Bernhard (1990) (Hrsg.): "Bevölkerung und Wirtschaft. Jahrestagung des Vereins für Socialpolitik - Gesellschaft für Wirtschaft und Sozialwissenschaften in Wien 1989", Berlin: Duncker & Humblot

Feser, Hans-Dieter (1990a) (Hrsg.): "Technologische Entwicklung und internationale Wettbewerbsfähigkeit", Regensburg: Transfer

Feser, Hans-Dieter (1990b): "Technologische Wettbewerbsfähigkeit und internationaler Handel", in: Feser (1990a): 1-40

Feser, Hans-Dieter; Flieger, Wolfgang; von Hauff, Michael (1997) (Hrsg.): "Integrierter Umweltschutz. Umwelt- und Ressourcenschonung in der Industriegesellschaft", Regensburg: Transfer

Feser, Hans-Dieter; Hauff, von Michael (1997) (Hrsg.): "Neuere Entwicklungen in der Umweltökonomie und -politik", Regensburg: Transfer

Feser, Hans-Dieter; Lärm, Thomas (1982): "Strukturelle Arbeitslosigkeit, technologischer Wandel und der Einfluß der Mikroelektronik", in: Leviathan 10/4: 531-554

Feser, Hans-Dieter; von Hauff, Michael; Wiesch, Gerald (1994) (Hrsg.): "Umwelt und Standortqualität", Regensburg: Transfer

Flassbeck, Heiner (1998): "Nationale Wirtschaftspolitik im Zeichen zunehmender Globalisierung", in: von Hauff (1998): 103-130

Flemmig, Jörg (1995) (Hrsg.): "Moderne Makroökonomik: Eine kritische Bestandsaufnahme", Marburg: Metropolis

Franz, Wolfgang (1992): "Arbeitslosigkeit: Ein makrotheoretischer Analyserahmen", in: Franz et al. (1992): 9-24

Franz, Wolfgang (1996): "Theoretische Ansätze zur Erklärung der Arbeitslosigkeit: Wo stehen wir 1995?", in: Gahlen, Hesse, Ramser (1996): 3-46

Franz, Wolfgang (Mitarbeiter: Bellmann, L.; Schnur, P.; Spitznag, el, E.) (1992) (Hrsg.): "Mikro- und makroökonomische Aspekte der Arbeitslosigkeit" (Beiträge zur Arbeitsmarkt- und Berufsforschung 165), Nürnberg: Bundesanstalt für Arbeit

Franz, Wolfgang; Gordon, Robert J. (1993): "German and American wage and price dynamics. Differences and common themes", in: European Economic Review 37/4: 719-762

Franz, Wolfgang; Schalk, Hans Joachim (1995): "Eine kritische Würdigung der Wirksamkeit der regionalen Investitionsförderung in der Bundesrepublik Deutschland", in: Gahlen, Hesse, Ramser (1995): 273-302

Freeman, Richard B. (2000): "Single peaked vs. diversified capitalism" (National Bureau of Economic Research Working Paper No. 7556)

Freeman, Richard B.; Katz, Lawrence F. (1995) (Hrsg.): "Differences and Changes in Wage Structures", Chicago & London: Chicago University

Friedrichs, Jürgen (1988) (Hrsg.): "Soziologische Stadtforschung" (Kölner Zeitschrift für Soziologie und Sozialpsychologie Sonderheft 29), Opladen: Westdeutscher Verlag

Fujita, Masahisa; Krugman, Paul; Venables, Anthony J. (1999): "The Spatial Economy: Cities, Regions, and International Trade", Cambridge (Mass.), London: MIT Press

Lothar Funk (2000): "Ein New Economy-Effekt für Deutschland?", Wirtschaftsdienst 5: 271-276

Furtado, Ana (1997): "Regional wage differentials across different skill groups: A cross-section analysis for Germany, Italy, Spain and the United Kingdom", unpublished paper of the London School of Economics, presented at the EALE Conference in Aarhus

Gahlen, Bernhard; Hesse, Helmut; Ramser, Hans Jürgen (1995) (Hrsg.): "Standort und Region. Neue Ansätze zur Regionalökonomik", Tübingen: Mohr

Gahlen, Bernhard; Hesse, Helmut; Ramser, Hans Jürgen (1996) (Hrsg.): "Arbeitslosigkeit und Möglichkeiten ihrer Überwindung", Tübingen: Mohr

Gahlen, Bernhard; Hesse, Helmut; Ramser, Hans Jürgen; Bombach, G. (Mitarb.) (1991) (Hrsg.): "Wachstumstheorie und Wachstumspolitik. Ein neuer Anlauf", Tübingen: Mohr

Gerlach, Knut (1996): "Einige Anmerkungen zur Lohnkurve", in: Mitteilungen aus der Arbeitsmarkt- und Berufsforschung 29/3: 498-499

Gerlach, Knut; Hübler, Olaf (1985): "Lohnstruktur, Arbeitsmarktprozesse und Leistungsintensität in Effizienzlohnmodellen", in: Buttler, Kühl, Rahmann (1985): 249-290

Gerlach, Knut; Hübler, Olaf (1995): "Betriebsgröße und Einkommen", in: Steiner, Bellmann (1995): 225-264

Gerlach, Knut; Kehlbeck, Heike (1988): "Regionale Unterschiede der Arbeitseinkommen. Eine empirische Überprüfung der Humankapitaltheorie", in: Akademie für Raumforschung und Landesplanung (Hrsg.): Analyse regionaler Arbeitsmarktprobleme, Hannover: 239-283

Gerlach, Knut; Klodt, Thomas (1997): "Lohnkurven mit Betriebsdaten für Niedersachsen", in: Kühl, Lahner, Wagner (1997): 275-296

Gerlach, Knut; Schettkat, Ronald (1995) (Hrsg.): "Determinanten der Lohnbildung. Theoretische und empirische Untersuchungen", Berlin: Edition Sigma

Gerlach, Knut; Wagner, Joachim (1995): "Regionale Lohnunterschiede und Arbeitslosigkeit in Deutschland. Ein Beitrag zur Lohnkurven-Diskussion", in: Gerlach, Schettkat (1995): 94-116

Gijsel, Peter de (1998): "Efficiency wages, wage gap, and employment in local wage bargaining", unpublished paper of the University of Osnabrück and the University of Maastricht

Goerke, Laszlo; Holler, Manfred (1997): "Arbeitsmarktmodelle", Berlin etc.: Springer

Goldstein, Harvey (1986): "Multilevel mixed linear model analysis using iterative generalized least squares", in: Biometrika 73/1, S. 43-56

Goldstein, Harvey (1995): "Multilevel Statistical Models" (Second Edition), London: Edward Arnold

Gordon, Robert J. (1998): "Foundation of the Goldilock's Economy: Supply Shocks and the Time-Varying NAIRU", in: Brookings Papers on Economic Activity 2: 297-334

Görgens, E.; Tuchtfeld, E. (1992) (Hrsg.): "Die Zukunft der wirtschaftlichen Entwicklung - Perspektiven und Probleme", Bern etc.

Görmar, Wilfried; Irmen, Eleonore (1991): "Nichtadministrative Gebietsgliederungen und -kategorien für die Regionalstatistik. Die siedlungsstrukturelle Gebietstypisierung der BfLR", in: Raumforschung und Raumordnung 49/6: 387-394

Grabher, Gernot (1993) (Hrsg.): "The embedded firm. On the socioeconomics of industrial networks", London, New York: Routledge

Grabher, Gernot (1993): "Wachstums-Koalitionen und Verhinderungs-Allianzen. Entwicklungsimpulse und -blockierungen durch regionale Netzwerke", in: Informationen zur Raumentwicklung 11: 749-758

Granovetter, Mark (1973): "The Strength of Weak Ties", in: American Journal of Sociology 78/6: 1360-1380

Granovetter, Mark (1994): "The Sociological and Economic Approaches to Labor Market Analysis. A Social Structural View", in: Farkas, England (1994): 187-212

Greene, William H. (1997): "Econometric Analysis" (third edition), Upper Saddle River (N. J.): Prentice Hall

Greenwald, Bruce C. (1983): "A general analysis of bias in the estimated standard errors of least squares coefficients", in: Journal of Econometrics 22: 323-338

Grüske, Karl-Dieter (1992): "Außerökonomische Faktoren und regionale wirtschaftliche Entwicklung", in: Görgens, Tuchtfeld (1992): 449-474

Grüske, Karl-Dieter; Lohmeyer, Jürgen (1990): "Außerökonomische Faktoren und Beschäftigung. Eine Fallstudie für die Arbeitsamtsbezirke Leer und Balingen", Güterloh: Bertelsmann

Gutmann, Gernot (1995) (Hrsg.): "Die Wettbewerbsfähigkeit der ostdeutschen Wirtschaft. Ausgangslage, Handlungserfordernisse, Perspektiven", Berlin: Duncker & Humblot

Hahn, Frank; Matthews, R. C. O. (1964): "The theory of economic growth: a survey", in: The Economic Journal 74/296: 779-902

Hahn, Frank; Solow, Robert (1997): "A critical essay on modern macroeconomic theory", Oxford: Blackwell

Haisken-DeNew, John P. (1996): "Migration and the Inter-Industry Wage Structure in Germany", Berlin etc.: Springer

Haisken-DeNew, John P.; Schmidt, Christoph M. (1997): "Inter-industry and inter-region differentials: Mechanics and interpretation", in: The Review of Economics and Statistics 79/3: 516-521

Haisken-DeNew, John P.; Schwarze, Johannes (1997): "Regionale Lohndisparitäten in Deutschland 1984-1994. Eine Analyse mit regionalisierten Daten des Sozio-oekonomischen Panels", in: Informationen zur Raumentwicklung 1-2: 51-61

Haisken-DeNew, John P.; Zimmermann, Klaus (1995): "Wage and Mobility Effects of Trade and Migration", CEPR Discussion Paper No. 1318, London

Hamermesh, Daniel S. (1993): "Labor Demand", Princeton: Princeton University

Harcourt, G. C. (1972): "Some Cambridge Controversies in the Theory of Capital", Cambridge etc.: Cambridge University

Harris, John R.; Todaro, Michael P. (1970): "Migration, Unemployment and Development: A Two-Sector Analysis", in: The American Economic Review, Vol. 60: 126-142

Haslinger, Franz; Stönner-Venkatarama, Oliver (1998) (Hrsg.): "Aspects of the Distribution of Income", Marburg: Metropolis

von Hauff, Michael (1998): "Nachhaltiges Wirtschaften als Herausforderung für die Zukunft", in: von Hauff (1998a): 9-32

von Hauff, Michael (1998) (Hrsg.): "Zukunftsfähige Wirtschaft. Ökologie- und sozialverträgliche Konzepte", Regensburg: Transfer Verlag

von Hauff, Michael; Solbach, Daniel (1999): "Perspektiven integrierter Umweltschutztechnologie in der Bundesrepublik Deutschland", in: Zeitschrift für Umweltpolitik und Umweltrecht 1: 67-85

Hausman, J. A. (1978): "Specification tests in econometrics", in: Econometrica Vol. 47: 455-473

Häußermann, Hartmut (1992) (Hrsg.): "Ökonomie und Politik in alten Industrieregionen Europas", Basel etc.: Birkhäuser

Heckman, James J. (1979): "Sample selection bias as a specification error", in: Econometrica 47/1: 153-161

Heinemann, Maik (1995): "Reale Konjunkturzyklen bei unvollständiger Information über permanente und transitorische Schocks", in: Flemming (1995): 313-344

Helberger, Christoph; Bellmann, Lutz; Blaschke, Dieter (1991) (Hrsg.): "Erwerbstätigkeit und Arbeitslosigkeit. Analysen auf der Grundlage des Sozio-ökonomischen Panels" (Beiträge zur Arbeitsmarkt- und Berufsforschung 144), Nürnberg

Herberger, L.; Becker, B. (1983): "Sozialversicherungspflichtig Beschäftigte in der Beschäftigtenstatistik und im Mikrozensus", in: Wirtschaft und Statistik 4: 290 - 304

Hirschenauer, Franziska (1994): "Indikatoren zur Neuabgrenzung des regionalpolitischen Fördergebiets 1993", in: Mitteilungen aus der Arbeitsmarkt- und Berufsforschung 27/2: 108-129

Hsiao, Cheng (1986): "Analysis of Panel Data", Cambridge etc.: Cambridge University

Hujer, Reinhard; Rendtel, Ulrich; Wagner, Gert (1997) (Hrsg.): "Wirtschafts- und sozialwissenschaftliche Panelstudien. Datenstrukturen und Analyseverfahren", Göttingen: Vandenhoeck & Ruprecht

Jahn, Elke; Wagner, Thomas (1995): "Strategische Komplemente - ein mikroökonomisches Fundament des keynesianischen Multiplikators?", in: Flemmig (1995):229-262

Jahn, Elke; Wagner, Thomas (1995): "Effizienzlohntheorie", in: Das Wirtschaftsstudium 24/10: 779-784

Jahn, Elke J.; Wagner, Thomas (1996): "Der Arbeitsmarkt als Matching-Prozeß", in: Das Wirtschaftsstudium 10: 843-847

Jakoby, Herbert (1990): "Regionale Lohnstrukturen. Eine theoretische und empirische Analyse regionaler Lohnunterschiede", Frankfurt a. M., New York: Campus

Kagel, John H.; Roth, Alvin E. (1995) (Hrsg.): "The Handbook of Experimental Economics", Princeton: Princeton University

Kaldor, Nicholas (1970): "The case for regional policies", in: Scottish Journal of Political Economy Vol. 17: 337-348

Karr, Werner et al. (1987): "Regionale Mobilität am Arbeitsmarkt", in: Mitteilungen aus der Arbeitsmarkt- und Berufsforschung 20/2: 197-212

Karr, Werner; Rudolph, Helmut (1998): "Langzeitarbeitslosigkeit frühzeitig verhindern", in: Autorengemeinschaft (1998): 97-106

Keane, M. P.; Runkle, D. E. (1992): "On the estimation of panel-data models with serial correlation when instruments are not strictly endogenous", in: Journal of Business and Economic Statistics 10: 1-9

Klauder, Wolfgang (1988): "Der methodische Ansatz des IAB zur längerfristigen Vorausschätzung des Arbeitsmarktes", in: Mertens (1988): 202-211

Klauder, Wolfgang; Schnur, Peter; Zika, Gerd (1996): "Strategien für mehr Beschäftigung. Simulationen bis 2005 am Beispiel Westdeutschland", IAB-Kurzbericht 7

Klaus, Joachim; Binder, Klaus Georg (1988): "Regional differenzierte beschäftigungspolitische Strategien. Anhaltspunkte aufgrund vergleichender Arbeitsmarktbilanzen", in: Akademie für Raumforschung und Landesplanung (Hrsg.): Forschungs- und Sitzungsberichte 178, Hannover; 219-247

Kleinhenz, Gerhard (1997a): "Sozialstaatlichkeit in der Konzeption der Sozialen Marktwirtschaft", in: Jahrbücher für Nationalökonomie und Statistik 216/4+5: 392-412

Kleinhenz, Gerhard (1997b): "Beiträge der Arbeitsmarkt- und Berufsforschung zur Lösung der Beschäftigungskrise: Wirkungszusammenhänge zwischen Politik und Beschäftigung", in: Mitteilungen aus der Arbeitsmarkt- und Berufsforschung 30/4: 828-832

Kleinhenz, Gerhard (1998a): "Was zu tun ist - AGENDA für mehr Beschäftigung in Deutschland", in: Autorengemeinschaft (1998): 5-26

Kleinhenz, Gerhard (1998b): "Was ist beschäftigungspolitischer Erfolg?", in: Mitteilungen aus der Arbeitsmarkt- und Berufsforschung 31/2: 258-261

Kleinhenz, Gerhard; Hoffmann, Bernd-Felix; Schmidt, Rainer (1991): "BMW in Ostbayern. Strukturelle Veränderungen eines Agrarraumes durch Industrieansiedlung": Universität Passau

Kloek, T. (1981): "OLS estimation in a model where a microvariable is explained by aggregates and contemporaneous disturbances are equicorrelated", in: Econometrica 49/1: 205-207

Koller, Martin (1987): "Regionale Lohnstrukturen", in: Mitteilungen aus der Arbeitsmarkt- und Berufsforschung 20/1: 30-43

Koller, Martin; Schwengler, Barbara (1999): "Vorranggebiete der regionalen Arbeitsmarkt- und Strukturpolitik. Ergebnisse von IAB-Gutachten im Auftrag der Bund-Länder-Kommission", in: Mitteilungen aus der Arbeitsmarkt- und Berufsforschung 32/4: 564-602

Kölling, Arnd (1998a): "Dynamische Arbeitsnachfrage und asymmetrisches Anpassungsverhalten in der Bundesrepublik Deutschland. Eine Untersuchung mit Daten aus dem IAB-Betriebspanel", in: Mitteilungen aus der Arbeitsmarkt- und Berufsforschung: 31/4: 636-646

Kölling, Arndt (1998b): "Anpassungen auf dem Arbeitsmarkt: Eine Analyse der dynamischen Arbeitsnachfrage in der Bundesrepublik Deutschland" (Beiträge zur Arbeitsmarkt- und Berufsforschung 217), Nürnberg

Kraus, Florian; Puhani, Patrick A.; Steiner, Viktor (1997): "Employment Effects of Publicly Financed Training Programs - The East German Experience", ZEW Discussion Paper 97-33

Kraus, Florian; Puhani, Patrick A.; Steiner, Viktor (1998): "Do Public Works Programs Work? Some Unpleasant Results from East German Experience", ZEW Discussion Paper 98-07

Krieger-Boden, Christiane (1995): "Die räumliche Dimension in der Wirtschaftstheorie. Ältere und neuere Erklärungsansätze", Kiel: Institut für Weltwirtschaft

Krueger, Alan B.; Summers, Lawrence H. (1988): "Efficiency wages and the inter-industry wage structure", in: Econometrica 56/2: 259-293

Krugman, Paul (1991): "Geography and Trade", Cambridge (Mass.) etc.: MIT Press

Krugman, Paul (1991): "History and Industry Location: The Case of the Manufacturing Belt", in: American Economic Review 81/2: 80-83

Krugman, Paul (1998): "Space: The Final Frontier", in: Journal of Economic Perspectives 12/2: 161-174

Kühl, Jürgen; Lahner, Manfred; Wagner, Joachim (1997) (Hrsg.): "Die Nachfrageseite des Arbeitsmarktes. Ergebnisse aus Analysen mit Firmenpaneldaten" (Beiträge zur Arbeitsmarkt- und Berufsforschung 204), Nürnberg: Bundesanstalt für Arbeit

Kydland, Finn E.; Prescott, Edward C. (1982): "Time to build and aggregate fluctuations", in: Econometrica 50/6: 1345-1370

Kydland, Finn E.; Prescott, Edward C. (1991): "The Econometrics of the General Equilibrium Approach to Business Cycles", in: Scandinavian Journal of Economics 93/2: 161-178

Lammers, Konrad (1998): "Globalisation, Integration and the European Space", in: EUREG 7: 5-6

Layard, Richard; Nickell, Stephen (1986): "Unemployment in Britain", in: Economica Vol. 53: S121-S169

Layard, Richard; Nickell, Stephen; Jackman, Richard (1991): "Unemployment. Macroeconomic Performance and the Labour Market", Oxford: Oxford University Press

Layard, Richard; Nickell, Stephen; Jackman, Richard (1994): "The Unemployment Crisis", Oxford: Oxford University

Lazear, Edward P. (1981): "Agency, Earnings Profiles, Productivity, and Hours Restrictions", in: American Economic Review 71/4: 606-620

Lindbeck, Assar; Snower, Dennis J. (1988): "Cooperation, Harassment, and Involuntary Unemployment: An Insider - Outsider Approach", in: American Economic Review 78/1: 167-188

Longford, Nicholas T. (1987): "A fast scoring algorithm for maximum likelihood estimation in unbalanced mixed models with nested random effects", in: Biometrika 74/4: 817-27

Longford, Nicholas T. (1993): "Random Coefficient Models", Oxford: Clarendon

Longford, Nicholas T. (1995): "Random Coefficient Models", in: Arminger, Clogg, Sobel (1995)

Löwenbein, Oded (1991): "Einkommensanalysen auf der Basis von Paneldaten", Wetzlar

Lucas, Robert E. (1988): "On the Mechanics of Economic Development", in: Journal of Monetary Economics 22: 3-42

Lüschow, Jörg; Untiedt, Gerhard (1996): "Regionales Wachstum und regionale Arbeitslosigkeit: Okun's Law in den Ländern der Bundesrepublik Deutschland (West) 1960-1993", Seminarberichte der Gesellschaft für Regionalforschung 37: 131-154

Maier, Gunther; Tödtling, Franz (1992): "Regional- und Stadtökonomik. Standorttheorie und Raumstruktur", Wien, New York: Springer

Maier, Gunther; Weiss, Peter (1991): "Segmentation, Mobility and the Spatial Distribution of Activities", in: **Labour 5/1: 3-22**

Mederer, Anita (1996): "Die Analyse der Lohnkurve in der Bundesrepublik Deutschland West" (Diplom**arbeit), Nürnberg**

Mertens, Dieter (1988) (Hrsg.): "Konzepte der Arbeitsmarkt- und Berufsforschung. Eine Forschungsinventur des IAB", 3. erweiterte und überarbeitete Auflage (Beiträge zur Arbeitsmarkt- und Berufsforschung 70), Nürnberg

Miegel, Meinhard; Grünewald, R. (Mitarb.); Grüske, K.-D. (Mitarb.) (1991): "Wirtschafts- und arbeitskulturelle Unterschiede in Deutschland. Zur Wirkung außerökonomischer Faktoren auf die Beschäftigung", Gütersloh: Bertelsmann Stiftung

Mincer, Jacob (1974): "Schooling, Experience and Earnings", New York, London

Molle, Willem (1997): "The Regional Economic Structure of the European Union: An Analysis of Long-term Developments", in: Vosgerau (1997): 13-32

Möller, Joachim (1992): "Lohnbildung und Beschäftigung - Neuere makroökonomische Evidenz", in: Franz et al. (1992)

Möller, Joachim (1995): "Empirische Analyse der Regionalentwicklung", in: Gahlen, Hesse, Ramser (1995)

Möller, Joachim (1995): "Unweighted and Weighted Measures of Inter-Industry Wage Variability - A Technical Note", unpublished paper of the University, Regensburg

Möller, Joachim (1996): "Die Lohnkurve im Rahmen eines allgemeinen regionalen Anpassungsmodells", in: Mitteilungen aus der Arbeitsmarkt- und Berufsforschung 29/3: 479-483

Möller, Joachim (1997): "Trends in the German Wage Structure", paper presented at the ZEW/IAB-Conference, Mannheim

Möller, Joachim (1998): "Income and Price Elasticities of Product Demand", unpublished paper of the University of Regensburg

Möller, Joachim; Bellmann, Lutz (1996): "Qualifikations- und industriespezifische Lohnunterschiede in der Bundesrepublik Deutschland. Eine Untersuchung für das Verarbeitende Gewerbe auf Basis der IAB-Beschäftigtenstichprobe", in: Ifo Studien: 235-272

Möller, Joachim; Tassinopoulos, Alexandros (2000): "Zunehmende Spezialisierung oder Strukturkonvergenz? Eine Analyse der sektoralen Beschäftigungsentwicklung auf regionaler Ebene", in: Jahrbuch für Regionalwissenschaft 20/1: 1-38

Moulton, Brent R. (1986): "Random group effects and the precision of regression estimates", in: Journal of Econometrics 32: 385-397

Moulton, Brent R. (1990): "An illustration of a pitfall in estimating the effects of aggregate variables on micro units", in: Review of Economics and Statistics: 334-338

Müller, Beate (1996): "Beschäftigung im Ruhrgebiet: Revitalisierung einer altindustrialisierten Region?", in: RWI-Mitteilungen Jg. 47: 225-245

Mundlak, Yair (1978): "On the pooling of time series and cross-section data", in: Econometrica 46/1: 69-85

Muysken, Joan; Veen, Tom van (1996): "Efficiency Wages and Local Wage Bargaining", in: Scandinavian Journal of Economics 98/1: 118-127

Myrdal, Gunnar (1957): "Economic Theory and Under-developed Regions", London: Gerald Duckworth & Co.

Neumann, Manfred (1993): "Transformationsprobleme in der ostdeutschen Wirtschaft: Unvermeidliche Anpassungskrise oder wirtschaftspolitische Fehler?", in: Siebert (1993)

Neumann, Manfred (1997): "The Rise and Fall of the Wealth of Nations", Cheltenham, Lyme: Edward Elgar

Nefiodow, Leo A. (1996): "Der sechste Kondratieff. Wege zur Produktivität und Vollbeschäftigung im Zeitalter der Information", Rhein-Sieg: Sankt Augustin

Nickell, Stephen (1998): "Unemployment: Questions and some answers", in: The Economic Journal Vol. 108/448: 802-816

Obstfeld, Maurice; Peri, Giovanni (1998): "Regional non-adjustment and fiscal policy", in: Economic Policy 26: 205-261

Olson, Mancur (1982): "The Rise and Decline of Nations. Economic Growth, Stagflation, and Social Rigidities", New Haven, London: Yale University

Ommeren van, Jos N.; Rietveld, Piet; Nijkamp, Peter (1998): "Spatial moving behavior of two-earner households", in: Journal of Regional Science 38/1: 23-41

Oswald, Andrew J. (1996): "A Conjecture on the Explanation for High Unemployment in the Industrialized Nations: Part I", paper of the University of Warwick, presented at the EALE Conference in Aarhus 1998

Paelinck, Jen H. P.; Klaassen, Leo H. (1979): "Spatial Econometrics", Westmead etc.: Gower

Pannenberg, Markus; Schwarze, Johannes (1996): "Regionale Löhne und staatliche Qualifizierungsmaßnahmen: Eine erweiterte Lohnkurve für Ostdeutschland", in: Mitteilungen aus der Arbeitsmarkt- und Berufsforschung 29/3: 494-497

Pannenberg, Markus; Schwarze, Johannes (1998a): "Labor market slack and the wage curve", in: Economics Letters 58: 351-354

Pannenberg, Markus; Schwarze, Johannes (1998b): "'Phillips Curve' or 'Wage Curve': Is there really a puzzle? Evidence for West Germany", Volkswirtschaftliche Diskussionsbeiträge der Universität Bamberg

Pfeffermann, D.; Smith, T. M. F. (1985): "Regression Models for Grouped Populations in Cross-Section Surveys", in: International Statistical Review 53/1: 37-59

Pfeiffer, Friedhelm; Pohlmeier, Winfried (1998) (Hrsg.): "Qualifikation, Weiterbildung und Arbeitsmarkterfolg", Baden-Baden: Nomos

Phelps, Edmund S. (1994): "Structural Slumps. The Modern Equilibrium Theory of Unemployment, Interest and Assets" (in collaboration with H. Hoon, G. Kanaginis, G. Zoega), Cambridge (Mass.), London: Harvard University Press

Pötter, Ulrich; Rohwer, Götz (1997): "Regression Models for Clustered and Interdependent Observations", paper presented at the LWBB-workshop on "Multilevel Analysis of Longitudinal Data", Potsdam

Pukelsheim, F. (1974): "Schätzen von Mittelwert und Streuungsmatrix in Gauss-Markov Modellen", Freiburg

Pukelsheim, F. (1976): "Estimating variance components in linear models", in: Journal of Multivariate Analysis 6: 626-629

Pull, Kerstin (1996): "Übertarifliche Entlohnung: ein Ergebnis vorweggenommener Verhandlungen", in: Mitteilungen aus der Arbeitsmarkt- und Berufsforschung 29/4: 607-615

Puu, Tõnu (1997): "Mathematical Location and Land Use Theory", Berlin etc.: Springer

Reinberg, Alexander (1997): "Bildung zahlt sich immer noch aus", IAB Werkstattbericht 15, Nürnberg

Rendtel, Ulrich; Schwarze, Johannes (1995): "Zum Zusammenhang zwischen Lohnhöhe und Arbeitslosigkeit: Neue Befunde auf Basis semiparametrischer Schätzungen und eines verallgemeinerten Varianz-Komponenten-Modells", in: Steiner, Bellmann (1995): 115-138

Rendtel, Ulrich; Schwarze, Johannes (1996): "Schätzungen von Lohnkurven für Westdeutschland mit einem verallgemeinerten Varianz-Komponenten-Modell", in: Mitteilungen aus der Arbeitsmarkt- und Berufsforschung 29/3: 491-493

Rice, Nigel; Jones, Andrew; Goldstein, Harvey (1997): "Multilevel Models Where the Random Effects are Correlated with the Fixed Predictors: A Conditioned Iterative Generalised Least Squares Estimator (CIGLS)", Centre for Health Economics, University of York, CHE Technical Paper 10

Richardson, Harry W. (1969): "Regional economics. Location theory, urban structure and regional change", London: Weidenfeld & Nicolson

Roback, Jennifer (1982): "Wages, Rents, and the Quality of Life", in: Journal of Political Economy 90/6: 1257-1277

Robinson, W. S. (1950): "Ecological correlations and the behavior of individuals", in: American Sociological Review Vol. 15: 351-357

Rohwer, Götz (1996): "Mehrebenenmodelle und das Mikro-Makro-Problem in der empirischen Sozialforschung", Diskussionspapier des Max-Planck-Institut für Bildungsforschung, Berlin

Romer, Paul M. (1986): "Increasing returns and long-run growth", in: Journal of Political Economy 94/5: 1002-1038

Roth, Alvin E. (1995): "Introduction to Experimental Economics", in: Kagel, Roth (1995): 3-110

Rübel, Gerhard (1998): "Lohnflexibilität, nationale Arbeitsmärkte und reale Wechselkurse in einer Währungsunion", Papier der Universität Passau

Rudolph, Helmut (1986): "Die Fluktuation in sozialversicherungspflichtiger Beschäftigung. Erste Ergebnisse aus der Beschäftigtenstichprobe des IAB", in: Mitteilungen aus der Arbeitsmarkt- und Berufsforschung, 19/2: 257ff.

Rudolph, Helmut; Gommlich, Heinz (1993): "Arbeitslosigkeit konzentriert sich immer mehr auf Problemgruppen", IAB Kurzbericht 6, Nürnberg

Sachverständigtenrat zur Begutachtung der gesamtwirtschaftlichen Entwicklung: Jahresgutachten (verschiedene Jahrgänge)

Sanfey, Peter (1992): "Insiders and Outsiders in Union Models: Theory and Evidence for the US and the UK", Ph. D. Dissertation, Yale University, New Haven, CT

Scharr, Frank (1998): "Welche Unternehmen schaffen in Ostdeutschland Beschäftigung? Erklärungsansätze und mikroökonometrische Analyse für GA-geförderte Unternehmen in Thüringen", in: ifo Dresden berichtet 5: 94-104

Schätzl, Ludwig (1992): "Wirtschaftsgeographie 1: Theorie" (4. Auflage), Paderborn etc.: Schöningh (UTB)

Scherl, Hermann (1997): "Herausforderungen, Leitlinien und Ansatzpunkte zur Neuordnung der sozialen Sicherung", in: Schlotter (1997): 73-127

Scherl, Hermann (1996): "Steuerfinanzierung für versicherungsfremde Leistungen als beschäftigungspolitisches Patentrezept?", in: Wirtschaftswissenschaftliches Studium 8: 385

Schettkat, Ronald (1997): "Die Interdependenz von Produkt- und Arbeitsmärkten. Die Wirtschafts- und Beschäftigungsentwicklung der Industrieländer aus der Produktmarktperspektive", in: Mitteilungen aus der Arbeitsmarkt- und Berufsforschung 30/4: 721-731

Schlicht, Ekkehart (1976): "Einführung in die Verteilungstheorie", Reinbek b. Hamburg: Rowohlt

Schlicht, Ekkehart (1978): "Labor Turnover, Wage Structure, and Natural Unemployment", in: Zeitschrift für die gesamte Staatswissenschaft 134/2: 337-346

Schlicht, Ekkehart (1991): "Die Wachstumstheorie im Widerspiel von Mikro- und Makroansatz", in: Gahlen et al. (1991): 111-122

Schlicht, Ekkehart (1995): "Autonomous Wage Inflation", in: Gerlach, Schettkat (1995): 187-205

Schlotter, Hans-Günther (1997) (Hrsg.): "Ordnungspolitik an der Schwelle des 21. Jahrhunderts", Baden-Baden: Nomos

Schnabel, Claus (1995): "Übertarifliche Entlohnung. Einige Erkenntnisse auf Basis betrieblicher Effektivverdienststatistiken", in: Gerlach, Schettkat (1995): 28-49

Schumpeter, Joseph A. (1939): "Business Cycles", New York

Schwarze, Johannes (1995): "Neue Befunde zur "Lohnkurve" in Deutschland: Eine Analyse mit Paneldaten für Raumordnungsregionen 1985 und 1989", DIW Diskussionspapier 119

Schwarze, Johannes (1996): "Arbeitslosigkeit, Langzeitarbeitslosigkeit und das regionale Lohnniveau. Eine Lohnkurvenschätzung für Westdeutschland mit regionalen Paneldaten", in: Mitteilungen aus der Arbeitsmarkt- und Berufsforschung 29/3: 487-490

Scott, A. J.; Holt, D. (1982): "The Effect of Two-Stage Sampling on Ordinary Least Squares Methods", in: Journal of the American Statistical Association 77/380: 848-854

Searle, Shayle R.; Casella, George; McCulloch, Charles E. (1992): "Variance Components", New York etc.: John Wiley and Sons

Sengenberger, Werner (1987): "Struktur und Funktionsweise von Arbeitsmärkten. Die Bundesrepublik Deutschland im internationalen Vergleich", Frankfurt a. M., New York: Campus

Sesselmeier, Werner; Blauermel, Gregor (1997): "Arbeitsmarkttheorien. Ein Überblick" (zweite, überarbeitete und erweiterte Auflage), Heidelberg: Physica

Shapiro, Carl; Stiglitz, Joseph E. (1984): "Equilibrium Unemployment as a Worker Discipline Device", in: American Economic Review 73/3: 433-444

Siebert, Horst (1993) (Hrsg.): "Die zweifache Integration. Deutschland und Europa", Tübingen: Mohr

Siebert, Horst (1994): "Geht den Deutschen die Arbeit aus? Neue Wege zu mehr Beschäftigung", München: Bertelsmann

Siebert, Horst (1997): "Labor Market Regidities: At the Root of the Unemployment Problem in Europe", in: The Journal of Economic Perspectives 11/3: 37-54

Sinn, Hans-Werner (1997): "Kapitalbeteiligung und Lohndifferenzierung: Ein Vorschlag zur Lösung der Beschäftigungskrise", in: Mitteilungen aus der Arbeitsmarkt- und Berufsforschung 30/4: 822-827

Smith, Vernon L. (1962): "An experimental study of competitive market behavior", in: Journal of Political Economy Vol. 70: 111-137

Snijders, Tom A. B.; Bosker, Roel J. (1998): "The Introduction to Multilevel Analysis", unpublished paper of the University of Groningen

Solon, G.; Barsky, R.; Parker, J. A. (1994): "Measuring the Cyclicality of Real Wages: How Important is Composition Bias", in: The Quarterly Journal of Economics 109/1: 1-25

Solow, Robert M. (1956): "A Contribution to the Theory of Economic Growth", in: The Quarterly Journal of Economics 70/1: 65-94

Solow, Robert M. (1979): "Another Possible Source of Wage Stickiness", in: Journal of Macroeconomics 1/1: 79-82

Spehl, Harald (1995): "Nachhaltige Regionalentwicklung - ein neuer Ansatz für das Europa der Regionen", in: Gahlen, Hesse, Ramser (1995): 307-330

Stahl, Konrad (1995): "Zur Entwicklung und zum Stand der regionalökonomischen Forschung", in: Gahlen, Hesse, Ramser (1995): 3-40

Stahl, Konrad (1997): "Divergenz und Konvergenz der regionalen Wirtschaftsentwicklung aus der Sicht der Raumwirtschaftstheorie", in: Vosgerau (1997): 53-72

Steiner, Viktor (1997): "Analysen auf der Basis der IAB-Beschäftigtenstichprobe (IABS)", in: Mitteilungen aus der Arbeitsmarkt- und Berufsforschung 30/3: 635-637

Steiner, Viktor; Bellmann, Lutz (1995) (Hrsg.): "Mikroökonomie des Arbeitsmarktes" (Beiträge zur Arbeitmarkt- und Berufsforschung 192), Nürnberg: Bundesanstalt für Arbeit

Steiner, Viktor; Wagner, Kersten (1997): "Entwicklung der Ungleichheit der Erwerbseinkommen in Westdeutschland. Woher kommen die Unterschiede in der IAB-Beschäftigtenstichprobe und dem Sozio-ökonomischen Panel?", in: MittAB 30/3: 638-641

Stephan, Gesine (1996): "Grundlagen des Europäischen Arbeitsmarktmodells", in: Wirtschaftswissenschaftliches Studium 5: 238-242

Stiglitz, Joseph E. (1997): "Reflections on the Natural Rate Hypothesis", in: The Journal of Economic Perspectives 11/1: 3-10

Stoker, Thomas M. (1993): "Empirical Approaches to the Problem of Aggregation Over Indiviudals", in: Journal of Economic Literature 31/4: 1827-1874

Tetsch, Friedemann; Benterbusch, Ulrich; Letixerant, Peter (1996): "Die Bund-Länder Gemeinschaftsaufgabe Verbesserung der regionalen Wirtschaftsstruktur", Köln

Thieme, H. Jörg (1995): "Wirtschaftssysteme", in: Bender et al. (1995), Band 1: 1-48

Thon, Manfred (1995): "Demografische Aspekte der Arbeitsmarktentwicklung - die Alterung des Erwerbspersonenpotentials", in: Mitteilungen aus der Arbeitsmarkt- und Berufsforschung 28/3: 290-299

Vogt, Winfried (1994): "Akzelerierende Inflation oder steigende Arbeitslosigkeit? Überlegungen zum makroökonomischen Stabilitätsproblem", unveröffentlichtes Diskussionspapier der Universität Regensburg,

Vogt, Winfried (1995): "Makroökonomische Auswirkungen von beschränkter Marktmacht auf dem Güter- und Arbeitsmarkt", in: Flemmig (1995): 167-208

Vogt, Winfried (1996): "Überlegungen zur makroökonomischen Modellbildung", in: Gahlen, Hesse, Ramser (1996): 237-270

Vosgerau, Hans-Jürgen (1997) (Hrsg.): "Zentrum und Peripherie - Zur Entwicklung der Arbeitsteilung in Europa", Berlin: Duncker & Humblot

Wagner, Joachim (1991): "Sektorlohndifferentiale in der Bundesrepublik Deutschland. Empirische Befunde und ökonometrische Analysen zu theoretischen Erklärungen", in: Jahrbuch für Sozialwissenschaft 42: 70-102

Wagner, Joachim (1994a): "German wage curves, 1979-1990", in: Economics Letters 44: 307-311

Wagner, Joachim (1994b): "Arbeitslosigkeit und regionale Lohndifferentiale: Lohnkurven für Niedersachsen; 1979-1990", Universität Lüneburg, Fachbereich Wirtschafts- und Sozialwissenschaften, Arbeitsbericht Nr. 137

Wagner, Joachim (1996a): "Gibt es eine Lohnkurve in Deutschland?", in: IFO Studien 42/2: 181-199

Wagner, Joachim (1996b): "Zur (Nicht-)Existenz von Lohnkurven in Deutschland: Ergebnisse aus Schätzungen mit Betriebsdaten aus der niedersächsischen Industrie", Mitteilungen aus der Arbeitsmarkt- und Berufsforschung 3: 484-486

Wagner, Thomas; Jahn, Elke (1997): "Neue Arbeitsmarkttheorien", Düsseldorf: Werner

Wallace, T. D.; Hussain, A. (1969): "The use of error components models in combining cross-section and time-series data", in: Econometrica 37: 55-72

Weinstein, Bernard; Gross, Harold T.; Rees, John (1985): "Regional Growth and Decline in the United States", New York: Praeger

Wermter, Winfried (1987): "Zur Datenbasis und Methodik", Anhang zu **Koller** (1987)

Wiedemann, Eberhard; Brinkmann, Christian; Spitznagel, Eugen; Walwei, Ulrich (1999) (Hrsg.): "Die arbeitsmarkt- und beschäftigungspolitische Herausforderung in Ostdeutschland" (Beiträge zur Arbeitsmarkt- und Berufsforschung 223), Nürnberg

Wienert, Helmut (1990): "Was macht Industrieregionen "alt"? Ausgewählte sektorale und regionale Ansätze zur theoretischen Erklärung regionaler Niedergangsprozesse", in: RWI-Mitteilungen Jg. 41: 363-390

Wolf, Katja (1997): "Schätzung der Lohnkurve. Ein Vergleich von Panel- und Mehrebenenanalyse", Papier der Friedrich-Alexander Universität Erlangen-Nürnberg

Yellen, Janet L. (1984): "Efficiency Wage Models of Unemployment", in: American Economic Review 2: 200-205

Zarth, Michael (1997): "Regionale Wirtschaftförderung in Ostdeutschland. Bilanz, Perspektiven und konzeptionelle Ausgestaltung", in: Raumforschung & Raumordnung 3: 199-209

Wirtschaftswissenschaftliche Beiträge

Band 146: E. Lübke, Ersparnis und wirtschaftliche Entwicklung bei alternder Bevölkerung, 1997. ISBN 3-7908-1022-3

Band 147: F. Deser, Chaos und Ordnung im Unternehmen, 1997. ISBN 3-7908-1023-1

Band 148: J. Henkel, Standorte, Nachfrageexternalitäten und Preisankündigungen, 1997. ISBN 3-7908-1029-0

Band 149: R. Fenge, Effizienz der Alterssicherung, 1997. ISBN 3-7908-1036-3

Band 150: C. Graack, Telekommunikationswirtschaft in der Europäischen Union, 1997. ISBN 3-7908-1037-1

Band 151: C. Muth, Währungsdesintegration – Das Ende von Währungsunionen, 1997. ISBN 3-7908-1039-8

Band 152: H. Schmidt, Konvergenz wachsender Volkswirtschaften, 1997. ISBN 3-7908-1055-X

Band 153: R. Meyer, Hierarchische Produktionsplanung für die marktorientierte Serienfertigung, 1997. ISBN 3-7908-1058-4

Band 154: K. Wesche, Die Geldnachfrage in Europa, 1998. ISBN 3-7908-1059-2

Band 155: V. Meier, Theorie der Pflegeversicherung, 1998. ISBN 3-7908-1065-7

Band 156: J. Volkert, Existenzsicherung in der marktwirtschaftlichen Demokratie, 1998. ISBN 3-7908-1060-6

Band 157: Ch. Rieck, Märkte, Preise und Koordinationsspiele, 1998. ISBN 3-7908-1066-5

Band 158: Th. Bauer, Arbeitsmarkteffekte der Migration und Einwanderungspolitik, 1998. ISBN 3-7908-1071-1

Band 159: D. Klapper, Die Analyse von Wettbewerbsbeziehungen mit Scannerdaten, 1998. ISBN 3-7908-1072-X

Band 160: M. Bräuninger, Rentenversicherung und Kapitalbildung, 1998. ISBN 3-7908-1077-0

Band 161: S. Monissen, Monetäre Transmissionsmechanismen in realen Konjunkturmodellen, 1998. ISBN 3-7908-1082-7

Band 162: Th. Kötter, Entwicklung statistischer Software, 1998. ISBN 3-7908-1095-9

Band 163: C. Mazzoni, Die Integration der Schweizer Finanzmärkte, 1998. ISBN 3-7908-1099-1

Band 164: J. Schmude (Hrsg.) Neue Unternehmen in Ostdeutschland, 1998. ISBN 3-7908-1109-2

Band 165: A. Rudolph, Prognoseverfahren in der Praxis, 1998. ISBN 3-7908-1117-3

Band 166: J. Weidmann, Geldpolitik und europäische Währungsintegration, 1998. ISBN 3-7908-1126-2

Band 167: A. Drost, Politökonomische Theorie der Alterssicherung, 1998. ISBN 3-7908-1139-4

Band 168: J. Peters, Technologische Spillovers zwischen Zulieferer und Abnehmer, 1999. ISBN 3-7908-1151-3

Band 169: P.J.J. Welfens, K. Gloede, H.G. Strohe, D. Wagner (Hrsg.) Systemtransformation in Deutschland und Rußland, 1999. ISBN 3-7908-1157-2

Band 170: Th. Langer, Alternative Entscheidungskonzepte in der Banktheorie, 1999. ISBN 3-7908-1186-6

Band 171: H. Singer, Finanzmarktökonomie, 1999. ISBN 3-7908-1204-8

Band 172: P.J.J. Welfens, C. Graack (Hrsg.) Technologieorientierte Unternehmensgründungen und Mittelstandspolitik in Europa, 1999. ISBN 3-7908-1211-0

Band 173: T. Pitz, Recycling aus produktionstheoretischer Sicht, 2000. ISBN 3-7908-1267-6

Band 174: G. Bol, G. Nakhaeizadeh, K.-H. Vollmer (Hrsg.) Datamining und Computational Finance, 2000. ISBN 3-7908-1284-6

Band 175: D. Nautz, Die Geldmarktsteuerung der Europäischen Zentralbank und das Geldangebot der Banken, 2000. ISBN 3-7908-1296-X

Band 176: G. Buttler, H. Herrmann, W. Scheffler, K.-I. Voigt (Hrsg.) Existenzgründung, 2000. ISBN 3-7908-1312-5

Band 177: B. Hempelmann, Optimales Franchising, 2000. ISBN-3-7908-1316-8

Band 178: R.F. Pelzel, Deregulierte Telekommunikationsmärkte, 2001. ISBN 3-7908-1331-1

Band 179: N. Ott, Unsicherheit, Unschärfe und rationales Entscheiden, 2001. ISBN 3-7908-1337-0

Band 180: M. Göcke, Learning-by-doing und endogenes Wachstum, 2001. ISBN 3-7908-1343-5

Band 181: W. Schelkle, Monetäre Integration, 2001. ISBN 3-7908-1359-1

GPSR Compliance

The European Union's (EU) General Product Safety Regulation (GPSR) is a set of rules that requires consumer products to be safe and our obligations to ensure this.

If you have any concerns about our products, you can contact us on ProductSafety@springernature.com

In case Publisher is established outside the EU, the EU authorized representative is:

Springer Nature Customer Service Center GmbH
Europaplatz 3
69115 Heidelberg, Germany

Batch number: 10815974

Printed by Printforce, the Netherlands